COLLECTION LE FRANÇAIS RETROUVÉ

Les mots de la mort

Martine Courtois

Préface de Louis-Vincent Thomas

BELIN 8, rue Férou, 75006 Paris

Du même auteur

Les mots du vin et de l'ivresse
Éditions Belin, 1984.

Élie Faure, biographie illustrée
Librairie Séguier, 1988.

Édition critique de l'*Histoire de l'Art,* d'Élie Faure
"Folio Essais", Gallimard, 1988-1991.

ISBN 2-7011-**1155**-2 ISSN 0291-7521

Préface

Dégustatrice de mots dont elle sait admirablement apprécier la saveur, Martine Courtois se régale et nous régale. Après s'être réjouie des mots du Vin, voici qu'elle nous entraîne aujourd'hui vers les mots de la fin, dont elle se délecte en professionnelle éclairée. Même si son texte répond, au plus profond d'elle-même, à un double besoin d'exorcisme et de catharsisme : il faut avoir affronté la mort pour en parler d'abondance avec tant d'humour et d'amour, voire de jubilation. Voici un texte que j'aime beaucoup, sérieux et drôle à la fois, classique et novateur, académique et populaire, écrit dans une langue charnue, vivante, élégante et qui peut être lu par tous. Un très bon livre sur la mort avec tous les mots qu'on sait dire d'elle, rigoureux et pourtant bourré de clins d'yeux. Sans en avoir l'air, il nous apporte beaucoup. Instruire en divertissant, tel en serait l'esprit. Martine Courtois manipule aussi aisément la truelle du maçon que le crochet de la dentelière, la hardiesse dans ses choix et le sens précis de la preuve.

Il n'est guère facile de définir la vie (l'ensemble des fonctions qui résistent à la mort) et la mort (la cessation de la vie). En un sens, la mort ne se saisit pas, si ce n'est par son produit qu'est le cadavre ; ou plutôt, elle n'est qu'un long processus qui commence à se mettre en place dès la naissance sans qu'on puisse lui assigner des repères temporels précis ; à la limite n'existent que *ce* qui tue, *ce* qui meurt, *ce* qui survit. Martine Courtois a donc raison d'écrire que « la mort reste introuvable », que le mot qui le dit n'est qu'un terme qui ne veut rien dire et qu'on ne peut la traquer que « dans le labyrinthe des circonlocutions ». Encore n'est-il pas certain « qu'on arrive jusqu'au Minotaure, lequel ne serait d'ailleurs qu'un masque. On risque plutôt de rencontrer tant de figures, d'images multipliées en des jeux de miroirs et déformées à l'infini qu'au lieu d'offrir un parcours initiatique, ce labyrinthe pourrait bien ressembler à une salle du Musée Grévin ou de la Foire du Trône, pour jouer avec l'angoisse au lieu d'affronter l'inaccessible ». Après avoir, nous-mêmes, écrit pas loin de quatre mille pages sur la question, nous ne pensons pas autrement.

L'objectif de cette analyse nous est clairement spécifié. Il s'agit de travailler sur le vocabulaire et les expressions relatives à la mort, au mourir et à l'après-mort — les trois dimensions clefs de la thanatologie — aperçus selon une dimension évolutive (sans que, pour autant, l'histoire soit le mode d'articulation de l'étude) et axés, malgré des multiples références aux langues vivantes et mortes d'Europe, sur le parler français. Termes et formules obéissent — même si leur caractère surdéterminé fait qu'on les retrouve en plusieurs rubriques — à une classification en quinze thèmes : *La mort introuvable, Un dédoublement, Descendre au tombeau et monter au ciel, Mythologies administratives, La gestion de la mort, Physiologie macabre, Madame la mort, Le bourreau familier, L'homme-objet, Les mots de la fin, Mourir c'est partir beaucoup, Dernières dispositions, Menus funèbres, Ici l'absent, Petit bestiaire de la mort.* Les champs du dire connaissent aussi la marque du pluriel : verbe quotidien, surtout argotique, termes et formules empruntés au roman, à la poésie, aux actes législatifs, à la théologie et à la philosophie, bref à la quasi-totalité des actes langagiers oraux ou écrits : tels sont les domaines où Martine Courtois nous introduit avec une rare aisance et un grand savoir faire et dont elle tire habilement les ficelles. Bref, il s'agit toujours de « recenser les mots de la mort en cherchant d'où ils viennent, ce qu'ils disent et ne peuvent plus dire ». Tout en répondant à deux questions essentielles : Pourquoi tant de mots pour dire ce qui ne se dit pas ? Et si nous ne parlons plus de la mort avec tant de mots pour la dire, « serait-ce qu'ils ne disent plus rien ? » Ou, qu'au bout du compte, « il nous manque encore le bon » ?

Impossible à un préfacier de rappeler toutes les richesses de cet ouvrage, qui accumule tant de pierres précieuses. Sa tâche vise plutôt à susciter la curiosité du lecteur et à l'inciter à fouiller un texte qui émoustille tout en mettant en relief quelques-uns des thèmes qui l'ont plus spécialement interpellé. Citons les plus topiques. — La *pré-éminence du corps* ne fait aucun doute dans l'énoncé funéraire. N'est-il pas singulier que le mot grec *soma*, qui signifiait initialement corps-mort, finisse par connoter le corps vivant ? Car la vie est dans la mort et la mort dans la vie. « L'opposition corps-cadavre n'est donc pas aussi nette qu'on voudrait le croire, et elle est tellement sujette à des fluctuations que, si nous avons fini par faire de *corpus* un corps que nous imaginons vivant malgré les définitions des dictionnaires, les Anglais en ont tiré *corpse*, le corps mort. » Et ce corps lourd, promis à la pourriture après le trépas, devient quand il est vivant une mécanique parfaitement agencée. Certes l'idée du corps machine et de la mort comme panne reste ancienne et l'on sait de quelle manière l'argot du XIXe l'a reprise à son compte avec des verbes tels que « calancher », « dézinguer », « dérailler », « déramer », « aléser son cylindre... ». Si la guillotine a fait de la faucheuse une veuve, l'argot urbain a bien réinventé les images du « corps machine qui se casse » lors du surgissement de l'ère industrielle ; thème dont le monde technico-industriel moderne a fait ses choux gras. — De même Martine Courtois reste très sensible aux *paradoxes.* Ils s'avèrent multiples autant que divers. Ainsi parle-t-on du mort qui part pour le grand voyage ; mais la tombe signale la présence du mort-là ; il y repose. Le défunt nous a quittés ; mais on ne peut s'empêcher de l'honorer hic et nunc et d'entretenir pieusement son souvenir. On aimerait qu'il soit des nôtres ; mais quelle peur il nous causerait s'il réapparaissait ! Les mots ***disparu*** et ***disparition*** impliquent curieusement la représentation de ce monde-ci où le défunt fut parce que les survivants y demeurent : et d'ailleurs, sans qu'on y trouve contradiction, les concepts de non-être et de non-vie définissent la mort avant tout par rapport à la vie. Voilà ce que, nous dit-on, les lieux, les discours funéraires, les attitudes et les rites ne cessent de nous rappeler. Ainsi y-a-t-il des situations qui *s'inversent* le plus naturellement du monde. Par exemple, le vocabulaire de la guillotine montre bien « l'échec du projet politique qui voulait faire de l'exécuteur le rouage impersonnel de la machine administrative. Il est resté un bourreau, impliqué dans une relation physique et individuelle avec un autre corps et la valorisation de son adresse au travail a vite glissé de la représentation d'un faire comparable à celui de tous les assassins... ». Si bien qu'il s'avère difficile « d'imaginer une exécution absolument impersonnelle et froidement légale en oubliant qu'il s'agit bien de faire tuer un homme, par un ou plusieurs de ses semblables ». Toute une série d'*oppositions* qualifient encore le langage de la mort. Le haut et le bas. Une petite fille dit un jour (cet exemple ne figure pas dans le texte) : « Si je mourirai demain, qu'est-ce qui se passera ? » « Eh bien, dit sa mère, ton âme ira au ciel et ton corps dans la terre. » « Et moi alors, où irai-je ? » Certains êtres privilégiés, après l'inhumation, sont censés être montés aux cieux avec leur corps ; c'est pourquoi l'Église célèbre l'Ascension de Jésus et l'Assomption de Marie sa mère. Le vide et le plein s'avèrent réversibles : la tombe jadis tumulus et le tombeau, monument érigé, deviennent des réceptacles où l'on dépose les cadavres. Il en résulte certaines équivalences qui surprennent, sauf si l'on est un fervent de la psychanalyse : il peut n'y avoir aucune différence entre être mis en bière et boire la bière ; l'argot fait même du cercueil un « cocktail picon-grenadine ». Parfois, on se contente de simple *décalage temporel.* Martine Courtois nous dit, par exemple, que le vocabulaire de la fin déplace la pensée vers ce qui est antérieur tandis que celui du départ le projette vers une suite, un mouvement qui se prolonge, une aventure qui va commencer : si mourir est partir, rien d'étonnant que le cadavre devienne un « colis » ! De même la *contamination des deux registres de l'oralité* ne fait aucun doute. Les mots s'écrivent (seul le cri et le silence n'ont pas de signes graphiques), se disent, se pleurent, se chantent... ou s'avalent. Les métaphores culinaires justement ne manquent pas. Cercueil et sarcophage plus encore connotent l'idée de « manger la chair du mort ». On dit aussi, pour les désigner, qu'ils sont « des boîtes à viande » ; le mort devient de la « viande froide » ; « se faire viander » équivaut à se faire tuer. Nous rappelions plus haut que le cercueil-bière à l'intérieur duquel se dépose le mort devient la bière qu'il avale. D'autres expressions vont dans le même sens : mourir consiste à « passer à la casserole » alors que la chaise électrique américaine fait « rôtir » le condamné. Martine Courtois exprime fort bien de quelle manière se conjugue le verbe manger : mourir de trop manger, ne plus manger parce qu'on est mort, manger le mort ou les nourritures du mort (le banquet funéraire se dit « manger-le-mort » en Haïti), être mangé par le mort... La *perspective diachronique* qui a, dans ce livre, la place qu'elle mérite — discrète mais efficace — insiste sur les relations pendulaires entre le public et le privé. Même si l'évolution générale indique une régularité tendancielle : passage du sacré au profane, du liturgique à l'administratif (le vocabulaire utilisé par les institutions officielles et celui des services thanatologiques le montre sans équivoque), enfin du métaphysique au technique. Si le vécu de la mort reste avant tout celui du sujet qui meurt, même s'il décède accompagné, il y a bien une gestion officielle du mourir et surtout de l'après-mort, d'où la distinction arbitraire entre le service intérieur et le service extérieur au niveau des obsèques, l'importance du monopole, voire la façon dont la perte doit se dire au survivant ! La bureaucratie peut paraître tatillonne, quand elle distingue l'acte de décès de l'acte de l'enfant déclaré sans vie. Hier l'Église parlait de comparution, de pesées des âmes, de jugement dernier collectif ; aujourd'hui le contrat social (ou le contrôle bureaucratique) abolit l'idée du grand voyage. Mais toujours, mourir c'est « être rayé des rôles » ; *vita defungor* ne signifie-t-il pas « être relevé de ses fonctions » ? Curieux paradoxe, les fonctionnaires de la mort s'attachent à ceux qui justement ont perdu leur statut social, les défonctionnalisés !

En bref, le pluralisme des registres où elle s'inscrit et la diversité des termes ou expressions qui l'expriment laissent bien augurer que la mort demeure l'insaisissable. Martine Courtois en donne une brillante illustration-démonstration pour le plus grand plaisir du lecteur.

Peut-on espérer qu'on trouve, pour parler de la mort, les mots adéquats ? La poésie nous aide à comprendre que les termes usés savent retrouver leurs couleurs et que les figures immobiles peuvent « se remettre à bouger ». Les jeux de mots, M. Leiris l'a bien dit dans *Langage-tangage*, parviennent à mimer la mort, « langue bouleversée, convenant au traditionnel *monde à l'envers*... figure caricaturale de l'absurde, sens dessus dessous dans lequel le mort, s'il y avait un au-delà, ne manquerait pas de nous précipiter ». Martine Courtois souligne adroitement que « l'invention poétique n'a pas besoin du jamais vu. Elle reprend les lambeaux des systèmes symboliques défaits et les renoue en un tissu nouveau. Elle les raccommode, manière aussi de nous raccommoder avec la mort ». A cet égard, les chansons de Brassens, de Brel, de Beaucarne, de Barbara, de Leclerc, de Reggiani ou de Duteil nous en apprennent autant et plus peut-être que les longs traités savants. — La langue populaire, singulièrement l'argot par la hardiesse des images, l'insolite des métonymies, l'originalité des symboles, par son caractère dérangeant, tout simplement par ses étranges sonorités, recèle une « force de création » indéniable, une puissance émotionnelle qui ne fait aucun doute, une capacité d'interpellation merveilleuse. Les termes de cette langue, bien que moins respectueux du passé, « savent modifier les images séculaires, voire millénaires, en les replaçant dans un contexte moderne ». Ainsi, nous dit l'auteur, le « topos littéraire du port redevient expressif quand il est réactualisé sous la forme *arriver au terminus* qui évoque le train ou le métro quotidien, et sous-entend *tout le monde descend. Prendre un aller simple* a plus de chance de parler à l'homme d'aujourd'hui que le *sentier sans retour* du livre de *Job,* et les vanités du XVIIe siècle restent des allégories compassées au regard de *casser sa pipe* ou de *fermer son pébroque* ». Nous disions plus haut qu'on ne peut accepter la mort qu'avec amour et surtout humour. Après tout, les danses macabres à l'origine faisaient rire en se moquant des grands de ce monde entraînés « dans la ronde des squelettes pantins », et Ph. Ariès nous apprend qu'on s'amusait bien au cimetière des Saints-Innocents. Avec l'argot « le rire ne refuse pas, ne dénie pas la mort » bien qu'il sache qu'il ne peut rien en dire ; « il instaure seulement la distance où se mesure notre marge de liberté devant ce que nous acceptons comme loi ». On pourra aussi beaucoup attendre, pour renouveler le langage de la mort, de ceux qui savent écouter les mourants capables d'entrer vivants dans leur trépas, tout spécialement peut-être les enfants ; eux au moins n'utilisent jamais de clichés et déjouent nos poncifs éculés. Et plus encore, peut-être, des sujets qui rapportent leur vécu aux portes de la mort *(Near Death Experience)* retrouvent à leur manière la poésie des grands mystiques même s'ils sont incroyants.

La thanatologie moderne connaît une période de création. Physique, biologie et médecine proposent de nouveaux termes qui cernent de plus près la mort et le mourir, et il en va de même pour les sciences humaines (anthropologie, psychanalyse, histoire notamment). Une ritualité inédite se met en place, qu'il s'agisse des soins du corps (thanatopraxie), de rituel oblatif du mourir (accompagnement du mourant), ou de commémoration (le patchwork des sidéens). L'eschatologie ouvre des portes inattendues sur le surrationnel manipulant la physique des quanta, celle des champs énergétiques ou des hologrammes, triturant les structures de l'espace et du temps classiques, empruntant le langage de la théosophie et celui des sagesses orientales inspirées du *Livre des Morts* égyptiens ou du *Bardo Thödol* tibétain. Quant à la sémiologie, sa manière de décrypter les liens signifiants-signifiés redonne du sens à nos formules banalisées, ce qu'atteste clairement l'étude des épitaphes. Plus simplement encore, la bande dessinée et le roman policier apportent une riche moisson d'images et d'onomatopées d'une surprenante richesse de suggestion.

C'est en tant que thanatologue, donc conjuguant l'étonnante variété de toutes les disciplines — y compris les recherches sur les arts, ceux du verbe et ceux des formes et des sons — que nous voudrions aller plus loin encore dans le sens des espérances que suggère le présent livre. Nous sommes persuadés qu'un jour viendra où nous maîtriserons mieux la mort : à défaut d'avoir sa peau, nous aurons son mot, ou ses mots car elle ne saurait être que plurale, des « *mots à soi* dont l'authenticité pourra faire les mots de tous ».

Mais peut-être que Martine Courtois ne tient pas à ce qu'on traque le bon mot de la mort. Elle éprouve tellement de tendresse pour cet argot qu'elle savoure comme les vins les plus gouleyants...

Louis-Vincent Thomas.

« A force de ressasser, d'entrechoquer l'un contre l'autre tous les mots de la mort, finirons-nous par faire jaillir une lueur ? Ces mots impuissants, ces truismes stationnaires ne forment pas un discours ! Mais un tel ressassement, qui est avant tout une vanité des vanités, manifeste aussi la volonté de ne pas se dérober aux évidences du sens commun. »

Vladimir JANKELEVITCH,
Quelque part dans l'inachevé,
Entretiens avec Béatrice
Berlowitz, Gallimard, 1978.

« L'horreur de la fatale énigme, le sceau
qui ferme la bouche au moment où l'on sait le mot,
tout cela a été saisi une fois, dans une œuvre sublime,
que j'ai découverte dans une partie fermée du Père-Lachaise,
au cimetière des juifs. C'est un buste de Préault,
ou plutôt une tête, prise et serrée dans son linceul,
le doigt pressé sur les lèvres. Œuvre vraiment terrible,
dont le cœur soutient à peine l'impression, et qui a l'air
d'avoir été taillée du grand ciseau de la mort. »

Michelet, *Le Peuple.*

Les mots du silence

« C'est bien entendu la *fumisterie* la plus profonde que de parler de mort. [...] Il n'y a évidemment rien à dire de la mort[1]. » Ces affirmations de Georges Bataille, paradoxales dans une conférence qui portait justement sur la mort, répètent ce que les philosophes ont dit depuis longtemps, — que la mort, étant inconnaissable, reste par là-même impensable et indicible. Nous ne connaissons que celle des autres, et très partiellement, dans ses manifestations extérieures. Pour la connaître de l'intérieur il faudrait mourir et être mort, mais on s'abolirait alors comme sujet de la connaissance. Il n'y a pas d'expérience en cela, puisque l'expérience suppose un après, une durée postérieure à l'événement et permettant d'en tirer l'enseignement pour le communiquer, ce que la mort rend impossible en supprimant la conscience et le temps :

> ...le plus effroyable de tous les maux, la mort, n'est rien pour nous, puisque tant que nous vivons, la mort n'existe pas. Et lorsque la mort est là, alors nous ne sommes plus. La mort n'existe donc ni pour les vivants, ni pour les morts, puisque pour les uns elle n'est pas, et que les autres ne sont plus.

Épicure, *in* Diogène Laërce,
Vie, doctrines et sentences des philosophes illustres.

La pensée de la mort n'a donc pas d'objet. Elle revient toujours à ***penser à la mort de Louis XVI,*** expression moderne qui signifie « penser à n'importe quoi, à rien de précis, rêvasser ».

Un ***silence de mort,*** *Totenstille, dead silence, silenzio di tomba, silencio sepulcral,* c'est tout ce que recouvrent les mots qui la désignent. Dans la Bible, *Silence* est le nom de son domaine :

> Si Yahvé n'était pas mon secours, mon âme habiterait bientôt le *Silence* (Psaumes, 94, 17).
>
> Ce ne sont pas les morts qui louent Yahvé, ni tous ceux qui *descendent au Silence (ibid.,* 115, 17).

En latin, *silentes,* « les silencieux », désigne les ombres exténuées de l'au-delà. La mort nous ferme la bouche, de Rutebeuf :

> Et nous n'avons point de demain,
> Quar li termes vient et aprouche
> Que la mort nous *clorra la bouche.*
>
> « La complainte d'outremer »,
> *Poèmes de la croisade.*

à Ionesco :

> C'est surtout à la mort que je demande : « Pourquoi ? » avec effroi. *Elle seule peut fermer, elle seule fermera ma bouche.*
>
> *Journal en miettes.*

D'où l'expression familière ***rengainer son compliment,*** « mourir » (XIXe siècle), au sens propre « supprimer les politesses qu'on avait à dire » ou « s'arrêter de parler ».

L'argot des truands le redit avec intérêt, puisqu'on élimine quelqu'un pour le ***réduire au silence*** ou le ***faire taire,*** en lui ***coupant le sifflet*** (« faire taire », mais aussi « égorger », « guillotiner » et « tuer » ; cf. allemand *stumm machen,* « rendre muet, assassiner »), si l'adversaire n'a pas su anticiper sur ce mutisme définitif en restant ***muet comme une tombe, silencieux comme la tombe,*** en gardant ***la gueule morte,*** comme on disait académiquement (1694) et jusqu'à Littré pour « être réduit au silence ». C'est que *dead men tell no tales,* « les morts ne racontent pas d'histoires », selon cette variante anglaise de notre proverbe « morte la bête, mort le venin » : d'où l'explicite *to silence,* « tuer ».

Devant le silence de la mort, que peuvent les vivants qui ont perdu un être cher ? Mimer ce silence, d'abord, pour communier avec le défunt et s'identifier à lui[2] : telle est la fonction de la ***minute de silence.*** Ou bien le rompre, au contraire, par des cris et des hurlements qui attestent qu'on est encore vivant puisque ***quand on braille on n'est pas mort*** (Provence) ou ***chat qui miaule n'est pas mort*** (Gascogne), mais qui témoignent aussi que la mort a détruit toute possibilité de discours et aboli les mots[3].

Et pourtant, il ne manque pas de discours sur elle. Les vociférations funèbres se sont civilisées en genres littéraires, comme on le verra au dernier chapitre. Nous avons multiplié toutes sortes de textes codifiés, chants et prières, oraisons, faire-part et condoléances, notices ou articles nécrologiques, épitaphes, — ainsi que les commentaires d'usage lorsqu'une connaissance ou une célébrité disparaît. Le pays du silence, décidément, a toujours fait beaucoup parler. Les historiens et les sociologues regrettent, depuis une vingtaine d'années, que nos comportements devant la mort aient évolué jusqu'à faire d'elle un véritable tabou auquel on évite de penser, dont on élude la question, et qu'on hésite même à nommer. Pourtant les livres qui lui sont consacrés ont tellement proliféré que leur bibliographie occuperait un volume entier.

Le succès de Philippe Ariès, Jean Ziegler ou Louis-Vincent Thomas, pour n'en citer que trois, ne contredit-il pas, en effet, leurs propos ? Alors que les ouvrages actuels sur la mort dénoncent le déni dont elle est l'objet et le silence qui l'entoure, l'avidité du public pour ce genre de livres laisse à penser que le tabou n'est pas aussi puissant, ni l'indifférence aussi grave, que les auteurs le disent. Certes, lire n'est pas parler. Mais ce sont bien des hommes et des femmes de plus en plus évasifs devant les mourants avec qui ils ne savent plus communiquer, auprès des morts qu'ils n'osent plus évoquer longuement, voire joyeusement, dans une veillée funèbre, et qu'ils enterrent dans une intimité discrète, en réduisant ou en supprimant toutes les formes traditionnelles de discours funéraires, ce sont bien ces hommes et ces femmes qui demandent aux sciences humaines de leur dire quelque chose sur la mort, comme si l'impossibilité d'en parler soi-même obligeait à confier à d'autres, des spécialistes, des ***thanatologues***[4], le soin d'assumer cette parole devenue inaccessible à l'homme ordinaire ; comme si l'effondrement des croyances anciennes nécessitait qu'on s'adressât aux nouveaux sages pour obtenir d'eux un savoir sur la mort. Le tabou, indéniable en effet dans notre société contemporaine, va paradoxalement de pair avec une demande croissante de textes et de paroles à son propos. Et la ***thanatologie*** doit désormais inclure dans ses travaux une recherche sur le succès de la thanatologie[5].

Devant ce paradoxe d'une société qui se tait de plus en plus devant la mort, mais en même temps demande de plus en plus de lui en parler à ceux qui sont censés savoir, il fallait s'interroger sur la possibilité d'un discours ordinaire sur ce sujet, d'un point de vue non plus historique et sociologique, comme cela a déjà été fait, mais simplement linguistique, en recensant les mots de la mort[6], en cherchant d'où ils viennent, et ce qu'ils disent ou ne peuvent plus dire.

Qu'on puisse en composer un livre entier — et encore y trouvera-t-on bien des lacunes —, cela ne simplifie pas le paradoxe : il y a donc tant de mots pour dire l'indicible, l'inconnaissable, l'impensable, tant de signifiants pour le non-sens, tant de vocables pour le silence ? Avec les mots archaïques qui nous touchent d'autant plus qu'en sortant d'usage ils ont repris leur fraîcheur, les mots académiques de bonne tenue, les inventions des poètes, les images expressives de la langue familière et de l'argot, nous avons un choix des plus larges. Pourquoi donc ne parlons-nous plus de la mort, si nous avons tant de mots pour la dire ? Serait-ce qu'ils ne nous disent plus rien ? ou qu'au bout du compte il nous manque encore le bon ?

AIMÉE
DANS LA VIE
ET DANS LA....

I. La mort introuvable

Pour contourner la difficulté de penser la mort, la langue a massivement recours à la métaphore, qui permet de donner forme à l'irreprésentable, d'apprivoiser l'inconnu sous des apparences familières, de rendre le rien saisissable. Les mots qui nous paraissent les plus inoffensifs, parce que nous ne prêtons plus attention à leur sens premier, remontent pour la plupart à des images antiques : comme on le verra, le ***décès*** est un départ, le ***trépas*** un passage, le ***défunt*** une sorte de fonctionnaire ; les composés en *-cide*, ***homicide, infanticide, génocide,*** etc., ont à voir avec la taille des arbres, et les mots savants forgés sur *thanatos* nous ramènent, comme le verbe ***tuer***, à l'extinction d'un feu. Avant de les retrouver dans les différents chapitres de cet ouvrage, parmi d'autres métaphores plus expressives, on peut sentir le besoin de s'appuyer sur une base stable, un mot juste et précis, qui ne nous éloignerait pas du sujet en évoquant des images hétérogènes : ***la mort, le mort, un homme mort,*** voilà qui devrait suffire si l'on vainc les résistances qui nous font éviter ces mots. Mais quand on apprend que le latin *mors* désigne plus spécialement la mort naturelle, qui s'oppose à la mort violente où il faut distinger *nex* qui consiste à *necare,* tuer sans effusion de sang, par la faim, le feu, la noyade (***noyer*** vient de *necare*), — et *caedes,* le meurtre avec un instrument tranchant, les choses paraissent déjà moins simples parce que la ***mort naturelle*** n'est plus une notion très familière.

Nous hésitons à prononcer les mots ***mort*** et ***mourir*** quand il s'agit d'un être proche, et ils ne tarderont pas à devenir franchement impolis si notre évolution continue dans le même sens. Nous leur préférons des synonymes plus froids. Nous n'employons plus guère l'équivalent ***trépas***[1], qui est d'un style littéraire aujourd'hui désuet et suscite facilement la parodie, mais ***décès*** est passé du vocabulaire administratif (Littré le considère comme un terme de jurisprudence) à la langue commune, où il remplace de plus en plus souvent le mot ***mort*** parce qu'il paraît plus neutre. ***Défunt*** a des emplois plus variés, littéraires ou parlés, voire populaires : dans son *Dictionnaire du bas-langage*, en 1808, d'Hautel relevait ***défunt mon père***, pour « feu mon père », comme « du style bas et comique » ; ***le pauvre défunt*** est pour Littré du style familier. Ce type de locutions, comme ***ma défunte mère***, apparaît en des énoncés trop marqués par l'affectivité pour sembler de bon ton, tandis que l'adjectif ***feu***, comme ***décès***, a un aspect officiel et administratif qui lui confère une neutralité rassurante.

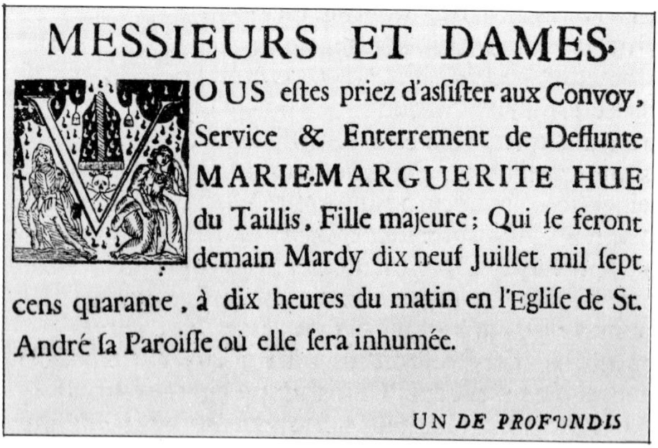

MESSIEURS ET DAMES

VOUS eſtes priez d'aſſiſter aux Convoy, Service & Enterrement de Deffunte MARIE-MARGUERITE HUE du Taillis, Fille majeure ; Qui ſe feront demain Mardy dix neuf Juillet mil ſept cens quarante, à dix heures du matin en l'Egliſe de St. André ſa Paroiſſe où elle ſera inhumée.

UN *DE PROFUNDIS*

Défunt ne reste admis que comme substantif afin d'éviter ***le mort***, qui passe pour brutal. Les synonymes les plus courants de ***mort*** ont donc la fonction d'euphémismes : ***le décès, le défunt, feu Monsieur***, effacent par leur style officiel ce que l'événement a de trop personnel, de même que le langage de nos épitaphes, archaïque (***ci-gît***) ou latin (***in memoriam, requiescat in pace***), éloigne dans un passé figé un présent trop difficile à affronter, de même enfin que les mots savants récemment inventés par les professionnels, ***funerarium, athanée, thanatopraxie***, offrent un mélange rassurant, ou qui se voudrait tel, de technicité moderne et de langue immobile, puisqu'une ***langue morte*** est aussi une langue embaumée.

LA MORT HÉROÏQUE

Le mot ***mort*** n'ayant pas, toutefois, disparu de l'usage, il faut en examiner de plus près les emplois. Or Jean-Didier Urbain fait remarquer[2] qu'en France « le signifiant *mort* se trouve en général exclusivement employé dans le cadre des épitaphes se rapportant aux héros et aux martyrs ». Cette mort-là est acceptable et dicible parce qu'elle est offerte à la mère-patrie ou à la collectivité ; la mort sacrificielle a un sens, elle sert à quelque chose et peut donc être nommée, tandis que les épitaphes parlent plutôt de décès ou de sommeil pour le commun des mortels. Mais si le mot ***mort*** est employé franchement quand la collectivité reconnaît la grandeur du don que lui fait une victime volontaire — ou passant pour telle —, on l'évite en revanche quand il s'agit de morts imposées, que l'on tente de justifier en recourant au vocabulaire du sacrifice pour leur donner sens. Un condamné à mort subit ***le dernier supplice*** et finit dans ***le carré des suppliciés*** (du latin *supplicium,* « supplication, offrande ou sacrifice », d'où « exécution ») puisque sa mort sert la société ; la mort infâmante de Louis XVI a été sublimée par les royalistes comme le sacrifice d'une ***victime immolée sur l'autel*** de l'échafaud ; le mot ***holocauste*** (latin *holocaustum* emprunté au grec *holokauston*) qui désigne un sacrifice où l'on brûle la victime entière, et spécialement aujourd'hui le massacre des Juifs par les nazis, dissimule plus difficilement l'horreur. Quant à l'***hécatombe***, au sens propre un sacrifice de cent bœufs, il peut faire penser, lorsqu'il qualifie les accidents de la route, que les ***victimes*** sont offertes à quelque Moloch automobile, à quelque dieu de la technique et de l'industrie[3] auquel il faut payer notre civilisation.

BELLE MORT ET MORT NATURELLE

Second cas où le mot ***mort*** ne fait pas peur et n'appelle pas de substitut, sa qualification comme ***belle mort*** ou ***mort naturelle*** tend à se faire plus rare aujourd'hui.

La ***belle mort*** est en train de changer. Après avoir été une fin héroïque et sublime, ou une ***bonne mort***, chrétienne et édifiante, elle s'est jusqu'à une date très récente spécifiée comme ***mort naturelle*** : ***mourir de sa belle mort***, « au moment où il convient ». L'expression wallonne ***mourir de la Meurie*** dit mieux encore qu'il s'agit de mourir de la mort et non d'une cause extérieure et accidentelle. Mais qui meurt de mort dite naturelle aujourd'hui ? Même les vieillards ne sont plus censés mourir de vieillesse, d'un processus normal d'usure, puisqu'on explique leur fin par des causes externes (microbes, virus) ou un dysfonctionnement interne (***le cœur a lâché***), ce qui laisse penser qu'on aurait pu éviter l'accident, ou qu'il était du moins aléatoire. Nous n'avons plus l'orgueil de nous assumer

mortels : orgueil, en effet, puisque nous nous distinguons des bêtes en nous réservant ce terme, qui ne nous oppose qu'aux dieux ***immortels***.

> On ne dit jamais d'un chien ni d'un rat qu'il est mortel. De quel droit l'homme s'est-il arrogé ce privilège ? Après tout, la mort n'est pas sa trouvaille, et c'est un signe de fatuité que de s'en croire l'unique bénéficiaire.
>
> Cioran, *Aveux et anathèmes*.

Littré donne comme premier sens de ***mortalité*** : « condition des êtres vivants qui les rend sujets à la mort », et comme second sens : « condition humaine ». Ce « privilège », selon le terme de Cioran, ne nous flatte plus : le *Micro-Robert du français primordial* ou le tout récent *Dictionnaire de notre temps* d'Hachette ne connaissent plus les deux sens donnés par Littré, et indiquent seulement le sens statistique de ***mortalité d'une épidémie*** (nombre de morts qu'elle a provoquées), ***taux de mortalité, mortalité infantile***. Les usagers de ces dictionnaires courants ne sauront donc pas qu'ils meurent d'une mortalité naturelle, intrinsèque à leur condition de vivants ! La ***belle mort*** n'est donc plus celle qui réalise notre destin biologique, mais uniquement une mort tranquille, et pas nécessairement naturelle puisque le mot ***euthanasie*** (1771), du grec *eu-*, « bien », et *thanatos*, « mort », qui gardait encore chez Littré le sens de « mort douce et sans souffrance », a fini par désigner une mort provoquée.

Le renversement s'avère plus radical encore si l'on se souvient qu'au Moyen Age et jusqu'au XVIIIe siècle, le pire malheur était la ***mort subite***, la ***mort repentine*** (latin *repentina*, même sens) dont on priait Dieu de préserver ses fidèles (*de morte repentina libera nos, Domine)*, bref la ***malemort*** qui ne laissait pas le temps de ***sentir sa mort prochaine*** et de prendre ses dispositions. C'était ***mourir sans langue*** (XVIIe siècle), « sans confession », ou ***mourir tout debout***, sans avoir le temps intermédiaire du mourant qui se préparait dans son lit. Aujourd'hui, nous considérons comme une ***belle mort***, tout au contraire, celle qui arrive à l'improviste : ***il ne s'est pas senti partir, il ne s'est pas vu mourir, il n'a rien su.*** Mourir ne doit plus se conjuguer à la première personne : ***je vais mourir, je meurs***, cette seule énonciation par un sujet conscient ferait la malemort pour beaucoup d'oreilles modernes.

MOURIR DE RIRE

En revanche, nous passons notre vie à « mourir » de contrariétés, à nous dire ***morts de faim, de soif, de froid ou de chaleur, de fatigue, d'ennui, de jalousie, de rage***. On meurt même ***de rire*** ou ***de plaisir***.

A mort est un superlatif d'emplois variés : on aime, on fonce, on freine ou on flippe ***à mort***. Ces hyperboles sont déjà répandues dans la langue classique, et on en trouve des équivalents dans les autres langues européennes, mais elle restent très usitées et se complètent de formes nouvelles. « C'est très désagréable » devient : ***c'est la mort !*** Devant une chose étonnante, incroyable, on s'écrie : ***ça, ça me tue !*** Le film de Philippe Clair, en 1982, a lancé l'expression ***Plus beau que moi tu meurs !*** qui signifie « c'est impossible à un être humain ». Ces exagérations finissent par affaiblir le sens du mot.

L'usure de ***mort*** tient aussi à ce qu'on le construit avec des noms de choses, pour lesquelles la notion de mort n'est pas pertinente : pour exprimer l'immobilité (***eau morte***, ou ***nature morte***, que d'ailleurs l'anglais et l'allemand appellent « vie immobile », *still life, Stilleben*), l'inactivité (***temps morts, morte saison, argent mort, point mort***), l'inutilité (***poids mort, œuvres mortes***), l'inefficacité (***lettre morte***), la fin. ***Défunt*** subit à notre époque le même processus : *la défunte université, un périodique défunt, nos défuntes pièces de cinq francs*[4].

Les hyperboles et les emplois métaphoriques de ***mort*** à propos de choses banalisent donc le mot, alors qu'on le prononce de moins en moins dans son sens normal. On a des exemples antérieurs d'affaiblissements dans ce vocabulaire : ***meurtrir***, du francique **murthrjan*, « tuer », sur la même racine indo-européenne que *mors,* a gardé ce sens étymologique jusqu'au XVIe siècle, mais ne l'a plus du tout aujourd'hui malgré le maintien de ***meurtre. Abasourdir*** signifie « assourdir, étourdir » depuis le XVIIIe siècle, mais il était au XVIIe un synonyme de « tuer » (de l'argot *basourdir*, issu de *basir*, XVe siècle, italien *basire*, « s'évanouir »). Si ***mort*** et ***mourir*** continuaient à se raréfier dans leur emploi normal, ils risqueraient de s'émousser ainsi.

MORT OU MEURTRE ?

On pourrait s'attendre à trouver moins de résistance aux mots précis dans l'argot des criminels. Mais comme son principe de création linguistique est essentiellement la figure, presque tout son vocabulaire est composé de métaphores, de métonymies ou d'antiphrases, qui n'expriment pas directement la mort, et qui détournent l'attention sur d'autres choses.

Il est sujet par ailleurs à une curieuse confusion entre les sens « mourir » et « tuer ». Quand il s'agit d'emprunts à des langues étrangères, on pourrait penser que le mot originel n'a pas été compris : on passe par exemple de l'italien *basire*, « s'évanouir », à *basir*, « tuer », ou de l'allemand dialectal *storb*, classique *gestorben*, « mort », à ***estourbir*** (1835), « assommer, tuer ». Mais le même renversement entre le passif et l'actif, la mort subie et la mort donnée, affecte d'autres mots, et peut d'ailleurs se faire dans les deux sens : ***calancher*** (1903, mourir ; 1930, tuer) ; ***crever*** (XIIIe siècle, mourir ; XIXe, tuer) ; ***capout maq***

(1718, tuer) puis ***faire capout*** (1830, mourir ; 1870, tuer) ; ***cônir*** (1562, mourir ; 1566, tuer) ; ***dégommer*** (1832, tuer ; 1846, mourir) ; ***dessouder*** (1835, tuer ; 1953, mourir). On dirait que les sujets de la mort et du meurtre sont interchangeables, ou que toute mort, même naturelle, a quelque chose à voir avec un crime.

Cette confusion entre le bourreau et la victime ne se manifeste dans la langue officielle qu'à propos du suicide, qui est le meurtre (*-cide*) de soi (*sui*). Le mot apparaît en Angleterre au milieu du XVIIe siècle, et passe en français au début du XVIIIe. ***Se suicider*** date de la fin du même siècle. On disait auparavant ***homicide de soi-même, se défaire, se détruire, se donner la mort***, etc. La construction *se suicider* est anormale, puisqu'elle contient deux fois le pronom *se* : elle équivaut à *se soi-tuer*. Le complément *sui* n'était donc plus perçu lorsque le verbe s'est formé. Il ne l'est pas non plus dans l'emploi à la forme active (***suicider quelqu'un***), que Littré condamne comme vicieuse, mais qu'on emploie aujourd'hui par ironie. Le verbe se trouve encore nanti de deux compléments, puisque ***on a suicidé Untel*** revient à *on a soi tué Untel...*

MOURIR ET ÊTRE MORT

On rencontre un autre genre de confusion si l'on essaie de distinguer la mort comme événement (***mourir***) et la mort comme état (***être mort***). Le grec recourt à deux racines différentes : la famille de *thnêiskô* et *thanatos* indique le fait de la mort et ce qui la provoque, maladie, condamnation, condition humaine ; la famille de *nekus* et *nekros* concerne ce qui succède à *thanatos* : le cadavre, le tombeau ou les ombres des morts. Pour marquer cette différence en français,

Montaigne est obligé de substantiver le verbe :

> Je ne m'étrange pas tant de *l'être mort* comme j'entre en confidence avec *le mourir.*
>
> *Essais,* III, 9.

A quoi bon ? La sagesse populaire ne cesse de rappeler que le *fait* est en l'occurence l'entrée dans un *état* irréversible, que ***mourir*** se confond pour toujours avec ***être mort : quand on est mort, c'est pour longtemps***. Le proverbe se trouve dans *Le Dépit amoureux* de Molière (1656) sous la forme : ***on ne meurt qu'une fois, et c'est pour si longtemps***. S'il s'agit d'un moment désagréable, on a au moins l'assurance qu'avec un résultat aussi durable, on n'aura pas besoin de recommencer. Comme le dit la reine Marguerite dans *Le roi se meurt* de Ionesco, on est sûr de réussir du premier coup : « Tu passeras l'examen. Il n'y a pas de redoublant. » Un autre proverbe console ceux qui souffrent trop en rappelant qu'ils ne mourront qu'une fois : ***de tant de douleur on ne saurait faire qu'une mort***. Ces proverbes n'ont pas retenu la notion chrétienne de ***seconde mort***, « l'enfer », auquel conduit un ***péché mortel***. Et quand les Provençaux disent : ***il a fait sa première mort***, il est probable qu'ils l'entendent comme une plaisanterie sur le modèle de *première communion,* que comme une allusion à la seconde mort.

Le caractère unique, définitif et absolu de la mort suscite des variations plaisantes sur l'adjectif ***mort*** quand il est modifé par des adverbes de quantité :

> Celuy qui est mort aujourd'huy,
> Est *aussi bien mort* que celuy
> Qui mourut aux jours du Deluge ;
>
> Ronsard, *Odes,* III, 25.

> Mais quel bien fait le bruit et qu'importe la gloire ?
> *Est-on plus ou moins mort* quand on est embaumé ?
>
> Musset, « Après une lecture »,
> *Poésies nouvelles.*

> — Tu dis qu'il va avoir besoin d'une compresse ?, rigole Béru [...]
> — Faudra l'humecter à l'eau bénite, la compresse, dis-je lugubrement, vu qu'il *est extrêmement mort pour son âge !*
>
> San Antonio, *Mange, et tais-toi !*

Le rappel de ces évidences ne réussit pas à vaincre l'angoisse du ***mourir***. Notre imagination reste fixée sur cette unique fois dans son insaisissable instantanéité, ***le dernier moment, l'instant fatal, l'article de la mort***, c'est-à-dire *articulus*, « division du temps, moment ». ***La dernière heure, l'heure suprême, la male heure*** inquiète parce qu'on ne sait quand elle arrivera : « Veillez donc, car vous ne savez ni le jour ni l'heure » (Matthieu, 25, 13). ***Mors certa, hora incerta***, « la mort est certaine, l'heure incertaine ». Mais comme Dieu l'a fixée pour chacun, elle devient la marque individuelle de toute existence : ***son heure est venue, son heure a sonné***, on ne rencontre cette unique heure personnelle qu'au moment de se défaire.

L'angoisse tient aussi à la nature fugitive de l'instant : que se passe-t-il entre le temps où l'on est encore ***moribond*** *(moribundus)* puis ***mourant***, donc encore vivant, et celui où l'on est ***mort*** ? A la fin de ***se mourir, s'en mourir***, qui s'étalent dans la durée, qu'est-ce que ***mourir*** ? Quand Flaubert raconte la mort de Madame Bovary, il saute du long récit de l'agonie à la brève formulation de l'après, figé dans l'imparfait :

> Une convulsion la rabattit sur le matelas. Tous s'approchèrent. Elle n'existait plus.
>
> *Madame Bovary*, III, 8.

L'instant, la seconde cruciale, n'est pas racontable. Et c'est pourquoi, avance Jankélévitch[5], nous craignons tant la brièveté du mot ***mort***, « le monosyllabe scabreux » auquel nous préférons des périphrases et des circonlocutions qui rétablissent la durée :

> La phobie du mot court, la tendance des phrases à mousser, des adjectifs à faire du volume, sont particuliè-

rement perceptibles dans le langage populaire : cette loquacité est souvent une forme de timidité. Ainsi parlons-nous beaucoup et vertigineusement pour nous étourdir avec les mots ! La phobie du mot bref et la phobie de l'instant sont peut-être une seule et même phobie : car c'est en définitive la simplicité brutale de l'événement qui explique ces faux-fuyants et ces détours sinueux. [...] C'est la vergogne de l'instant ponctuel et punctiforme qui nous inspire les discours destinés à écacher la pointe aiguë, à émousser le couperet tranchant de la mort. L'escamotage par la rhétorique, le délayage dans la rhétorique — voilà peut-être un moyen d'éluder cette brachylogie suprême du suprême instant.

LA MORT MODERNE

La définition médicale de la mort, loin de résoudre cette vieille question de l'instant, la rend encore plus compliquée. La première transplantation cardiaque, en décembre 1967, posait un problème éthique considérable puisque l'arrêt cardiaque était encore tenu pour le signe majeur de la mort : les chirurgiens auraient pu être inculpés de meurtre pour avoir effectué un prélèvement ***à cœur battant***. Il fallait donc changer la définition de la mort, ce dont la Harvard Medical School prit l'initiative en publiant une communication qui fit date en 1968. Désormais, c'est l'entrée dans le ***coma irréversible*** ou ***dépassé*** qui marque l'instant de la mort, même si un appareillage maintient la circulation et la respiration. Et encore cette mort cérébrale, la destruction du cerveau, n'est-elle pas toujours facile à prouver puisque le tracé encéphalographique nul, qui en est le meilleur signe, n'a pas de validité si le sujet est en hypothermie ou sous l'influence d'une drogue dépressive. Il faut donc le compléter par d'autres techniques.

La multiplication des critères a rendu l'instant de la mort encore plus incertain, mais l'a aussi privé de toute pertinence : entre la ***mort apparente*** avec arrêt de la respiration et pouls imperceptible tandis que le cœur bat encore très faiblement ; la ***mort relative***, avec arrêt du cœur et de la respiration, mais laissant possible le retour à la vie si le cerveau ne reste pas sans irrigation plus de 4 à 8 minutes ; la ***mort cérébrale*** qui n'exclut pas le maintien d'une vie végétative sous assistance ; et enfin la ***mort absolue***, où le corps, qui continue à changer dans sa ***thanatomorphose*** — son lent processus de destruction —, présente encore d'autres signes ; entre ces différents paliers, ***l'instant de la mort***, qui fascine tant l'imagination occidentale, se dilue dans la durée d'un processus complexe. Plus encore, si l'on tient compte des destructions partielles, notamment cellulaires, qui se produisent dans le corps vivant dès avant sa naissance, il faut reconnaître que *nascentes morimur*[6], « en naissant nous mourons », et *quotidie morimur*[7], « chaque jour nous mourons », adages que la littérature a maintes fois répétés avant que la biologie ne les confirme.

*
* *

La plupart des dictionnaires définissent la mort comme fin, cessation de la vie, — et la vie comme espace qui s'écoule entre la naissance et la mort. Qui d'ailleurs ne serait tenté de dire spontanément, si on lui demandait de définir ces termes, que la mort est le contraire de la vie, et la vie le contraire de la mort ? Mais si l'on considère que le vieillissement commence dès la naissance pour nous mener peu à peu à l'état de cadavre, on aura l'impression d'abandonner le cercle vicieux des propositions précédentes pour un piétinement sur place, la vie et la mort se confondant.

Il n'est pas dans notre propos de développer ces perspectives philosophiques, mais il fallait les signaler pour montrer les difficultés que présente le simple mot de ***mort***. Sous son nom le plus précis, la mort reste décidément introuvable. Il va falloir la traquer ailleurs, dans le labyrinthe des circonlocutions dont parlait Jankélévitch. Mais il n'est pas certain qu'on arrive jusqu'au Minotaure, lequel ne serait d'ailleurs qu'un masque. On risque plutôt de rencontrer tant de figures, d'images multipliées en des jeux de miroirs et déformées à l'infini, qu'au lieu d'offrir un parcours initiatique, ce labyrinthe pourrait bien ressembler à une salle du musée Grévin ou de la Foire du Trône, pour jouer avec l'angoisse au lieu d'affronter l'inaccessible.

Η ΚΟΙΜΗϹΙϹ

II. Un dédoublement

Si nous croyions à un anéantissement total, il n'y aurait guère de « mots de la mort » : avec le ***nihil*** latin, ***le néant, l'anéantissement*** et ***le rien*** formeraient tout notre vocabulaire sur le sujet. Or nous employons rarement ces mots, que se réserve surtout le langage philosophique. Qui de nous en effet — sauf à jouer l'athée militant ou provocant — oserait annoncer à propos d'un mort : « ***il est retourné au néant*** » ? Nos comportements montrent par ailleurs que, même si nous n'espérons pas la survie, nous faisons comme si elle était possible : quand nous ne croyons pas à l'immortalité de l'âme, nous allons tout de même sur les tombes où nous laissons dire que « ***ci-gît*** quelqu'un » là où après des années il reste à peine quelque chose ; nous pensons quand même que les disparus ne le sont pas complètement puisqu'ils perdurent au moins dans nos mémoires ; et quand un athée se fait incinérer, les assistants déposent des ***immortelles*** sur son cercueil alors qu'il ne croyait pas à l'immortalité...

Imaginairement, nous avons la vie dure. Les plus matérialistes peuvent devenir inconséquents quand il s'agit de la mort et, tout en niant la survie, s'en représenter un mode minimal dans le retour à la vie cosmique ou le maintien dans le souvenir. Sade, par exemple, demande dans son testament qu'on sème des glands sur sa fosse : pour en dissimuler toute trace, dit-il, mais peut-être aussi pour se prolonger dans une vie végétale. En tout cas, s'il « [se] flatte que [sa] mémoire s'effacera de l'esprit des hommes », il ajoute aussitôt : « excepté néanmoins du petit nombre de ceux qui ont bien voulu m'aimer jusqu'au dernier moment et dont j'emporte un bien doux souvenir au tombeau. [1] » Plus significatif encore, car il s'agit bien plus que de la survie minimale dans la mémoire des autres, le « *mythe morinien d'amortalité* » a été inventé par un philosophe que ses références hégéliano-marxistes et biologiques rendaient *a priori* peu suspect d'idéalisme, Edgar Morin. Or c'est au dernier chapitre de son livre *L'homme et la mort*, dans l'édition de 1950, qu'après avoir étudié les mythes de la survie, Edgar Morin imagine en toute bonne foi que la science pourrait vaincre la mort. L'homme ne bénéficierait plus d'une ***immortalité*** au-delà de la mort, mais d'une ***amortalité*** qui le dispenserait du fatal passage. Le dernier chapitre, ajouté à l'édition de 1970, s'en amuse avec une honnêteté admirable :

> En effet, au moment même où, croyant briser avec toute mythologie, je m'élançais vers la science et vers l'action, je me trouvais moi-même poussé, enlacé, sucé par les forces mythologiques mêmes que j'avais, dans les chapitres précédents, détectées, isolées, dénoncées, et *j'écrivais en fait, sous le couvert de la science, le dernier chapitre des mythes de la mort*[2].

Cette mésaventure de la raison semble confirmer le célèbre article de Freud en 1915, « Considérations actuelles sur la guerre et sur la mort »[3], qui constatait que

> [...] notre inconscient ne croit pas à la possibilité de sa mort et se considère comme immortel. Ce que nous appelons notre « inconscient », c'est-à-dire les couches les plus profondes de notre âme, celles qui se composent d'instincts, ne connaît en général rien de négatif, ignore la négation (les contraires s'y concilient et s'y fondent) et par conséquent la mort à laquelle nous ne pouvons attribuer qu'un contenu négatif. La croyance à la mort ne trouve donc aucun point d'appui dans nos instincts [...].

Tout notre vocabulaire montre, comme nos attitudes devant la mort, que si nous avons le concept du néant, nous sommes pourtant incapables d'imaginer notre anéantissement absolu : les mots et les expressions relevés dans ce livre ne seront, on le verra, que des mots de vie. Nous sommes en cela les héritiers de l'homme de Neandertal dont Edgar Morin rappelle au début de son ouvrage qu'il a accédé à l'humain en inventant à la fois l'outil et la sépulture. La croyance en une survie ou une renaissance est une donnée première et universelle que la raison, la logique, la science ont bien du mal à déloger de nos imaginations. Comme le disait Montesquieu :

> Quand l'immortalité de l'âme serait une erreur, je serais très fâché de ne la pas croire.
>
> *Mes pensées.*

LA SÉPARATION

Dans notre culture marquée par le christianisme, la représentation dominante est celle d'une *séparation* entre un corps périssable et une âme immortelle, selon un dualisme issu non de la Bible mais du platonisme. L'idée ne s'est pourtant pas imposée facilement aux chrétiens, car on a longtemps cru, durant le Haut Moyen Age, à une survie de l'homme entier, corps et âme endormis ensemble dans l'attente du Royaume de Dieu et de la Transfiguration. La séparation n'apparaît clairement dans l'iconographie qu'à partir du XIIIe siècle, lorsqu'on voit l'âme, sous forme d'un enfant nu, sortir de la bouche du mort afin que des anges la recueillent et l'emportent. Et après de longues hésitations, c'est seulement au XVIIe siècle, semble-t-il, que le dualisme triomphe définitivement des tenaces

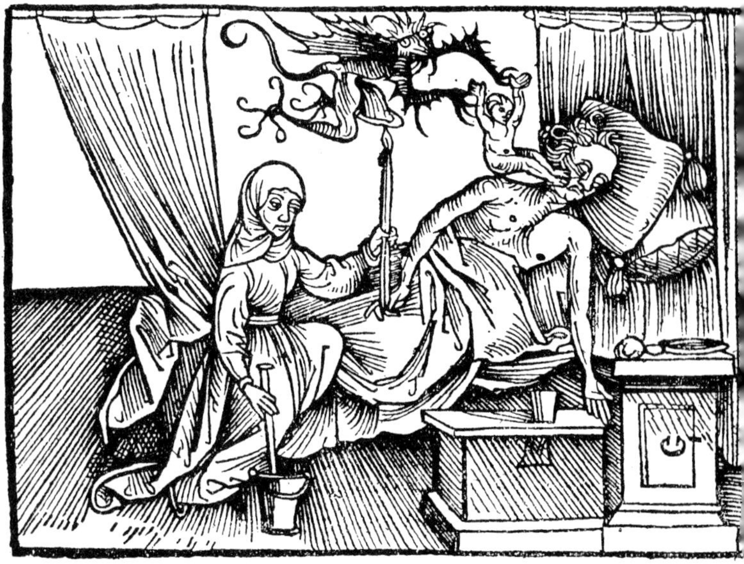

L'âme quitte le corps.

représentations de notre culture populaire, qui répugnait à croire que l'homme pût se diviser entre une âme et un corps voués l'une à la survie, l'autre à la disparition. Bossuet déploie alors devant ses ouailles la perspective d'un néant où le corps doit sombrer, comme si la résurrection n'était qu'une vaine promesse :

> *Je ne suis rien.* Ce petit intervalle n'est pas capable de me distinguer du néant où il faut que j'aille[4].

Reste la seule consolation de pouvoir sauver l'âme immortelle, surtout si l'on s'est préparé par une existence pieuse à « se détacher », « se désaccoutumer » de son corps : alors le chrétien « n'a point de peine à s'en séparer » (Bossuet, *Oraison funèbre du Père Bourgoing)*.

Mourir revient donc à ***se séparer de son corps***.

Quand La Rochefoucauld rédige plusieurs versions de son testament le 20 septembre 1653, il emploie cette périphrase :

> Premièrement, nous supplions la bonté divine qu'après que *notre âme sera séparée de notre corps,* de la recevoir en son saint Paradis [...] ; et *après la dite dissolution*, nous voulons notre corps être enseveli ès sépultures et tombeaux de nos ancêtres. [...]
> Premièrement nous recourons à la miséricorde de Dieu et de ses misérations infinies, suppliant sa divine bonté de colloquer notre âme en son saint Paradis *après la séparation de notre corps* [...].

Le mot ***dissolution*** a le même sens d'une disjonction entre l'âme et le corps, comme dans *Les Tragiques* de d'Aubigné (livre VII) :

> La *dissolution* qu'ont soufferte les morts
> Les prive de leur sens, mais ne destruit le corps.

Elle devient divorce dans la *Supplique pour être enterré sur la plage de Sète* de Georges Brassens :

> Note ce qu'il faudrait qu'il advînt de mon corps
> Lorsque mon âme et lui ne seront plus d'accord
> Que sur un seul point : la rupture.

En termes plus ordinaires, un mort ***a quitté son corps*** ou ***sa dépouille mortelle, l'âme lui est partie du corps, a laissé son corps***. Et si ce vocabulaire n'est plus aujourd'hui répandu en dehors de l'Église, nous n'en continuons pas moins à dire d'un malade ou d'un blessé résistant qu'il ***a l'âme chevillée au corps*** (1690), c'est-à-dire si bien accrochée à ce corps qu'elle ne s'en détache pas facilement.

Avoir l'âme en travers (1640), « vivre longtemps », suppose que l'âme est, comme un enfant lors d'un accouchement difficile, dans une position qui l'empêche de passer et de sortir du corps. L'expression anglaise *to keep body and soul together* — mot à mot « garder le corps et l'âme ensemble », et métaphoriquement « vivoter, vivre tout juste » — désigne cette association des deux parties de l'être comme la condition minimale de l'existence. La première édition du *Dictionnaire de l'Académie*, en 1694, définissait la vie comme « union de l'âme avec le corps ». *A contrario*, la mort rompt l'unité, comme l'indique aussi le beau verbe québécois ***désâmer***, « faire mourir », c'est-à-dire « enlever l'âme ».

Curieusement, les témoignages contemporains sur la ***N.D.E.***, *Near Death Experience*, ou en français ***E.M.I.***, « expérience de mort imminente », sur laquelle Raymond Moody a attiré l'attention avec *La vie après la vie,* traduit en 1977, racontent l'approche de la mort en termes analogues. Les sujets qui ont connu des états voisins de la mort et s'en sont remis disent souvent qu'ils ont quitté leur corps et regardé du dehors les médecins penchés sur lui pour le réanimer : cette ***décorporation*** (selon le mot par lequel les traducteurs français du livre de Moody ont rendu *out of body experience,* ***O.O.B.E.***), ou encore ***extra-corporéité***, sert d'argument aux partisans de la survie pour prouver « scientifiquement » qu'il y a bien une vie dans l'au-delà. En fait, ces patients-là ne sont pas morts, mais ont vécu des états altérés de la conscience que d'autres circonstances, notamment l'absorption de certaines drogues, peuvent produire. Seuls 37 % d'entre eux ont « quitté leur corps », et il est probable que cette représentation dépend de leur culture et de leurs croyances. S'appuyant sur la thèse de médecine de Patrick Dewavrin, *Les phénomènes de conscience à l'approche de la mort,* Louis-Vincent Thomas[5] prend ces récits au sérieux, non comme des preuves de la survie, mais comme des mécanismes de défense contre la mort : devant la menace et pour se protéger de l'angoisse, « l'inconscient dissocie le corps de la conscience de soi, ce qui procure cette impression de détachement corporel. De même, il dilate le temps et éloigne l'environnement qui semble lointain. C'est une véritable fuite spatio-temporelle qui se produit ; par ce processus, la réalité de la mort est rejetée hors de la

Le dédoublement vu par William Blake.

conscience. Aux confins de la mort, c'est un message de vie que le sujet va recevoir » (P. Dewavrin). La décorporation ne serait donc pas une expérience de mort, mais au contraire une ultime résistance de la vie.

Quelle qu'en soit l'interprétation, ces phénomènes ont l'intérêt de ranimer des représentations très anciennes que notre vocabulaire a longtemps exprimées. Mais il est encore plus curieux de les retrouver où on les attendrait le moins, — dans la définition scientifique et moderne de la mort. Certes, le mot ***conscience*** a remplacé le mot ***âme***, et, par un renversement radical, c'est le corps maintenant qui peut survivre au moins temporairement à la mort de cette conscience, puisque les techniques médicales maintiennent une vie végétative alors même que le cerveau est irrémédiablement détruit. On sait les difficultés de tous ordres que provoque cette nouvelle conception de la mort : comment faire admettre, à une famille encore marquée par l'ancienne et banale définition de la mort comme arrêt du cœur, qu'on puisse prélever ce cœur qui bat encore ? Comment la convaincre que si la circulation et la respiration continuent, la mort est pourtant effective avec la destruction cérébrale ?[6]

Il n'en reste pas moins qu'au centre de cette moderne définition persiste la vieille idée d'une séparation entre le corps et l'âme ou la conscience, ce qui fait dire à Léon Schwartzenberg que notre science est encore redevable à la métaphysique :

> J'affirme que la nouvelle définition de la mort qui est passée dans les textes n'est ni médicale, ni biologique, ni scientifique ; c'est une *définition métaphysique*. On définit la mort d'un être humain à partir du moment où sa conscience est morte. On le déclare mort non pas parce que ses organes ont arrêté de vivre, mais parce qu'il est mort à l'espèce humaine. On établit une différence entre l'espèce humaine et toutes les autres espèces vivantes. Cette différence s'appelle la conscience[7].

LA DÉLIVRANCE

Parmi les patients qui ont vécu la N.D.E., 60 % rapportent qu'ils ont ressenti une paix indicible[8]. Or ce sentiment est traditionnellement associé à la séparation de l'âme et du corps. Le christianisme a en effet repris l'image grecque de la délivrance de l'âme, enfin relâchée du corps-prison, du corps-tombeau selon le calembour de Platon dans le *Gorgias : sôma* [corps] — *sêma* [tombeau].

> Ainsi qu'un prisonnier qui, jour & nuict, endure
> Les manicles aux mains, aux piedz la chaigne dure,
> Se doit bien resjouir à l'heure qu'il se voit
> Délivré de prison, ainsi l'homme se doit
> Resjouir grandement, quand la Mort luy delye
> Le lien qui serroit sa miserable vie...
>
> Ronsard, « Hymne de la mort ».

Le jour de la mort est donc « un jour de délivrance » (Bossuet, *Oraison funèbre du Père Bourgoing*).

> Je te salue, ô Mort ! Libérateur céleste...
>
> Lamartine, *Méditations poétiques,* V.

Le chrétien devra ensuite être libéré de l'enfer, la mort de l'âme, dont le ***libera***, psaume chanté lors des funérailles, prie Dieu de le protéger : « *Libera me, Domine, de morte aeterna...* ». Mais le mot est passé dans la langue profane avec l'expression ***chanter un libera***, « être débarrassé de quelque chose », attestée au XVIIIe siècle et encore relevée au Québec : « T'sais, si t'as laissé ta barouette dehors depuis trois jours, tu peux chanter son libéra à st'heure ! » (Jacques Cellard, *Ça ne mange pas de pain).* On l'a d'abord dit des humains : ***on lui a chanté son libera***, « il est mort ».

Sans toujours référer à la croyance chrétienne, cette image de délivrance est un *topos* non seulement de la philosophie et de la littérature, mais du discours ordinaire. Même s'il ne s'agit pas de détacher l'âme des chaînes du corps, la mort libère du poids de l'existence et de ses maux. Celle que Rimbaud appelait : « O Mort mystérieuse, ô sœur de charité ! » (*Poésies,* « Les sœurs de charité »), est plus que jamais accueillie, avec la question actuelle de l'euthanasie, comme l'ultime analgésique : ***il a été délivré d'une longue maladie*** ou ***de ses souffrances***, comme en anglais *he is out of his misery*, est une annonce plus rassurante que « il est mort ». On disait au milieu du XVIIe siècle : ***il est guéri de tous ses maux*** et ***il n'a plus besoin de mire*** [médecin]. ***Quand le mal est de mort, le seul remède est de mourir***, ajoute un proverbe gascon.

La langue familière et l'argot donnent aussi une réinterprétation matérialiste de la délivrance promise par le christianisme. Après ***les dents ne lui font plus mal*** (1640), ***il n'a plus mal aux dents***, relevé par Furetière en 1690, se trouve encore aujourd'hui : la mort guérit de la douleur. Aussi la corde du pendu s'appelle-t-elle ***herbe à tous maux*** (1656). L'assassinat s'exprime en termes médicaux : ***opérer quelqu'un***, qui a d'abord signifié « guillotiner » (1881), a pris vers 1950 le sens de « tuer au revolver » ; cette arme est d'ailleurs, dans le langage des forçats en 1921, un ***remède***, — et l'on sait qu'elle projette des ***valdas*** (1918), des balles qui doivent ce nom à une marque de pastilles pour la gorge. Une analogie de forme peut expliquer ***seringue***, qui désigne toutes sortes d'armes à feu depuis le XVIIe siècle, mais la métaphore n'est certainement pas étrangère à l'idée que la mort est l'ultime remède. San-Antonio la renouvelle en disant d'un homme mitraillé qu'il est mort ***d'une injection d'acier*** (*Maman, les petits bateaux*).

Esnault relève ***apaiser***, « tuer », avec suspicion : le mot a été faussement attribué à Lacenaire. Peut-être a-t-il été suggéré par ***juge de paix***, qui désignait une trique à la fin du XVIIIe siècle, et aujourd'hui une arme à feu :

> Sans trac Armand a précédé Arsène dans la carrée aux oiseaux, sans calibre dans les reins, son *juge de paix* le follingue l'a gardé en fouille.
>
> Albert Simonin,
> *Du mouron pour les petits oiseaux.*

Mais l'américain a l'équivalent *to cool*, « (s') apaiser, (se) calmer », « mourir », « tuer ».

Suspect aussi, ***la grande soulasse sur le trimar***, « l'assassinat sur les grands chemins », vient d'une lecture erronée des *Mémoires* de Vidocq, où *le soulasse* est le jeu et non le meurtre. Hugo s'y trompe dans *Le dernier jour d'un condamné :*

> Leur coire [= chef] me proposa d'être des leurs, on faisait *la grande soulasse sur le trimar*. J'acceptai, et je me mis à tuer pour vivre.

Mais peu importe qu'il s'agisse de créations personnelles ou d'un argot mal compris : l'usage de ces mots dans ce sens-là montre à quel point l'idée de soulagement est commune. *Soulasse* vient en effet de l'ancien français *solas*, « consolation, soulagement ».

Car votre mort en vous se moque de vos pièges
et se glisse au serré du plus tendre baiser
remonte à la surface et plus vive que liège
plus souple que l'osier

s'empare de ce cœur qui se croyait léger
l'alourdit le surprend le presse et le défait
et fait de ce vivant de *vivre soulagé*
un mort très stupéfait

Claude Roy, « Contre-temps », *Mourir.*

LE RETOUR À DIEU

Séparés par la mort, l'âme et le corps sont censés retourner chacun à son origine, l'une à Dieu et l'autre à la terre :

La poussière retourne à la terre, selon ce qu'elle était, et le souffle retourne à Dieu qui l'avait donné.

L'Ecclésiaste, 12,7.

Bossuet reprend ce passage dans son *Oraison funèbre d'Henriette d'Angleterre :*

Car, comme il est nécessaire que chaque chose soit réunie à son principe, et que c'est pour cette raison, dit l'Ecclésiaste, que le corps retourne à la terre, dont il a été tiré, il faut, par la suite du même raisonnement, que ce qui porte en nous la marque divine, ce qui est capable de s'unir à Dieu, y soit aussi rappelé.

La mort n'est donc pas découverte de l'inconnu, mais au contraire retrouvailles, que notre vocabulaire le plus convenu dit en termes de retour et de restitution.

Le défunt ***a rendu l'âme, l'esprit***, ou dans la langue classique ***la vie***, c'est-à-dire qu'il a rendu à Dieu ce qui lui appartenait :

> Jusqu'au dernier soupir de malheurs poursuivie,
> *Je rends* dans les tourments *une pénible vie.*
>
> Racine, *Phèdre*, IV, 6.

Mais comme il n'est pas toujours certain que Dieu l'accepte, le mourant le prie par la ***commendatio*** : « *in manus tuas Domine commendo spiritum meum* », « en tes mains, Seigneur, je remets mon âme », et les survivants font le vœu ***que Dieu ait son âme***. Lorsque le jeune Louis XIV reçut l'annonce que le cardinal de Mazarin venait de « rendre son âme à Dieu », un courtisan intervint : « Sire, je doute que Dieu l'ait acceptée.[9] » Car il est des âmes vouées au diable, non que les imprécations traditionnelles soient réellement tenues pour efficaces (***que le diable l'emporte !, envoyer au diable***), mais parce qu'elles lui ont déjà été données : ***se donner au diable***, « se désespérer », désigne un péché mortel qui voue son auteur à l'enfer. Toutefois, comme on n'ose jamais supposer qu'un mort « a rendu son âme au diable », l'expression n'est pas lexicalisée. On ne dit pas non plus « il est parti au purgatoire » pour « il est mort », sauf en des inventions personnelles et fantaisistes :

> En effet, Tacaba, à l'heure actuelle, doit être persuadé que *je suis en route pour le purgatoire.*
>
> San-Antonio,
> *Réglez-lui son compte.*

En revanche, la restitution à Dieu s'exprime encore par d'autres images, comme le rappel et le retour. Celui que ***Dieu a rappelé à lui*** après l'avoir envoyé sur terre obéit à l'ordre de revenir : ***il est retourné à Dieu***.

Une expression abondamment illustrée par l'art chrétien infléchit ces images vers la représentation d'un retour à l'enfance, sinon à la mère : ***le sein d'Abraham***, lieu de repos des justes avant la venue du Christ, a désigné plus tard le paradis. Son origine se trouve

dans la parabole du mauvais riche et du pauvre Lazare, que raconte l'Évangile de Luc (16,22) : « Or donc, le pauvre mourut et fut emporté par les anges dans le sein d'Abraham. » On voit ainsi de petites âmes à l'aspect enfantin grimper sur les genoux du patriarche (à Rampillon, Seine-et-Marne), ou s'entasser dans une nappe qu'il tient devant lui (Reims)[10].

Mères, cessez vos cris et soyez consolées
Voyant vos nourrissons de vos mains enlevés,
Car de votre giron leurs âmes sont volées
Dans le sein d'Abraham, le père des sauvés.

Robert Estienne, *Hymne des Innocents.*

Les morts retournent aussi ***dans le sein de Dieu*** :

> Retournez donc dans *le sein de Dieu* d'où vous étiez sortie, âme héroïque et chrétienne !
>
> Massillon, *Oraison funèbre de Louis-le-Grand.*

ou encore ***dans son giron*** :

> Tout meurt, l'âme s'enfuit, et, reprenant son lieu,
> Extatique, se pâme *au giron de son Dieu.*
>
> Agrippa d'Aubigné, *Les Tragiques,* VII.

L'idée d'un retour à l'origine n'a donc pas échappé à la représentation très répandue de la mort comme retour au sein de la mère, mais celle-ci s'est fondue dans un patriarche ou un Dieu-père maternel, en qui se superposent les figures parentales.

Ces images, malgré leur extrême banalité dans la langue, ne semblent pas avoir influencé l'expression populaire de la mort, qui a des connotations plus conviviales que familiales, et attend moins de Dieu que de son entourage. Familièrement, on dit plus facilement ***il est allé au ciel*** que ***il est retourné à Dieu***. Ce ciel est d'ailleurs un espace concret, et en cela fidèle à la littérature chrétienne elle-même qui, inspirée par les formules évangéliques promettant aux élus qu'ils seront assis à la table du banquet ou sur des trônes (cf. Luc, 22, 30), se représente l'âme dans la position d'un corps : Ronsard, par exemple, la voit *assise entre les anges* (« Sur la mort de Marie ») ou *assise auprès de Dieu* (« Hymne de la Mort »). Plus irrévérencieuses mais du même ordre sont les expressions de René Fallet :

> Elle m'aimait aussi vrai qu'elle est aujourd'hui *perchée au ciel,* la pauvre petite enfant...
>
> *Les Vieux de la vieille.*

ou de San Antonio :

> Comme quoi, si je n'avais pas été claustrophobe, je serais probablement *assis sur un nuage* à l'heure actuelle.
>
> *Réglez-lui son compte.*

Dans ce paradis familier, on a moins volontiers affaire à Dieu qu'à ses saints, contrairement au proverbe. Quand le discours religieux dit ***il s'est présenté devant Dieu***, une langue moins conventionnelle préfère : ***il est passé devant saint Pierre***, ou, en moins aimable, ***il est allé se faire voir chez saint Pierre***. Comme en témoignent de nombreuses « histoires drôles » sur les déboires qui attendent les défunts à l'entrée du paradis, saint Pierre est considéré comme le portier céleste en raison des clefs que l'iconographie lui attribue selon la parole du Christ : « Je te donnerai les clefs du royaume des Cieux... » (Matthieu, 16, 19). A Lyon, c'était au XIXe siècle un expressif ***saint Gravier*** qui accueillait les nouveaux arrivants dans un espace ambigu qui pouvait être aussi bien le paradis *(saint)* que le cimetière *(gravier)*. Un malade qui se voyait perdu n'avait plus qu'à ***se recommander à saint Gravier*** en se consolant : ***saint Gravier guérira tout.***

LE RETOUR À LA TERRE

La même logique du retour à l'origine destine le corps à la terre dont il a été formé depuis Adam, qui tient son nom de l'hébreu *adama*, « la glèbe » : « C'est à la sueur de ton visage que tu mangeras du pain jusqu'à *ton retour au sol*, car de lui tu as été pris » (Genèse, 3, 19).

> Item, mon corps j'ordonne et laisse
> A nostre grant mere la terre ;
> Les vers n'y trouveront grant gresse,
> Trop luy a fait fain dure guerre.
> Or luy soit délivré grant erre : [rapidement]
> *De terre vint, en terre tourne ;*
> *Toute chose, se par trop n'erre,*
> *Voulentiers en son lieu retourne.*
>
> François Villon, *Le Testament,* LXXXVI.

En revanche, ***la bienheureuse terre des vivants*** est le paradis, d'après une expression biblique (Psaumes, 26, 13 ; 141, 6) :

> Ainsi est mort le Père Bourgoing ; et voilà qu'étant arrivé *en la bienheureuse terre des vivants,* il voit et il goûte en la source même combien le Seigneur est doux [...].
>
> Bossuet, *Oraison funèbre du Père Bourgoing.*

Bibliques aussi, diverses expressions évoquent le retour à la poussière de la Genèse (3, 19) : « Car poussières tu es, et à la poussière tu retourneras. » Les morts sont les ***habitants de la poussière*** (Isaïe, 26, 19), ils ***dorment au pays de la poussière*** (Daniel, 12, 2), ***se sont couchés dans la poussière*** (Job, 7, 21 ; 21, 26), ***sont descendus dans la poussière*** (Psaumes, 90, 3). Ces locutions, qui sont toutes passées dans la littérature chrétienne, ne désignaient pas seulement, dans la Bible, la terre où les morts sont inhumés, mais aussi l'autre monde, le Sheol, où les ombres errent comme dans les enfers d'Égypte et de Mésopotamie, eux aussi lieux de poussière, car dans ces pays où l'eau vitale est rare, la sécheresse représente la mort[11]. Enfin, ***la poussière humaine***, ou tout simplement ***la poussière***, désigne les derniers restes, les cendres, qu'une langue plus recherchée ou poétique appelle aussi ***la poudre*** (c'est ainsi que les traductions classiques de la Genèse rendent le mot qui signifie « poussière ») :

> C'est bien connu
> la terre est la poudre des morts
> la nourrissante poudre
> sans laquelle O paradoxe
> la vie ne saurait exister
>
> Bernard Noël, *L'été langue morte.*

Destinataire des morts et origine de la vie, la terre est la figure universelle de la mère[12], ***la terre-mère*** au ventre de laquelle chacun retourne. Mais dans les temps modernes, elle s'est confondue avec la ***mère-patrie*** pour remplacer dans le culte héroïque des morts *le sein d'Abraham* ou *le sein de Dieu*. C'est pourtant la même fusion des figures parentales qui s'accomplit dans cette expression paradoxale où l'assemblée des pères *(patria / pater)* devient maternelle pour accueillir ceux qui se sont sacrifiés. Certes, le corps retourne à ses pères terrestres comme l'âme à son Père céleste : les locutions familières ***aller ad patres***, « mourir », et ***envoyer ad patres***, « tuer », remontent à la formule biblique ***se coucher avec ses pères***, « mourir ». On en trouve des variantes comme ***aller voir ses aïeux, aller chez ses pères***, chez La Fontaine :

> Le médecin Tant-pis allait voir un malade,
> Que visitait aussi son confrère Tant-mieux.
> Ce dernier espérait, quoique son camarade
> Soutînt que le gisant *irait voir ses aïeux.*
>
> « Les Médecins », V, 12.

> Enfin se sentant prêt de terminer ses jours,
> Mes chers enfants, dit-il, *je vais où sont nos pères.*
>
> « Le Vieillard et ses enfants », IV, 17.

Les Italiens disent de même *andare a patrasso*, « aller *ad patres* », et les Anglais *to be with one's fathers,* « être avec ses pères ». Toutes ces expressions sont logiques dans un système patrilinéaire qui définit l'individu par son origine paternelle, mais qu'on ne les trouve plus que dans la langue familière, toujours ironique, témoigne peut-être d'un affaiblissement du système : on n'évoque plus ce retour aux pères sans quelque insolence. Quant au discours sérieux sur la terre-mère-patrie, il rend les pères maternels comme si le vieux mythe de la mort-mère avait fini par triompher.

LE DOUBLE EN TIERS

Parallèlement à ces représentations officielles qui mettent le corps d'un côté et l'âme de l'autre, du moins jusqu'à la résurrection finale, notre folklore a maintenu des croyances moins tranchées. L'âme ne quitte pas le corps facilement, elle traîne un certain temps dans la maison, et il faut des actions plus ou moins coercitives pour la forcer à s'en aller[13]. L'invention du Purgatoire a renforcé ces conceptions, car on suppose que les âmes assignées dans ce lieu de transit, et non pas fixées définitivement en enfer ou au paradis, en sortent et reviennent sur terre pour demander des prières. Elles peuvent réanimer leurs corps, comme dans les danses des morts qui ont été les premières formes de la danse macabre, ou dans le cas des vampires. Elles peuvent aussi prendre des apparences indépendantes de celles qu'elles ont eues pendant leur vie, par exemple sous la forme d'un feu follet ou d'un animal. Quoiqu'il en soit, ces âmes ne sont pas immatérielles, elles ont certaines propriétés des corps, et inversement, les corps inhumés peuvent conserver leur principe vital : les locutions courantes ***à réveiller les morts*** et

se retourner dans sa tombe, qui supposent qu'un bruit ou un scandale peuvent troubler le repos des morts, sont des traces de cette croyance.

L'âme visible, dotée d'une apparence, s'appelle ***un double***[14]. En Grèce, le mot *eidôlon* (dont nous avons tiré *idole*) désigne une reproduction des traits, une image et un fantôme. En latin comme en français, les âmes des morts sont ***des ombres***, donc des formes à l'image des corps. Edgar Morin pense qu'***ombrageux*** (qui prend au XVIe siècle le sens de « soupçonneux ») qualifie « un homme dont l'irritabilité est analogue à celle des morts », et que ***porter ombrage*** « signifie jeter un mauvais sort ». Même l'argot fait allusion à ces idées, avec l'expression ***restituer sa doublure***, « mourir » (1867), qui ajoute à la représentation de l'âme comme double celle de la doublure d'un vêtement, en l'occurence le corps, la dépouille.

Ce double peut se manifester durant l'existence en se détachant du corps pendant un rêve ou une syncope. Dans le vaudou, il porte le nom de ***Ti-bon-ange*** ; c'est l'âme qui nous quitte quand nous dormons, variante de l'ange gardien, à moins qu'au contraire l'ange gardien ne soit une variante du double. Ce dernier apparaît aussi pour annoncer la mort, comme le *Doppelgänger* des ballades allemandes, qui se montre aux chevaliers proches du trépas. Littré ne le connaît que dans ce moment-là : « double : dans certaines superstitions populaires, fantôme qui présente l'image d'une personne menacée de mort ».

L'opposition de l'âme et du corps n'est donc pas radicale dans ces représentations, qui certes maintiennent les deux natures, mais conçoivent l'une à la semblance de l'autre, et les montrent toujours susceptibles de se conjoindre. Pour préserver l'idée d'un principe absolument immatériel, il faut introduire dans cette dyade un troisième terme et distinguer le ***corps*** physique, l'***âme*** qui ne l'est pas, et l'***esprit*** intermédiaire, susceptible de se manifester. Le sens de « revenant » donné à ce mot, courant dans la langue classique qui pouvait d'ailleurs s'en amuser en disant d'un homme malin ***il a couché au cimetière, il a de l'esprit*** (1640), ce sens s'est largement répandu avec l'invention du ***spiritisme*** au XIXe siècle.

C'est en 1848, dans l'État de New-York, qu'ont tourné les premières tables. Le nom de *spirit-rapper*, ou *rapping-spirit*, « esprit frappeur » (*to rap*, « donner un coup sec »), nous a fourni le mot ***spirite*** en 1858, et ***spiritisme*** en 1863. Le ***médium*** nous est arrivé en 1854, de l'anglo-américain *médium*, apparu en ce sens l'année précédente. Certes, la ***nécromancie*** qui fait parler les morts était une pratique de l'Antiquité, et nous avons emprunté le mot grec depuis le XIIe siècle ; mais elle restait du domaine réservé de la magie, tandis qu'à partir du XIXe siècle, n'importe qui peut s'essayer au spiritisme. Cette convocation des morts dans ce qui ressemble souvent à un jeu de société montre une curieuse familiarité avec un autre monde qu'on se représente bien proche.

Le vocabulaire spirite, par ses ambiguïtés, souligne la difficulté de concevoir l'immatériel. Les doubles susceptibles de se manifester dans le spiritisme s'appellent aussi bien des ***esprits*** que des ***corps astraux, corps éthérés*** ou ***éthériques, corps fluidiques.*** Les mots ***corps*** et ***esprit*** sont donc ici interchangeables. Le nom de ***corps*** dit bien que dans une certaine mesure ces esprits participent de la matière. Ils conservent une forme qui ressemble à celle du corps, ils peuvent voir et sentir, et même laisser des traces de leur passage. Un vivant peut extérioriser son corps astral dans une expérience, volontaire ou non, de ***dédoublement*** ou ***bilocation.***

Pour sauver le spiritualisme en maintenant l'existence d'un principe plus purement immatériel, certains spirites ont donc distingué un troisième terme. Il y a alors la matière, le ***corps physique*** ; l'***esprit*** au sens normal du mot, parfois appelé ***âme*** ; et le ***périsprit*** qui participe des deux et équivaut au ***corps astral*** ou au ***double***. Mais d'autres donnent au principe immatériel le nom de ***corps causal*** pour le distinguer du ***corps***

astral doté d'une existence matérielle, et ils réintroduisent ainsi le corps là où ils voulaient l'éliminer...

Ces ultimes avatars de l'âme et du corps montrent que le dualisme ne va pas de soi. Lorsque, pour le préserver, on imagine un troisième terme qui devrait permettre de maintenir l'idée d'un pur esprit, on le baptise du nom de *corps* ! Il est bien difficile de concevoir l'immatériel sans se le *représenter*, c'est-à-dire lui attribuer une apparence physique. Aussi les mots de la mort, même lorsqu'ils parlent d'âme, évoquent-ils encore les corps et la vie.

III. Descendre au tombeau et monter au ciel

Les destinées respectives de l'âme et du corps s'opposent dans la figuration d'un espace vertical où l'une monte quand l'autre descend. De nature aérienne et légère, l'esprit est aspiré vers le haut tandis que le corps, grossier et pesant, retombe en terre :

> Ainsi l'esprit, froissant la mortelle closture
> Du corps appesantis, prompt, leger, vif, et chaud,
> Aspirant vers le ciel, fait que le cors deffaut
> Comme lourd et grossier dedans la sepulture.
>
> Jean-Baptiste Chassignet, *Le Mespris de la vie et consolation contre la mort,* LXXXIV.

LA MONTÉE ET L'ENVOL

Les images de l'ascension, souvent spécifiée comme un envol, ne sont pas propres au christianisme. Le *ba*, double, esprit ou âme pour les Égyptiens, montait sous forme d'oiseau vers les étoiles, et si le roi seul en avait le bénéfice à l'origine, la croyance s'est généralisée au Nouvel Empire. En Grèce et à Rome, diverses doctrines, notamment le pythagorisme et l'orphisme, voyaient l'âme comme une parcelle du feu céleste qui remonte parmi les astres. Les monuments funéraires la représentaient comme un oiseau, ou bien portée par un aigle ou un vautour.

Certaines traditions populaires ont retrouvé ces croyances : en Bretagne, l'âme s'échappait du corps sous l'aspect d'un oiseau ou d'un papillon ; dans les Landes, on enlevait une tuile du toit, lorsque quelqu'un agonisait, pour faciliter son envol ; et un peu partout, les étoiles filantes sont saluées comme les âmes des morts. Il est d'ailleurs curieux que l'idée antique d'un séjour parmi les astres se retrouve aujourd'hui sur la couverture d'un dépliant publicitaire du Centre funéraire de Robermont, en Belgique, dont la première page présente sur fond de ciel la phrase : « *Ils sont allés compter les étoiles...* », et la dernière : « *... ils reviendront quand toutes seront comptées.*[1] »

L'Assomption : Marie enlevée par les anges.

La montée ou le vol sont surtout des images du langage chrétien : ***il est monté au ciel, son âme s'est envolée*** ou ***il s'est envolé.*** On réserve au Christ le mot d'***Ascension***, tandis que l'***Assomption*** (du latin *assumere*, « prendre avec soi ») désigne l'élévation de la Vierge, ressuscitée par son fils trois jours après sa mise au tombeau, et transportée au ciel avec un cortège d'anges : dans ces deux cas, le corps monte avec l'âme. La tradition veut en effet que l'âme de Marie, après s'être envolée à sa mort, ait été remise dans son corps par le Christ avant que tout son être ainsi reconstitué ne reparte vers les cieux[2]. Le mot ***assomption*** exprime un enlèvement passif, à la différence d'***ascension*** : Marie est d'abord portée par les anges. Mais sous l'influence de l'Ascencion, elle finit par monter seule et se trouve même, parfois, dotée d'ailes.

Les images ascensionnelles, longtemps usitées dans la littérature, sont aujourd'hui moins répandues, comme l'indique une chanson de Renaud :

> Il est parti comme disent les poètes
> *Y s'est pas envolé comme disent les curés*
> Un matin d'décembre d'un cancer tout bête
> L'a cassé sa pipe il a calanché.
>
> « Oscar », *Mistral gagnant.*

L'attribution aux seuls « curés » ne rend pas exactement compte de l'usage qui, le plus souvent, réserve ce type d'expression à l'enfance : soit qu'on l'adresse à un enfant pour lui expliquer la disparition d'un proche, soit qu'on l'emploie pour exprimer la mort d'un enfant. Mais dans ce dernier cas, l'image de l'âme ailée se confond avec celle de l'ange que le christianisme populaire s'obstine à reproduire malgré la théologie officielle. Le nom de la ***messe des anges***, qui est célébrée lors des funérailles d'un petit baptisé mort avant l'âge de raison, signifie seulement qu'il va tout droit en Paradis auprès des anges, mais a favorisé la croyance qu'il se métamorphose lui-même en ***petit ange***, comme le désignent beaucoup d'épitaphes, et comme le confirme la sculpture funéraire. Pourtant, négligé pendant des siècles, souvent mis à l'écart dans un carré spécial du cimetière, anonyme ou signalé par son seul prénom, l'enfant mort en bas-âge n'a pas toujours été l'objet d'un culte attentionné. Et il se trouve encore plus exclu s'il n'a pas été baptisé, puisque l'Église ne lui promet que ***les limbes***, cette zone neutre aux limites (en latin *limina*) du paradis... ou de l'enfer :

> Pierre Chrysologue, au cinquième siècle, imagina *les limbes*, espèce d'enfer mitigé, et proprement bord d'enfer, où vont les petits enfants morts sans baptême.
>
> Voltaire, « Baptême », *Dictionnaire philosophique.*

Mais au XIXe siècle, quand la mortalité infantile commence à paraître scandaleuse, « l'angélisation »[3] des tout-petits se développe dans les milieux chrétiens en dépit de l'enseignement de l'Église. Les épitaphes dédiées aux « petits anges » se multiplient alors. Plus curieuse encore, l'expression ***faiseuse d'anges***, « avorteuse » (XIXe ; en allemand, *Engelmacherin*, même sens), laisse entendre que même le fœtus pourrait bénéficier de cette métamorphose.

En dehors de ce contexte où l'envol de l'âme reste une image vivace, le langage courant ne l'évoque plus guère. Quant au vocabulaire plus familier, il distingue bien la montée dans les airs de la ***mise en l'air*** par laquelle Madame de Sévigné annonçait la mort de la Brinvilliers :

> Enfin c'en est fait, la Brinvilliers *est en l'air* : son pauvre petit corps a été jeté, après l'exécution, dans un fort grand feu, et les cendres au vent ; de sorte que nous la respirerons, et par la communication des petits esprits, il nous prendra quelque humeur empoisonnante dont nous serons tous étonnés.
>
> Lettre du 17 juillet 1676.

Le texte joue sur le sens concret (« les cendres au vent ») et sur le sens de ***mettre en l'air***, « mettre en désordre, défaire », qui se disait déjà de la mort au XIIIe siècle : elle prend le plus fort comme le plus faible, et « *tost le fait souin metre en l'aire* », « elle a

Le Christ ramène Adam,
Ève et les Justes des Enfers.

vite fait de le mettre en l'air » (Robert le Clerc d'Arras, *Les Vers de la Mort*, vers 1265). L'argot dit encore ***envoyer en l'air, mettre en l'air***, pour « tuer ». Dans le poissard du XVIIIe siècle, ***mettre l'âme au vent à quelqu'un***, « le tuer », serait selon Charles Nisard « une locution gâtée par le peuple », qui n'aurait pas compris *mettre lame au vent*, « dégaîner ». C'est prendre « le peuple » pour idiot, et oublier son goût pour les jeux de mots.

Mais le plus souvent, l'argot ne connaît comme montée que celle, bien réelle, de l'échafaud, dit ***l'abbaye de monte-à-regret*** (1628, Chéreau), puis ***l'abbaye de mont à regret*** ou ***le mont à regret***. L'expression a eu un regain de fortune avec la guillotine, comme en témoigne l'erreur de Balzac, qui la date de la Révolution :

> En 1790, Guillotin trouve, dans l'intérêt de l'humanité, la mécanique expéditive qui résout tous les problèmes soulevés par le supplice de la peine de mort. Aussitôt les forçats, les ex-galériens, examinent cette mécanique placée sur les confins monarchiques de l'ancien système et sur les frontières de la justice nouvelle, ils l'appellent tout à coup l'abbaye de Monte-à-regret !
>
> Balzac, *Splendeurs et misères des courtisanes.*

Dans *Les Voleurs* de Vidocq, cela devient ***l'abbaye de monte à rebours***, qui retrouve peut-être le sens premier de l'expression où *regret* aurait été une mauvaise graphie de *regrès* : en effet, le condamné montait à reculons les échelons de la potence. Le *Dictionnaire d'argot moderne* de Sandry et Carrère relève encore, en 1953, ***approcher du ciel à reculons***, « être guillotiné », qui superpose l'image argotique à l'image chrétienne traditionnelle. Un autre jeu de mots a donné ***l'abbaye de Saint-Pierre*** (milieu XIXe), où l'on retrouve le fameux portier des morts, mais qu'il faut entendre aussi comme « cinq pierres », car on dressait la guillotine devant la Grande Roquette sur cinq dalles de granit ; d'où ***la chapelle aux cinq marches***,

« l'échafaud ». On rencontre le même jeu ironique sur les mots d'origine chrétienne dans le nom donné à ces marches, ***la montante du calvaire*** (fin XIXe).

Dernière variante sur ce thème, et la plus répandue, le verbe ***but(t)er***, « tuer » (1821), vient probablement de ***butte*** qui désigne l'échafaud comme une hauteur où il faut monter, de la même manière que *mont à regret* ; Villon appelait le gibet de Montfaucon ***la montjoye***, parce que la potence était dressée sur une butte, une *montjoie*, d'abord un tas de pierres commémorant une victoire. Par métonymie, ***butte*** signifie aussi « décapitation ». Esnault cite l'exemple donné par un forçat de Brest en 1821 : « A rifauder les paturons [brûler les pieds] *on va droit à la butte.* »

Mais l'étymologie qu'il propose suggère une image opposée à celle de la montée, car il fait dériver ***butte*** du sens de « jeu du bouchon à abattre » (Normandie). Il aurait pu ajouter que ***butter*** se dit d'un cheval qui heurte des pierres en marchant, et plus généralement de quelqu'un qui achoppe, trébuche. Car il relève ailleurs le mot ***trébuchet***, « guillotine » (1847), de ***faire le trébuchet*** (Vidocq, 1828), « être guillotiné » : la *bascule* de la guillotine évoque le piège dit *trébuchet* qui fait basculer les oiseaux dans une cage. Il faut enfin verser au dossier un autre verbe ***buter***, « frapper, heurter », qui est probablement le même que ***butter***, « heurter une pierre », bien que Littré les distingue. C'est une déformation, par attraction de *but*, de l'ancien *boter, bouter*, « frapper, renverser » (cf. italien *botta*, ancien français *bot, bote*, « coup » — d'où la *botte d'escrime*), qui a donné *culbuter*.

Faut-il choisir, comme le font les lexicographes ? Ce serait négliger le principal mécanisme de création de la langue familière qui, avec sa liberté d'invention, facilitée par l'ignorance de l'étymologie, n'hésite pas à *condenser* plusieurs mots, plusieurs sens, comme dans le rêve. ***Butte*** et ***butter*** peuvent très bien rassembler dans une métaphore polysémique la montée, le coup et la chute que bien d'autres mots expriment à propos de la guillotine.

LA DESCENTE ET LA CHUTE

Plus nombreuses, les images de chute et de descente suivent en trois moments la progression du corps qui s'abat puis qu'on descend au tombeau, et dont enfin le double ou l'âme risque de s'enfoncer vers les régions infernales. La mort est un mouvement vers le bas qui commence dès que, malade, on ***est bien bas***, on ***est au plus bas*** (un Anglais est alors « à marée basse », *to be at a low ebb) :*

> — Quoi ! l'oncle de Messieurs serait défunt !
> — Hélas ! il ne vaut guère mieux, tant le pauvre homme *est bas* !
>
> Regnard, *Le Légataire universel.*

Tuer se dit ***foutre en bas*** dès 1791.

Puis la descente continue jusqu'à ***la basse***, la terre :

> Crever ! Ingurgiter son bilan et remercier son boulanger... Croustiller de la sorgue [= nuit, obscurité] et de l'asticot dans le fin fond de *la basse*... Misère et corde.
>
> Nonce Casanova, *Le Journal à Nénesse, 1909.*

Au-delà, ce sont les Enfers, *inferna*, « les régions d'en-bas », que les Mésopotamiens aussi appelaient *l'En-Bas*, ou le Sheol biblique nommé *les profondeurs*, bref ***les pays bas*** (Scarron, *Le Virgile travesti*). Celui qui s'est lui-même baptisé *homo erectus*, dressé à la surface du sol, doit tomber de sa hauteur jusqu'à des fonds où même les bêtes ne vont pas puisque l'enfer n'est pas pour elles...

La mort comme chute apparaît d'abord dans quelques termes d'origine latine. Le mot ***tombe*** n'a rien à voir avec cette image, car il dérive du grec *tumbos*, « tumulus » ; mais la poésie joue volontiers de ses suggestions en le faisant rimer ou en l'associant avec « *(il) tombe* » :

> Si nous péchons, *nous tumbons au tombeau.*
>
> Marguerite de Navarre,
> *Dialogue en forme de vision nocturne.*

L'un vit treslonguement, l'autre dès le berceau
Aussi tost mort que né dans la fosse devale,
L'un touche jusqu'au seuil de la vieillesse palle,
L'autre au verd de ses jours *tombe dans le tombeau.*

J.-B. Chassignet, *Le Mespris de la vie,* XXVI.

En revanche, ***cadavre*** vient de *cadaver*, formé sur *cadere,* « tomber », qui est resté dans l'italien *cadere,* « tomber » et « mourir ». ***Succomber*** (lat. *succumbere*) signifie étymologiquement « tomber sous ». ***Tomber***, au sens de « mourir », était courant dans la langue classique mais n'est resté aujourd'hui que dans le vocabulaire héroïque (***tomber au champ d'honneur, tomber à la guerre*** ; l'allemand *fallen* et l'anglais *to fall* s'emploient dans le même contexte militaire), ou dans des parlers régionaux (***tomber de la poitrine***, « mourir d'une maladie pulmonaire »). André de Richaud le renouvelle plaisamment :

Mort jeune, je serais en quelque sorte mort de plain-pied et je serais tombé de moins haut.

Je ne suis pas mort.

Mais diverses expressions le disent autrement. Le fier bipède finit toujours par un faux pas, d'autant que la Mort lui fait des crocs-en-jambe, lui retire ses appuis comme dans *Le Repentir de Rutebeuf :*

N'en voi nul, tant ait grant esfort,
Que des piez [la mort] *n'ost le contrefort,*
Si fet le cors a terre estendre.

Chez Hélimand de Froidmont (vers 1195), elle fait « *les plus cointes esluer* » (glisser les plus prudents) et met partout du verglas pour nous y faire déraper :

Morz, qui nos as toz pris al laz,
Qui en toz lieus *fais verreglaz*
Por nos faire verreglacier

Les Vers de la Mort.

L'image a resurgi dans l'argot avec ***glisser*** (1846), ***se laisser glisser*** (1870), comme en allemand *abrutschen,* « glisser, déraper, mourir » :

Hé ! Spoletta ! T'aurais-t-y pas une dose à me refiler ? Je n'en peux plus. Il faut que je m'en colle une dans la truffe, sinon je vais claquer. Tu voudrais quand même pas que *je me laisse glisser* dans ton commissariat de merde...

P. Combescot, *Les Funérailles de la Sardine.*

ou ***la glisser*** (la pente, 1947) :

En décembre il a failli *la glisser* d'une féroce hémoptysie, alors bien sûr depuis il n'a pas pu travailler à sa convenance.

A. Boudard, *L'Hôpital.*

Les Provençaux font un jeu de mots sur *requiescat in pace*, « qu'il repose en paix », qu'ils reformulent : ***resquihes quand ié passes***, « tu glisses quand tu y passes ».

Lâcher la rampe, « mourir », attesté en 1875, dit la chute de quelqu'un qui perd son appui sur la rampe d'un escalier ou d'une scène de théâtre. C'est le contraire de ***tenir la rampe***, « tenir bon, rester jeune ». Bruant relève dans le même genre : ***lâcher la perche, lâcher pied, perdre pied***, à quoi René Fallet ajoute ***lâcher la bouée*** *(Banlieue Sud-est*, 1947).

L'image plus violente de la culbute s'est imposée avec la guillotine : ***faire la culbute***, qui apparaît dans les *Mémoires* de Vidocq en 1829, c'est passer sur la bascule, donc être guillotiné. Dans *Splendeurs et misères des courtisanes,* La Pouraille emploie le mot ***culbute*** au sens de « décapitation » :

— Ainsi, tu l'institues ton héritière ? Voilà, mon cher, où nous mènent ces gueuses-là, quand on a la bêtise de les aimer...
— Oui, mais ne lui donne rien qu'après ma *culbute* !

Faire la cabriole, « mourir » au XIXe siècle, a d'abord signifié « être pendu » au XVIIIe. Plus récent, ***cascader*** (« mourir », 1928) est fondé sur le sens de « chute, dégringolade » que le mot *cascade* avait familièrement depuis le XVIIe siècle, par exemple à propos des chevaux. Les Wallons disent que le mort ***s'est laissé goutter*** c'est-à-dire choir[4], et les Provençaux qu'il est tombé dans la jarre à huile, comme une souris gourmande (***a toumba dins la gerlo d'olí***)[5]. L'anglais *to fall off the perch*, « tomber du perchoir, mourir », n'est pas moins pittoresque.

Le meurtre s'exprime en des termes analogues. ***Abattre quelqu'un***, au sens propre le jeter à terre sous les coups, ne se disait pour Littré que des animaux mais s'est étendu depuis aux humains tués avec une arme à feu. Le latin *caedere* qui avait le double sens de « abattre un arbre, un mur » et « tuer quelqu'un », a généré des composés que notre langue a empruntés, comme les mots en *-cide* (***homicide, infanticide***, etc.), et le verbe ***occire***, déjà considéré comme vieux par l'Académie en 1694, et désormais déchu dans le langage très familier selon Littré. L'argot de Villon jouait sur *ruer*, « jeter à bas », dans ***aller à Ruel/à Rueil***, « commettre un meurtre » (*Testament*, v. 1672). ***Dégringoler***, « tuer », est d'abord apparu dans l'expression ***dégringoler à la dure*** (1886). Plus fréquent aujourd'hui, ***démolir*** (1833) a le même sens.

Après la chute sur le sol vient la descente en-dessous, du trou de la tombe jusqu'à l'abîme infernal. Les expressions bibliques ***descendre à la fosse, descendre au sheol***, renforcées par les représentations gréco-romaines des enfers, sont passées dans notre langue : ***descendre en terre*** ou ***au cercueil, au tombeau, dans la tombe,***

> Le malheur de ta fille *au tombeau descendue*
> Par un commun trépas,
> Est-ce quelque dédale où ta raison perdue
> Ne se retrouve pas ?
>
> Malherbe, *Consolation à Monsieur du Perrier*.

ou encore ***descendre chez les morts, chez Pluton***, avec des variantes comme dans l'*Oraison funèbre d'Henriette d'Angleterre* par Bossuet :

Elle va descendre à ces sombres lieux, à ces demeures souterraines, pour y dormir dans la poussière avec les grands de la terre...

ou dans les *Méditations* (I, 14) de Lamartine : ***descendre au noir séjour.***

Ces expressions banales dans la langue classique sont aujourd'hui inusitées. Mais le verbe est passé dans l'argot en devenant transitif vers 1830 : ***descendre quelqu'un*** est l'une des plus courantes formules de l'assassinat.

Corollaires de la descente et de la chute, les images bibliques du gouffre et de l'abîme décrivent le Sheol mais se confondent avec le trou de la fosse :

Tu m'as placé au tréfonds de la fosse,
dans les ténèbres, dans les gouffres.

Psaumes, 88, 7.

Comme l'abîme infernal ne terrifie plus beaucoup d'imaginations, c'est le trou seul qui reste dans notre langue. ***Etre dans le trou*** n'est pas relevé par Littré, et n'apparaît en argot que dans le dictionnaire de Larchey en 1878. Mais on trouve déjà le mot dans une épitaphe composée par Piron en novembre 1772 :

Je suis au bout de ma route ;
C'était un vrai casse-cou.
J'y vis clair, je n'y vis goutte ;

Je fus sage, je fus fou.
Enfin je me vois au trou
Que n'évite fou ni sage...

Recueil de poésies.

On dit aussi ***aller au trou***, « mourir ». Mais le trou paraît si profond, même quand il ne communique plus avec les enfers, qu'on disait au XIXe siècle ***être dans le sixième dessous***, « être ruiné ou mort, — forme explétive de "troisième dessous", qui est la dernière cave pratiquée sous les planches de l'Opéra pour en receler les machines » (Delvau, 1867). Il s'y ajoute une idée d'échec puisqu'une pièce de théâtre *tombait dans le troisième dessous* quand elle faisait un four.

Le mot ***fosse***, moins familier, est de norme dans le vocabulaire officiel, par exemple les textes de lois, mais il est resté dans les proverbes et expressions proverbiales comme ***creuser sa fosse avec ses dents***, « avancer sa mort par des excès de table », ***les gourmands font leur fosse avec leurs dents***, ou ***quand Pâques sont en mars, force fosses fraîches*** (Sud-Ouest et Languedoc). En dérive le nom du ***fossoyeur***, qui apparaît en 1328 à partir de *fossoyer*, « creuser une fosse » au XIIIe siècle, et celui de ***la Fossoyeuse***, « la Mort ». Le mot ***caveau*** a un sens voisin, puisqu'il dérive de *cave,* « fossé » (latin *cavus,* « creux », d'où *cava,* « fossé »).

Les noms de la ***tombe*** et du ***tombeau*** sont beaucoup moins clairs dans l'usage courant, et témoignent d'un renversement entre le creux et le plein, le bas et le haut, dans notre représentation du lieu d'inhumation. Etymologiquement, la ***tombe*** n'est pas une cavité, mais au contraire un tas de terre, une élévation, un ***tumulus*** (même étymologie) : le grec ***tumbos***, « tertre ou tumulus funéraire », est formé sur une racine indo-européenne qui signifie « gonfler » et qui a donné aussi *tuméfier, tumescence.* Par extension, *tumbos* a pris le sens de « tombeau » ou « pierre funéraire » : tout ce qui peut recouvrir la fosse. Littré donne encore comme première définition du mot ***tombe*** : « grande table de marbre, de pierre, de cuivre, etc. dont on couvre la fosse qui contient un mort », et de ***tombeau*** : « monument élevé à la mémoire d'un mort au lieu même où il est enterré ». Le simple tas de terre ou la dalle qu'est une tombe, et le monument qu'est un tombeau, sont donc du plein posé sur le creux pour en signaler l'emplacement.

Pourtant, l'usage actuel veut qu'on distingue ***la tombe*** au sens de « fosse », et ***le tombeau***, « monument ». Il est si bien établi qu'un spécialiste comme Jean-Didier Urbain, dans *La société de conservation. Etude sémiologique des cimetières d'Occident*[6], se gausse de ses confrères qui emploient le mot ***tombe*** pour « monument », — alors que ce sens est normal jusqu'à une date récente (Littré cite Béranger : « ériger une tombe »). Il faut au contraire s'étonner que le plein soit devenu du vide, que ce qui désignait à l'origine une élévation de terre désigne à présent le trou ! ***Tombe*** a ainsi remplacé ***fosse*** dans l'expression qui fut d'abord ***avoir un pied dans la fosse*** (1660), seule encore relevée par Littré, mais attestée depuis 1845 avec ***dans la tombe***. Ronsard écrivait plus justement : « ... Leur pied tremblant est desjà ***sur la tombe*** » (« Hymne de la mort »).

Mais le mot ***tombeau*** a déjà subi une confusion de ce genre, puisque diverses locutions, maintenant hors d'usage, lui attribuent le sens de « cavité ». Agrippa d'Aubigné, dont *Les Tragiques* paraissent en 1616, décrit ainsi la résurrection des corps :

> La terre ouvre son sein, *du ventre des tombeaux*
> Naissent des enterrez les visages nouveaux...
>
> Livre VII.

Aux XVIIe et XVIIIe siècles, ***descendre au tombeau, être au bord du tombeau***, sont des expressions fréquentes ; c'est aussi au XVIIIe qu'apparaît ***à tombeau ouvert***, « à une vitesse dangereuse » (comme si la fosse était déjà ouverte pour accueillir l'imprudent). Peut-être faut-il rapprocher ces emplois de ce qu'explique Philippe Ariès à propos du développement des caveaux à la même époque : alors que du XIVe au XVIe siècle les tombeaux des rois s'élevaient, ils « se sont enfoncés et sont descendus sous la terre » aux XVII-XVIIIe, en devenant des caveaux : « La *mort* est ici une descente solennelle sous la terre. [...] L'âme-portrait a beau continuer de monter au ciel sur bien d'autres tombes plus traditionnelles, l'imagination créatrice nouvelle n'est plus sollicitée vers le haut, mais vers le bas. Le mort descend.[7] » Ariès voit là une image du néant, mais associé à la nature : « la nuit de la terre ». Le jour est venu, dit-il, où le tombeau sera transporté en pleine nature. Or l'usage actuel du mot ***tombe*** au sens de fosse s'inscrit dans un contexte analogue puisque les tombeaux-monuments tendent à disparaître et que se développent les cimetières paysagers, où l'emplacement des sépultures est marqué beaucoup plus discrètement : le retour à la terre et l'enfouissement non seulement ne sont plus objets d'horreur, mais sont revalorisés par ceux qui choisissent l'inhumation, par opposition à la crémation. Alors que l'envol de l'âme vers le ciel ne fait plus guère recette, non plus que l'élévation de monuments orgueilleux, la tombe prend la valeur d'une cavité où se réanime peut-être l'image de l'intimité dans la terre-mère. Il est vrai qu'on voit se répandre l'usage de l'incinération, et que 29 % des cendres sont dispersées au vent, ce qui est une forme nouvelle de l'envol ! Mais les résistances sont encore très fortes en France, où l'inhumation l'emporte largement[8].

CAUSERIES DU DIMANCHE

L'OUBLI DES MORTS

LE VOYAGEUR

LE RECEVEUR. — Voici votre ticket pour l'autre monde. Vos bagages sont inutiles et vous retarderont à la douane du Paradis. Emportez surtout des bonnes œuvres. Dépêchez-vous, le train va partir.

LE VOYAGEUR. — J'en ai fait très peu. Mais mes héritiers prieront pour moi.

LE RECEVEUR. — Naïf! ils penseront surtout à votre héritage. Quant à vous, vous serez comme les autres. A peine parti, vous serez oublié.

IV. Mythologies administratives

Compensée par la représentation d'une vie dans l'au-delà, la rupture mortelle avec ce monde-ci est également atténuée par toutes les images empruntées au vocabulaire social : si la fatalité organique arrache l'individu à sa société, celle-ci se prolonge imaginairement en concevant la mort comme un acte juridique, économique et administratif qui reproduit ou reconduit dans l'outre-tombe le système en vigueur ici-bas. Qu'il passe devant un tribunal, qu'il rende des comptes ou qu'il présente ses registres et papiers, le défunt reste ainsi soumis à la loi sociale, quand bien même la loi naturelle de la mortalité semble l'y soustraire pour toujours. La mort est ainsi enlevée à la nature et intégrée comme un prolongement de la culture.

Mais toutes les images qui composent cette représentation dans notre vocabulaire sont propres à des sociétés étatiques disposant de l'écriture, s'appuyant sur une administration, et doublées d'un fort pouvoir religieux. Quand elles conçoivent leur au-delà sur le modèle de leur monde de scribes, légistes, fonctionnaires et prêtres, elles socialisent la mort en la décrivant comme le passage devant une juridiction analogue à la leur, mais elles bénéficient d'une sorte d'effet en retour de la métaphore : le pouvoir temporel peut se conforter de sa ressemblance avec le pouvoir divin, présenté comme modèle de l'administration humaine. Il faut cependant attendre notre siècle pour voir dénoncée cette emprise du politique sur l'individu dans les dernières expressions de la mort.

LA COMPARUTION

L'idée que la disparition d'ici-bas coïncide avec une comparution devant un tribunal divin n'est pas propre au christianisme. Dès l'Ancien Empire égyptien, le souverain défunt était censé traverser un lac avec un passeur-juge qui l'interrogeait et auprès de qui il devait se justifier afin d'être admis au séjour des dieux. Au Nouvel-Empire, le *Livre des Morts* (vers 1600 avant J.-C.) donnait les indications nécessaires pour passer en jugement dans l'au-delà. En Grèce, les grands rois crétois, Minos, Eaque et Rhadamanthe, sont juges des Enfers pour s'être montrés durant leur vie des souverains équitables :

> De quelque part qu'on puisse ici mourir,
> Un seul chemin *nous mène à Rhadamante.*
>
> Ronsard, « Épitaphe de Nicolas Vergece, grec », *Épitaphes.*

Rome, l'islam, le bouddhisme chinois connaissent également ce thème[1].

Dans le christianisme[2], il n'apparaît qu'assez tard et prend d'abord la forme du ***Jugement dernier*** qu'annonçait en particulier saint Matthieu (25, 31-46), mais dont on n'avait pas tenu compte durant des siècles car on pensait que la fin des temps verrait la résurrection simple, sans jugement, de tous les croyants. Mais au XIIe siècle, ce moment devient terrible car devant un Christ *judex*, les ressuscités sont séparés entre les justes qui vont au ciel et les maudits voués à l'enfer. L'iconographie du XIIIe siècle développe cette représentation en entourant le Christ-Juge des apôtres qui forment une cour de justice, et des intercesseurs, comme la Vierge et Jean l'évangéliste, qui jouent le rôle d'avocats.

Enfin, après de longues controverses, le XVe siècle situe le jugement au moment même de la mort, l'individualise en ***jugement particulier*** et le transforme. Les *artes moriendi* (manuels enseignant l'art de mourir) qui prolifèrent alors montrent la chambre du moribond

comme l'arène d'un combat entre les puissances célestes — la Trinité, la Vierge, les anges et les saints — et la troupe des diables ; ceux-ci tentent de séduire définitivement le mourant, ceux-là l'exhortent à résister et à se repentir de ses fautes passées (voir p. 116-117)[3]. Tout se joue donc à l'article de la mort. Mais le jugement proprement dit laisse place à une épreuve où l'homme choisit lui-même sa destinée selon qu'il cède aux tentations des diables ou aux objurgations célestes.

Ces croyances fondent l'expression ***paraître*** ou ***comparaître devant le tribunal de Dieu***, périphrase qui signifie « mourir ». L'***absolution*** et l'***absoute***, bénédictions accordées l'une au mourant et l'autre au mort, tiennent leur nom du terme juridique *absolvere*, « acquitter ». Puis, quand la croyance s'est affaiblie, l'idée d'un jugement est restée en se laïcisant : c'est devant ***le jugement de la postérité*** ou ***le tribunal de l'histoire*** que les morts, au moins les morts illustres, présenteront leur vie et leur œuvre.

Deux autres locutions laïques méritent d'être relevées parce qu'elles sont assez curieuses. Toutes deux font de la mort non pas le passage devant une cour de justice, mais l'exécution d'un jugement qui aboutirait à la prononciation de la peine capitale. ***Se faire justice (à soi-même)***, qui a d'abord signifié « se venger », a pris ensuite le sens de « se suicider », comme si la mort volontaire était un châtiment que l'on s'impose en cumulant les rôles du juge, de l'exécuteur et du condamné (l'italien dit de même : *far giustizia di sé*). Les suicidés sont réprouvés parce qu'ils se soustraient non seulement à la volonté divine qui seule peut décider de l'heure de la mort, mais aussi à la juridiction politique qui partage ce droit avec Dieu en ayant l'exclusivité de la peine de mort.

Autre rôle étrange, celui que la langue attribue au médecin lorsqu'on dit qu'il ***condamne un malade*** (fin XVIe s.) : le savoir médical qui permet d'annoncer la mort se confond ici avec la libre décision d'un juge ! La mort prématurée, ou non naturelle, paraît si scandaleuse qu'on préfère l'expliquer par la responsabilité d'un médecin qui aurait un pouvoir absolu de vie et de mort sur un malade qu'il faut bien imaginer coupable de quelque faute puisqu'il est ***condamné***... Les Italiens disent comme nous *condannare un ammalato,* « condamner un malade », alors que les Allemands, les Anglais et les Espagnols parlent de renoncement à l'espoir, d'abandon (*aufgeben, to give up, desahuciar*), ce qui ne met en jeu ni la responsabilité du médecin ni celle du mourant. L'expression ***il en a appelé***, que Littré donne comme familière, et qui se dit d'un malade ayant échappé à la mort, présuppose la même condamnation, mais laisse croire à la possibilité d'un appel pour modifier le verdict.

Plus que l'image d'un jugement par un tribunal, c'est celle du règlement des comptes qui domine dans la langue.

La première version en est ***la pesée des âmes*** ou ***psychostasie***, que le christianisme a héritée de l'Égypte. Une scène racontée dans le *Livre des Morts* et très répandue dans les représentations plastiques montre le cœur du mort mis en balance avec la légère plume de Maat, la déesse de la vérité et de la justice, cependant que le dieu-scribe Thot vérifie le résultat. Elle est passée dans l'art roman méridional par l'intermédiaire des manuscrits illustrés ; on voit alors l'archange saint Michel peser les âmes dans sa balance tandis que des diables essaient de faire pencher le plateau :

> Morz fait a chascun sa droiture,
> Morz fait à toz droite mesure,
> Morz poise tot a juste pois,
> [...]
> Morz seul set et adevine
> Com chascuns est a droit proisiez.
>
> Hélinand de Froidmont, *Les Vers de la mort.*

c'est-à-dire : « La mort fait à chacun sa justice, fait à tous une juste mesure, pèse tout à son juste poids... la mort seule sait et prévoit comment chacun doit être évalué ». L'idée de jugement se confond avec celle, plus concrète, d'une transaction marchande. Or le mot *balance* est de la même famille que *bilan* car le bas-latin *bilanx*, « à deux plateaux », devenu **bilancia* en latin vulgaire, a donné aussi bien notre *balance* que l'italien *bilancio*, dont nous avons tiré *bilan* au XVIe s. Et si nous avons oublié la pesée des âmes, nous continuons à faire de la mort le moment du bilan : ***déposer son bilan***, « mourir » (1957), implique non seulement la cessation des activités, mais aussi l'opération commerciale qui établit la balance de l'actif et du passif, de ce que l'on possède et ce que l'on doit.

On arrive en effet au ***jour du compte***. L'expression

La résurrection des morts et la pesée des âmes.

a d'abord désigné le Jugement dernier. « *Juste judex ultionis Donum fac remessionis Ante diem rationis* », chante le *Dies irae* que La Fontaine traduisait : « Avant le jour du compte efface entier le mien », en prenant *remissio* au sens de « remise de dette »[4] plutôt que de « pardon ». Dans le même registre, le *Libera* chanté à l'absoute dit la peur du fidèle qui attend la *discussio*, « l'examen, la vérification des comptes ». Puis, lorsque l'on conçut un jugement immédiat, l'obligation de rendre ses comptes fut déplacée au moment de la mort.

L'image a si durablement marqué les imaginations qu'on la retrouve encore dans la prose argotique d'Alphose Boudard :

> Je touche son front. Il est froid. Il est mort... bien mort ! *Il l'a enfin son porte-monnaie !... Avec le Père Éternel il fait ses comptes.* Résonnez musettes !
>
> *L'Hôpital.*

Mais le langage familier considère plus souvent la mort elle-même comme le solde d'un compte, par exemple entre un assassin et sa victime : ***régler le compte de quelqu'un*** et ***avoir son compte*** peuvent signifier « tuer » et « être achevé ». Lorédan Larchey relève dans l'argot troupier ***recevoir son décompte***, « mourir » (le décompte militaire est la comparaison « des délivrances de solde et des perceptions de vivres »). San-Antonio joue avec sa liberté coutumière de toutes ces images :

> ... Tacaba avait l'ordre d'*arrêter mes comptes de fin d'année* avec une balle bien administrée.
>
> *Réglez-lui son compte !*
>
> ... la mourante ouvre lentement la bouche afin d'exhaler un dernier soupir grand format *pour solde et liquidation du compte.*
>
> *Bouge ton pied que je voie la mer.*

Un jeu de mots superpose ici la métaphore du compte et celle de ***liquider***, « tuer » (1928). Dans le vocabulaire juridique et commercial, rendre liquide son avoir revient à le rendre clair et net (de *liquidus*, « transparent ») en déterminant ce qui revient à l'actif et au passif ; on liquide son bien en le vendant pour payer ses dettes ; on liquide un stock en le bradant pour s'en débarrasser. ***Liquider quelqu'un*** évoque donc, comme toutes les images précédentes, le règlement d'un compte et l'achèvement :

> — Docteur, vite !... vous devez vous douter... toute cette gare ici n'est qu'un piège... tous ces gens des trains *sont à liquider*... ils sont de trop...
>
> Céline, *Rigodon.*

L'anglais dit de même *to liquidate* pour des biens, un stock ou un homme, et l'espagnol *liquidar.*

Le moment est donc venu de payer, — ou d'encaisser... Dans le second cas, la mort est, selon la formule de saint Paul dans son Épître aux Romains (6, 23), ***le salaire du péché*** :

> Car le don du Seigneur est la vie éternelle
> *Et la mort du péché le salaire et le pris.*
>
> J.-B. Chassignet, *Le Mespris de la vie...*, CLXIX.

Robert le Clerc d'Arras voit la Mort en rentière qui, selon le sens du mot à l'époque, paye une rente aux humains :

> Mors crie : je suis vo rentiere,
> Paier vos vieng par tel maniere
> Que c'ert mout dolereusement.
>
> *Les Vers de la Mort.*

Mais il est beaucoup plus souvent question d'un mourant débiteur. C'est d'ailleurs le sens de **défunt**, du latin *defunctus*, participe de *defungor*, « s'acquitter d'une dette, payer, être quitte ». La langue française le dit de plusieurs façons : ***payer ses droits, payer tribut, payer sa dette***. Le créancier peut être Dieu, la Mort en personne, ou la nature. Hélinand de Froidmont raconte que la Mort erre partout pour inciter chacun à payer tout son droit à Dieu (« *de paier Dieu trestot son droit* »), et qu'elle tient l'âme serrée jusqu'à ce qu'elle ait payé tout ce quelle doit sans remise ni retour (*Les Vers de la Mort*). Robert le Clerc d'Arras, qui s'adresse à la Mort, lui dit que quiconque a la richesse ou le moindre bien est fou de croire qu'il ne lui paiera pas un tribut là-dessus (« *cuide que ne te pait trüe* »), car en vérité, il le fera au moment de la saisie (« *si fera voir a le destrece* »). Baudoin de Condé, à la fin du XIIIe siècle, précise dans *Les trois morts et les trois vifs* que c'est le corps qu'on paye en tribut (« *Tous et toutes convient devoir A la mort de treü les cors* »), et que la mort y prélève un capital qui ne s'évalue pas en deniers, mais en chair, en peau et en nerfs :

> Mais mors i a tel catel [= capital] pris
> Ke ne devise on pour deniers,
> C'est de char, de cuir et de niers,
> Dont poi [= peu] sur les os nous demeure...

Aussi disait-on d'une personne très malade ou gravement infirme : ***elle est bien hypothéquée*** (1808).

Enfin, on ***paie tribut à la nature***, ce que les Anglais appellent *to pay the debt of nature* et les Italiens *pagare il proprio tributo alla natura*. La Fontaine se moque de deux médecins en annonçant ainsi la mort de leur patient : « Leur malade paya le tribut à Nature » (5, 12).

Vie et mort s'inscrivent donc dans un système économique où la seconde est le prix de la première. Ce n'est pas une idée conforme aux Écritures, puisque Dieu a donné la vie sans limite, et gratuitement ; seule la faute originelle a entraîné une mortalité que l'homme aurait pu éviter. Il est alors curieux de voir le langage chrétien développer l'image de la dette : la vie est un prêt (« Petit poisson deviendra grand Pourvu que Dieu *lui prête vie* », dit encore La Fontaine), un prêt qu'il faut rembourser, et où Bossuet distingue le capital et les intérêts :

> Se peut-il faire, mes Frères, que nous ayons tant d'attache à cette vie et à ses plaisirs, si nous considérons attentivement combien est dure la condition avec laquelle *on*

nous l'a prêtée ? La nature, *cruelle usurière*, nous ôte tantôt un sens et tantôt un autre. Elle avait ôté l'ouïe au Père Bourgoing, et elle ne manque pas tous les jours de nous enlever quelque chose, comme pour *l'intérêt de son prêt,* sans se départir pour cela du droit qu'elle se réserve *d'exiger en toute rigueur la somme totale à sa volonté.*

Oraison funèbre du Père Bourgoing.

Cette image plus païenne que chrétienne vient de Plutarque[5] et se trouve aussi dans l'*Hymne de la Mort* de Ronsard, où la mort « ... *apres l'usure grande D'yeux, de braz, ou de piedz, sa debte redemande Et veut avec l'usure avoir le principal* ».

Variante de la dette, le loyer ou le fermage que nous devons à Dieu pour le corps où nous habitons :

Tiendras tu pas celuy despourveu de raison
Qui, logeant par emprunt sous un toit de louage,
Voudroit en mesme sorte arranger son mesnage
Comme s'il residoit en sa propre maison ?

En fin le terme approche et puis, en la saison,
Il faut vuider le los et, vuidant l'heritage,
Au maistre courroucé reparer le dommage,
Ou faute de pay'ment demeurer en prison.

J.-B. Chassignet, *Le Mespris de la vie*, CCLV.

Une mauvaise gestion de la vie empruntée ou du corps loué sera donc payée dans l'au-delà. Mais là encore, la métaphore économique continue puisque le Purgatoire permet de ***se racheter***. A peine s'agit-il, à dire vrai, d'une métaphore : la notion de dette a été prise au sens propre par l'Église quand elle a monnayé ce « rachat » spirituel en espèces. Du XIIe au XVIIIe siècle, en effet, le testament a pour but premier le legs d'une partie importante de l'héritage à l'Église et à des fondations de charité afin que le service des funérailles, les messes et les prières rachètent l'âme du défunt[6] : « c'est en quelque sorte un contrat d'assurance [...]. Il garantissait les biens éternels, mais les primes étaient payées en monnaie temporelle, grâce aux legs pieux. » (Ph. Ariès).

Enfin, dans ce même registre de la dette, on trouve encore chez Littré l'expression du XVIIe siècle ***demeurer pour les gages*** ou ***pour gage***, « périr dans une circonstance où d'autres s'échappent » : le défunt reste en gage pour les autres aux mains de la Mort.

Le peu qui reste de toutes ces images, aujourd'hui, se limite au vocabulaire des assassins qui font ***payer*** leur victime, ou à celui des partisans de la peine de mort quand ils exigent qu'à leur tour les assassins ***payent leur dette à la société*** :

> Qu'on ne nous dise pas du condamné à mort : « Il va *payer sa dette à la société* », mais : « On va lui couper le cou ». Ça n'a l'air de rien. Mais ça fait une petite différence.
>
> Camus, « Entre oui et non »,
> *L'Envers et l'Endroit.*

Hormis ces cas particuliers, la mort ne s'inscrit plus dans un système qui la justifiait comme valeur d'échange : prix de la faute ou de la vie, peu importe, elle était en tout cas un prix. A présent, seuls les philosophes et les scientifiques nous rappellent qu'il s'agit bien d'un tribut à la nature : on sait en effet que si toute vie n'est pas vouée à la mort, puisque les êtres unicellulaires, qui se reproduisent par scissiparité, ne meurent pas naturellement, les organismes complexes et sexués, eux, sont mortels. Mais c'est au prix de ces morts individuelles que l'espèce se rajeunit sans cesse et perfectionne son adaptation[7].

C'ÉTAIT ÉCRIT

Ces deux ensembles de représentations, judiciaire et économique, appartiennent à des sociétés dotées d'une administration qui suppose l'écriture, — dont l'inventeur est justement, pour les Égyptiens, ce dieu Thot qui surveille la pesée des âmes. La socialisation de la mort, faisant d'elle un moment décisif dans un rapport administratif avec l'au-delà, assujettit le défunt à l'écriture — voire l'Écriture — comme mode privilégié de l'exercice du pouvoir : pouvoir religieux et politique sur le modèle duquel est conçu le pouvoir divin.

La fameuse formule ***c'était écrit (au ciel)*** donne à la mort la force d'une loi irrévocable (« *ce qui est écrit est écrit* », c'est-à-dire inchangeable) fixée par une instance supérieure. Du moins est-ce le cas dans les religions du Livre, judaïsme, islam et christianisme. Le destin romain, le *Fatum* sur le nom duquel s'est formé l'adjectif ***feu***, « défunt », au sens propre « qui a accompli son destin » (* *fatutus*), ce *Fatum* est une parole et non pas un écrit : il signifie précisément « ce qui a été dit », du verbe *fari*, « parler, dire ». Il a étymologiquement à voir avec la *fable,* les *prophètes,* la *confession* et la *profession,* la rumeur publique de la *fama* qui rend *fameux* ou *infâme*, et il a pris dans nos légendes l'aspect plus avenant des *fées* (latin *fata*) qui annoncent l'avenir à chaque naissance. A côté de cette parole fondatrice, la *Tychê* grecque et la *Fortuna* romaine, autres figures du destin, désignent le Hasard qui introduit dans l'existence humaine une grande part d'arbitraire. Bien différente est donc la conception d'une destinée écrite, sorte de texte préalable auquel la vie et la mort devront se conformer comme si la biographie précédait et déterminait l'existence, comme si toute personne n'était qu'un personnage de théâtre inventé dans un livre avant de paraître sur la scène où nul hasard ne saurait modifier le texte.

Le ***livre de vie***, à la fois dossier judiciaire et registre de comptes sur lequel les défunts sont jugés, est d'abord dans la Bible une liste des vivants : « Yahvé inscrit au registre des peuples : Ici un tel est né » (Psaumes, 87,6). Mais il est ensuite réservé aux seuls justes que Yahvé protège tandis qu'il « efface » les méchants en les faisant périr : « Fais-leur entasser faute sur faute, qu'à ta justice ils n'aient aucun accès ; qu'ils soient effacés du Livre de vie, qu'avec les justes ils ne soient pas inscrits ! » (*ibid*, 69, 28-29). L'expression moderne ***être rayé du rôle***, « être mort », suppose d'une manière analogue que les vivants sont inscrits sur un registre où sont portées les causes à plaider, ou sur une liste de contribuables où leur impôt est mentionné.

Le Nouveau Testament a modifié cette image en faisant du livre non plus le recensement des vivants sur la terre mais celui des élus promis à la vie éternelle : ceux dont le nom n'y est pas inscrit sont jetés dans l'étang de feu. En revanche, les critères de l'inscription ne sont pas toujours clairs, car l'Apocalypse semble hésiter entre un Livre de vie rédigé par avance, comme l'était déjà celui du Psaume 138 :

> Tous mes jours, tes yeux les voyaient
> et sur ton Livre ils étaient tous inscrits,
> mes jours étaient formés
> avant que pas un n'eût paru...

et « des livres » (Apocalypse, 20, 12-13) où sont mentionnées les actions de chacun, afin qu'on soit jugé « selon ses œuvres ». En ce cas, l'écrit n'a plus la force d'un destin fixé depuis toujours : s'il fixe encore quelque chose, ce n'est qu'après coup, en gardant la trace de ce qui a été librement choisi par l'homme. Mais il faudra rendre compte de ce choix devant l'administration divine.

Le ***livre de vie*** *(liber vitae)* réapparaît, dans le christianisme, avec le thème du jugement. C'est lui qu'évoque le *Dies irae : Liber scriptus proferetur In quo totum continetur Unde mundus judicetur,* « on présentera le livre écrit où est contenu tout l'objet du jugement ». Mais très vite, il s'individualise en un dossier ou un bilan propre à chacun ; on voit ainsi les ressuscités de la cathédrale Sainte-Cécile à Albi (fin XVe ou début XVIe siècle) s'avancer avec un livre suspendu à leur cou. Au XVIIIe siècle, il se dédouble en un tome qui relève les bonnes actions et que l'ange gardien fait voir, et un autre, brandi par un diable, qui mentionne toutes les fautes. Le Coran attribue lui aussi deux livrets aux morts qui doivent se soumettre à la pesée des âmes : celui du bien dans la main droite, celui du mal dans la gauche (Sourate 69, 18-26). Le grand livre du destin est devenu un registre de comptabilité et un « casier judiciaire »[8], mais ainsi l'effroi devant les décrets injustifiés de la transcendance cède à une peur plus maîtrisable devant un pouvoir divin ramené au modèle humain et fondé sur des tribunaux, des bureaux et des livres. Quand les précieuses rebaptisaient les Parques ***secrétaires du ciel*** ou ***gardes des archives de l'éternité***, les terribles figures du destin redescendaient dans le monde profane des ronds-de-cuir : la représentation administrative de la mort finira, on va le voir, par la désacraliser totalement. « La mort, c'est tellement obligatoire que c'est presque une formalité » (Pagnol, *César*) : la « formalité », la procédure soumise à la loi, devient « une simple formalité », un acte sans importance ni difficulté.

LE DÉFUNT FONCTIONNAIRE

D'Hautel relevait en 1808 l'amusante expression ***il a acheté un office de trépassé***, « il est mort ». Elle laisse imaginer que le défunt a payé pour avoir une charge judiciaire, financière ou notariale, qui lui assurera une existence aidée dans l'au-delà, mais elle joue en même temps sur la locution religieuse ***office des morts***, « prières pour les morts ». San-Antonio propose la même image d'un défunt entrant dans de nouvelles fonctions administratives avec l'expression ***présenter ses lettres de créance***, c'est-à-dire les lettres qui expliquent la qualité et la mission d'un ambassadeur auprès d'un chef d'État :

> Il a déjà un nougat dans le sépulcre et un autre sur le pot de brillantine Roja [*N.B. : on retrouve ici l'image de la glissade, cf. chap. III*]. Son gardien a raison, maintenant il est client pour l'infini. Le *Saint Pierre office*, ça le tente. Il se dit qu'il a fait le tour de la situation

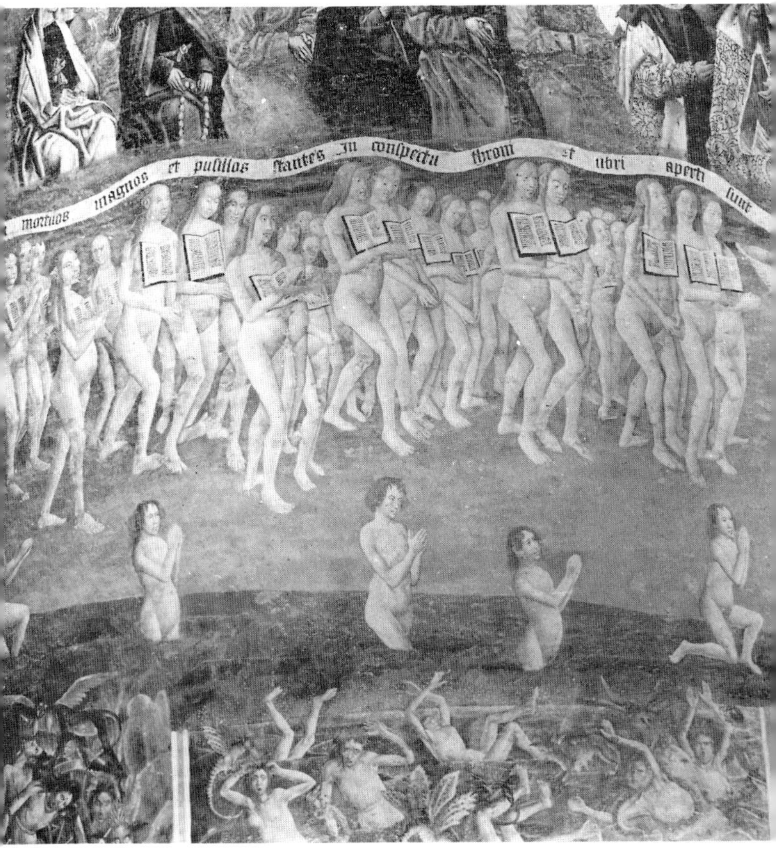

Les ressuscités avec leurs Livres de Vie.

et qu'il est paré pour *aller présenter ses lettres de créance en Très Haut Lieu.*

Tout le plaisir est pour moi.

L'étymologie nous apprend que tout ***défunt*** est un fonctionnaire : s'il s'est acquitté de sa dette, comme on l'a vu, il s'est aussi et d'abord acquitté de la fonction de vivre, il en a exécuté la tâche (*defungor,* « accomplir, exécuter, s'acquitter de », *vita defungor,* « s'acquitter de sa vie, mourir »). Une métaphore militaire, qui s'est maintenue vivace depuis l'antiquité grecque jusqu'à notre argot, spécifie cette fonction comme le devoir d'un soldat placé à un poste qu'il ne doit pas quitter avant qu'on le rappelle. Tel est, dans le *Phédon,* l'argument de Socrate contre le suicide : « Nous autres hommes, nous sommes comme dans un poste, d'où l'on n'a pas le droit de s'échapper ni de s'enfuir. » Cicéron dit de même, dans *La République*, que nous ne pouvons pas nous dérober par la fuite d'une mort volontaire à la mission que la divinité nous a assignée. Bien après Montaigne, qui reprend ces textes :

> ...nous ne pouvons abandonner cette garnison du monde sans le commandement expres de celuy qui nous y a mis, et [...] c'est à Dieu, qui nous a icy envoyez [...] de nous donner congé quand il luy plaira, non à nous de le prendre ; [...] autrement, comme deserteurs de nostre charge, nous sommes punis et en celuy-cy et en l'autre monde...
>
> *Essais,* II, 3.

la langue familière joue encore de ces images. ***Descendre la garde*** (« mourir », 1808, d'Hautel), signifie au sens propre « se retirer après avoir monté la garde pour laisser place à celui qui doit succéder ». Mourir revient à être relevé de sa place, de son service :

> Sénèque et Burrhus sont deux soldats en sentinelle qui doivent *garder leur poste jusqu'à ce que la mort vienne les en relever.*
>
> Diderot, *Claude et Néron,* 1, 46.

Esnault indique un jeu de mots des soldats de 1917 dans ***relevé par les brancardiers***, « blessé ou mort », où il faut prendre *relever* au double sens de « relevé de faction » et « ramassé ». Enfin, on retrouve ce verbe dans la locution ***être relevé de ses vœux de baptême***, « être mort ».

On a donc rempli ses obligations, fini son travail. Les canuts lyonnais disaient ***rendre sa pièce*** pour « mourir », ce qui signifie au sens propre « apporter chez le marchand sa pièce de tissu terminée » ; c'était pour les tailleurs parisiens ***rendre sa bûche*** (1867), « livrer une pièce au patron », « mourir ». Il faut en effet justifier de sa mission. Bossuet, qui dans l'*Oraison funèbre du Prince de Condé* se disait déjà averti par ses cheveux blancs d'avoir bientôt à rendre des comptes à son administration, répétait quinze ans plus tard : « ces cheveux blancs m'avertissent que bientôt je dois aller *rendre compte à Dieu de mon ministère* » (*Discours au synode diocésain,* 5 sept. 1702).

Après s'être soumis à la tâche de vivre, on peut, comme le disait Montaigne, ***partir en congé*** ou ***en congé définitif***, « mourir ». « J'en ai assez d'une balle de convalescence et je n'ai pas besoin d'un boulet de congé » (soldat, 1855, cité par Esnault). La mort est donc ***la grande permission*** (1916) : « Un Boche lui ***a signé un permis*** [= l'a tué] avec une valda » (soldat, 1918). La mitrailleuse était ***la machine à signer les permissions.***

On voit apparaître, avec cette « signature », une nouvelle variante de la mort administrative : le livre de vie, le vieux registre, a laissé place à nos modernes paperasses. L'argot troupier a d'autres formules de ce genre : ***se faire signer sa feuille de débarquement, avoir sa feuille de route pour l'autre monde***, — où l'image classique du voyage est modifiée par celle d'un contrôle bureaucratique. Ce n'est d'ailleurs pas nouveau, car le bourreau de la Révolution, Charles-Henri Sanson, reproduit une romance de Montjourdain, condamné comme complice du 10 août, où la sentence est ***un passeport*** :

Je vais vous quitter pour jamais ;
[...] Mais *j'ai mon passeport* : demain
Je prends la voiture publique,
Je vais porter mon front serein
Sous la faux de la République.

La Révolution française vue par son bourreau.

Une brochure révolutionnaire portait le titre : *Compte rendu aux sans-culottes de la République française, par très puissante et très expéditive Dame Guillotine, dame du Carroussel, de la place de la Révolution, de la Grève et autres lieux, contenant les noms, prénoms, qualités de ceux et celles à qui elle a accordé* ***des passeports pour l'autre monde****...*[9]. L'argot espagnol dit semblablement *dar el pasaporte*, « donner le passeport », pour « tuer ».

On retrouve une image voisine dans ***passer l'octroi***, l'octroi étant le droit levé sur certaines denrées à leur entrée dans une ville, et le bureau où on paye ce droit :

Devant la Broche congestionné, ils reculèrent tous d'un pas. Faut-il quand on est mort avoir cette tête-là ? — *Il a passé l'octroi*, dit le cafetier. Faudrait quand même voir un docteur...

Clément Lépidis, *La Main rouge.*

Apollinaire motive la métaphore en demandant au peintre Henri Rousseau, puisqu'il était « le Douanier » : « Laisse passer nos bagages en franchise à la porte du ciel » (*Inscription pour le tombeau du peintre Henri Rousseau douanier*). Claude Roy, enfin, rencontre la Mort fonctionnaire en poinçonneuse du métro, comme un assassin anglais qui « poinçonne le ticket de quelqu'un [= le tue] » (*to cancel one's ticket*) :

Vous descendez à la prochaine
et moi je vais à Clignancourt
Quand montera la souterraine
la contrôleuse de nos jours
Elle montera à Pelleport
à Malesherbes ou à Jasmin
la très fonctionnaire Mort
tenant son poinçon à la main.

« Complainte du réseau du Métropolitain ».

Ayant troqué le « dard » ou la flèche, dont l'iconographie médiévale la dotait, contre un poinçon, la Mort contrôle l'ultime voyage de ceux qui ont ***pris leur billet*** :

> Une petite consolation, peut-être, chaque matin dans *Le Figaro,* en chronique nécrologique, les départs... que dans son château d'Aulnoy-les-Topines, le grand Commandeur Poussetrouille *a pris son billet...* que toute sa famille éplorée, avant de passer chez le notaire, vous remercie... de vos condoléances affectueuses... etc.
>
> Céline, *Nord.*

Diverses locutions anglaises ou américaines expriment la mort avec le même pittoresque, comme *to check out*, au sens propre « régler sa note en quittant l'hôtel, passer à la caisse, retirer ses bagages de la consigne », ou *to be checked out*, « être contrôlé à la sortie ».

LE RETOUR AU CORPS

Si la métaphore judiciaire est aujourd'hui désuète, les images de comptabilité, de bilan et de papiers se sont au contraire maintenues et renouvelées avec une constance surprenante à travers les siècles. Mais le ton a changé, car la représentation de la mort sur un modèle social ne réussit plus à « l'apprivoiser », comme dit Philippe Ariès : elle la ramène, certes, à quelque chose de connu, de familier, ce système économique et administratif auquel les vivants ont affaire toute leur existence. Mais le développement de l'administration en bureaucratie kafkaïenne projette sur la mort ainsi conçue toute son absurdité. Il ne s'agit plus de rendre des comptes à Dieu ni d'en espérer récompense : la mort soumet chaque citoyen à une juridiction anonyme et sans visage, une loi arbitraire, une abstraction incompréhensible. Par ailleurs, les grandes fournées révolutionnaires, les boucheries des guerres mondiales et les génocides n'ont pu qu'accentuer cette évolution en faisant de la mort une affaire d'État en regard de laquelle l'individu n'a guère de droits. Celui-ci n'a plus que le recours à l'ironie pour exercer son peu de liberté en jouant dans l'argot avec les vieux mots du pouvoir, comme le faisaient les poilus.

On découvre cependant une série de locutions, dans la langue familière des XIXe et XXe siècles, qui dévient singulièrement ces images anciennes et manifestent une agressivité jamais vue contre toute administration. Au lieu de plier le défunt à une instance judiciaire, économique ou politique, la mort devient au contraire une revanche contre elle car elle libère le citoyen de toutes les paperasses obligatoires pour exister officiellement, — et notamment l'extrait de naissance. D'abord, on ***rend son livret*** ou ***son permis de chasse***, ainsi que divers attributs de fonction : ***rendre son cordon, rendre sa canne au ministre***. Ou on ***dépose son mandat*** et on ***retire son inscription***. On manifeste encore plus d'insoumission quand on met en pièces ses papiers : mourir, c'est ***déchirer son passeport, déchirer son extrait de naissance, déchirer sa carte***, ou tout simplement ***la déchirer***. Mais bien plus curieuses sont les expressions formées sur le verbe *avaler* ou ses synonymes : ***avaler son acte / extrait / bulletin de naissance, avaler son bulletin de consigne, avaler son billet de logement, ingurgiter son bilan***.

> Xiberta, lui, il a pas la mémoire courte, il nous postillone sa fureur avant de crever. Ça, il le sait qu'*il va l'avaler bientôt son bulletin...*
>
> Alphonse Boudard, *L'Hôpital.*

Clément Lépidis en propose la variante ***cracher son extrait de naissance*** dans *La Main rouge* :

> Et puis, cette montre qu'il aimait tant montrer, faire admirer, détachée de sa chaîne, hors du ventre de son propriétaire était, elle aussi, en train de mourir. [...] Les aiguilles avaient cessé de vivre à deux heures, l'instant

même où la mort entamait sa procédure, où *la Pendule crachait sur le pavé avec son extrait de naissance le tampon de l'administration du dixième arrondissement, du maire la signature.*

Alors que toute existence doit être reconnue par un acte de naissance et des papiers d'identité, ceux-ci font l'objet d'un processus physiologique d'absorption ou de rejet : avec ce triomphe du corps sur l'abstraction des écrits administratifs, la mort, loin d'être socialisée comme auparavant, provoque au contraire une rupture violente avec le social. Mais elle assure du même coup le retour à soi, par l'engloutissement des signes officiels d'existence dans le corps. Peut-être faut-il voir, dans cette revanche de l'organisme, une ultime protestation contre la main-mise de la bureaucratie sur la vie et même, on le verra dès le chapitre suivant, sur la mort.

A L'EGLANTINE
COURONNES MORTUAIRES
MAISON·DE·VENTE·97·RUE·NOTRE·DAME·TROYES
·SUCCURSALE·DE·LA·MAISON·
L·MARCHAL
Gde FABRIQUE·
·188·RUE·DE·LA·ROQUETTE
PARIS

V. La gestion de la mort

Distincte des fictions administratives que le précédent chapitre analysait, une administration bien réelle se charge des morts qui, loin de sortir du domaine social pour être rendus à la sphère des relations privées, sont ainsi largement enlevés à leurs familles. Il est nécessaire que le simple fait biologique de la mort soit intégré à un système culturel qui lui donne sens, et qui permet à la collectivité de se réapproprier symboliquement un membre perdu, mais la contestation actuelle des Pompes Funèbres montre que cette socialisation ne va pas de soi quand, après avoir été régie par l'Église durant des siècles, elle passe par un État qui limite les initiatives de groupes plus restreints, comme la famille et les proches, dans l'organisation des funérailles.

L'INHUMATION EN TERRE SAINTE

L'importance de l'Église dans les conséquences concrètes de la mort se manifeste d'abord avec les lieux d'inhumation. Longtemps enterrés hors des villes, selon la coutume romaine, les chrétiens n'ont commencé à se serrer autour des églises qu'à partir du VIIe siècle. C'est alors le début d'une très longue période — jusqu'à la fin du XVIIIe — où les morts seront inhumés soit dans l'église, soit près d'elle, à tel point qu'elle se confond avec le cimetière, et que leurs noms sont synonymes : Ducange définit le *cimeterium* comme « une église où les corps des défunts sont inhumés », et le mot *église* désigne non seulement le bâtiment, mais aussi le cimetière. Ce dernier porte d'ailleurs rarement ce nom savant, peu répandu avant le XVIIe siècle : on le nomme ***aître***, c'est-à-dire « cour [de l'église] » (lat. *atrium*). L'anglais et l'allemand ont gardé jusqu'à présent des mots équivalents : *churchyard, Kirchhof.*

Le cimetière est un « lieu ecclésiastique » et béni, que désignera longtemps la périphrase de ***terre sainte*** ou ***consacrée***. En sont exclus les infidèles et les hérétiques, les excommuniés, les suicidés, les intestats, souvent aussi les suppliciés bien qu'en principe l'Église ne les refuse pas, — et les comédiens. Tous ceux-là sont jetés dans un coin de campagne ou ***à la voirie***, c'est-à-dire la décharge, qu'on appelait au Moyen Age ***la sépulture des ânes***.

Mais l'appartenance du cimetière à l'église a eu une conséquence plus heureuse en faisant de lui un lieu d'asile où le pouvoir profane ne pouvait plus s'exercer. Cette fonction a eu tant d'importance que Ducange pouvait parler de cimetières où personne n'était enterré mais qui étaient des asiles[1].

LA CLÉRICALISATION DE LA MORT

Le monopole que l'Église avait sur les lieux d'inhumation ne tenait pas uniquement à sa propre volonté ; il répondait à un désir populaire profond, qu'elle essaya d'ailleurs de combattre en interdisant à diverses reprises, du VIe au XVIIIe siècles, les enterrements à l'intérieur des églises. Peine perdue — les décrets des conciles, sous la pression des fidèles, ne furent pas respectés.

En dehors de cela, son rôle concret dans la mort resta longtemps limité. ***L'extrême-onction*** n'apparaît qu'au XIIe siècle : auparavant, elle n'était que *l'onction des malades* avec l'huile d'olive bénie, ***l'huile des infirmes***, et devait guérir à la fois l'âme et le corps. Elle a retrouvé cette fonction aujourd'hui, où l'Église préfère l'appeler ***sacrement des malades*** plutôt que ***des mourants*** : on ne l'administre pas à des biens portants en péril, par exemple en cas de guerre, ni aux condamnés à mort, puisqu'elle laisse espérer une guérison. Et si le XIIe siècle a inventé le mot en faisant de cette onction-remède le dernier sacrement, l'intervention de l'Église auprès des mourants n'en a pas été plus large puisque cette extrême-onction est restée longtemps réservée aux clercs. Pour le reste, les cérémonies religieuses étaient encore simples : une triple bénédiction, du mourant, du mort et du tombeau, mais pas de messe. Le défunt appartient à sa famille et ses amis, qui le pleurent, le louent puis l'accompagnent en un convoi purement laïc.

Tout change à partir du XIIIe siècle, quand se développe ce que Philippe Ariès appelle une cléricalisation de la mort, qui ne cessera vraiment qu'au début de notre siècle : « ... personne ne déclame plus à voix forte les regrets et les éloges, comme autrefois. La famille, les amis, devenus silencieux et calmes, ont cessé d'être les principaux acteurs d'une action dédramatisée. Les premiers rôles sont désormais réservés aux prêtres, et en particulier aux moines mendiants ou encore à des semblants de moines, laïques à fonctions religieuses, comme les tiers ordres ou les confrères — c'est-à-dire aux nouveaux spécialistes de la mort »[2]. Le clergé prend place dans la maison en transformant la veillée funèbre en cérémonie religieuse, et forme surtout le convoi. Le cortège comprend les prêtres de la paroisse, les moines des quatre ordres mendiants, des pauvres et des enfants d'hôpitaux, tout un monde qui trouve là donations et aumônes. Le port du défunt est un monopole réservé — et payé — aux prêtres. A partir du XIVe siècle, il sont secondés par des ***confréries*** laïques, dites aussi des ***charités*** dans le nord et l'ouest, qui se chargent d'abord de prier pour leurs membres et d'assurer aux pauvres des obsèques décentes, mais qui ont fini par être des entreprises de pompes funèbres, les fabriques — administrations qui gèrent les finances des Églises — leur laissant leur monopole. Il existe encore de ces confréries, en Normandie ou à Béthune, qui ont gardé l'exclusivité de l'organisation des funérailles. En revanche, les ***jurés-crieurs*** ont disparu. Cette curieuse corporation parisienne avait un double monopole de ***crieurs de vins*** et ***crieurs de corps*** : ils annonçaient dans les rues les arrivages de vins chez les débitants, aussi bien que les décès et les invitations aux funérailles. Puis ils élargirent leur charge à la vente d'objets et accessoires, de vêtements de deuil et de corbillards, et firent fortune dans ce commerce jusqu'à leur suppression par Napoléon, qui rendit leurs avantages à l'Église.

Il faut ajouter à tout cela ce qu'on appelle ***le service***, la cérémonie de funérailles à l'église et celles qui suivaient jusqu'au ***service du bout de l'an***, à la date anniversaire du décès.

Dans ce contexte d'une gestion cléricale de la mort, renforcé par toute la symbolique administrative qu'on a analysée au chapitre précédent, le verbe ***administrer (un malade, un moribond)*** a de curieuses connotations. D'une part, cette formule elliptique pour « administrer à un malade les derniers sacrements » ne spécifie pas de quel sacrement il s'agit (alors qu'on peut en administrer d'autres). Ainsi employé absolument, *administrer* fait de l'extrême-onction et du viatique l'essentiel du *ministère* sacerdotal. D'autre part, l'usage du verbe avec un complément de personne produit un étrange glissement vers le sens « gérer, diriger », plus sensible encore dans le participe passé ***administré***, « ayant reçu l'extrême-onction », qui rappelle le substantif *administré*, « personne soumise à une autorité administrative ».

> Ah ! Oh ! je suis blessé, je suis troué, je suis perforé, *je suis administré,* je suis enterré.
>
> Alfred Jarry, *Ubu Roi.*

ENTRE L'ÉGLISE ET L'ÉTAT

A partir de la seconde moitié du XVIIIe siècle, les morts vont être l'enjeu d'une longue rivalité entre l'Église et l'État.

Elle commence à propos des cimetières. Habitués aujourd'hui à l'expression ***cimetière communal***, nous avons oublié qu'elle s'est formée par opposition à ***cimetière paroissial***. Sans vouloir retracer ici les différentes étapes qui ont conduit à cette laïcisation[3], il faut tout de même rappeler qu'elle commence en 1763 avec un arrêt du Parlement de Paris qui prévoit la création de nouveaux cimetières en réduisant considérablement le rôle de l'Église, qu'elle se poursuit à partir de 1780 par la fermeture des anciens cimetières parisiens, notamment les Innocents, et surtout qu'elle se précise dans le célèbre décret du 23 prairial an XII (12 juin 1804), dont la réglementation est à peu de choses près toujours en vigueur.

En revanche, ce décret rend aux établissements des cultes le monopole des pompes funèbres : ils ont seuls le droit de transporter les corps et de les inhumer, et de vendre les cercueils, tentures, voitures de deuil, billets d'enterrement, couronnes, cierges, fleurs, ornements, gants et crêpes de deuil... Mais ils peuvent aussi affermer ce droit à des sociétés privées : ainsi naquirent les grandes entreprises comme les *Pompes Funèbres Générales* (en 1848), *Roblot* ou *Borniol*.

Ces dispositions entraînèrent des abus, en facilitant particulièrement l'intolérance contre les citoyens qui avaient souhaité des obsèques civiles, et à qui on refusait les honneurs, ou qu'on enterrait à la sauvette. La loi du 15 novembre 1887 mit fin à ces pratiques en instituant la liberté des funérailles pour que les non-croyants aient les mêmes droits que les autres.

Le monopole des Églises prit fin (sauf dans le Bas-Rhin, le Haut-Rhin et la Moselle) avec la loi du 28 décembre 1904, qui est encore en vigueur aujourd'hui. Les morts dépendent désormais d'une gestion municipale.

L'évolution qui a fait des **pompes funèbres**, « ensemble des cérémonies de funérailles », les **Pompes Funèbres**, « administration qui s'en charge », trouve ici son aboutissement.

LE MONOPOLE

Il aura été beaucoup question du **monopole** dans les années 1980. Mais la querelle commerciale entre les grandes entreprises comme les *P.F.G.* (*Pompes Funèbres Générales*) et Michel Leclerc n'est pas toujours claire pour le grand public qui ignore la complexité de la loi et oublie en particulier que le dit monopole appartient de fait aux municipalités.

La loi de 1904 reprend l'ancien mot religieux de **service** mais en distingue trois types différents.

Le **service intérieur** n'est pas, comme on pourrait le croire, celui qui s'accomplit à l'intérieur des maisons, dans la sphère privée, mais celui qui relève des établissements de culte. Il comprend les fournitures nécessaires dans les édifices religieux, et leur décoration intérieure ou extérieure. C'est le seul monopole laissé aux Églises.

Le **service extérieur** est exclusivement réservé aux communes, qui peuvent cependant concéder ce droit à des entreprises privées en échange de redevances, ou encore laisser toute liberté aux familles pour se fournir où elles veulent. Environ 70 grandes villes exercent leur monopole en **régie municipale**, avec leur propre personnel ; 5 000 municipalités l'ont concédé à des sociétés privées, parmi lesquelles les *P.F.G.* détiennent 33 % du marché ; et la liberté de choix existe dans 31 000 communes, les petites surtout, mais aussi certaines villes moyennes. Il faut savoir aussi que les communes n'ont pas le droit de concéder le service extérieur aux établissements de culte mais qu'elles peuvent le laisser aux anciennes confréries charitables là où elles ont survécu.

LES POMPES FUNEBRES.

Le Moribond. — Enfin, je vais être débarrassé des monopoles?
Bazouge. — Pardon, vous oubliez les « Pompes Funèbres ».

Assiette au Beurre 2504

La définition du ***service extérieur*** frôle le comique par l'absurdité de certains distinguos entre ce qui appartient à l'administration ou son concessionnaire, et ce qui est laissé à la libre décision des familles. Le partage entre le public et le privé se fait ainsi entre l'intérieur et l'extérieur du cercueil ! Celui-ci, de même que l'urne funéraire, est obligatoirement acheté au détenteur du monopole, qui a aussi l'exclusivité des accessoires nécessaires comme les vis, ferrements, poignées, et même le drap mortuaire, et de ce qui peut en améliorer la qualité comme les teintes qui donnent au pin l'aspect du chêne ou du noyer, les cires et les vernis... On ne peut donc acheter un cercueil nu et le peindre ou le vernir à sa guise, ni le doter de poignées à sa fantaisie, ni le couvrir d'un drap personnel. En revanche, le capitonnage intérieur, les coussins, les sels antiseptiques, et à l'extérieur les plaques et emblèmes religieux, les gravures et larmes de métal, n'entrent pas dans le monopole, non plus que la mise en bière.

Font aussi partie du ***service extérieur*** le transport des corps, les véhicules nécessaires (corbillards, fourgons, brancards et même traîneaux dans les régions enneigées), les voitures de deuil spécialement destinées à cet usage, les fournitures et personnels pour inhumations, exhumations et incinérations, ainsi que les tentures extérieures de la maison mortuaire à condition qu'elles donnent sur la rue et non sur une cour ou un jardin. La maison se trouve donc, comme le cercueil, divisée entre un intérieur privé, et un extérieur, façades et portes, confié au monopole public.

Mais cette division de fait ne recoupe pas celle que le législateur a indiquée entre les deux services ***intérieur et extérieur***, puisque ***intérieur*** désigne ce qui est réservé aux Églises, et concerne tout aussi bien la décoration extérieure des bâtiments. La loi décrit ainsi un espace purement symbolique, et entièrement social, où l'intériorité caractérise le domaine religieux, tandis que l'extériorité est assimilée à la laïcité.

L'espace privé, lui, relève du ***service non monopolisé*** qui laisse les fournitures et les prestations au libre choix des familles. Le transport des corps avant la mise en bière est également exclu du monopole, mais il ne peut se faire sans l'autorisation écrite du maire.

La loi n'assure donc que la liberté publique des communes, qui peuvent exercer ou non leur monopole, mais restreint considérablement la liberté des familles. Certes, une nouvelle loi, datant du 9 janvier 1986 et appliquée depuis janvier 1987, prétend renforcer les droits privés : on peut désormais choisir entre les fournisseurs de la commune de mise en bière, de la commune d'inhumation, et de la commune où était domicilié le défunt, — dans le cas, évidemment, où elles sont distinctes. Ce n'est un avantage que si l'une de ces communes a laissé libre le service des pompes funèbres, faute de quoi il faudra bien se soumettre au monopole de l'une ou l'autre.

LA MORT AUX MAIRES

A la gestion communale des Pompes Funèbres s'ajoutent diverses attributions des Officiers d'État civil.

Ce titre soumet les maires à un certain nombre d'obligations à l'occasion des décès. Leur incombe d'abord la rédaction de l'***acte de décès*** qui indique l'état civil du défunt, le jour, l'heure et le lieu de sa mort, — mais où il est interdit de mentionner les circonstances, par exemple les causes, de manière à ne pas divulguer les cas de suicide ou d'exécution capitale. Seule la mention ***Mort pour la France*** est permise, à condition que le ministère concerné l'autorise.

Une intéressante subtilité de vocabulaire distingue cet ***acte de décès*** de ***l'acte « d'enfant déclaré sans vie »*** dans le cas d'un enfant mort-né : en effet, il n'appartient pas à l'Officier d'État civil de décider si l'enfant a d'abord vécu, si peu que ce soit, avant de mourir, et de dresser un acte de naissance en même temps qu'un acte de décès. Car si quelqu'un de la famille disparaît au même moment, l'enfant qui est né, fût-il mort une heure après, peut être héritier d'une succession qui ne lui reviendra pas s'il n'a pas eu un instant d'existence... Seule la Justice peut trancher cette question. Le maire déclare donc que « Une telle est ***accouchée d'un enfant présentement sans vie*** ». Le dire mort serait une preuve rétrospective d'existence : heureux les morts, car ils auront vécu !

A ces actes s'ajoutent les diverses autorisations dont la délivrance relève du maire : ***autorisation d'inhumation, d'exhumation, d'incinération, d'embaumement, de moulage, d'autopsie*** (sauf dans les hôpitaux, où cette autorisation n'est pas nécessaire), ***de dépôt temporaire de corps*** ou ***d'admission dans les chambres funéraires, de transport de corps***... Aucune de ces opérations ne peut être effectuée sans permis, et elles doivent être supervisées par des fonctionnaires : c'est ainsi, par exemple, que le commissaire de police, ou dans les communes qui n'en n'ont pas le garde champêtre, ou à défaut le maire, sont tenus d'assister aux exhumations. Le commissaire ou le garde champêtre surveille aussi les embaumements, prélève un échantillon du liquide employé, et dresse un procès-verbal relatant l'opération, ce qui ne manque pas de surprendre car on peut s'interroger sur sa compétence en la matière.

Enfin, la police des convois funèbres est encore une attribution du maire, qui doit assurer l'ordre public et la décence des funérailles. Il a le droit de fixer l'horaire et le trajet du convoi.

LE CIMETIÈRE COMMUNAL

La nécessité de préciser qu'un cimetière est ***communal*** ne tient pas seulement à sa distinction d'avec le cimetière ***paroissial***. Il existe en effet des ***cimetières privés***. Le Code de l'Administration Communale stipule que « toute personne peut être enterrée sur sa propriété, pourvu que la dite propriété soit hors et à la distance prescrite (35 m) de l'enceinte des villes et des bourgs ». Mais le décret de prairial an XII, qui reconnaissait cette liberté, la soumettait de fait à l'autorisation des maires, auxquels un nouveau décret, en 1928, substitua les préfets. Philippe Ariès pense que l'usage de ce droit a disparu dans la première moitié du XIXe siècle parce que le public n'y tenait pas. Il est vrai que la sépulture privée présente des inconvénients lorsque la propriété qui l'entoure est vendue, car la famille garde ses droits sur le tombeau, le sol et la voie d'accès, ce qui laisse une enclave gênante pour le nouveau propriétaire. Mais il est vrai aussi que les administrations n'ont jamais vu d'un bon œil cette concurrence du privé, et qu'elles n'accordent pratiquement pas d'autorisations. Seules restent à part certaines régions comme la Haute-Loire, les Cévennes, les Charentes, et la Corse, où la coutume est assez étendue et ancienne pour se maintenir. On voit cependant apparaître une forme nouvelle et assez curieuse de « sépulture » privée avec les urnes funéraires que les familles gardent chez elles, sur le buffet ou la télévision !

Hormis ces cas, la plupart des morts entrent dans un territoire qui est, comme leur cercueil, mi-privé, mi-public. Le cimetière fait partie du domaine public communal mais des parcelles de terrain peuvent être concédées aux particuliers : le peuvent, seulement, car les municipalités ne sont pas légalement obligées d'accorder des sépultures privées, hors des fosses communes. D'autre part, ces concessions, bien que toujours payées, ne sont pas entièrement la propriété des familles : elles restent hors commerce, et ne peuvent être revendues à des tiers. Leur acquisition n'est donc pas un achat, mais un ***contrat administratif d'occupation du domaine public communal***. Elle soumet aussi les concessionnaires à l'obligation d'entretenir la tombe, faute de quoi ils pourraient être déchus de leur droit de jouissance. Celui-ci est encore limité par le droit qu'a le maire de contrôler les inscriptions sur les tombeaux et d'exiger qu'elles soient soumises à son autorisation préalable — voire de les faire enlever si elles risquent de troubler l'ordre public : en 1949, le

Conseil d'État a donné raison à un maire qui avait fait supprimer l'inscription « victime innocente » qu'une veuve avait mise sur la tombe de son mari fusillé par ordre d'une cour martiale après la Libération. Enfin, les communes touchent des taxes supplémentaires sur diverses opérations comme l'inhumation et l'exhumation, l'ouverture de caveau, les inhumations ultérieures, la réunion de corps (réunion des restes dans une même case ou un même cercueil).

On distingue les ***concessions temporaires*** (entre 5 et 15 ans), les ***trentenaires, cinquantenaires,*** et ***perpétuelles.*** Comme ces dernières risquent d'immobiliser pour toujours une grande partie du terrain, elles sont fixées à un prix élevé et peuvent être reprises par les communes si elles restent à l'état d'abandon.

En dehors de ces espaces de propriété publique mais d'usage privé, le cimetière comporte un ***terrain commun*** où ont lieu les ***inhumations en service ordinaire*** ou ***normal***, c'est-à-dire des indigents qui ne peuvent acquérir une concession particulière ou n'ont pas de famille. Les communes ou les entreprises qui les remplacent ont l'obligation d'assurer leurs funérailles (les seules, donc, qui soient gratuites) et de les enterrer pour cinq ans en ***fosse commune***, une fosse séparée distante des autres de 30 cm, ou en ***tranchée***, une grande fosse où les cercueils sont déposés côte à côte à 20 cm. Au bout de cinq ans, la commune peut reprendre possession du terrain, — sauf si l'on trouve le cercueil encore intact, car le déplacer ou en retirer les restes serait une violation de sépulture.

Hors des espaces plus ou moins réservés à l'usage privé, allées et parties vides restent l'entière propriété de la commune, ce qui implique que personne ne peut en violer la neutralité en y plaçant des emblèmes religieux. Lui appartient aussi le ***caveau provisoire communal***, ou ***caveau de la ville, dépositoire communal, caveau d'attente***, pour les cercueils dont la sépulture définitive doit être retardée, et qui font l'objet d'une taxe ; les ***carrés affectés aux sépultures militaires*** ; ***les monuments aux mort***s ; et enfin ***l'ossuaire***, en principe obligatoire, où l'on dépose les restes retirés des fosses après expiration du délai ou abandon.

La lutte de l'État contre l'Église n'a donc pas abouti à une privatisation de la mort, même si elle a instauré la liberté de choisir des funérailles civiles en donnant force de loi aux dernières volontés du défunt sur ce sujet. Déjà séparé des siens par l'extension de la mort en hôpital, celui-ci appartient de moins en moins à sa famille. Il peut bien « avaler son acte de naissance », il lui faudra un acte de décès et de multiples autorisations pour être définitivement en règle avec ce monde qui ne le lâchera pas de sitôt puisque, s'il n'a pas choisi l'incinération et la dispersion de ses cendres, il sera longtemps après enfermé dans l'ossuaire communal.

Discuter de ces pratiques serait ici hors de propos, bien qu'elles méritent sans doute un examen plus nuancé que les protestations aujourd'hui à la mode. La socialisation de la mort est nécessaire pour la rendre pensable, pour en faire autre chose qu'une rupture brutale avec l'humain. Et quand les structures familiales éclatent de plus en plus, la prise en charge par les communes laisse à la mort d'un individu, si démuni, si marginal soit-il, le sens d'un événement encore collectif, et non pas isolé dans son absurdité. Mais encore faut-il, pour garder ce sens, que la collectivité ne se réduise pas à des employés municipaux indifférents, comme cela arrive dans certaines grandes villes exerçant leur monopole, ou ne délègue pas ses pouvoirs à des entreprises peu scrupuleuses[4]. ce n'est pas le monopole communal en soi qui pose le plus grave problème, mais l'appauvrissement de l'organisation rituelle en une gestion administrative ou marchande, confiée à des fonctionnaires ou des commerçants dont on attend qu'ils assurent seuls la dimension sociale de la mort.

VI. Physiologie macabre

Quand l'Église a insisté sur « la mort administrative » en développant l'idée de jugement et de comptes à rendre, elle a probablement réagi contre une conception profane de la mort, celle du macabre. Celui-ci se développe en effet entre le XIIIe siècle qui reporte à la fin des temps le Jugement dernier, et les dernières décennies du XVe, où les *Artes moriendi* rappellent aux imaginations égarées que la mort est une affaire d'âme et non de corps, — et affaire urgente puisque le jugement se situe désormais au moment du passage. Alors coïncident les quatre ***fins dernières*** : la mort, le jugement, le paradis et l'enfer. Parce qu'elles étaient chronologiquement dissociées quand on plaçait le Jugement après la fin du monde, on avait fini par négliger leur lien logique et par ne plus considérer que la mort en elle-même, sans ses suites.

Les représentations macabres sont en effet plus profanes que chrétiennes. Elles ne se soucient pas du jugement et de la sentence divine, et ne se préoccupent que de ce qui arrive au corps. L'espoir et l'horreur ne se partagent plus entre le paradis et l'enfer, mais entre la vie et la mort, une mort concrète qui transforme les vivants en cadavres répugnants puis en squelettes, sur lesquels l'imagination se bute en oubliant les autres fins dernières[1].

LE MACABRE ET LES MACCABÉES

Nous appelons ***macabre*** aujourd'hui tout ce qui évoque le corps mort. Le mot s'emploie d'abord à propos des arts plastiques et de la littérature, et plus particulièrement de la ***danse macabre***, où les morts entraînent les vivants. Une brève histoire du macabre nous permettra de constater que, contrairement à une idée reçue, l'argot moderne est autrement plus modéré, dans sa trivialité, que le discours religieux et la littérature, dont la langue la plus vulgaire n'égale pas les outrances !

On relève dans la Bible peu de passages macabres[2], sinon les plaintes de Job décrivant son corps rongé d'ulcères. En revanche, les auteurs chrétiens, durant tout le Moyen Age, insistent sur la pourriture pour que le dégoût du corps détourne l'attention vers le seul destin de l'âme. A la fin du XIIe siècle, le futur pape Innocent III écrit dans son *De contemptu mundi*, un traité qui sera beaucoup traduit et répandu :

> Vivant, l'homme engendrait les pous et les vers ; mort, il engendrera la vermine et les mouches. Vivant, il produisait excréments et vomissures ; mort, il produira pourriture et puanteur. Qu'y a-t-il donc de plus fétide qu'un cadavre ? [...] Qui se régalait des plaisirs de la table, sera dévoré par les vers dans le sépulcre[3].

Ce type de description se développe dans la littérature profane vers la fin du XIIIe siècle. On voit alors apparaître, avec le *Dit des trois morts et des trois vifs* — dont il existe cinq versions —, une première forme de la danse macabre : trois vivants rencontrent trois morts mangés de vers, aux corps hideux et défigurés, sans yeux ni nez, et dont le peu de chair qui leur reste est « plus noir que mûre »[4]. Mais bien pire sera, vers 1425, l'œuvre de Pierre de Nesson, *Les Vigiles des Morts ou Neuf leçons de Job*. Reprenant un motif des auteurs chrétiens, il s'adresse au lecteur dont le corps vivant est pourri, lui dit-il, puisqu'il en sort toutes espèces

Les trois morts et les trois vifs.

d'ordures ; à sa mort, cette infection sera si puante qu'il faudra cacher sa « charogne » sous la terre où il aura pour compagnie ce qui sortira de « sa liqueur », les vers engendrés par sa putréfaction... [5] L'agressivité du ton rend ce poème si horrible qu'en comparaison, on trouverait presque charmants les gentils pendus de Villon [6].

La première danse macabre, en France, est à peu près contemporaine du poème de Nesson. Il s'agit d'une fresque peinte en 1424 sur le mur du cimetière des Saints Innocents, à Paris, avec un commentaire en vers qui fut recopié dans des manuscrits et enfin publié en 1485. Mais on connaît une danse macabre espagnole, la *Dança general*, qu'on date généralement de 1400. Et le poète Jean Le Fèvre, dans son *Respit de la Mort* en 1376, dit qu'il a écrit une « danse de Macabré » qui entraîne tous les gens dans sa ronde. Le genre remonterait donc à la seconde moitié du XIVe siècle.

On s'est beaucoup interrogé sur l'étymologie de ***macabre***. La première forme du mot est le nom propre, ***Macabré***, qu'on retrouve chez Jean Le Fèvre. On le rattache aux frères Maccabées de la Bible, et plus particulièrement à Judas, déjà nommé Judas Macabré dans un poème de Chrétien de Troyes. Comme le livre II des *Maccabées* raconte qu'il fit faire un sacrifice expiatoire et des prières pour délivrer de leurs péchés les juifs morts au combat, il est considéré comme le fondateur du culte des morts. Mais une autre hypothèse rapproche le mot *macabre* d'une racine arabe *qbr*, « enseveli » : *meqabrey* signifie « fossoyeur » en syrien ; *maqbara*, pluriel *maqabir*, « cimetière », a donné le mot espagnol *almacabra* qui désignait le cimetière maure ; les cimetières d'Almeria s'appelaient encore *macabes* aux XIXe siècle. Les soldats français conduits par Du Guesclin en Espagne auraient pu rapporter le mot qui, faute d'être compris, aurait été réinterprété d'après le nom de Judas Maccabée [7].

Ce nom est resté vivace dans certaines régions de France. On appelait ***chasse maccabée***, en pays de Loire, les troupes d'âmes en peine qui étaient censées poursuivre les vivants. Et au siècle dernier, des Ardennes à la Bourgogne, les cirrus aux formes d'arbres fantastiques étaient, pour les paysans qui croyaient y voir sept branches, des ***arbres des Maccabées*** ou ***arbres maccabés***. Vers 1856, l'argot des étudiants en médecine reprend le nom de ***maccabée***, vite abrégé en ***macab***, pour désigner un cadavre de noyé. Bien que le mot, passé dans la langue populaire, se soit appliqué dix ans plus tard à n'importe quel cadavre, il a longtemps gardé son sens premier de « noyé » : ces maccabées-là étaient les plus familiers des carabins, comme des mariniers qui les repêchaient, et qui ont répandu leur nom. On trouve aujourd'hui les formes ***maccabée, macchabé, macchab***.

LA DANSE DE L'AGONIE

La littérature macabre décrit d'abord l'agonie, en termes si précis qu'on les croirait empruntés à un traité médical, comme dans *Le Testament* de Villon :

> Et meure Paris ou Helaine,
> Quiconques meurt, meurt a douleur
> Telle qu'il pert vent et alaine ;
> Son fiel se creve sur son cuer,
> Puis sue, Dieu scet quelle sueur !
> [...] La mort le fait fremir, pallir,
> Le nez courber, les vaines tendre,
> Le col enfler, la chair mollir,
> Joinctes et nerfs croistre et estendre.

Mais on force avec tant d'insistance sur les détails que les descriptions en deviennent plus fantasmatiques que réalistes ; un agonisant raconte lui-même que ses cheveux se hérissent, ses yeux sont éblouis, sa bouche et son nez se rétractent, ses dents « cliquent et s'escressissent » (*Le Jardin de Plaisance et Fleur de Rhéto-*

rique, XVe s., cité par Claude Blum) ; dans une pièce de théâtre, la Mort elle-même explique qu'elle fait en même temps noircir et pâlir la chair, saillir les articulations, durcir les veines, rétracter les lèvres, grincer les dents, soupirer, jusqu'à ce que le fiel crevant dans le corps parachève la douleur (*L'homme pécheur*, 1490, *ibid.*)...

De tous ces détails, la langue familière semble n'avoir retenu que les convulsions. Elle les dit explicitement dans les affreuses expressions ***secouer le jarret***, dont la variante ***raidir le jarret*** (Oudin, 1640) est devenue ***raidir l'ergot / les ergots*** dans l'argot du XIXe siècle, et ***prendre la secousse*** (1725), « agoniser » — c'est-à-dire être secoué par des convulsions —, qui valent en horreur les complaisances macabres, bien que ***secouer le jarret*** ait signifié aussi « accoucher avec facilité » (XVIIe s.), en une rapide contraction. Mais les secousses mortelles sont aussi exprimées dans le mot ***hoquet***, de *hoqueter*, « secouer » (XIIe siècle). On disait au XVIIe ***le hoquet de la mort*** : « il n'y a plus rien à espérer de ce malade ; il est dans le dernier hoquet de la mort ».

Beaucoup moins évocateurs parce qu'on n'en perçoit plus le sens, ***crampser*** et ses multiples variantes (en - *r* - : ***crapser, cramser, crampecer, crimpser, crabser***, et en - *l* - : ***clapser, clamser, clampcer, clamecer***) seraient formés sur la racine germanique *krap- / kramp-*, « courbé, tordu », qui a donné *crampe* : **crampser**, c'est avoir une crampe, une convulsion d'agonie. Esnault cite un artilleur en train d'étrangler un coq en 1863 : « Allons, mon vieux, *une dernière crampe* et ce sera fini ».

Pourquoi cette image du corps convulsé prédomine-t-elle sur toutes les autres ? On peut se demander si elle n'est pas en relation avec celle de la *danse* macabre, comme le suggère ce poème d'Iwan Gilkin publié dans *La Nuit* en 1897 :

> Car ton âme de monstre est folle des gaîtés
> Cocasses de la couche où *le mourant se cabre*
> *Dans les convulsions de la danse macabre...*
>
> « Amour d'hôpital ».

C'est la danse où la Mort entraîne les vivants : « La danse macabre s'appelle, Que chascun à danser apprant. A homme et femme est naturelle » (*La danse macabre*, 1486). ***La danser*** signifie « mourir » : « Ruffard *la dansera*, c'est un raille à démolir » (Balzac, *Splendeurs et misères des courtisanes*).

La danse s'accompagne du raclement d'un instrument grinçant :

> L'oreille au guet de longue absence
> écoute aux portes du sommeil
> [...] Elle écoute très noir grillon
> chantant déjà dans notre automne
> la mort cachée dans nos sillons
> *racler sa viole monotone*
>
> Claude Roy, « Le silence et dors », *Poésies*.

Ce raclement, c'est le ***râle*** : les deux mots ont la même étymologie et le même sens, mais *racler* s'est formé au XIVe à partir du provençal, et *râler* en est un doublet français du XVe siècle. Le verbe allemand *abkratzen*, « racler, faire grincer un violon », signifie aussi, familièrement, « mourir ». L'expression *aus dem letzten Loch pfeifen*, « siffer dans le dernier trou de son fifre » (celui qui produit le son le plus haut), « en être à la dernière extrémité », évoque la respiration difficile du mourant. En anglais, *to croak*, « mourir », exprime un croassement ou un son rauque, mais *rattle* fait encore penser à un instrument car il désigne aussi bien le râle des mourants que le cliquetis de ce qui s'entrechoque, le hochet, et la crécelle. Or notre mot *crécelle* est de la même famille que ***crever*** (qui signifie « mourir » dès le XIIe s.) : ils dérivent du latin *crepare*, « craquer », et *crepitaculum*, « crécelle, sistre ». En Corse, **ratalu**, « le râle », **ratalà**, « râler », évoquent **ratachja**, « la crécelle ». Le ***hoquet*** participe aussi à cette musique peu mélodieuse puisque, sous une forme latinisée *hoquetus*, le mot signifiait au XIVe siècle « interruption dans une mélodie »...

L'histoire du mot ***agonie*** fait alterner deux sens. L'un, abstrait (« agitation de l'âme, angoisse »), apparaît le premier dans notre langue. L'autre, concret (« lutte, combat »), est le sens originel du grec *agônia*, et ne sera retrouvé que secondairement en français.

Lorsque se forme le mot ***agonie***, au XIVe siècle, il signifie, comme le latin ecclésiastique *agonia*, « angoisse de l'âme ». C'est pourquoi on dit que Jésus ***entra en agonie*** (Luc, 22, 44) au mont des Oliviers, avant même qu'on l'ait arrêté : parce qu'il « se mit à ressentir frayeur et anxiété » (Marc, 14, 33). En revanche on ne parle pas de son agonie sur la croix car le sens moderne n'apparaît qu'en 1580, chez Montaigne : « ceux qu'on voit défaillants de faiblesse en l'agonie de la mort... » (livre II). Désormais, le mot désignera l'état du mourant, que Littré décrit par « une altération profonde de la physionomie, l'aphonie, la sécheresse ou la lividité de la langue, des lèvres, le râle, la petitesse et l'intermittence du pouls, le froid des extrémités qui s'étend graduellement au tronc » : il n'est plus du tout question d'angoisse de l'âme. Pour dire celle-ci, il faut un autre mot, ***les affres (de la mort)*** : la terreur, l'effroi devant ce qui est ***affreux*** (probablement du provençal *afera(r)*, « effrayer »).

L'acception purement physiologique d'***agonie*** retrouve le sens originel du grec *agônia* : c'est d'abord la lutte dans les jeux, et même l'exercice de gymnastique. Par métaphore, le grec en avait fait la lutte intérieure, celle de l'âme. Les descriptions minutieuses de l'état du mourant dans la littérature des XVe et XVIe siècles ont certainement favorisé le retour au sens concret du mot, le combat du corps contre la mort. Les *Artes moriendi* ont pu y concourir, bien qu'ils n'aient eu pour but que le salut de l'âme, parce qu'ils représentaient ce combat spirituel en termes concrets, avec l'affrontement des anges et des démons dans une chambre transformée en arène. Le public se pressera d'ailleurs autour des lits d'agonie jusqu'au début du XIXe siècle pour regarder le spectacle, — n'importe quel passant, même inconnu du mourant, ayant le droit d'entrer. Danse convulsive ou jeu du cirque, l'agonie est la mort qu'on regarde, avant de cacher le cadavre.

Mais l'ambiguïté du mot tient aussi à la difficulté de concevoir l'âme comme une abstraction, un principe immatériel. Toute tentative pour la représenter doit emprunter le vocabulaire du corps. C'est ainsi que la désignent les langues anciennes : *nèphèsh* en hébreu, *psychè* en grec, *anima* en latin (dont dérive *âme*), ces noms sont d'abord ceux du souffle, de la respiration ou de l'haleine. L'*anima* est une sorte de vent : *anemos* en grec. L'***esprit*** est de même nature : *ruach* en hébreu, *pneuma* en grec, *spiritus* en latin, sont l'air et la respiration. Lorsque celle-ci s'arrête, il ne s'agit donc pas d'un simple phénomène physiologique : on a d'abord l'***âme sur les lèvres*** (Académie, 1694), c'est-à-dire qu'on est mourant, puis cette âme-souffle quitte le corps. Aussi insiste-t-on sur le mouvement qui la projette au dehors : ***pousser son dernier soupir, exhaler son dernier souffle, expirer***, c'est expulser de soi l'âme aérienne. L'expression ***recueillir le dernier soupir de quelqu'un*** doit s'entendre d'abord au sens propre : chez les Romains, un proche parent du mourant pensait recueillir son âme dans un dernier baiser.

L'âme peut aussi s'échapper dans un éternuement : c'est la raison pour laquelle il faut vite dire « Dieu vous bénisse ! » à quelqu'un qui éternue ; si c'est son âme qui s'échappe, Dieu la replacera en lui ; si c'est un esprit malin, il s'enfuira. On se protège aussi en mettant la main devant sa bouche, comme lorsqu'on bâille, car on court alors le même risque : ***Bâiller ne peut mentir, il veut manger, dormir, ou partir de ce monde*** (proverbe gascon). En provençal, « il est mourant » se dit ***a pus qu'à bada mouri***, « il n'a plus qu'à bâiller mourir » ; ***es ei darnié badau***, « il en est au dernier bâillement » ; ***fa lei badau***, « il fait les bâillements ». Dans le Tarn, ***badal*** est le dernier soupir. En Anjou, ***baillonner*** se dit d'un poisson qui bâille à la surface de l'eau, ou d'un agonisant.

La signification de l'éternuement est restée, avec une réinterprétation réaliste, dans ***éternuer dans le son / dans le sac*** « être guillotiné » :

> Pauvre petit Théodore ! [...] s'écria le Biffon, il est bien gentil. C'est dommage d'*éternuer dans le son* à son âge...
>
> Balzac, *Splendeurs et misères des courtisanes.*

C'est alors la tête entière, et non plus l'âme, qui est éjectée dans le panier de la guillotine. Mais à la fin du XIXe siècle, l'expression s'est abrégée en ***éternuer***, au sens de « mourir ». A la même époque, la variante ***cracher sa tête dans le sac***, qui datait de 1792, est devenue ***cracher son âme***, ou ***cracher son embouchure***.

On recourt dans les imprécations ou les injures à des images plus ordurières, mais que favorise le double sens de ***rendre (son âme***, ou ***son repas***), comme chez Rabelais :

> « ... et, tombant, rendit plus de quatre potées de soupes, et l'âme meslée parmy les souppes. »
>
> *Gargantua,* XXXV.

On n'accusera pas Rabelais de blasphème, puisque le prédicateur Massillon dit ***vomir son âme*** (« il vomira avec son âme les richesses qu'il avait dévorées », cité par Littré), et le catholique Léon Bloy ***se vider de son âme*** : « ... Renan, le philosophe entripaillé qui eut une si belle fin, — étant mort, un beau jour, tout à fait sous lui, en se vidant de son âme » (*Exégèse des lieux communs*).

Mais l'expression la plus triviale, ***il ne pétera plus*** (« il est mort », 1808), qui a pour contraire ***faire un pet à la mort*** (1585), « échapper d'une grande maladie », remonte à une tradition populaire très attestée dans la culture carnavalesque, et dont on trouve l'origine chez les Grecs. Les souffles vitaux qui circulent dans l'univers traversent les corps entiers, et pas seulement les poumons. C'est pourquoi un féculent comme la fève faisait l'objet d'interdits (chez les pythagoriciens) ou au contraire de prescriptions (chez les cyniques) : Diogène Laerce disait qu'il fallait « s'abstenir de manger des fèves parce qu'elles sont pleines de vent et qu'elles participent à l'âme ». Elles sont pleines des âmes des morts, qui passent ainsi dans les corps vivants avant d'en ressortir. Les cyniques, en recommandant les fèves, choisissaient cette circulation des souffles que la médecine populaire française respecte aussi dans ses proverbes. Éternuer, roter, péter sont des signes de vie, tout autant que respirer ou parler : ***un rot vaut un an de santé, quand un malade éternue le médecin s'en retourne, tant qu'on respire on n'est pas mort, quand on baille on n'est pas mort, chat qui miaule n'est pas mort, quand on pète on n'est pas mort***, et ce en dépit des bonnes manières, car ***mieux vaut péter en bonne santé que crever derrière un buisson***. Quand Rabelais décrit la résurrection d'Epistémon (II, 30), ce n'est pas la respiration mais le pet qui marque le retour total à la vie :

> Soubdain Epistemon commença respirer, puis ouvrir les yeulx, puis baisler [= bâiller], puis esternuer, puis fit un gros pet de mesnage. Dont dist Panurge :
> — A ceste heure est il guery asseurement.

Mais on risque aussi de mourir en laissant échapper son âme par le bas. Rabelais décrit dans le *Quart Livre* une île de Ruach (de l'hébreu *ruach*, « l'esprit - souffle ») dont les habitants, qui se nourissent de vent, « meurent tous hydropicques, tympanites, et meurent les hommes en pédent, les femmes en vescent. Ainsi leur sort l'âme par le cul ». Anatole Le Braz raconte, dans *La légende de la mort*, que le diable guette l'âme d'un mourant en se plaçant près de sa bouche ; mais si c'est un pendu dont la gorge est serrée par la corde, l'âme ne pouvant passer par là doit trouver une autre sortie ; elle s'évade donc par le bas, et le diable la manque... Toutes ces croyances sur l'âme anale jouent sur le principe d'inversion cher à la culture populaire, qui renverse la hiérarchie des valeurs entre le haut et le bas, mais témoignent aussi d'une vision du monde plus poétique que ne le laisse croire, quand on l'en isole, l'expression ***il ne pétera plus***, car elle représente la vie comme une vaste circulation des vents. On meurt quand on « perd vent et alaine », comme disait Villon, quand le corps est pour la dernière fois traversé par les souffles qui emportent l'âme personnelle avec eux, et qu'il se ferme pour toujours à ce circuit cosmique[8].

PHYSIOLOGIE DE L'ÂME : LE SANG

A côté de ces représentations de l'âme-souffle, une double tradition, médicale, issue de Galien et Aristote, et par ailleurs biblique et chrétienne, fait du sang le siège de l'âme. C'est sans doute pour cette raison que les expressions de la mort y insistent beaucoup : ***verser le sang, répandre le sang, faire couler le sang, tremper ses mains dans le sang, se baigner dans le sang,*** « tuer plus ou moins de gens » ; ***il y a eu beaucoup de sang répandu***, « beaucoup de morts » ; ***laver son injure dans le sang***, « se venger par une mise à mort » ; ***avoir du sang sur les mains***, « être coupable d'un meurtre » (Louis Scutenaire joue de cette expression dans *Mes Inscriptions* : « J'ai du sang sur les mains. Je me suis coupé. »). L'argot ajoute ***manger du pain rouge***, « vivre d'assassinats » (Eugène Sue, *Les Mystères de Paris*, 1842).

En revanche, il est peu question de l'arrêt cardiaque, bien qu'il soit traditionnellement un signe majeur de la mort avec celui de la respiration : seule l'expression ***tant que le cœur me battra (au ventre)***, « tant que je serai en vie », y fait allusion, *a contrario*. Le cœur « populaire » est plus le siège des émotions que de la vie : on peut ***avoir un coup au cœur, le cœur déchiré***,

le cœur qui saigne, et même ***n'avoir pas de cœur***, sans pour autant être mort. Il se confond d'ailleurs avec l'estomac : ***avoir mal au cœur, le cœur au bord des lèvres, soulever le cœur, mettre le cœur à l'envers***, ces expressions désignent la nausée. Que le cœur fasse circuler le sang ne semble donc pas avoir frappé les imaginations, qui sont hantées par l'image du sang visible, s'écoulant hors du corps, bien plus que par l'organe caché.

S'il ne s'agit pas de mort violente, le sang a tout de même son rôle, par l'arrêt de la circulation, dans la pâleur et le froid que notent diverses expressions. ***La pâleur de la mort, la pâleur mortelle*** est aussi bien sur les morts (***pâle comme un mort; un pâle***, « un mort ») que sur la Mort (***pâle comme la mort***), la *pallida mors* d'Horace, ***la Blafarde*** (1881), ou chez Céline ***la Blême*** (*Mort à Crédit*). Le ***teint mort*** et les ***lèvres mortes*** sont un teint et des lèvres décolorés. Cela va jusqu'à la blancheur (***blanc comme un mort***) que symbolise le navet : ***avoir du sang de navet***, « être sans vigueur, anémique, ou sans courage », vous prédispose au ***champ de navets***, « le cimetière ». Quant à la chaleur traditionnellement attribuée au sang, elle aussi disparaît dans ***le froid de la mort***, que l'ancien français reconnaissait par l'expression ***être froid mort***, « tout à fait mort », et que l'argot a particulièrement retenu depuis le XIXe siècle : ***refroidir***, « tuer », comme en italien *freddare*, en allemand *kaltmachen* ou en anglais *to chill, to ice* ; ***un refroidi, un froid***, « un mort » ; en allemand *kalte Füsse kriegen*, « attraper les pieds froids, mourir » ; ***viande froide***, « cadavre » (en anglais *cold meat*, même sens) ; ***refroidisseur***, « assassin » ; ***refroidissement, refroidissage***, « meurtre ».

> *Les Froids*
> Se pressent autour de nous et, silencieusement, ils assistent au repas, écoutant ce que l'on dit, et quand la lampe est éteinte, ils nous touchent...
>
> Claudel, *Le Repos du septième jour*.

La symptomatologie de la mort est donc centrée sur les deux sièges de l'âme, la respiration et le sang. Le cœur n'y a pas un rôle important, non plus que le cerveau. On dit, il est vrai, ***se brûler / se faire sauter la cervelle***, mais au sens propre, puisque dans ce cas le cerveau est directement atteint par une balle dans la tête. On n'en parle jamais en d'autres circonstances : le cerveau est considéré comme le siège de la raison, non de la vie, et son dysfonctionnement signale la folie (***avoir le cerveau blessé***, XVIIe s., « être fou »), non la mort. La locution ***mort cérébrale***, récente et scientifique, n'a pas encore inspiré d'expressions équivalentes dans le langage familier.

L'HORIZONTALITÉ

Avec l'agonie commence l'horizontalité définitive de la mort :

> *La mort est le prolongement horizontal*
> d'un rêve factice,
> la vie n'étant pas vérifiable.
>
> Francis Picabia, « De l'autre côté »,
> *Thalassa dans le désert.*

Les braves prétendent y résister jusqu'à la fin et ***mourir tout debout*** (1640), en pleine activité ou sur le champ de bataille, ce qui est fabuleux comme *une histoire à dormir debout* puisque ce sont ces hommes-là, on l'a vu, qui *tombent*. Comme dit le langage familier, ils se font ***étendre*** (en allemand *verrecken*, « étendre, étirer complètement, mourir ») :

> Proprement il *s'est fait étendre* le capitaine Louis Herlier [...]. Je l'ai vu vaciller... tomber héros au champ d'honneur.
>
> Alphonse Boudard, *Bleubite.*

Esnault date le verbe, dans cet emploi, de 1898 ; mais il avait déjà ce sens au XIIe siècle, comme le montre cet exemple cité par Littré : « ... N'en ateint home qu'il ne fende, *Que mort a terre ne l'estende* ».

Étendre un homme sur le carreau se trouve chez Oudin en 1646 : « jeter par terre, tuer ». Il est donc curieux que ce mot soit devenu argotique puis familier, comme si la langue conventionnelle, bien qu'elle réserve aux héros le verbe *tomber*, ne voulait pas envisager l'horizontalité qui s'en suit. L'argot, volontiers dévalorisant, insiste au contraire sur cette position qui abat toute la superbe de l'*homo erectus*. ***Allonger***, « tuer » (soldats, 1940) est une variante d'***étendre*** ; il est précédé de ***les allongés***, « les morts » dans ***le boulevard des allongés*** (1928), « la morgue, ou le cimetière » :

> … pas beaucoup se lèvent… quatre… cinq militaires… les autres s'en font pas ils restent allongés… j'ai jamais su ce qu'ils étaient… des blessés ?… ou seulement des endormis ? ou *des allongés* pour de bon ?… ça nous était arrivé maintes fois dans les salles d'attente de pas savoir si les gens comme ça tout de leur long étaient des roupilleurs ou pire…
>
> Céline, *Rigodon*.

L'argotique ***se répandre*** (1867), « mourir », a pour antécédent ***il s'est laissé répandre***, « il est tombé » ou « il est mort », qui se trouve dans le dictionnaire de l'Académie en 1694. ***Répandre***, « tuer », croise sans doute l'image de l'étalement et la formule *répandre le sang* :

> D'une femme remontant à l'improviste dans l'appartement qu'il visite, parce qu'il l'a frappée jusqu'à ce qu'elle tombât, un casseur dit : « *j'l'ai répandue* ».
>
> Jean Genet, *Miracle de la Rose.*

D'autres verbes renchérissent avec l'idée d'aplatissement et d'écrasement. ***Ecraser***, « tuer », date de la fin du XVIIIe siècle. ***Coffier et escoffier***, « tuer » (XVIIIe), ont dans le Maine et le Gévaudan le sens de « aplatir, écraser ». ***Ébouser*** ou ***ébouzer***, dans l'argot moderne, dérivent peut-être de *bousiller,* mais plus probablement d'un régional *s'ébouser*, « s'étaler, s'écraser », à Lyon *s'abouser* (comme une bouse de vache). ***Repasser***, qui signifiait « voler » depuis 1835, a pris vers 1921 le sens de « tuer » : que ses poches soient vidées ou elle-même morte, la victime est rendue plate. ***Ratatiner***, « tuer », remonte à l'ancien *retatiner* (1508), « effacer les plis ».

La position des pieds a tout spécialement frappé l'imagination populaire. Pour les Anglais, mourir revient à « redresser ses orteils », *to turn up one's toes.* Les Français ont ***les doigts de pieds en éventail*** ou ***en bouquet de violette*** (ce qui s'est dit d'abord de la jouissance sexuelle) :

> [...] maintenant il a la tête aussi grande ouverte que les Galeries Lafayette un jour de vente réclame, et *les doigts de pieds en bouquet de violettes.*
>
> San-Antonio, *Réglez-lui son compte !*

Mais surtout, puisqu'ils sont « allongés », ils ne peuvent se déplacer sur leurs pied (***ne remuer ni pieds ni patte***, « être mort », XVIIe s.) et vont donc ***s'en aller / partir / s'en sortir les pieds devant*** (XVe s.), « être portés en terre ». S'ils avaient guéri, ***ils seraient remis sur pied (mis sur pied***, 1660), mais à défaut, ils peuvent espérer la ***résurrection***, c'est-à-dire au sens propre le moment de se remettre debout. En attendant, ils ***gisent*** : la langue conventionnelle ne reconnaît leur horizontalité qu'à partir de ce moment-là, quand ils sont dérobés aux regards des vivants, mais elle le dit avec le vieux mot ***gésir*** (XIe s., « être couché », du latin *jacere*, même sens), dans la formule ***ci-gît*** : l'archaïsme de ce verbe adoucit la triste réalité par une connotation un peu légendaire ou esthétique parce qu'il évoque les ***gisants*** médiévaux. Mais les historiens d'art[9] ont montré qu'à l'origine, ces statues ne représentaient pas des morts, mais des vivants aux yeux ouverts, et dont les plis des vêtements tombaient comme s'ils étaient debout. Ils sont toujours restés ainsi, debout et renversés, sur les tombes modestes, sans suivre l'évolution des monuments plus riches où de grands artistes, par souci de vraisemblance, leur ont donné une position couchée plus réaliste, — quand ils ne les ont pas redressés sur un coude, ou assis, ou agenouillés. Hormis les gisants macabres des XVe-XVIe siècles, ce type de représentations hésite souvent à montrer une horizontalité absolue, sauf à l'admettre comme un sommeil. Sur les tombes modernes, où ***ici repose*** l'emporte sur ***ci-gît*** au début de notre siècle, les statues des morts-dormeurs ont la tête relevée par un oreiller, comme leurs doubles dans les cercueils.

On reviendra plus tard sur la mort-sommeil, mais il faut noter ici les expressions concernant les yeux car elles sont très différentes dans le langage conventionnel et l'argot. Le premier ne voit que les yeux clos, suggérant l'assoupissement puisque *ne pas fermer l'œil* signifie « ne pas dormir » : mais ***fermer les yeux***, « mourir » (XVIIIe s.), contredit ***fermer les yeux de quelqu'un*** (XVIe s.), « lui clore les paupières qui restent ouvertes après l'agonie » et par extension « l'assister en ses derniers moments ». S'il faut fermer les yeux des morts, c'est qu'ils ne les ferment pas eux-mêmes ! Ils les ont en effet entrouverts, révulsés et de plus en plus troubles, ce pourquoi on les ferme afin de ne pas les voir. Plus réaliste, la langue populaire insiste sur le retournement des globes oculaires : ***érailler***, « tuer » (1725) n'est autre qu'***esrailler***, « faire rouler les yeux » ; ***tortiller de l'œil***, « mourir », se trouve en 1808 ; ***tourner de l'œil*** signifiait « mourir » au XIXe siècle, avant de s'atténuer en « s'évanouir » ; ***virer de l'œil, virer l'œil*** ont le même sens, comme en allemand *die Augen verdrehen*.

La ***rigidité cadavérique*** ne retient pas beaucoup plus l'attention de la langue châtiée, comme le montre le sens de ***mort tout roide*** (1470) et ***raide mort*** (XVIe s.), « mort soudainement » ; on l'emploie d'ailleurs sous la forme ***être tué raide*** ou ***tomber raide mort***, « mourir tout d'un coup ». ***Raide*** s'entend ici dans son emploi adverbial, « vite, rapidement et fortement », et ne fait pas allusion à la raideur cadavérique.

L'argot, moins pudique sur cet aspect, a au contraire plusieurs mots qui désignent la mort comme un raidissement. Il retrouve en cela le sens ancien de ***raidir***, « tuer » au XVe siècle, et « mourir » au XVIe, sens qui réapparaît en 1846. ***Être raide***, pour l'argot moderne, c'est être mort, comme en anglais *stiff*, mêmes sens (*a stiff*, « un raide, un cadavre ») :

> [...] *ceux qu'étaient raides* on devait les emmener... y avait des fosses... ça mourait beaucoup en transports, par hémorragies et gangrène...
>
> Céline, *Rigodon*.

Corder, « mourir », relevé dans l'argot des voyous en 1926, vient de *se corder*, « se durcir », en parlant de plantes, de racines, ou de muscles raidis. Les marins l'ont exprimé d'une manière pittoresque, vers 1833, avec ***avaler sa gaffe***, qui a généré ensuite ***avaler son parapluie, sa canne, son manche à balai*** : comme si les morts étaient tendus de l'intérieur par un objet long et droit.

Esnault explique encore par l'idée de raideur les verbes, très répandus, ***conir, cronir*** et ***cornancher***. ***Conir (cosnir, cônir, caunir***, etc.), attesté dès 1562, signifiait aussi bien « mourir » que « tuer », mais le second sens a disparu aujourd'hui. Esnault rattache ce mot à *cône*, « corne » (de l'Ille-et-Vilaine au Doubs), *côni*, « racorni » en Normandie, « coriace » dans le Quercy, « figé » dans le Doubs à propos de la soupe. Littré explique que les *harengs cornés* sont ceux qui, près de frayer, deviennent coriaces quand on les met dans le sel. ***Crônir*** et ***cronir*** apparaissent à la fin du XIXe siècle, avec encore le double sens « mourir » et « tuer », et sont bientôt suivis de ***crounir*** (1901) : ce serait encore une variante de *cornir* c'est-à-dire « devenir de corne », comme *se racornir*. Enfin ***cornancher***, « mourir » en 1928, « tuer » en 1953, aurait la même origine. Mais ce dernier verbe est surdéterminé par un autre ***cornancher***, « puer » (1901), issu de *corner*, XVIe s., qui se disait du gibier faisandé, du poisson pourri, de tout corps décomposé et sentant mauvais (cf. italien *sonare il corno*, « souffler du cor, puer »). Il pourrait s'y ajouter une autre surdétermination, celle de ***cornancher***, « agresser, frapper » (1904), que Cellard et Rey rattachent à *cornancher*, « faire une corne à une carte », par l'idée de cassure, de traitement brutal ; mais puisque puer se dit en argot *cogner, fouetter, taper*, le verbe ***cornancher*** signifiant « frapper » est peut-être le même que le précédent.

LA MORT HUMIDE

Si ***cornancher***, « mourir », dérive de *corner*, « puer », c'est alors la seule mention que l'argot fasse de l'odeur. Il se montre assez discret sur tout ce qui concerne la décomposition, alors qu'il est un peu plus prolixe sur le squelette. Tout l'imaginaire de la mort gravite autour de la pourriture dont les rites s'accommodent de diverses façons[10], mais dont on attend toujours qu'elle laisse place à la sèche dureté des os, plus « propres », plus rassurants.

Le mot ***cadavre*** ne date que du XVIe siècle, et il est plutôt anodin dans son étymologie puisqu'il désigne ce qui est tombé (lat. *cadere*). Mais comme nous ne le supportons plus, nous préférons parler de ***corps*** en croyant que ce mot désigne nécessairement un corps vivant : « ... dans le cadre de l'opposition *corps - cadavre*, un corps ne peut être que vivant, sinon il est cadavre : de ce point de vue, l'expression *corps vivant* constitue une redondance et *corps mort* une contradiction », dit Jean-Didier Urbain dans *La Société de conservation*.

Or, si cette réflexion est juste pour l'imaginaire, elle ne l'est pas linguistiquement, car le corps est « ce qui fait l'existence matérielle d'un homme ou d'un animal, *vivant ou mort* » (Littré). La vie et la mort sont indifférentes dans sa définition. C'est peut-être pour éviter cette ambiguïté qu'on a créé le mot ***cadavre***, mais lui-même est devenu incertain en argot, où il signifie « corps vivant », et dans des parlers régionaux : à Lyon et dans le Beaujolais, il désigne un homme ou une femme bien en vie, de forte corpulence et de haute taille ! ***On cadovre d'heumme***, « un cadavre d'homme », est un homme athlétique, tandis qu'un vrai cadavre est ***on mourt***. Diverses expressions aujourd'hui peu usitées comportent ce mot au sens de « corps » ou « personne » : ***nourrir son cadavre***, « manger » ; ***se refaire le cadavre***, « se restaurer » ; ***travailler le cadavre à quelqu'un***, « le rouer de coups » ; ***arroser le cadavre***, « boire ». Le sémantisme du corps l'a emporté sur celui de la mort, comme dans le grec *sôma*, qui signifiait d'abord « corps mort, cadavre », et a fini par désigner le corps vivant et la vie même (*to sôma sôizein*, « sauver sa vie »). L'opposition corps - cadavre n'est donc pas aussi nette qu'on voudrait le croire, et elle est tellement sujette à des fluctuations que, si nous avons fini par faire de *corpus* un corps que nous imaginons vivant malgré les définitions des dictionnaires, les Anglais en ont tiré *corpse*, « le corps mort ».

Plus affreux encore, pour nous qui ne le tolérons qu'à propos des bêtes, la ***charogne*** n'a pas toujours suscité cette répugnance : le Moyen Age, qui ne disposait pas encore de ***cadavre***, parlait simplement de ***charogne***, et Montaigne l'emploie encore ainsi, sans idée péjorative (I, 31). On appelait d'ailleurs ***charnier*** le cimetière : les deux mots dérivent de *caro*, « la chair », qui pour le christianisme est tout simplement le corps (« le verbe s'est fait chair »), la part matérielle de l'être humain, opposée à l'esprit. Ce sens prédomine tellement qu'à la fin du Moyen Age on a réservé le nom de ***charnier*** à ce que nous nommons aujourd'hui l'***ossuaire*** ! Le charnier, que son étymologie destine à recevoir de la chair, n'accueillait donc que des os, derniers restes des chairs-corps. Mais la dévalorisation chrétienne du corps et l'insistance de l'art macabre ont fini par rendre insupportables la ***charogne***, et bientôt le ***cadavre*** inventé pour la remplacer : au XVIIe siècle, Bossuet ne trouvera plus de mots, après « le corps » et « le cadavre », pour « ce je ne sais quoi qui n'a point de nom en aucune langue » (*Oraison funèbre du Père Bourgoing*). ***Charogne*** a désormais le sens de « cadavre en décomposition », mais son emploi est réservé aux seuls animaux. Et la langue familière l'atténue en une injure certes peu flatteuse (on le dit d'une personne répugnante ou cruelle), mais bien éloignée du sens normal ; elle en fait même un terme affectueux : « te voilà donc, charogne ! ça me fait plaisir de te voir » (Lyon). ***Charogne*** ne concerne donc pas le corps humain en décomposition. Si la littérature frénétique, le pamphlet, l'injure, l'utilisent en ce sens, c'est de manière péjorative, par comparaison avec les bêtes que le terme désigne normalement.

Il faut donc admettre que nous n'avons pas de mot pour désigner le corps humain quand la décomposition commence à l'atteindre. Ce phénomène n'est d'ailleurs reconnu que par la langue officielle, médicale ou littéraire, mais pas du tout par la langue familière ou argotique, qui n'a pas de termes ou d'expressions spécifiques pour en parler. Les proverbes recourent au vocabulaire courant : ***Tous faut pourrir on ne sait quand ; Qui est vieux rit, qui est mort pourrit*** (Provence) ; ***Mort de trois jours pue toujours*** (Normandie) ; ***Aujourd'hui nous courons, demain nous puons*** (Gascogne). Un seul mot propre à la langue populaire pourrait s'interpréter comme une allusion à la pourriture : ***dégeler***, « mourir » (1808), ***dégelé***, « mort » (1755), s'expliquent selon Littré par une comparaison avec « un fruit gelé qui, se dégelant, se pourrit ». Mais l'exemple qu'il donne, *le pauvre diable a dégelé cette nuit, est dégelé depuis hier*, ne peut expri-

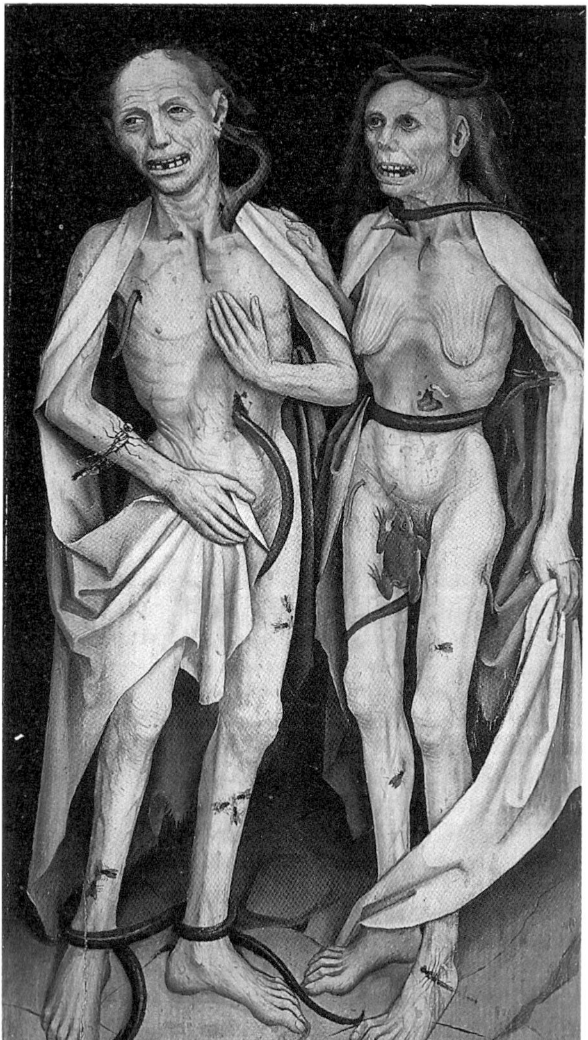

Les Amants trépassés, par Grünewald.

mer un processus de putréfaction qui reste encore peu manifeste. Ces mots suggèrent plutôt l'idée de *débâcle*, de rupture brutale des glaces (*une dégelée* est aussi une volée de coups, 1809), et de leur *fonte*, — donc l'amoindrissement, la diminution qu'on retrouvera au chapitre X avec d'autres images : ***il fond comme du beurre à la poêle*** se disait aussi au début du XIXe siècle d'un homme atteint d'une grave maladie.

Dans la langue normale, ***décomposition*** et ***corruption*** (famille de *rompre)* disent que le corps se défait. D'autres mots insistent plus sur la liquéfaction : ***pourriture, putréfaction, putride***, viennent du latin *pus*, qui désigne le ***pus*** et diverses humeurs. Et tout ce qui ***pue***, ce qui est ***puant*** et ***punais***, jusqu'au ***putois*** et à la ***pute*** ou ***putain***, a étymologiquement un rapport avec *pus* avec la pourriture mortelle. Imaginairement, nous associons les mauvaises odeurs à la mort : ***délétère*** se rattache à des mots grecs désignant la destruction, *dêlêtêrios, dêleisthai* ; ***miasme*** vient du grec *miasma*, « souillure provenant d'un meurtre, du sang versé » ; ***pestilence*** et ***empester*** dérivent du latin *pestis*, « maladie contagieuse, peste », et « destruction, mort » ; ***infection***, de *inficere*, « imprégner » puis « souiller », désigne d'abord une odeur corrompue, une émanation puante. A la limite, ***sentir***, employé absolument, se dit d'un cadavre qui sent mauvais : « C'est, dit-il, un cadavre ; ôtons-nous, car il sent » (La Fontaine, « L'ours et les deux compagnons »). L'odeur est de toutes les manifestations de la mort celle qui suscite le plus de fantasmes, car si l'on peut ne pas regarder, on ne peut éviter de sentir. C'est pourquoi on a accordé tant d'importance à ***l'odeur de sainteté*** : certains saints ont la réputation d'avoir exhalé de suaves parfums à leur mort ou même longtemps après, quand on les a exhumés. Cette manifestation d'incorruptibilité a été d'abord tenue pour diabolique, mais l'Église a peu à peu admis l'interprétation contraire : ***en odeur de sainteté***, apparu vers 1670, signifie « en état de perfection spirituelle » ; ***mourir en odeur de sainteté***, « en état de grâce ».

On peut s'étonner de ce que l'argot, très discret à propos de la corruption, retrouve son inventivité pour parler des vers : ***engraisser les asticots***, « être mort », ***la boîte à asticots***, « le cercueil ». La littérature n'est pas en reste, jusqu'à la grandiose prosopopée où Victor Hugo, dans *La légende des siècles* (« L'épopée du Ver ») donne la parole au ver. Pourquoi l'imagination s'est-elle fixée sur lui seul, alors que les prédateurs du cadavre sont de multiples insectes et larves ? Le poème de Hugo montre qu'il assimile toutes ces larves au seul lombric : tout l'univers n'est qu'« une table sans fin servie au ver de terre ». Il symbolise donc la terre où l'on retourne et qui nous consume. Queneau joue sur cette idée de « retour à la terre » dans cette définition : « Mourir : se mettre aux vers » (*Œuvres complètes de Sally Mara*). Quand à l'***asticot***, son nom permet le jeu de mots qu'a fait Jehan Rictus dans la « Farandole des pauv's tits fan-fans morts », où les enfants qui donnent « à bouffer aux vers » après une existence lamentable concluent que :

> Morts ou vivants c'est h'un mystère,
> on est toujours *asticotés !*
>
> *Les Soliloques du pauvre.*

Francis Ponge disait à un journaliste qui lui demandait s'il préférait l'inhumation ou la crémation, en 1953 :

> *Vous m'asticotez* (je parle très sérieusement), et je me laisse faire. Du même coup, vous avez ma réponse, dictée par la sympathie. Pourquoi frustrerions-nous la nature ? Il faut que tout le monde vive.
> [...] Et vive après tout le ver agile et lustré, l'agent du Chronos, gainé d'énergie, chef de perce de nos corps.
>
> « Interview sur les dispositions funèbres »,
> dans *Lyres.*

LA MORT SÈCHE

Si affreuses soient-elles, la dévoration par les vers et la consomption par la terre ont l'avantage de hâter la décomposition pour laisser place aux restes secs que l'imagination supporte beaucoup mieux, et qui paraissent défier le temps plus que la chair périssable.

Pourtant, le squelette totalement desséché n'entre qu'assez tardivement dans l'imaginaire français où il apparaît au XVIe siècle. Il ne semble pas que les os aient été le support de fantasmes particuliers jusque-là, comme le prouve le nom de *charnier* donné à l'ossuaire. La mort sèche se trouvait dans la poussière, la poudre, la terre en laquelle les corps se transforment : les ***cendres***. Ce mot est curieux parce que s'il avait un sens normal en latin (*cineres*) pour désigner les cendres des morts qu'on incinérait, il ne l'a plus en français puisque l'Église a interdit la crémation jusqu'en 1964. On a donc retenu le sens « résidu d'une combustion » par métaphore (la vie s'est éteinte) et on a surtout gardé l'image d'une poudre : lorsque le prêtre marque les fronts avec des cendres, le mercredi de ce nom, il rappelle au fidèle qu'il est « poussière ».

Durant les XIVe et XVe siècles macabres, l'imagination française se déplace sur le corps pourrissant, alors que l'art italien, peu impressionné par la décomposition, préfère la *morte secca*, « la mort sèche, le squelette ». Nous n'avons mis celui-ci en mots et en images qu'à partir du XVIe siècle. On l'appelle alors ***anatomie sèche***. Le mot ***squelette***, formation savante sur le grec *skeletos*, « desséché, momifié », apparaît au milieu du XVIe siècle avec le sens d'« anatomie » : aussi Montaigne parle-t-il d'un « skeletos où les veines, les muscles paraissent » (livre II), c'est-à-dire une représentation d'écorché et pas du tout un squelette au sens moderne, bien que ce dernier se trouve à la même époque chez Ambroise Paré.

L'argot et la langue familière, peu prolixes sur la décomposition, considèrent plus facilement la sécheresse : ***la sèche***, « la mort » (1878 ; cf. catalan *seca*, même sens) ; ***le séchoir***, « le cimetière » (1878), « la morgue » (1901) ; ***sécher***, « tuer » (1915). Les soldats de 1917 disaient : ***prendre le planton au séchoir***, « mourir dans les barbelés ».

Les os retiennent particulièrement l'attention puisque le cimetière semble se confondre avec un ossuaire : ***aller chez les têtes en os, au parc à os***, « au cimetière », comme en anglais *boneyard, bonepark, bone-orchard*. Le crâne n'a pas suggéré d'expressions particulières, peut-être parce qu'il est trop marqué comme un objet culturel depuis la mode classique des ***vanités***, ces représentations de symboles comme la tête de mort, offerts à la méditation religieuse.

En revanche, les dents fascinent : le cercueil se nomme ***boîte à dominos*** (1866), c'est-à-dire « à dents ». C'est qu'avec les dents se conserve, dans *le squelette qui rit* (Hugo, « L'épopée du Ver »), dans *ce crâne vide et ce rire éternel* (Valéry, « Le Cimetière marin »), le rire propre à l'homme mais confondu avec le ***rictus*** de la Mort :

> Dors-tu content, Voltaire, et ton hideux sourire
> Voltige-t-il encor sur tes os décharnés ?
>
> Musset, « Rolla », *Poésies nouvelles*.

Le rictus mortel, cette contraction de la bouche qui donne l'impression d'un rire forcé, ou le ***rire sardonique*** (ainsi appelé parce qu'on l'attribuait à l'effet d'une renoncule de Sardaigne, la *sardonia*, il se manifeste dans certaines maladies comme le tétanos), les grimaces de l'agonie laissent aux vivants l'impression d'une méchanceté agressive qui se prolonge bien après la mort. Le ***sarcasme*** est d'ailleurs de la même famille étymologique que le ***sarcophage*** et le ***cercueil*** : grec *sarkasmos*, de *sarkazein*, « ouvrir la bouche pour montrer les dents ou manger » ; et *sarkophagos*, « qui mange la chair ».

Où est le corps, là est la mort, dit un proverbe répandu en Auvergne, en Gascogne, en Provence et jusqu'en Guyane, et auquel fait écho le proverbe breton : ***La mort suit le corps***. Loin de s'opposer à cette mort corporelle, la représentation de l'âme s'y inclut au contraire, comme âme aérienne ou sanguine qui s'échappe du corps.

Mais ce matérialisme a dans la langue familière les limites que lui fixe l'horreur. Si l'on met à part le langage médical, nécessairement précis, seuls les discours chrétien et littéraire ont cultivé le macabre jusqu'à l'insoutenable. Lorsque le XIXe siècle entretient la mode de ce qu'on appelle alors « la littérature-charogne », l'argot moderne qui se constitue à la même époque a, en comparaison, d'étonnantes pudeurs. Son imagination joue pour l'essentiel sur l'opposition entre le mouvement de la vie, exacerbé dans les ultimes convulsions, et l'immobilité, la raideur, le froid de la mort. De la pourriture, il ne retient que les vers, qui sont encore de la vie. Il n'a pas les complaisances de la littérature pour les détails de l'agonie et la décomposition.

Si ce vocabulaire est encore bien vivace dans le roman policier et argotique, on peut se demander toutefois quel sera son avenir avec le développement de la ***thanatopraxie*** qui dissimule le travail de la mort sur le cadavre. Ce mot a été créé en 1963 par M. Chatillon, directeur des Pompes Funèbres Roblot, pour remplacer ***embaumement***, qui ne convenait pas exactement aux nouvelles techniques : l'embaumement au sens propre implique l'éviscération et l'usage d'aromates, tandis que la thanatopraxie consiste à injecter des solutions antiseptiques dans les vaisseaux et les cavités pour conserver le corps quelque temps, et à remodeler, maquiller, voire restaurer le visage, pour lui donner une apparence presque vivante. Ces techniques sont désignées comme ***procédé I.F.T.***, initiales de l'*Institut Français de Thanatopraxie*, créé en 1963 et réglementé par un décret du ministère de l'Intérieur en 1976. Le terme ***thanatopraxie***, formé sur le grec *thanatos*, « mort », et *praxis,* « action », est spécifiquement français, car on continue ailleurs à parler d'***embaumement***, mais la pratique l'est moins puisque seuls 25 % des morts français ont été traités par des ***thanatopracteurs*** en 1989, contre presque 100 % aux Etats-Unis et au Canada. Le mot savant peut-il séduire les Français qui résistent encore à l'idée d'un embaumement, ou au contraire les rebuter ? On peut soupçonner qu'il a surtout de l'effet sur les professionnels, qui ont inventé aussi le remarquable ***athanée***. On nomme ainsi la ***chambre funéraire*** où le mort est exposé jusqu'à ses funérailles, et que les Américains appellent *funeral home*. On a d'abord préféré le mot ***funerarium***, qu'il faut bien reconnaître comme du latin de cuisine, mais dont l'aspect savant faisait plus noble que *chambre funéraire*. Et on a finalement créé ***athanée***, à qui son origine grecque donne l'allure du vocabulaire médical, et qui surtout nie la mort, *thanatos*, par son préfixe négatif : l'athanée est au sens propre le lieu de la *non-mort* grâce aux miracles de la thanatopraxie. Mais qui le sait, hormis les professionnels et les gens cultivés ? *Funerarium, athanée, thanatopraxie*, ce vocabulaire savant réussit peut-être à valoriser une profession injustement décriée, mais certainement pas à rendre la mort familière.

VII. Madame la mort

L'horreur du cadavre s'est projetée en une personnification de la mort qui, sous la forme du squelette à la faux, ***la Faucheuse*** et ***la Camarde***, est une invention de l'Occident chrétien, mais qui exploite des représentations ou des mythes venus de l'Antiquité et de la Bible.

LES PIÈGES DE LA MORT

Le squelette était invisible
Au temps heureux de l'Art païen ;
L'homme, sous la forme sensible,
Content du beau, ne cherchait rien.

Théophile Gautier, « Bûchers et tombeaux »
Émaux et Camées

Le squelette n'est apparu que tardivement dans l'art grec, et encore représentait-il *un* mort et non *la* Mort[1]. Celle-ci avait les traits séduisants de *Thanatos*, frère jumeau de *Hypnos*, le Sommeil, et enfant de la Nuit. C'est un bel adolescent doté d'ailes, et que pour cette raison on a souvent confondu avec Eros. Il a pour fonction d'accueillir les morts et de les emporter, mais il ne tue pas : il représente la mort comme un état voisin du sommeil.

Deux des attributs de *Thanatos* vont se fondre avec d'autres figurations pour resurgir dans notre représentation de la Mort. Ce sont d'abord ses ailes, qui lui permettent d'arriver par surprise et de nous enlever. Lorsque le XIXe siècle, fasciné par la Mort, lui rendra les traits de *Thanatos*, elle retrouvera des ailes angéliques :

> ...Jusqu'à ce que la Mort, *ouvrant son aile immense*
> Engloutisse à jamais dans l'éternel silence
> L'éternelle douleur !

Lamartine , « le Désespoir »,
Méditations poétiques.

> Oh ! quand la Mort, que rien ne saurait apaiser
> Nous prendrons tous les deux dans un dernier baiser
> Et *jettera sur nous le manteau de ses ailes*,
> Puissions-nous reposer sous deux pierres jumelles.

Th. de Banville, *Les Stalactiques.*

Thanatos a aussi un filet, comme *Hadès*, l'Enfer grec[2], et comme la Mort biblique qui prend les humains dans ses rets avec des ruses de chasseurs : « les liens de la mort m'ont enserré, [...] les pièges de la mort étaient tendus vers moi » (Psaumes, 18). Filets, lacets, rets, nœuds coulants[3], la Mort trame ses pièges de corde pour pêcher ou pour chasser. « Tu as tramail et roiz et nasse » (« tu a des filets, des rets et des nasses »), lui dit Hélinand de Froidmont. Et Adam de la Halle se plaint qu'elle a pris les gens « à le roy et à le glui », au filet et à la glue (*Les Vers de la mort*).

> elle est là qui vous guette et vous prend à revers,
> *tricotant sans répit ses filets à vivants...*
>
> Claude Roy, « A regret », *Mourir*.

Ces ruses de la Mort ont une apparence plus séduisante mais non moins fatale dans ***le chant des sirènes.*** Celles-ci ont d'abort été des femmes-oiseaux avant de devenir, à la fin du monde antique, femmes-poissons. L'iconographie médiévale les figure d'ailleurs sous ces deux aspects. Selon la mythologie grecque, elles chantaient dans une prairie en fleurs jonchée d'ossements et de cadavres putréfiés, les restes des malheureux qu'avaient charmés leurs voix magiques. L'Occident oubliera longtemps cette séduction d'une Mort féminine, mais la retrouvera aux XIXe et XXe siècles, sous l'aspect de la femme fatale.

LA RAVISSEUSE

Les corps qui pourrissent sans sépulture sur la prairie des Sirènes montrent une mort à l'état brut, déjà macabre, mais que le charme maléfique peut faire oublier. Tel n'était pas le cas avec les figures hideuses des *Kères* et des *Harpyes*. Les *Kères* aux ailes noires, elles aussi filles de la Nuit, qui s'abattent sur les champs de bataille, saisissent les mourants dans leurs griffes, et leur sucent le sang, préfigurant nos vampires. Quant aux *Harpyes*, les femmes-vautours au bec et aux ongles crochus, elles sont les ravisseuses (ravir se dit en grec *harpazein*) qui prennent et emportent les humains. Les ailes de toutes ces démones réapparaîtront dans l'une des premières personnifications de la Mort en Occident, celle du Camposanto de Pise, où plane une femme aux ailes de chauve-souris et aux pieds griffus.

> ... déjà la mort hideuse
> Autour de mon chevet étend *une aile affreuse.*
>
> Regnard, *Le tombeau de M. B... D..., satire.*

Dans la Corse d'aujourd'hui, à côté de la dame à la faux, ***la Falcina,*** on connaît une autre personnification, ***la latra Pediniella ,*** « la voleuse aux pieds noirs », où se prolonge le thème ancien de la ravisseuse.

Or cette image païenne s'est combinée avec la parabole évangélique du voleur de nuit, dont le maître de maison ne sait à quelle heure il doit venir (Matt., 24, 43-44, et Luc 12,39). Qu'elle attrape les vivants par ses ruses de chasse, ou qu'elle les dérobe comme un voleur, la Mort ***prend, ravit, enlève, emporte.*** Nous le disons encore, sous des formes diverses : ***Dieu lui a pris ses parents*** (c'est en effet Dieu lui-même qui vient comme un voleur dans le Nouveau Testament), ***il a été ravi à l'amour de ses proches, enlevé à l'affection des siens, il a été emporté par la maladie.*** Et si l'on réussit à sauver quelqu'un, ***on l'arrache à la mort*** qui l'avait déjà saisi.

LES FILEUSES DE MAUVAIS COTON

Autres filles de la Nuit selon certaines versions, les *Moires* grecques ont été assimilées par les Romains à leurs *Parques*. Clotho file le cours de la vie, Lachésis le dévide et Atropos le tranche. Notre langue classique a eu souvent recours à ces images pour exprimer la mort : ***la Parqué l'a tué ,*** ou, par confusion avec les

Harpyes, ***la Parque l'a enlevé.*** On dit aussi qu'elle ***a tranché le cours d'une vie, tranché la vie*** ou ***le destin*** ou ***les jours***, qu'elle a ***coupé la trame de la vie***, ou que ***la trame de quelqu'un a été coupée***. « C'est fait, *j'ai dévidé le cours de mes destins* », écrit Ronsard (*Les derniers vers*). Le nom d'***Atropos***, que nous ne connaissons plus que comme celui d'un papillon de nuit dit aussi ***tête de mort***, a désigné la Mort dans notre littérature classique.

Filer un mauvais coton, « se trouver dans une situation dangereuse et qui s'aggrave », ne date que du

XIXe siècle. Mais on a d'abord dit ***jeter un mauvais coton***, « être dangereusement malade » (*Acad. 1835), et antérieurement « se ruiner » (Acad.*, 1740). ***Jeter un vilain coton*** (1692) se dit concrètement d'une étoffe qui se couvre de bourre. Dans l'emploi métaphorique de l'expression, *filer* a pu remplacer *jeter* sous l'influence de l'image des Parques qui filent l'existence. Bruant donne l'expression comme synonyme d'« être mourant ». Proust la rattache aussi à la mythologie grecque quand il décrit trois dames liées à Mme de Villeparisis dans *Le côté de Guermantes* : « Bref ces trois Parques à cheveux blancs, bleus ou roses *avaient filé le mauvais coton* d'un nombre incalculable de messieurs ».

Mais ces fileuses ont emprunté un autre nom du Destin pour devenir nos ***fées*** (XIIe s.) : le mot vient de *fata*, forme féminisée de *fatum*, qui désignait les Parques, *Tria fata*, chez les Romains. On comprend que ces fées, descendantes des Parques, ne sont pas seulement de gentilles marraines du style Walt Disney. Elles peuvent en effet, lorsqu'elles président à une naissance où quelque circonstance les a fâchées, vouer l'enfant à une mort prématurée. Maîtresses de toute destinée, elles décident du moment qui fera du vivant ***feu*** Untel, en bas-latin * *fatutus*, celui qui a accompli son *fatum* selon la prédiction de la ***fée***. La quenouille de celle-ci est donc bien l'instrument magique qui a le pouvoir de vie et de mort[4].

FIGURES INFERNALES

Certains personnages des Enfers païens ont également légué leurs attributs ou leurs traits à notre Mort. Le passeur ***Charon*** ou ***Caron***, — encore un fils de la Nuit, qui fournit décidément presque toute cette mythologie — fait traverser les fleuves des Enfers aux âmes des morts, si du moins elles peuvent lui verser une obole. Aussi disait-on, au XVIIe siècle, ***passer dans la barque de Caron***, ou simplement ***passer dans la barque***, pour « mourir ». On retrouve l'image jusque chez le chanteur Renaud, en 1980, sous la forme ***passer sur l'autre berge*** :

> Si y'a un bon Dieu, une Sainte Vierge
> faut qu'ils l'accueillent à leur enseigne,
> parc'qu'avant d'*passer sur l'autr'berge*,
> y m'avait dit : personne ne m'aime.
>
> « La Teigne », *Mistral gagnant*.

Pluton, le souverain des Enfers, est encore plus cher à notre langue classique : ***descendre chez Pluton, voir Pluton***, « mourir » ; ***la descente chez Pluton***, « la mort » ; ***l'empire/le royaume de Pluton***, « le séjour des morts ». Quand la planète baptisée Pluton a été découverte en 1930, les astrologues l'ont affectée au signe du Scorpion, où beaucoup d'entre eux voient un symbole de destruction et de mort.

Enfin, parmi ces personnages passés dans notre langue, les contes de fées en dissimulent encore un autre parce que son nom déformé ne trahit pas immédiatement son origine. C'est l'***ogre***, qui apparaît vers 1300 : ce mot est sans doute l'altération d'une forme **orc*, du latin *Orcus*. Nom d'une divinité infernale, *Orcus* a fini par désigner les Enfers eux-mêmes, puis la Mort en personne. Il est devenu dans notre folklore un géant anthropophage, qu'on retrouvera au chapitre de la mort dévorante.

LES INSTRUMENTS DE LA MORT

La première personnification de la Mort en France se trouve vers 1195 dans *Les Vers de la Mort* d'Hélinand de Froidmont. Elle n'y a pas encore de traits physiques particuliers, elle reste assez désincarnée, mais elle est du moins dotée d'attributs nombreux,

La mort et le bûcheron.

dont la fameuse faux si souvent représentée à partir du XIVe siècle italien[5], et qui lui vaudra le surnom populaire de la **(grande) *Faucheuse*** (1745), comme en anglais *The Reaper*, « le moissonneur ou la moissonneuse », et en allemand *der Sensenmann*, « l'homme à la faux, la Mort ». Cet instrument était déjà l'attribut de *Typhon*, qui avait assimilé l'Égyptien Seth, le dieu de la destruction et de la mort. On retrouve la faux aux mains de *Chronos* ou *Saturne*, le Temps. A ces images s'est superposée celle du sixième signe de l'Apocalypse (4, 14-16) :

> … et sur la nuée, assis, quelqu'un de semblable à un fils d'homme, ayant sur sa tête une couronne d'or et dans sa main une faucille acérée. […] « Envoie ta faucille et moissonne, car elle est venue, l'heure de moissonner, car la moisson de la terre s'est desséchée ». Et celui qui était assis sur la nuée jeta sa faucille sur la terre et la terre fut moissonnée.

La moisson de la fin du monde est faite par des anges (Matt. 13, 39). Cette image représentait aussi, dans l'Ancien Testament, les morts collectives :

> La Mort est montée par nos fenêtres, elle est entrée dans nos palais […]. Les cadavres des hommes gisent […] comme une gerbe laissée derrière le moissonneur, et personne pour les ramasser !
>
> Jérémie, 9, 20-21.

La Faucheuse est avant tout la grande égalisatrice, qui coupe d'innombrables vies d'un seul coup et sans distinctions individuelles.

Autre instrument célèbre, ***l'aiguillon de la Mort*** lui est attribué par saint Paul dans la Première épitre aux Corinthiens (15, 55) : « Où est-elle, ô mort, ta victoire ? Où est-il, ô mort, ton aiguillon ? ». Ce n'est pas le dard d'un insecte comme pourraient le laisser croire ces vers d'Hélinand de Froidmont (XXV, 8-9) :

> Tost l'as de ton aiguillon point
> Qui plus entosche que tarente

(« tu [la Mort] as vite fait de la piquer de ton aiguillon qui empoisonne plus qu'une tarentule »), — mais la pointe de fer fixée au bout d'un bâton pour piquer les bœufs. Car la Mort est le berger du Sheol, qui fait paître le troupeau des trépassés (Psaumes, 49, 15). Apollinaire en surimprime l'image sur celle de Thanatos :

> J'attends que passe *Thanatos et son troupeau*
> « Le Mendiant », *Poèmes divers.*

Cet aiguillon s'est confondu avec le ***dard***, — un bâton muni d'une pointe de fer, mais qu'on utilise comme arme en le lançant avec la main, à la différence de la flèche qui exige un arc. Installée sur un bœuf, ou un char à bœufs[6], qui avance inexorablement et écrase tout sur son passage, la Mort lance ses dards :

> Je suis la Mort de nature ennemye,
> [...] *Sur ce bœuf* cy qui s'en va pas à pas
> Assise suis et ne le haste point,
> Mais sans courir je mets a grief trespas
> Les plus bruians quand *mon dur dart les poinct.*
>
> Pierre Michault, *Danse aux aveugles.*

Mais cette guerrière monte plus souvent à cheval, comme le quatrième cavalier de l'Apocalypse : « et voici un cheval verdâtre et celui qui le montait s'appelait *la Mort* [ou : *la Peste*], et l'*Hadès* l'accompagnait » (6, 8). Georges Brassens y fait une allusion savante et savoureuse lorsque l'oncle Archibald, rencontrant sa Majesté la Mort, rejette ses avances parce qu'elle est trop décharnée :

> Lors *montant sur ses grands chevaux*
> La mort brandit la longue faux
>   D'agronome
> Qu'elle cachait dans son linceul
> Et faucha d'un seul coup d'un seul
>   Le bonhomme.

Il arrive souvent aussi qu'elle brandisse un arc, par confusion avec le premier cavalier de l'Apocalypse, et la littérature lui attribue encore bien d'autres armes, fronde, bâton ou massue, marteau, etc. Dans tous les cas, la mort ***frappe*** :

> Un tel homme, dégagé du siècle, qui a mis toute son espérance en la vie future, voyant approcher la mort, ne la nomme ni cruelle ni inexorable ; au contraire, il lui tend les bras, il lui présente sans murmurer ce qui lui reste de ce corps, et lui montre lui-même l'endroit où elle doit *frapper son dernier coup.*
>
> Bossuet, *Oraison funèbre du Père Bourgoing.*

DE LA CAMARDE A L'ANGE

C'est d'abord en Italie, au XVᵉ siècle, que la Mort a pris l'apparence d'un squelette. En France et en Allemagne, elle a acquis son identité en se détachant progressivement de la Dame Macabre, qui montrait d'abord *des* morts, et non *La* Mort en personne. Elle s'est incarnée en un transi, un corps décomposé, avant de se réduire à un squelette totalement desséché.

Son nom de **Camarde** est attesté pour la première fois chez Scarron en 1648, et souvent repris par les écrivains burlesques du XVIIIᵉ siècle avant d'être considéré comme argotique :

> Il fut complimenté d'abord
> Par le Sommeil et par la Mort ;
> Pour lui faire honneur, *la camarde*
> Contre son humeur, fut gaillarde...
>
> *Le Virgile travesti*, VI, 1041-1044.

Camard signifie « qui a le nez plat et écrasé » : la Mort-squelette n'a pas de nez. C'est pour la même raison qu'on l'appelle aussi **la Camuse** (« la *mort camuse* » chez Scarron, *ibid.*, II, 1590), et **la Carline** (1829). Carlin fut un acteur du XVIIIᵉ siècle célèbre dans le rôle d'Arlequin. On donna son nom au chien carlin, dont le museau noir et écrasé évoque le visage masqué du personnage.

Il faut remarquer que ces noms sont tous féminins alors que le squelette de l'iconographie n'est pas d'un sexe déterminé. Certes, les premières figurations de la Mort sous cet aspect correspondaient au genre que le mot **mort** avait dans les diverses langues : la *morte* féminine des Italiens fut d'abord un squelette à cheveux longs, tandis que la Mort masculine des Allemands, *der Tod*, est désignée par l'argot comme un squelette d'homme, *der Knochenmann*, de même qu'elle est « l'homme à la faux », *der Sensenmann*. Elle porte d'ailleurs une belle paire de moustaches dans le tableau de Nicolas Manuel Deutsch, *La Mort et la*

Jeune femme (1517), qu'on peut voir au Kunstmuseum de Bâle. Mais en s'épurant jusqu'à devenir un parfait squelette, la mort n'est plus ni homme ni femme dans les représentations plastiques, tandis qu'elle garde son sexe dans la langue. Littré rapporte même qu'au XVIIe siècle les puristes voulaient que le mot ***squelette*** fût du féminin, et qu'« aujourd'hui les gens du peuple font souvent cette faute ».

Mais lorsqu'au XIXe siècle la Camarde laisse place à l'***Ange de la mort***, l'ambiguïté s'installe. Il a d'abord été l'***Ange exterminateur*** qui sévit en divers épisodes de la Bible. Dans la tradition judaïque, l'***Ange de la Mort***, *mal'hâkh hamaveth*, est un être de feu, doté de douze ailes, qui brandit une épée d'où suinte une goutte de poison, et qui a la double fonction de tuer et d'emporter l'âme. La tradition musulmane l'appelle *malak al mawt* ou *izra'il* : dans la 32e sourate du *Coran*, il recueille les âmes des morts.

Lorsque la littérature et les arts plastiques réinventent ce personnage qui, du préromantisme au symbolisme, évincera la vieille Faucheuse, la crainte qu'il inspire est plus sublime que macabre : c'est « l'archange à l'aile noire » de Mallarmé (dans « Sa fosse est fermée »), ou le cavalier d'Apocalypse, auréolé de lumière et dressant son glaive vers le ciel, de Gustave Moreau (« La Parque et l'Ange de la Mort », 1890, au musée Gustave Moreau).

Mais il n'est plus souvent qu'un séduisant ***psychopompe***, un conducteur des morts en qui se superposent les anges qui dans l'iconographie chrétienne viennent recueillir les âmes, et les divinités antiques comme Hermès psychopompe ou Thanatos. Il a parfois les traits féminins d'une douce jeune fille, mais souvent aussi ceux d'un adolescent ambigu : l'antique Thanatos, si semblable à Eros, deviendra ainsi le Tadzio de Mann puis de Visconti dans *La mort à Venise*. Les divergences de la culture occidentale sur le sexe de la Mort finissent donc dans l'insoluble question du sexe des anges.

L'Ange de la mort, par Carlos Schwabe.

La langue populaire, elle, a si peu de doutes sur la féminité de la Mort qu'elle développe un érotisme macabre composé de fantasmes essentiellement masculins. Mais les allégories lui restant assez étrangères, elle a moins exploité les figures d'origine littéraire, comme la Faucheuse et la Camarde, que les représentations très concrètes de la potence et de la guillotine.

Cet érotisme macabre apparaît en effet dans le vocabulaire des exécutions capitales : l'alliance d'Eros et Thanatos que Philippe Ariès date de la fin du XVe siècle[7] se manifeste en fait dès le début du siècle dans la langue familière et l'argot. ***Marier*** est attesté au sens de « pendre » en 1408. Bouchet explique en 1584 :

> Si aucun de leurs compagnons a été angué [pendu] ils disent : il a été *marié*, et *un tel a dansé à ses nopces,* c'est-à-dire qu'il a esté fouetté.
>
> *Les Sérées de Guillaume Bouchet.*

La pendaison est un ***mariage***, et le bourreau un ***marieux*** dans les ballades en jargon de Villon. ***Etre de noces*** signifie « être pendu » (1486), ce qui s'appelle aussi ***épouser le gibet*** (1486) : la langue familière inversera ensuite la métaphore en disant que se marier, c'est se ***mettre la corde au cou*** ! L'image se renouvelle jusqu'au XIXe siècle : ***épouser une roue à l'envers*** (Noël du Fail, 1547), « subir le supplice de la roue » (le condamné est lié le dos sur la roue) ; ***épouser la roue*** (1640) ; ***marier avec Madame la Guillotine***, « guillotiner » (1843). L'argotique ***amadouer***, qui combine *amadouer*, « rendre ami », et *adouer*, « accoupler », signifie aussi bien « marier » (1822) que « pendre » (vers 1750) : on trouvait le même jeu de mots dans la première ballade en jargon de Villon avec ***accoller***, « pendre » et « accoupler ». Ces mortelles épousailles ne se limitent pas au seul cas de l'exécution puisque les marins bretons qui périssent en mer ***se marient dans les fonds***, et que dans le Haut-Doubs, faire le repas funéraire d'un célibataire se dit ***faire sa***

noce. A l'inverse, le dernier festin qu'un jeune homme célèbre avec ses amis avant de se marier porte le nom d'***enterrement***, ou ***enterrement de la vie de garçon***. En certaines régions, il s'accompagne d'une parodie de funérailles autour d'un cercueil. Tout se passe comme si les rites de passage étaient interchangeables.

Mais dans la mesure où la peine capitale fait de la mort un événement social, c'est autour d'elle que ces images matrimoniales se sont particulièrement développées. Elles n'en représentent pas moins un mariage anormal, puisqu'il s'agit d'***épouser la veuve***. L'expression apparaît pour la première fois en 1628, quand ***veuve*** désigne la potence :

> O chenastre Jesus, vray havre et marpaut, garde mon âme du glier infernal, & mon pauvre corps de tomber entre les louches du Rovin, craignant qu'il ne me fist *espouser la veufve* en l'abbaye de monte à regret...
> [= O doux Jésus, vrai dieu et homme, garde mon âme du diable d'enfer, et mon pauvre corps de tomber entre les mains du Prévôt de la maréchaussée, de peur qu'il ne me fasse épouser la veuve sur l'échafaud.]
>
> Olivier Chéreau,
> *Le Jargon ou langage de l'argot réformé.*

Ce nom de ***Veuve*** passera à la guillotine vers 1830, et vaudra aux gendarmes le sobriquet de ***hussards de la Veuve*** (vers 1887). Et comme il faut bien s'offrir une petite revanche sur le bourreau, on l'appelle ***le cocu de la Veuve*** (1901), puisque le guillotiné ***baise la femme à Charlot***, de même que le pendu allemand « épouse la fille du cordier » (*die Seilerstochter heiraten*) ou mieux encore, « copule avec la fiancée du cordier » (*mit der Seilersbraut kopulieren*) ! Enfin, les soldats de la première guerre mondiale ont imaginé un dernier avatar de la Veuve avec ***la veuve Sapin***, « le cercueil ».

Une chanson composée par Jules Jouy en 1887 développe cette image de la guillotine-femme fatale qui tue son époux dès la première étreinte. Après avoir raconté comment la Veuve lentement se prépare alors que tout est prêt pour la noce, avec le fourgon en guise de carosse et le panier de son comme corbeille de mariage, il continue :

> Alors, tendant ses longs bras roux,
> Bichonnée, ayant fait peau neuve,
> Elle attend son nouvel époux,
>   La Veuve.

Voici venir son prétendu.
Sous le porche de la Roquette,
Appelant le mâle attendu,
La Veuve s'offre à lui coquette
Pendant que la foule autour d'eux
Regarde, frissonnante et pâle :
Dans un accouplement hideux
L'homme crache son dernier râle.

Car ses amants claquant du bec
Tués dès la première épreuve
Ne couchent qu'une fois avec
  La Veuve.

Après quoi elle se lave, se démaquille, et retourne dans son bouge pour cuver le sang de son amant... L'assimilation du dernier râle à un orgasme mortel explique l'expression ***tirer sa crampe avec la Veuve*** (XXe s.), qui joue à la fois sur la « crampe » de la dernière convulsion (*crampser*), et sur le sens sexuel de la locution. Mais alors que les images du XVe siècle, en faisant de l'exécution un mariage, la représentaient comme un contrat et un acte public, l'expression moderne la désocialise en la réduisant au seul érotisme. C'est aussi le cas de ***baiser la camarde***, mais il s'agit probablement d'une création littéraire d'Eugène Sue (*Les Mystères de Paris*).

L'érotisme macabre, dans la langue populaire, n'a donc pas tiré parti de la personnification de la mort comme la littérature ou la peinture. Mais il a bien féminisé la mort en montrant l'état de mort comme le résultat d'une copulation fatale.

LA PETITE MORT

Le vocabulaire de la mort a bien d'autres points communs avec celui de l'érotisme. Parmi les multiples mots et expressions que recense Pierre Guiraud dans son *Dictionnaire érotique*[8], on peut relever ces quelques exemples :

— le coït comme agression : *charger, assaillir, tirer un coup, sabrer, seringuer* (qui signifie aussi « atteindre avec une arme à feu »), *planter et pointer* (aussi « attaquer au couteau »), *repasser* et *culbuter* (aussi « tuer ») ;

— le coït comme exécution : *exécuter, expédier, passer par les armes, passer à la casserole, abattre*. La guillotine en Veuve a pour sœur la *Veuve Poignet* (1790), « masturbation » (*épouser la Veuve Poignet*), où Lorédan Larchey voyait une « allusion à l'instrument du crime et aux conséquences funestes de son abus »... Le vocabulaire érotique devient celui du meurtre avec ***perdre son pucelage***, « tuer un ennemi pour la première fois » (1915), et ***troncher***, « posséder sexuellement » (1912) puis « tuer » (1985) ;

— l'orgasme comme mort : *la petite mort, mourir, s'envoyer en l'air, tourner de l'œil, déjecter son âme, bénir des pieds* (qui a d'abord signifié « être pendu »), *s'envoyer au septième ciel, voir les anges*. Conduire à l'orgasme : *achever* ou *arranger* quelqu'un, ce qui signifie aussi « tuer ». L'éjaculation : *épuiser un homme, épuiser ses munitions, finir, partir, saigner à blanc, administrer le saint viatique, se faire sauter la cervelle*.

Si tout commence par une agression de la part de l'homme, la mort l'attend quand même à la fin. La mort, et la castration : car point n'est besoin de Freud pour savoir que ce sont des équivalents symboliques, le vocabulaire littéraire et argotique de la sexualité le dit clairement. *S'abattre*, « cesser d'être en érection » ; *être froid(e) ; être mort dans le dos, mourir au cul de la princesse ; les non sunt ;* « les châtrés ou les impuissants » (XVIe s.) ; *perdre haleine* (qui chez Villon signifie « mourir »). Inversement, certaines expressions de la mort suggèrent l'impuissance ou la fin d'une activité sexuelle. Jacques Cellard, dans *Ça ne mange pas de pain*, entend ainsi un double sens dans **dévisser son billard** (*billard* désigne le pénis dès le XVe siècle), **casser sa canne** (P. Guiraud donne *casser une canne*, « coïter »), ***casser sa pipe, fermer son parapluie. Il a***

ses carottes cuites (1878), « il est perdu, mourant », pourrait évoquer aussi une « carotte » ramollie par la cuisson. L'espagnol est aussi ambigu avec *quedarse como un pajaro*, « mourir sans souffrance, paisiblement », mot à mot « s'apaiser comme un oiseau », — cet « oiseau » désignant aussi en argot le sexe masculin. Il faut peut-être ajouter à cette série l'argot **caner**, « mourir » : Jacques-Melchior Villefranche, dans son *Essai de grammaire du patois lyonnais*, relève le verbe *cano* (en patois francisé *caner*), qui signifie « faiblir, se dérober lâchement » (comme d'ailleurs en argot), et y voit une contraction de *capono* (« faiblir »), formé sur *capon*, c'est-à-dire « chapon », un coq châtré.

Louis-Vincent Thomas rappelle, dans *Le cadavre,* que les Betsileo, à Madagascar, recueillent le premier ver du cadavre parce qu'ils le considèrent comme le pénis du mort[9]. L'insistance de la littérature et de l'argot sur le ver (cf. le chapitre précédent) tiendrait-elle à cette possibilité de revanche sur la mort castratrice ? ***Asticot*** est attesté dans le langage populaire au sens de « membre viril » en 1847. Mais la littérature du XIXe siècle, quand elle renverse l'image traditionnelle des épousailles de l'homme avec la mort en imaginant la femme livrée au Ver, glorifie en celui-ci un Phallus tout-puissant dont la rivalité met les vivants dans la situation de maris trompés : dans *L'Épopée du Ver* de Hugo (1862), le ver veut bien rendre à l'amant, qui la lui dispute, la maîtresse défunte, mais il l'a déjà possédée en pénétrant dans son flanc. Théophile Gautier avait longuement exploité, dans *La Comédie de la Mort* (1838), ces images phalliques :

> Je compris que le ver
> Consommait son hymen avec la trépassée
> [...]
> LE VER
> Ce baiser, c'est le mien : je suis le ver de terre ;
> Je viens pour accomplir le solennel mystère.
> J'entre en possession.
> [...]
> A moi tes bras d'ivoire, à moi ta gorge blanche,
> A moi tes flancs polis avec ta belle hanche...

On les retrouve dans le « Nocturne parisien » de Verlaine (*Poèmes saturniens*, 1866) où trois Goules de malheur, Paris, la Seine et la Nuit, sont pressées « de tuer et d'offrir au grand Ver des épouses ». Or le contexte laisse entendre que ces « épouses » ne sont pas seulement les femmes, mais aussi bien les hommes.

Quand l'homme est ainsi livré à la mort phallique, trois sémantismes se superposent : celui de la mort, celui de l'homosexualité passive, et celui de l'échec. Au double sens érotique et macabre de certains mots, il faut en effet ajouter celui de l'escroquerie, de la duperie, que l'argot exprime par des mots comme *baiser*. Qu'on subisse la mort, le coït ou une escroquerie, on ***se fait avoir***, on ***est fait, arrangé, repassé, foutu, opéré. (Se) farcir quelqu'un*** est le posséder, lui tirer dessus avec une arme à feu, ou le tromper.

LES JEUX DE LA MORT

Les jeux de l'amour et de la mort sont aussi ceux du hasard, où l'homme joue une partie perdue d'avance.

Il n'est parfois que l'instrument d'un jeu auquel la Mort s'amuse : « Mors *jue a nos de la pelote* » (la pelote est une balle), disait au XIIIe siècle Robert le Clerc d'Arras.

> La mort est jeu pire qu'aux quilles
> Ni qu'aux échecs, ni qu'au quillard ;
> A ce méchant jeu Coquillart
> Perdit sa vie et ses coquilles.
>
> Marot, « Épitaphe de Coquillart ».

Le récent ***déquiller***, « tuer », compare la victime à une quille qu'on abat.

Mais l'homme est le plus souvent un joueur contraint à affronter ce partenaire invincible, qui gagne

à tous les coups, comme chez Hélinand de Froidmont (XV, 8-9), où la Mort apporte ses dés pipés :

> Si aport dez de deux et d'as
> Por vos faire jeter del mains.
> [= J'apporte aussi mes dés, des deux et des as,
> Pour que vous perdiez]

ou dans les *Quatrains de la vie et de la mort* (1613) de Pierre Matthieu :

> La vie est une table, où pour jouer ensemble
> On voit quatre joueurs : le Temps tient le haut bout
> Et dit : passe ; L'Amour fait de son reste, et tremble.
> L'homme fait bonne mine ; et la Mort tire tout.

Quand le destin se distrait, quand *alea jacta est*, « les dés en sont jetés », quand, selon le mot d'Héraclite, le Temps est un enfant qui joue au trictrac,

> Le jeune homme mourant au joueur est semblable
> Qui pert le dé glissant, eschappé de sa main.
> Il estoit de la perte aussi pres que du gain,
> Incertain s'il eust heu la chance favorable.
>
> J.-B. Chassignet, *Le mépris de la vie*, XI.

Les Anglais voient la mort comme une loterie où sort le mauvais numéro : *he has his number come up, his number is up*.

Le jeu d'échecs représente mieux encore cette partie contre la Mort, puisque ***échec et mat***, emprunté au persan par l'intermédiaire de l'Espagne, signifie très exactement « le roi est mort » (*es - shâh mât*). Hélinand raconte que la Mort poursuit ses victimes « jusqu'au jour où elle les a mis échec et mat » (« *Tant qu'avec les ait faiz o maz* », V, 9). Bergmann a tiré des scènes saisissantes de cette vieille image, dans *Le Septième Sceau*.

L'argot ***capout***, « mort », vient des jeux de cartes après un détour par l'Allemagne. Au jeu de piquet, un joueur qui ne fait aucune levée *est capot*, tandis que le vainqueur *le fait capot* (XVIIe s.). Le mot est passé en allemand durant la guerre de Trente ans sous la forme *kaputt*. Puis *kaputtmachen*, « faire capot », a fini par signifier « tuer ». L'expression est revenue en France vers 1718 : ***capout maq***, puis ***faire capout***, « tuer », 1830. Dans le même registre du jeu de cartes, l'anglais a une expression propre : *shuffled out of the deck*, « mort », par comparaison avec une carte qui sort du paquet que l'on bat.

Il faut ajouter un jeu de mains qui, selon le proverbe du XVIIe siècle, *jeu de mains, jeu de vilains*, finit toujours mal, le jeu de la main chaude, où un joueur qui tient une main renversée sur son dos doit deviner qui frappe dedans. Au moment de la Terreur, ***jouer à la main chaude*** signifiait « être guillotiné », parce que le condamné avait les mains liées dans le dos... On trouve l'expression chez le Père Duchesne, *alias* Hébert, à propos de Marie-Antoinette en 1793 :

> La garce, au surplus, a été audacieuse et insolente jusqu'au bout. Cependant les jambes lui ont manqué au moment de faire la bascule pour *jouer à la main chaude*.

Le même Père Duchesne, en disant ***jouer à la boule*** pour « guillotiner » (« Samson *jouera à la boule* avec la tête de la femme Capet », n° 280, 1793), met le bourreau à la place de la Mort qui jouait « à la pelote », mais la réinterprétation concrète de l'expression la rend insupportable, comme dans ***jouer à la guillotine***, « être guillotiné » (*ibid.*, n° 263, 1793). Et puisque la mort est certaine, en cette occurrence, l'espoir d'échapper au risque n'a aucune part dans ce jeu cruel : ***jouer sa vie, jouer sa tête, jouer à***, au sens « se mettre en danger de » (Mme de Sévigné, 29 janv. 1690 : « elle *jouait à se noyer* »), ces expressions n'ont plus de pertinence sur l'échafaud où les jeux sont faits.

A l'inverse de toutes ces métaphores qui font de la mort un jeu où l'on finit toujours par perdre, le vocabulaire des jeux comporte différents mots de la mort. Au XVIIIe siècle, quand on perdait au jeu par quelque coup extraordinaire, on disait : ***c'est mourir d'une belle***

épée. A la tontine, le joueur auquel il ne reste rien de sa mise s'appelle ***le mort***, nom qui est aussi donné au joueur de bridge qui étale son jeu sur la table ; ***jouer le mort***, c'est jouer à trois personnes dont l'une a un partenaire imaginaire avec un jeu découvert. Le ***mort*** est aussi un joueur mis hors partie (1765) : ***être mort***, « être mis hors jeu comme perdant, par exemple au billard » (1840). Au lansquenet, « ***coupe-gorge*** se dit du malheur de celui qui, ayant la main, tire sa carte avant que d'en avoir tiré aucune de celles des joueurs ; ce qui lui fait perdre tout ce qui est sur le tapis » (Littré). En argot, un ***cadavre*** (milieu XIXe s.) est un joueur poursuivi par une malchance persistante. ***Jouer le cadavre*** (1880) ou ***user le macabé*** (1902) consiste à s'acharner sur un « banquier » en déveine. Perdre se dit ***être lessivé, rectifié, repassé*** — tout comme « être mort ». Et aux courses, on nomme ***cheval mort*** celui qui n'a aucune chance de gagner. On affronte symboliquement la mort dans tous les jeux.

*

* *

Quoique préparée dès le poème d'Hélinand de Froidmont au XIIe siècle, la personnification de la mort est essentiellement issue des *Dits des trois morts et des trois vifs* au XIIIe, puis des premières danses macabres où l'on voyait des morts entraîner des vivants dans leur ronde. La peur des cadavres et celle des apparitions se mêlent à la peur de mourir soi-même et de devenir ce qu'ils sont. L'***Ankou*** breton a gardé cette complexité, puisqu'il est à la fois un revenant, souvent le dernier mort de l'année, et la Mort elle-même, armée d'une faux pour moissonner les âmes, et montée sur une charrette dont le grincement est un signe funeste pour qui l'entend.

Le remplacement d'*un* mort par *la* Mort a l'avantage, pour l'imaginaire, d'éliminer les spectres de ces scénarios. Le corps mort est bien moins terrifiant en allégorie que lorsqu'on craint de le rencontrer, en chair parfois mais surtout en os, sur son chemin. On peut croire aux revenants mais on ne croit pas à la Mort en personne, car ce n'est qu'une image. Avec l'invention de la Mort, qui n'engage pas la croyance, le macabre s'est donc paradoxalement atténué en déplaçant la peur des morts qui pouvaient surgir dans le réel, par la crainte d'une représentation, dont on peut plus facilement se défendre en se disant que ce n'est qu'une *façon de parler*, — nous dirions aujourd'hui, comme devant les films d'épouvante : *du cinéma*. Tel est bien le macabre, « du cinéma », de la littérature, du théâtre, des arts plastiques, alors qu'au moment où il apparaît, on commence, dans la réalité, à dissimuler le cadavre en l'enfermant dans un cercueil au lieu de le transporter à découvert sur une civière. En détournant le réel du corps mort dans la représentation allégorique de la Mort, le macabre, loin de regarder la mort en face, a trouvé le moyen ingénieux de la transformer en fiction.

barbe rousse et noirs cheue
dommetein garde situ veux
cest vn bon medecin jl querit de tous maux
femme Sans teste tout en est bon
couper le passage des viures
couper net comme vn nauet
elle dict Son jn manus
voilla la
main qui
a faict
le coup
jl ny a pas a rire
bayer aux corneille
grosse teste peu de sens

VIII. Le bourreau familier

En retrouvant une seconde jeunesse, si l'on peut dire, avec la guillotine, la Veuve a contribué à la résistance de la langue populaire contre le vocabulaire administratif qui transformait le ***bourreau*** en ***exécuteur***, c'est-à-dire en fonctionnaire, au moment où une machine scientifique s'interposait entre lui et sa victime pour une mise à mort rationnelle. Contre l'abstraction bureaucratique et mécanique du meurtre légal, la langue crée ou réinvente des images concrètes, rappelant que c'est bien de corps et d'hommes qu'il s'agit.

Cette problématique, amplifiée par la Terreur, reste spécifiquement française. Les autres langues européennes ont un vocabulaire beaucoup plus limité en ce qui concerne les exécutions.

DU BOURREAU A L'EXÉCUTEUR

Le latin *burra*, « laine grossière », a donné *embourrer et rembourrer*, puis au XIVe siècle *bourrer*, « emplir de bourre », et « maltraiter », d'où ***bourreau***, qu'on trouve aussi sous les formes ***amboureux*** et ***ramboureux*** dans le jargon de Villon.

Le nom du ***bourreau*** ne dit rien d'une éventuelle mise à mort. Il indique seulement que cet homme inflige des peines corporelles en maltraitant, en bourrant de coups un condamné, selon le sens qui est resté vivace en argot dans ***bourrer la gueule***, « battre à coups de poing », et ***bourre-pif***, « coup de poing sur le nez ». On est encore assez près du latin *carnifex*, mot-à-mot « celui qui fait la chair » (cf. italien *carnefice*, « bourreau »), dans un corps-à-corps que le mot ***exécuteur*** essaiera de faire oublier. On ne dissimule pas, alors, le dessein de faire souffrir : avant de prendre ce nom vers 1302, le bourreau s'appelait ***tormenteor*** (1190), parce qu'il infligeait le ***torment***, du latin *tormentum*, « instrument de torture ». ***Torment, tormentine, tormentement***, qui seront remplacés par ***torture*** tandis que ***tourmenteur*** deviendra ***tortionnaire*** (XVe s.), tous ces mots dérivent du latin *torquere*, « tordre », et « torturer ».

La ***gehine***, « torture » au XIIIe siècle, tient son nom de *gehir*, « faire avouer » ou « avouer sous la contrainte » (francique **jehhan*, « avouer »). Le mot s'est confondu avec ***géhenne***, « l'enfer », du nom d'une vallée maudite chez les Hébreux, puis altéré en ***gêne***, qui avait encore le sens fort de « tourment, physique ou moral » au XVIe siècle. Là encore, il s'agit de souffrance et non de mort.

Les noms d'***exécuteur de la justice*** (1376), ***de la haute justice*** (1583), ***maître des hautes œuvres*** (1611), puis ***exécuteur des hautes œuvres*** (1788), « celui qui exécute les arrêts des juges en matière de justice criminelle ou haute justice », ne réussissent pas à détrôner celui de ***bourreau***. Les exécuteurs ont longtemps lutté pour se délivrer du qualificatif infamant. Il commence à être interdit, sous leur pression, par un arrêt du parlement de Rouen en 1681, et le sera encore en diverses régions jusqu'à ce que Louis XVI, par un arrêt du Conseil d'État en 1787, généralise à toute la France la défense d'employer le mot de ***bourreau***. A une époque où la torture est de plus en plus remise en cause et où un édit royal supprime la question (1780) même s'il maintient les tortures afférentes aux exécutions, il s'agit d'abord de dégager le bourreau de sa responsabilité de tortionnaire en l'abritant derrière la loi.

Mais au-delà de cette question terminologique, c'est la citoyenneté même des exécuteurs qui est en jeu, comme on le voit avec les débats de 1789 pour savoir si Sanson et ses confrères de province sont électeurs et éligibles, c'est-à-dire des citoyens comme les autres. Le principal argument en leur faveur insiste sur le fait qu'ils sont, en tant qu'***exécuteurs*** des jugements et sentences criminelles, de simples ***exécutants***, nécessaires à l'application des décisions de justice. C'est ce qu'explique encore le médecin de Ionesco dans *Le Roi se meurt* :

> MARGUERITE
> Tu as fait assassiner par ce médecin et bourreau ici présent...
>
> LE ROI
> Exécuter, non pas assassiner.
>
> LE MÉDECIN, à Marguerite
> Exécuter, Majesté, non pas assassiner. J'obéissais aux ordres. J'étais un simple instrument, *un exécutant plutôt qu'un exécuteur*, et je le faisais euthanasiquement.

Le bourreau devient ainsi un fonctionnaire : ***le fonctionnaire Samson*** *(sic)*, comme l'appelle *le Père Duchesne*[1].

Pourtant, malgré l'interdiction officielle du nom de ***bourreau***, le mot n'a pas disparu de l'usage. Camille Desmoulins, pour avoir écrit dans *Les Révolutions de France et de Brabant*, en 1789 :

> ...je veux apprendre à Monsieur le bourreau si délicat sur le point d'honneur, ce qu'il doit penser de son ministère : J'appelle un chat un chat, et Sanson le bourreau,

eut beau être condamné par le tribunal de police, la langue lui donna raison non seulement en conservant le nom incriminé mais en retrouvant ou en inventant des termes analogues. Le vieux mot de ***tollart*** (var. ***tollard, taulard, telart***), apparu au début du XVIe siècle dans le jargon des gueux pour désigner le bourreau, s'abrège en ***tôle*** vers 1795, puis ***taule*** vers 1822 : il est bien vivace au XIXe siècle, et fournit même le nom de ***tôloire*** donné à la guillotine (1800). Or il dérive de *toller, toler, tauler*, des variantes dialectales de *taler*, « broyer, meurtrir, battre » (cf. *taloche*). ***Atigeur*** (1829) a un sens voisin puisqu'il est formé sur *atiger, « meurtrir, blesser, torturer »*, variante argotique de *aquiger* (XVIe s., « meurtrir, faire mal », cf. espagnol *aquejar*). Encore plus explicite, le surnom de ***Casse-Bras***, qui se comprend lorsque le bourreau inflige le supplice de la roue, s'est maintenu jusqu'à la fin du XIXe siècle malgré la disparition de cette torture :

> Pour gourer la renoblance, ton orgue Sans-Peur et toi Bras-d'Acier, il faut flambarès vos fringots, car il y a de la raisine après, et si vous étiez pinglés ça serait *Casse-Bras* qui vous rafraîchirait les tiffots.
> [= pour déjouer l'identification, toi Sans-Peur et toi Bras-d'Acier, il faut brûler vos fringues, car il y a du sang dessus, et si vous étiez épinglés, ça serait le bourreau qui vous rafraîchirait les cheveux (allusion à la toilette du condamné)].
>
> Gustave Macé, *Mon musée criminel*, 1890, cité par J. Cellard, *Anthologie de la littérature argotique.*

La transformation du bourreau en un fonctionnaire neutre, et l'invention de la guillotine, censée donner « une mort douce », rien ne peut faire oublier que si la torture consiste à infliger des souffrances physiques ou mentales, l'exécution capitale ne peut qu'être une torture, et l'exécuteur un bourreau. Ses noms argotiques disent encore, au XIXe siècle, la même chose que son premier nom de ***tormenteor*** sept siècles plus tôt.

DÉCAPITER OU COUPER ?

Le même écart entre la langue officielle et la langue familière se remarque dans les mots désignant la ***décapitation***. Pour Littré, ce terme appartient au vocabulaire de la justice : comme ***décapiter*** et ***décapité***, il se dit d'abord dans le cas d'une exécution après condamnation. En d'autres cas, non légaux, on devrait parler de ***décollation, décoller*** (de *cou*) ; mais comme ***décollation*** s'est spécialisé au sens de « décollation de saint Jean-Baptiste », son usage s'est restreint. Quant à ***détruncation*** qui fut proposé à l'époque de la Révolution, ce mot n'a pas réussi à s'imposer[2]. Comment donc dire la chose si l'on veut éviter le juridique ***décapiter*** ? Intervient alors une nouvelle et subtile distinction entre ***trancher*** et ***couper***. Comme dans la formule adoptée par la Constituante le 3 juin 1791 — « *tout condamné à mort aura la tête tranchée* » —, le verbe ***trancher***, qui signifie « séparer en coupant » et indique donc la séparation totale de la tête et du tronc, fait partie du vocabulaire officiel. Il a des connotations élégantes puisque le style élevé l'emploie dans des formules comme ***trancher la vie / les jours / la destinée***, « faire mourir ». Il ne faut pas oublier d'autre part que ce mode d'exécution, traditionnellement réservé aux nobles, est un honneur démocratisé par les Constituants :

> Cette peine, réservée chez nous à la haute noblesse, a pris un certain air de qualité et un dehors de bonne compagnie qui la rend presque honorable. Au lieu d'élever la roture à l'orgueil du billot, il faut faire descendre la noblesse à la modestie de la potence.
>
> Verninac de Saint-Maur
> dans *Le Moniteur*, déc. 1789.

On a donc choisi « d'élever la roture » en lui tranchant la tête. Mais la langue familière, quand elle préfère dire qu'on la ***coupe***, donne à cette honorable exécution l'allure suspecte d'un crime de voyou : ***couper la tête*** évoque ***couper la gorge*** et ***couper le sifflet***, « égorger », ce que font les ***coupe-jarrets*** (« brigands, assassins ») dans les ***coupe-gorge*** (« endroit écarté où l'on risque d'être assassiné »). Le vieux ***tranche-teste***, ainsi qu'on appelait le bourreau au XVe siècle (Froissard), devient donc, à la Révolution, le ***coupe-tête(s)***. Au début du XXe siècle, le charretier qui conduisait le fourgon de la guillotine était surnommé ***Coupe-en-deux***, et son cheval ***Fend-l'air***... Le père Duchesne emploie souvent l'expression ***couper le sifflet*** pour « guillotiner » (1792), en jouant sur le sens « faire taire » qu'a l'expression, comme dans ***être interrompu***, « être guillotiné » (fin XIXe s.). Et la guillotine, que Louis-Sébastien Mercier avait proposé d'appeler ***le décaput***[3] pour ne pas nuire à son inventeur, non seulement ne prendra pas ce nom trop savant et trop proche de ***décapiter***, mais deviendra au XXe siècle ***la coupante***, et ***le coupe-cigare***, par analogie de forme avec l'instrument de ce nom, et parce que le *cigare* est la tête, et enfin parce que le verbe ***couper*** s'est décidément imposé. Il est même employé absolument par Jean Genet :

> — Les gars, c'est fini. Du beau môme, on en a fait deux ! A qui le tour ? [...]
> — Charrie pas avec ça, dit Divers.
> — De quoi ? T'es un tendre ? Ça te chiffonne que j'en rigole ? C'est pas de ta faute si qu'*on l'a coupé*.
>
> *Miracle de la rose.*

Couper quelqu'un, pour « le guillotiner », ajoute aux images précédentes du « coupe-gorge » celle de la locution *couper un animal*, « le châtrer ».

Il est enfin possible que la fortune de ce mot ait été renforcée par la plaisanterie très connue sur le condamné qu'on n'arrive pas à guillotiner parce que la machine marche mal, et qui finit par dire : « Vous voyez bien que je ne suis pas coupable ».

Autre verbe très répandu depuis 1792, ***raccourcir***, « décapiter », reprend l'ancienne locution ***accourcir d'un demi-pied*** (1637), qui s'opposait à ***allonger le col***, « être pendu » et ***donner le hausse-col en Grève***, « pendre » (milieu XVIIe s.). Le supplice réservé aux nobles perd de son honorabilité si on le considère comme une « diminution » de ceux qu'on appelle « les grands ». C'est ce jeu de mots que développe la célèbre anecdote sur le procès de Martainville. Comme Fouquier-Tinville lui demandait : « Citoyen de Martainville, qu'as-tu à répondre ? », il répliqua : « Je ne suis pas ici pour qu'on m'allonge, mais pour qu'on me raccourcisse ! ». Quelqu'un s'écria : « Qu'on l'élargisse ! ». Fouquier rit, et l'accusé fut sauvé. A la fin du XIXe siècle, ***diminuer d'un pied du côté de la tête*** ajoute à cette idée de diminution une plaisanterie caractéristique de l'humour populaire, qui se plaît à inverser le haut et le bas, comme dans ***mettre à quelqu'un la tête aux pieds***, « décapiter », et ***mettre de l'eau dans ses souliers par le collet de sa chemise***, « se noyer » (Oudin ; Littré donne encore : ***l'eau est entrée dans ses souliers par le collet de son pourpoint***)

Sur ***raccourcir*** a été formé ***le raccourcissement patriotique***, « la guillotine », puis ***la machine à raccourcir*** (vers 1950). Le verbe voisin ***rogner***, qu'on trouve en 1829 chez Hugo (*Le dernier jour d'un condamné*), est la lexicalisation d'une plaisanterie qui a amusé tout Paris en 1794 : « Pour marcher derrière Robespierre, Danton a la tête de trop, il faut qu'on la rogne ». Sur cette image s'est créé l'un des noms de la guillotine, ***le massicot***, — qui désigne au sens propre une machine à rogner le papier. Le mot semble avoir appartenu d'abord au vocabulaire des exécuteurs, mais l'avant-dernier d'entre eux, André Obrecht, raconte dans ses mémoires qu'il l'a entendu dans la bouche d'un titi parisien en 1939.

Dans cette série de variantes sur ***couper***, l'image du rasoir a connu elle aussi une belle fortune. Elle s'est imposée par métonymie sur la ***toilette*** du condamné qu'on prépare à l'exécution dans sa cellule en coupant le col de sa chemise et ses cheveux pour lui dégager le cou. ***Couper les cheveux*** a pris le sens de « couper la tête » :

> — Les jurés m'ont condamné sans preuves, dit-il en terminant.
> — Enfant, tu discutes quand *on va te couper les cheveux !...*
>
> Balzac, *Splendeurs et misères des courtisanes.*

Le bourreau est appelé ***coiffeur de la mort*** (Eugène Sue, 1843), ***le grand coiffeur*** (vers 1926), ou ***le perruquier de la sérieuse*** (***la sérieuse*** = la guillotine). Il ne faut pas oublier qu'à partir de 1770 s'était développée la mode de coiffures compliquées et spectaculaires, qu'on saupoudrait de farine : Louis-Sébastien Mercier raconte, dans son *Tableau de Paris*, qu'on pourrait nourrir quotidiennement dix mille infortunés avec toute cette farine gaspillée. Or le jeu de mots qui a transformé le nom de Charles-Henri Sanson en ***Sans-Farine*** s'éclaire dans ce contexte : si le bourreau n'était pas « sans son », puisqu'il y en avait dans le panier où tombaient les têtes, il s'opposait en revanche, comme coiffeur de la mort, au coiffeur des aristocrates qui, loin de les « raccourcir », bâtissait sur leurs crânes d'ahurissantes architectures couvertes de farine. Les rescapés de la Terreur inventèrent d'ailleurs une coupe de cheveux laissant la nuque bien dégagée, qu'ils appelèrent ***à la victime***, de même que vers 1870 les voyous devaient lancer la mode de la coupe ***à la guillotine***, avec la nuque tondue jusqu'à la casquette.

Le rasage de la barbe est aussi une représentation métonymique de la décapitation. ***Faire la barbe***, qui se trouvait déjà dans le parler des bourreaux en 1486, avec le sens de « décapiter », resurgit dans la langue familière vers 1795 ; ***se faire faire la barbe***, « être guillotiné » ; d'où ***le barbier***, « l'exécuteur », vers 1830. ***Raser la tronche***, « couper la tête », est attesté dans les *Sérées* de Bouchet en 1598, et se répand à nouveau avec la guillotine, dont le nom de ***rasoir national*** est populaire en 1793, et qui devient ***la veuve Rasibus*** vers 1878. On trouve aussi ***raser le colbaque***, au même sens de « guillotiner », en 1899. Aussi le bourreau d'Alger au milieu du siècle dernier, Rasseneux, dut-il porter le sobriquet de ***rase-à-neuf***. Enfin, vers 1952, la marque des lames Gillette donne son nom à la guillotine, ***la gillette***. Il est donc normal qu'à l'inverse, dans *Les paletots sans manches* de Léo Malet, Nestor Burma, attaqué par un homme qui s'apprête, avec son rasoir, à lui « faire barbe sans savon ni blaireau, comme dit l'autre », explique un peu plus tard qu'on l'a menacé avec ***une guillotine portative...***

Coupe-tête, coiffeur ou barbier, le bourreau qui voulait s'élever au titre d'exécuteur est ramené par la langue familière à des fonctions moins sublimes. Gérard de Nerval, qui raconte dans *Lorely* (1852) une visite au bourreau de Manheim, grand expert de la décapitation au sabre, trouve qu'avec leur guillotine les exécuteurs français ont un emploi « qui ressemble terriblement à un service de portier », — vulgaire, pour tout dire. Et il s'amuse d'une anecdote qu'il a lue dans *Champavert, contes immoraux,* de Pétrus Borel, celle d'un homme dégoûté de la vie, qui vint dire à Sanson : « O Monsieur le bourreau, je voudrais que *vous me guillotinassiez* ». Sensible à l'écart entre la vulgarité de la chose et la noblesse du style, Nerval ajoute : « Cet imparfait du subjonctif d'un pareil verbe m'a toujours paru fort plaisant ».

CHARLOT POUR LES INTIMES

Un curieux hasard a voulu que le bourreau chargé de ***couper les cheveux avec le rasoir national*** s'appelât Sanson, presque comme le Samson biblique dont Dalila coupa la chevelure... Aussi a-t-on souvent fait l'erreur, comme par exemple *Le Père Duchesne* ou Nerval, d'écrire son nom avec un M.

Mais on le voit plus souvent désigné sous le diminutif de ***Charlot*** : le bourreau de la Révolution, Charles-Henri Sanson, porte le prénom du fondateur de sa dynastie — le Charles Sanson nommé sous Louis XIV en 1688 —, prénom qui s'est transmis de père en fils avec la fonction[4]. Le surnom de ***Charlot*** est attesté dans le poissard en 1744, mais il se répand si bien avec la

Révolution que Balzac, dans *Splendeurs et misères des courtisanes*, le croit daté de 1789. Le même Balzac fournit en 1847 la première attestation des ***soubrettes de Charlot***, « les aides du bourreau », tandis qu'Eugène Sue nomme ***la boutique de Charlot*** en 1842. On parle aussi du ***rasoir à Charlot***, de la ***bascule à Charlot***, de la ***voiture à Charlot*** (la charrette des condamnés). En 1947 apparaît la ***bécane à Charlot***, « la guillotine », où le vieux sobriquet demeure bien que le nom des exécuteurs ait changé. Anatole Deibler, devenu exécuteur national en 1899, a lui aussi vu son prénom transformé en un synonyme de « bourreau » : ***Anatole*** pour les voyous, ***Monsieur Anatole*** pour la police, qui conserve plus volontiers l'appellation de ***Monsieur de Paris*** (1866) donnée à l'exécuteur parisien comme à ses collègues ***Monsieur de Lyon, Monsieur de Béthune...*** Les policiers disent ***ces messieurs*** (1829) quand ils parlent du bourreau et de ses aides : « par courtoisie », commente Esnault. Ou par un respect craintif ? Au contraire, l'argot manifeste une grande familiarité en désignant le bourreau par son prénom ou par son nom. Le patronyme de Deibler a rapidement remplacé le nom de sa fonction : ***la machine à Deibler***, « la guillotine », ***les enfants de chœur de Deibler***, « les gendarmes » (argot de la guerre). Deibler est mort en 1939, mais San-Antonio garde son nom pour désigner le bourreau dans ses romans postérieurs à cette date, quand c'est en fait Obrecht, le neveu de Deibler, qui exerce :

> Messonier, allongé sur son bat-flanc, ouvre à demi les roberts.
> Un voile léger les a embués. Il a cru que ça y était puis il me reconnaît et le calme s'étale en lui [...].
> — Messonier, fais-je, vous avez cru que c'était le *réveille-matin de Deibler*, n'est-ce pas ?
>
> *Tout le plaisir est pour moi.*

Dans sa remarquable analyse de *La guillotine et l'imaginaire de la Terreur*, Daniel Arasse montre que les anecdotes sur la sensibilité de Sanson réagissent contre le jacobinisme, qui a fait du bourreau une sorte de monstre mécanique, glacé, au service de l'administration. Par horreur de cet exécuteur presque abstrait, on a répandu divers témoignages prouvant qu'il n'était pas dénué de tout sentiment, de toute humanité. Le succès du petit nom de ***Charlot*** tient peut-être aux mêmes raisons : au regard des exécutions massives et systématiques de la Terreur, cette appellation essaie de maintenir un rapport personnel entre la victime et celui qu'elle ne reconnaît pas comme ***exécuteur***, mais en qui elle s'obstine à voir un ***bourreau***. Le fonctionnaire indifférent qui manie ***le glaive des lois*** — autre nom de la guillotine — redevient ainsi un homme engagé dans un corps à corps avec un autre, et comme apprivoisé par son diminutif.

Un processus analogue a pu intervenir dans la création du mot ***guillotine***. C'est bien le docteur Joseph Ignace Guillotin qui a proposé à la Constituante de faire décapiter tous les criminels « par l'effet d'une simple mécanique », en pensant à des machines connues depuis longtemps en Italie, Allemagne, Angleterre ou Écosse. Mais ce n'est pas lui qui l'a mise au point. Conçue par le secrétaire perpétuel de l'Académie de chirurgie, le docteur Antoine Louis, la machine, construite en 1792, reçut les noms de ***louisette, louison, petite louison***, qui pourtant ne réussirent pas à détrôner le mot de ***guillotine***, qui avait été créé dans les quelques jours qui suivirent la proposition de Guillotin, bien avant que l'objet ne fût réalisé. Le nom de ***mirabelle***, formé sur celui de *Mirabeau*, n'eut pas plus de succès. Si le nom de Guillotin a été retenu, on peut penser que son idée a plus frappé les esprits que la réalisation du docteur Louis : l'idée d'une mécanique impersonnelle dont la médiation éviterait à l'exécuteur de tuer directement de ses mains, et dont la rapidité foudroyante ferait voler la tête sans qu'on ait le temps de rien voir. Tout Paris se gaussa de Guillotin en ironisant sur ce paradoxe d'une machine qui serait « plus humaine » que la main du bourreau :

> C'est un coup que l'on reçoit
> Avant qu'on s'en doute,
> A peine on s'en aperçoit

Car on n'y voit goutte.
Un certain ressort caché
Tout à coup étant lâché
Fait tomber, ber, ber,
Fait sauter, ter, ter,
Fait voler la tête,
C'est bien plus honnête[5]...

On entend déjà la chanson de la ***machine à décerveler*** chez Jarry :

Voyez, voyez la machin'tourner,
Voyez, voyez la cervell'sauter...

Ubu roi.

Le rythme mécanique entraîne une nouvelle danse macabre, mais l'on n'a plus le temps de voir arriver Madame la Mort. Reste le rire, l'ironie, et l'interpellation constante que répète le nom de la guillotine à celui qui en fut l'instigateur : ***guillotine, machine à Charlot*** ou ***à Deibler***, la marque des noms propres dans les noms communs pourrait bien indiquer la résistance de la langue à la banalisation de l'objet, afin justement qu'il ne devienne pas « commun ».

Il faut enfin noter que tous ces noms, ***guillotine*** ou ***louison, louisette, mirabelle***, sont féminins. Quand Louis-Sébastien Mercier proposa de remplacer ***guillotine*** par ***décaput***, il se justifia en disant que ce mot masculin était mieux adapté puisque « le glaive de la loi, quel qu'il soit, doit toujours être du genre masculin ainsi que l'exécuteur de la haute justice ne doit pas être une femme »[6]. En vain : on a vu au chapitre précédent combien le voile de ***la Veuve*** pouvait recouvrir la sinistre machine de ses images érotiques. Ce n'est pas un fantasme spécialement français, puisque l'une des premières machines à décapiter fut au XVIe siècle, en Écosse, une *maiden* ou « jeune fille », mais notre langue a particulièrement exploité cette représentation de la grande castratrice. Elle fut également nommée ***demoiselle*** ou ***petite demoiselle*** à l'époque de son invention, puis ***Madame*** ou ***Mademoiselle*** par les malfaiteurs, vers 1829.

BUCOLIQUES

A l'inauguration de la guillotine, en avril 1792, on chantait, déçu : « Rendez-moi ma potence de bois » ou « ma potence en bois »[7]... Curieuse revendication, car il y a bien autant de bois dans la guillotine, dont l'ensemble porte d'ailleurs le nom de ***bois de justice***. Mais cette machine contraste avec la construction artisanale autour de laquelle l'ironie de l'argot s'était exercée, depuis le Moyen Age, sur des thèmes bucoliques.

Le mot ***potence***, de *potentia*, « puissance », a d'abord (XIIe s.) le même sens qu'en latin, puis désigne une béquille ou un objet servant d'appui ou de soutien. Il devient au XVe l'équivalent de ***gibet*** (XIIe s.), au sens propre un bâton fourchu. Le gibet s'appelle aussi ***les fourches*** au XIIe siècle (*furkes, forches)*, ***le patible*** vers la fin du XIIIe siècle puis ***le patibulaire*** : du latin *patibulum*, une fourche sur laquelle on étendait (*patere*) les esclaves pour les battre de verges. D'où ***les fourches patibulaires***, « gibet à plusieurs piliers élevé dans la campagne » (Littré). L'argot ajoutera ***béquiller***, « pendre » (XVIIIe s.), ***béquille*** « potence » (qu'Esnault relève à la date de 1821 mais qui doit être antérieur au verbe précédent) et ***béquilleur***, « bourreau » (Vidocq, 1836). Tous ces mots donnent la même figuration d'un bâton fourchu. Sa dimension est suggérée dans le verbe ***brancher*** (XVIIe s.), en argot « pendre par le cou » (en français académique ce verbe signifie « attacher à une branche d'arbre » et n'indique pas nécessairement que mort s'ensuive), et dans le nom qu'une ancienne potence a valu à la ***rue de l'Arbre-Sec***, à Paris, puisque le gibet s'appelle ***le sans-feuille***. ***Mourir*** ou ***mettre au bout d'une bûche*** (XVIIe siècle) plaisante à la fois sur la taille de ce bois, et sur le paradoxe de son utilisation puisqu'avec une bûche on devrait être brûlé sur un bûcher. ***Mesurer du bois de corde*** et ***jouer du hautbois***, relevés par Oudin au sens « être pendu », jouent encore de cette référence à la « potence en bois ».

A ces constantes mentions du bois s'ajoutent des images d'oiseaux, de grand air et de campagne qui compo-

Epitaphe dudit Villon

Freres humains qui apres noꝰ viues
Nayez les cueurs contre noꝰ endurcis
Car ſe pitie de noꝰ pouurez auez
Dieu en aura pluſtoſt de vous mercis

sent un tableau « bucolique ». La potence où sont mis à mort et longuement exposés les pendus a par exemple des noms de perchoir. Dans le *Mistere de la Passion* de Jean Michel, en 1486, elle s'appelle ***le cruc*** : « Je te tiens donc à cruc / Comme ung bel espervier ramaige », dit le bourreau. On retrouve le mot en 1527 dans la *Vie de saint Chrestophe* par Chevalet : « Comme les poullalles [= poulailles] au cruc / A la branche du allegruc ». On relève dans le même mystère ***le juc***, « le gibet », c'est-à-dire un perchoir à poules (cf. *jucher*), ***déjucher***, « détacher du gibet », et ***mettre en perche***, « pendre ». L'image est encore vivace, mais avec d'autres connotations et un autre contexte, dans l'expression corse ***appuddassi l'anchi***, « mourir », au sens propre « s'immobiliser les pattes », qui se dit des poules ou des oiseaux immobilisés sur leur perchoir pour dormir.

Essorer, « pendre » dans les ballades en jargon de Villon (I, 26, « Que le grand Can ne vous fasse *essorer* »), joue à la fois sur l'image de l'oiseau lâché dans les airs (cf. *prendre son essor*), et sur celle d'une exposition au grand air (*essorer*, XIIe s., « exposer à l'air », de *aura*, « air »). On disait au XIIIe siècle ***mettre au vent*** (au sens propre « pendre des peaux pour les faire sécher »), ***lever au vent, pendre au vent*** ; le *Mystère du vieil testament*, en 1458, décrit les pendus ***ventilant***, flottant au vent ; au XVIIe siècle, subir ce supplice revient à ***mourir en l'air***. Le nom du ***allegruc*** cité plus haut, devenu ***halle grup*** chez Villon (II, 14) — où il rime avec des mots en *-uc*, et doit sans doute être lu ***hallecruc*** comme le suggère Esnault —, semble composé sur *cruc*, le perchoir-gibet, et *halle*, de *haler*, « dessécher ». Villon appelle la potence ***le halle*** (IV, 18) : « Niaiz qui seront attrapez / Bien tost s'en brouent au halle ». Ainsi exposés au « hâle » du grand air et de la lumière, les pendus de *L'épitaphe Villon* se plaignent que le soleil les a « desséchiez et noircis ». ***Sec*** qualifie spécialement le cadavre laissé au gibet : on dit d'un homme très maigre qu'il ***est sec comme un pendu d'été*** (Furetière). La cinquième ballade de Villon reprend l'image du séchage des peaux : « ... sans point songer / Qu'en astes ne soyez en surie / Blanchir vos cuirs et essurger ». Après le blanchiment des peaux le tanneur les met sur des broches, les *hastes*, à ***la suerie***, le séchoir, donc le gibet. *Essurger*, selon Pierre Guiraud, signifie « débarrasser la laine du suint ».

Le XVIIe siècle a précisé ces images en insistant sur la hauteur où les pauvres diables, de basse condition, se trouvaient « élevés » : ***donner le hausse-col, jouer du hautbois, mourir du haut mal, faire le guet à Montfaucon***, ou encore ***servir de bouchon***, c'est-à-dire le bouquet ou le rameau de verdure qui, accroché assez haut sur la façade d'un cabaret, était la première forme de l'enseigne.

Ainsi installé sur son perchoir, à l'air et au soleil, le pendu qui se balance au-dessus des campagnes ***bénit la verdure*** (Chevalet, 1527), il ***est évêque des champs*** ou ***de campagne qui donne la bénédiction avec les pieds*** (XVIIe s.), il ***bénit des pieds*** — toutes expressions qui signifient « être pendu » :

> Nous autres, ses humbles valets,
> [...] Eussions été par ces méchants
> *Faits au moins évêques des champs*,
> Et peut-être mis sur la roue...
>
> Scarron, *Le Virgile travesti*, III, 13-19.

Dans le *Mistere de la Passion* de Michel, le bourreau annonçait benoîtement :

> Nous le voulons ***mener aux fleurs***
> *Pour s'esbattre un petit aux champs...*

Seul dans la nuit campagnarde, le pendu ***garde les moutons à la lune*** (XVIIe s., « être pendu »), ***c'est un berger à peu de bruit*** *(idem)* puisqu'il ne dit mot, et de son visage grimaçant vers le ciel, il ***fait la moue aux planètes*** (1527, même sens). Chez Villon, ***faire la moue*** s'entend au sens propre quand il explique (VI, 15-16) que le bizac, le vent du nord sur le visage fait faire la moue aux pendus, et métonymiquement au sens « être pendu ». Dans *Le père Duchesne* en 1792, l'expression

Le gibet de Montfaucon.

devient : ***faire la grimace au Pont-Rouge***. Théophile Gautier en donne une autre variante dans *Albertus* (1832) : « Le squelette blanchi dont la bise se joue, / Et qui depuis six mois ***fait aux corbeaux la moue...*** ».

Enfin, pour compléter ce champêtre tableau, le vent fait danser les pendus : « Puis ça, puis là, comme le vent varie / A son plaisir sans cesser nous charrie... » (*L'épitaphe Villon*). Etre pendu se dit ***danser par haut*** (Oudin), et au XVIIIe siècle ***gambiller***, au sens propre « danser » :

> Crompe, crompe, mercandière,
> Car nous serions béquillés.
> Sur la placarde de vergne,
> Lonfa malura dondaine,
> Il nous faudrait gambiller,
> Lonfa malura dondé
> [= « fuyons, fuyons, cabaretière, car nous serions pendus. Sur la place de la ville... il nous faudrait gambiller »].
>
> Chanson citée dans les *Mémoires* de Vidocq, mais que J. Cellard, dans son *Anthologie de la littérature argotique*, date des années 1780.

Le bourreau portera donc le nom de ***gambilleur*** (poissard, 1824). Le *Père Duchesne* garde l'image avec la guillotine : « qu'elle [la Convention] fasse ***danser la danse de Samson*** *(sic)* au traître Biron » (n° 263, 1793). ***Se balancer au bout d'une corde*** est encore d'usage aujourd'hui, et a en anglais l'équivalent *to swing for a crime*, mot à mot « se balancer pour un crime », c'est-à-dire « être pendu pour cela ». Mais *swing* dit bien que cette danse mortelle est ***la danse sans plancher*** (XVIIIe s.), qui revient à ***sauter sur rien, tomber sur rien***, expressions du XVIIe siècle que San-Antonio retrouve avec ***gambader dans le néant***, « être pendu » (*L'Archipel des malotrus*).

La « potence en bois » a donc inspiré une poétique ironie dont il n'est pas resté grand-chose à l'ère préindustrielle de la guillotine. La décapitation évoque certes la moisson : ***la faux de l'égalité***, « la guillotine »

(1793) ; ***faucher***, « guillotiner » (1828) et ***le faucheur***, « l'exécuteur » (Hugo, 1829) ; ***la grande faucheuse***, « la guillotine » (1782) ; ***gerbé à la faux***, « condamné à la décapitation » (1878). Mais c'est la vieille Faucheuse qui resurgit dans ces images, le personnage de la Mort réincarné dans le bourreau ou la Veuve, et non les thèmes bucoliques de l'humour médiéval.

LA CÉRÉMONIE

L'ironie de l'argot s'exerce aussi aux dépens de la religion. On a vu que la potence, et plus tard la guillotine, portent le nom d'***abbaye de monte-à-regret, de monte-à-rebours***, ou ***de cinq pierres*** ; et que ***l'évêque des champs***, le pendu, ***bénit des pieds***, ce dont l'argot du XIXe siècle a inventé une variante encore pire dans son expressivité, ***se signer des orteils***, « se pendre ou être pendu » (1867). La décapitation suggère des images voisines, motivées par la comparaison entre le sang et la pourpre cardinalesque : ***faire cardinal***, « décapiter » (Rabelais), ***être fait cardinal en Grève*** (sur la place de Grève, où avaient lieu les exécutions), ***être fait cardinal sans s'en aller à Rome***, ou encore ***porter le chapeau rouge*** (XVIe s.) : « Quand il y avait des prescheurs qui vouloyent mener la vérité en la chaire avec eux, on les menaçait de *les faire cardinaux sans aller jusques à Romane*, et de leur faire *porter le chapeau rouge* » (Henri Estienne, *Apologie pour Hérodote*). Dans ce champ sémantique, la guillotine appelle un vocabulaire plus ambigu : ***sainte Guillotine*** invoquée dans les chansons révolutionnaires, est peut-être une création ironique du Père Duchesne, mais devient vite d'un usage sérieux dans la langue des hommes politiques aussi bien que du peuple[8]. Les royalistes y voient ***l'autel*** où le roi est ***immolé*** comme la victime d'un sacrifice religieux, mais les révolutionnaires qui prétendent y célébrer la

messe rouge la sacralisent tout autant. L'argot de 14-18 s'en moque au contraire en appelant ***enfants de chœur de Diebler*** les gendarmes qui assistent aux exécutions.

La cérémonie de l'exécution, amplement théâtralisée par la Terreur, comme le montre Daniel Arasse, avait suscité depuis le XVe siècle la dérision de l'argot, qui insistait particulièrement sur la comparaison de la corde avec un signe honorifique. Elle est par exemple appelée ***cornette*** ou ***cornette de chanvre*** (*Mystère de la Passion*, par Michel, 1486) : or il s'agit au sens propre d'une bande d'étoffe en soie que les docteurs en droit portaient autour du cou. Elle est aussi ***le collier*** (1527), mais plus souvent encore ***la cravate de chanvre*** (1690) ou simplement ***la cravate*** :

> Que veux-tu ? voilà mon histoire à moi. Je suis fils d'un bon peigre ; c'est dommage que Charlot ait pris la peine un jour de lui *attacher sa cravate*. C'était quand régnait la potence, par la grâce de Dieu.
>
> Victor Hugo,
> *Le Dernier Jour d'un condamné.*

L'image ne disparaît pas avec la guillotine, parce que la lunette, c'est-à-dire le trou rond où est prise la tête du condamné, permet de la remotiver : ***essayer la cravate, mettre la cravate à Capet*** ou ***de Sanson*** ou ***du docteur Guillotin*** (*Le Père Duchesne*), ***la cravate rouge, le ruban rouge***. Ainsi s'accomplit ce que les détenus, vers 1830, appelaient ***la cérémonie***, la décapitation.

Quoique très répandues, les images de ce registre ne sont pas, en revanche, très nombreuses. La parodie de cérémonial esquissée par toutes ces expressions a moins d'importance que l'évocation, à la fois ironique, poétique et mélancolique, des pendus qui dansent dans le vent en faisant la grimace aux planètes, et que, dans le cas de la guillotine, les gestes nouveaux qu'imposaient les pièces de la machine.

LA MACHINE

Comme le rappelle Lamartine dans son *Histoire des Girondins*, la guillotine avait « dans la pensée des législateurs de l'Assemblée constituante, l'avantage de ne pas faire verser le sang de l'homme par la main et sous le coup, souvent mal assuré, d'un autre homme, mais de faire exécuter le meurtre par un instrument sans âme, insensible comme le bois et infaillible comme le fer ».

La « simple mécanique » souhaitée par Guillotin est reconnue comme telle dans différents registres de vocabulaire. C'est ainsi que les exécuteurs la nomment : ***la mécanique*** (Hugo, 1829).

> Les gendarmes, le greffier des écrous, Sanson, les surveillants, l'aide de l'exécuteur, qui attendaient l'ordre d'aller faire ***dresser la mécanique***, en style de prison ; tout ce monde, sur qui les émotions glissent, fut agité par une curiosité très concevable.
>
> Balzac, *Splendeurs et misères des courtisanes.*

L'aide de l'exécuteur s'appelle le ***mécanicien*** (1879). Mais pour ses adversaires, cette technicité rend la guillotine d'autant plus affreuse : Chateaubriand la désigne comme ***la mécanique sépulcrale, la machine à meurtre, la machine à sang*** (*Mémoires d'Outre-Tombe*, I, IX, 3). L'argot moderne a repris l'idée de machine dans des expressions comme ***la turbine à Deibler*** (début XXe s.), ***la bécane à Charlot*** (1947 ; *bécane* a d'abord désigné une locomotive, puis toutes sortes de machines), ***la machine à raccourcir*** (1953) ou ***le moulin à silence***.

Mais il est curieux que ces termes argotiques ne datent que du début de notre siècle. On dirait que pour la langue familière, l'attention ne s'est pas fixée tout de suite sur l'ensemble pour l'identifier comme une machine, mais que le regard s'est d'abord arrêté sur des parties, pour suivre l'enchaînement des gestes. Aussi les synecdoques sont-elles plus précoces et plus nombreuses que les désignations globales de l'appareil.

Après la toilette, dont on a vu qu'elle préfigurait, par la coupe des cheveux et du col de chemise, l'effet du couperet fatal, le condamné est transporté dans ***la charrette***, les mains liées derrière le dos, au milieu de la foule. Comme il est accompagné d'un confesseur, le véhicule qui le transporte est ***le confessionnal à deux roues*** (1748). Le Père Duchesne appelle cette charrette d'infamie ***la voiture à trente-six portières***, comme si c'était un carrosse muni de tant de portières qu'il serait ouvert à tous vents. On disait aussi, sous la Terreur, ***prendre la voiture à Charlot***. Mais la chose n'était pas nouvelle, et n'a donc pas suscité de nombreuses créations linguistiques.

En revanche, certaines parties de la guillotine ont exercé une fascination sensible dans la langue : la bascule, la fenêtre, et le panier. Les regards s'arrêtent d'abord sur la planche basculante où le condamné, lié à plat ventre, va être précipité vers la lunette où son cou sera pris. C'est ***la bascule***, qui donnera son nom à la guillotine tout entière vers 1847. Elle a été mise au point à la demande de Sanson qui voulait ses patients dans la position horizontale afin d'éviter leurs mouvements de défense. La guillotine prive ainsi la décapitation de ce qu'elle avait eu d'honorable, puisque le supplicié n'y est même plus à genoux comme devant le billot, mais couché sur le ventre. Les expressions familières mentionnent d'abord le mouvement qui fait passer le condamné de la verticale à l'horizontale : ***faire la bascule*** (1793), ***faire le trébuchet*** (1828 ; tomber comme l'oiseau qui bascule dans le piège appelé *trébuchet)* ou ***faire la culbute*** (1829). La position qui s'en suit a valu à la guillotine le nom de ***le plat-ventre*** (1847), qui précise l'utilisation de ce qu'on appelle couramment ***la planche*** depuis son invention. ***Faire la planche*** est donc synonyme de « être guillotiné ». Enfin, ***la planche à assignats*** (« la bascule » et plus généralement « la guillotine ») fait allusion à la plaque d'imprimerie permettant de tirer ce papier-monnaie de la Révolution, dont la valeur était assignée sur les domaines nationaux : or tous les biens des suppliciés revenaient à l'État. ***Battre monnaie sur la place de la Révolution*** (« être guillotiné ») joue sans doute sur la même idée mais comme cette place, aujourd'hui celle de la Concorde, vit d'abord l'exécution de Louis XVI, on peut supposer que l'expression compare la tête coupée du roi et son effigie sur les pièces de monnaie.

A peine basculé en position horizontale, le condamné se trouve le cou pris dans ***la lunette***, le trou rond qui le maintient entre deux planches :

> Ah ! ouiche ! elle ne sait rien de mon tripotage ! reprit La Pouraille. J'ai soûlé la Gonore, quoique ce soit une femme à ne rien dire *la tête dans la lunette*.
>
> Balzac, *Splendeurs et misères des courtisanes*.

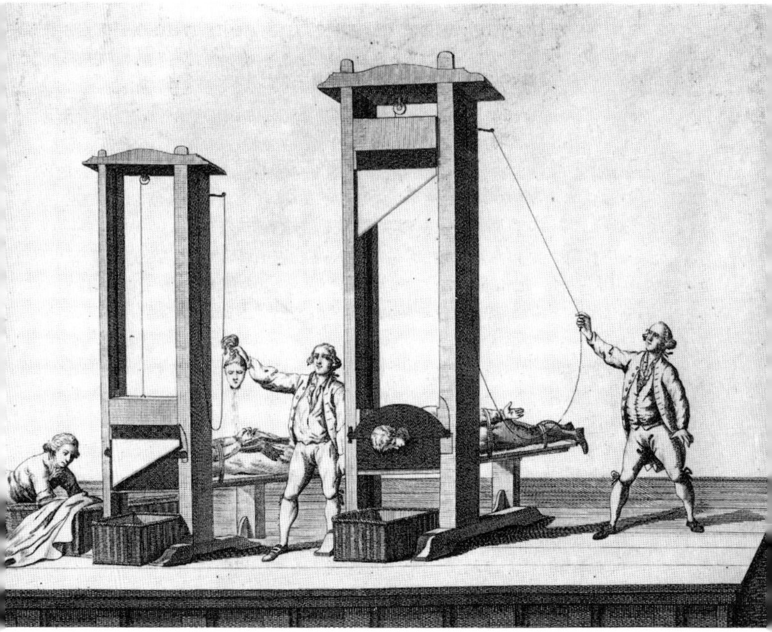

Les synonymes sont assez nombreux : dès la Révolution on trouve ***la petite chatière, la trappe, la fenêtre, la lucarne, le vasistas***, avec des locutions comme ***mettre la tête*** ou ***le nez à la fenêtre*** ou ***demander l'heure au vasistas***, que préfigurait l'expression isolée ***faire regarder par une fenêtre de chanvre***, « pendre », au XVIIe siècle. Le XIXe siècle ajoute ***le guichet*** (1847), et ***déménager par la fenêtre*** (1851). La représentation d'une ouverture par laquelle on passe de l'autre côté concrétise le vieux symbole du passage dans l'au-delà ; d'ailleurs la décapitation est en argot ***la passe*** (1828, dans *gerber à la passe*, « condamner à la guillotine »).

Mais il est surtout étonnant que la plupart de ces mots évoquent la possibilité de voir. Alors que la guillotine, et Daniel Arasse l'a bien montré, trouble les spectateurs par une telle rapidité qu'ils n'ont le temps de rien voir, ce qui laisse imperceptible l'infime instant de la mort, c'est le guillotiné qui est censé voir, donc bénéficier en quelque sorte de la révélation que le public attendait sur le mystère. Charles-Henri Sanson rapporte dans ses *Mémoires* que la foule criait à Hébert, sur le chemin de l'échafaud : « Eh ! Père Duchesne, tu vas regarder à la lucarne, tu nous diras demain dans ta feuille ce qu'on y voit ! ». L'argot répond : ***il voit le monde à l'envers*** (fin XIXe s., « être guillotiné »), parce qu'il est renversé sur la bascule, mais surtout par ce que cet envers est déjà l'autre côté de la vie. Et pourtant, le supplicié n'en saura pas plus : en nommant le bourreau ***le brouillard*** (Hugo, *Les Misérables*) et la guillotine ***la mère au bleu*** (*ibid.*), l'argot dit bien que la victime de cet exécuteur adroit comme un illusionniste *n'y voit que du bleu*. Au XIXe siècle, *j'en suis bleu* ! ou *c'est bleu* ! expriment couramment la surprise. Le plus récent ***passer à la voyante***, « être guillotiné », laisse entendre que les révélations attendues ne seront pas très fiables.

Cette déception du désir de voir explique sans doute pourquoi le ***couperet*** n'a pas de nom en argot : on n'hésite pas à parler de ses effets (***couper*** et ***raccour-***

cir), on désigne l'appareil entier comme une machine à couper, ***rasoir, faucheuse, hachoir*** mais la lame elle-même, qui ne se voit pas au moment où elle s'abat, passe inaperçue de l'argot. Dès le premier essai de la guillotine, en avril 1792, la *Chronique de Paris* rapportait que « le peuple ne fut point satisfait : il n'avait rien vu », et Cabanis notait : « les spectateurs ne voient rien ; il n'y a pas de tragédie pour eux : ils n'ont pas le temps d'être émus »[9].

En fait, la séparation de la tête et du tronc est déjà virtuellement réalisée quand la partie supérieure de la fenêtre s'abat sur le cou et l'enserre. Et le nom de ***photographe*** donné à l'aide du bourreau chargé d'installer correctement la tête dans la lunette (1878) dit bien que la coupure se fait là, constituant cette tête isolée en l'un de ces portraits de guillotinés que les gravures révolutionnaires avaient répandus. Daniel Arasse a écrit là-dessus des pages pénétrantes, dans la conclusion de son livre. On ajoutera seulement qu'en passant des images de lunette/lucarne, qui datent de la Révolution, à celle de la photographie, presque un siècle plus tard, la langue familière renverse la perspective : celui qui ***regarde par la lucarne*** devient regardé puisque « photographié », afin que puisse se voir sur son visage ce qu'il voit. La remarque de Roland Barthes, au début de *La chambre claire*, devant une photographie de Jérôme Bonaparte : « Je vois les yeux qui ont vu l'Empereur », — cette remarque explique le succès des portraits de guillotinés pendant la Terreur, et de leurs photographies à la fin du XIXe : on peut y voir les yeux qui ont vu la mort, et les interroger longuement.

Par ailleurs, cette mise en évidence de la tête souligne le sens de la ***peine capitale***, dont le nom (*capitalis*, « qui entraîne la mort, mortel », de *caput*, « tête ») est remotivé par la guillotine. La ***décapitation*** rend à la peine capitale le sens premier de « ce qui touche à la tête », et réactive le sens second puisqu'elle atteint *le chef*, « la tête », mais aussi « celui qui commande ».

Le pouvoir politique s'en trouve à la fois concrètement et symboliquement décapité. Le chef ***perd la tête***, ce qui le mettait « à la tête » du pays, et le siège de la pensée. Mais à la perdre réellement parce qu'il l'avait déjà perdue dans la folie du pouvoir, il entraîne tout le monde dans le délire de la Terreur :

> Daix fut exécuté le premier. Quand sa tête fut tombée et qu'on délia le corps, le tronc d'où jaillissait un ruisseau de sang tomba sur l'échafaud entre la bascule et le panier. Les exécuteurs étaient éperdus. Un homme du peuple dit : — Cette guillotine, *tout le monde y perd la tête, et le bourreau aussi !*
>
> V. Hugo, *Choses vues.*

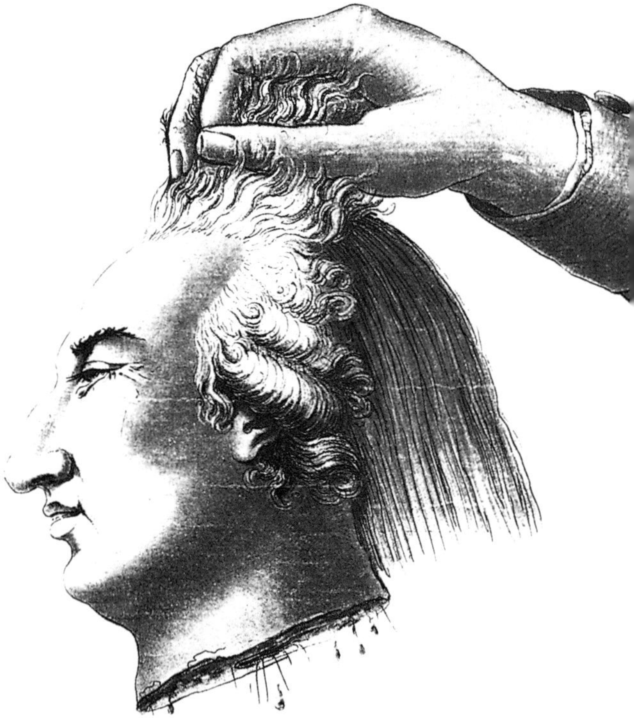

L'argot des XIXe et XXe siècles, qui se développe dans un autre contexte, ne joue plus de ces sens seconds, mais continue à mettre l'accent sur la tête : ***massacrer*** (1821), « guillotiner », c'est-à-dire faire un *massacre*, en vénerie une tête de cerf, de daim, etc., séparée du corps ; ***avoir la fièvre cérébrale*** (Vidocq 1836), « subir une inculpation qui risque d'entraîner la peine de mort » ; ***décoller la poire*** (voyous, 1897), « guillotiner » ; ***y aller du cigare*** ou ***du gadin*** (1826), « risquer la peine capitale » ou « être guillotiné ». Hugo explique dans *Le Dernier Jour d'un condamné* que la tête s'appelle ***la sorbonne*** quand elle pense, et ***la tronche*** quand le bourreau la coupe. Le mot permet l'opposition *tronc / tronche,* et évoque évidemment la tête ***tranchée***.

Cette importance de la tête explique la fascination qu'exerce un autre élément de la guillotine, le ***panier de son***, devenu au XIXe siècle ***le panier de sciure***, et dit aussi ***le panier de Charlot, le panier rouge***, ou tout simplement ***le panier***. En fait, il y en a deux, du moins quand les grandes fournées révolutionnaires n'obligent pas à jeter directement les corps dans un tombereau. L'un, où tombe la tête tranchée, est un sac d'osier doublé de cuir, ce qui explique les expressions ***cracher*** ou ***éternuer dans le sac / dans le panier / dans le son***, « être guillotiné », et son nom argotique de ***case à tronche*** (1872). Charles-Henri Sanson rapporte que Danton, empêché d'embrasser Hérault de Séchelles sur l'échafaud, s'écria : « Les imbéciles ! Empêcherez-vous nos têtes de se baiser au fond du panier ? » L'autre panier, dit aussi ***mannequin***, et en argot ***cage à viande*** (1847), est une grande caisse d'osier où l'on emporte le corps supplicié. Mais le premier a beaucoup plus frappé les imaginations, parce que la tête y tombait. Dans un monologue d'Aristide Bruant, le narrateur, qui compte bien que Deibler n'aura pas sa tête, proteste ainsi contre la Veuve et son panier :

> Ma tête !... alle est pas pour sa gouge,
> Pour sa vieille gouine aux bras tremblants :

A roul'ra pas dans l'panier rouge,
Ma tête... alle aura des ch'veux blancs.

« Foies blancs »,
Dans la rue, chansons et monologues.

Bascule, lucarne et panier constituent bien les trois pièces essentielles d'une guillotine dont la langue considère plus souvent les parties que l'appareil entier. Chacun de ces mots suffit seul à désigner toute la machine, mais néglige du même coup l'essentiel, c'est-à-dire le mécanisme longuement mis au point par le docteur Louis et le constructeur pour assurer une efficacité parfaite au couperet. Pour la langue familière et l'argot, tout se passe comme s'il n'y avait rien entre la lucarne et le panier, — ce rien de visible qui n'est donc rien de dicible.

LE TRAVAIL DU BOURREAU

L'invisibilité de l'acte fatal tient à la rapidité que garantit le mécanisme, mais aussi à l'habileté de l'exécuteur — ce à quoi les foules révolutionnaires ont été très attentives. Cet homme ne peut donc être un simple fonctionnaire faisant son ***office***, assumant une charge administrative : bien que la machine ait été conçue pour qu'il n'ait plus à souiller sa main par un meurtre, elle exige de lui une certaine dextérité, dont dépend d'ailleurs sa réputation, voire sa sécurité, car la foule le menace s'il montre la moindre maladresse. Citant le récit d'une exécution manquée en 1806, Daniel Arasse commente : « Ce texte révèle que l'on a désormais confiance dans la fiabilité de la machine et que la responsabilité de son dysfonctionnement incombe au seul bourreau. » (p. 155). On en arrive à ce paradoxe que la machine, destinée en principe à dégager l'exécuteur de sa responsabilité, la renforce au contraire : il n'a plus d'excuses s'il ne parvient pas à décapiter d'un seul coup. Le fonctionnaire doit donc être, plus que jamais, un bon ouvrier. Son ***office de bourreau*** consiste bien en une œuvre manuelle, et qu'on la nomme au pluriel, ***hautes œuvres***, avec cette épithète indiquant que la décision en incombe à la *haute justice*, cela n'y change rien : le bourreau continue à faire un ***travail***, au sens normal du mot, comme au sens étymologique, puisque *travail* vient de *tripalium*, mot latin désignant un instrument de torture, et a d'abord eu en français le sens de « tourment, souffrance » (XIIe s. ; cf. *le travail de l'accouchement* ou *être travaillé par une maladie, une souffrance*). Le Père Duchesne emploie plusieurs fois l'expression ***travailler la marchandise*** pour « guillotiner ». Mais les exécuteurs ont eux-mêmes revendiqué le mot. Un journaliste de *La Liberté*, rapportant une interview de Louis Rogis, le premier aide de Deibler, en mai 1926, remarque : « M. Louis respecte scrupuleusement les convenances professionnelles et les traditions de son métier. Il dit ***travailler*** pour *exécuter*, et ***faire quelqu'un*** pour *lui couper la tête.* » Le bourreau tient à son savoir-faire puisqu'on le juge là-dessus depuis l'invention de la guillotine, et que les condamnés s'en inquiètent. Hugo raconte qu'un d'eux, montant sur l'échafaud, demanda : « Cet homme saura-t-il ***faire la chose*** ? » (*Actes et paroles. Pendant l'exil*). Et lorsqu'Anatole Deibler fit ses débuts à Paris, le 1er février 1889, sa victime l'interrogea : « Dis donc, mon vieux, ça fait mal ***ton outil*** ? »[10]. La machine reste perçue comme un outil, et l'exécuteur comme un ouvrier. Mais ce vocabulaire est aussi celui des assassins, comme on le verra au prochain chapitre. Et quand Balzac, dans *Splendeurs et misères des courtisanes*, fait le portrait de Sanson en notant que « le seul indice qui, chez cet homme, trahissait le sang des vieux tortionnaires du Moyen Age, était une largeur et une épaisseur formidables dans les mains », sa remarque n'est pas très flatteuse pour les braves gens qui ont de grosses mains, mais elle rappelle que l'exécuteur n'est jamais qu'un ***homme de main***, un tueur.

La machine a donc failli à sa mission, qui était de transformer le bourreau en un exécuteur neutre. Celui-ci reste impliqué concrètement, physiquement, dans son travail sur un corps. Dans *Lorely*, Nerval, en admirant l'adresse du bourreau de Mannheim, qui décapitait au sabre, le qualifiait de *docteur* et *chirurgien de gens bien portants*, pour l'opposer aux guillotineurs français dans leur « service de portier ». Mais ceux-ci ont pour l'argot la même fonction puisque guillotiner se dit ***opérer*** (1881), — manière de soigner ***la fièvre cérébrale*** :

> Comme je m'apprête à passer le porche de la grande Cabane, un fourgon noir y pénètre, m'obligeant à me plaquer contre le mur. Le frère portier me cligne de l'œil :
> — V'là le massicot, annonce-t-il avec bonhommie. On en a un qui se fait ***opérer des amygdales*** demain matin.
>
> San-Antonio, *Tout le plaisir est pour moi.*

Il ne s'agit plus de la chirurgie politique qui devait, sous la Révolution, amputer du corps social les membres gangrenés, mais d'une intervention concrète et personnelle sur un corps. Le mot ***opérer*** a pris, vers 1953, le sens de « tuer avec une arme à feu », en un glissement qui avait déjà fait passer le vocabulaire jacobin du nettoyage (***laver***, « guillotiner », 1793) dans celui des malfrats (***lessiver, nettoyer***, « assassiner »).

Le vocabulaire de la guillotine montre donc l'échec du projet politique qui voulait faire de l'exécuteur le rouage impersonnel de la machine administratrive. Il est resté un bourreau, un homme qui en torture un autre, et la valorisation de son adresse au « travail » a vite glissé vers la représentation d'un faire comparable à celui de tous les assassins, dont le vocabulaire montre qu'ils le considèrent un peu comme un confrère puisqu'ils se sont approprié des mots comme ***buter*** et ***buteur***. C'est cette implication personnelle que le peloton d'exécution essaie d'éviter en démultipliant la responsabilité, et en laissant croire à chacun qu'il a peut-être le fameux fusil chargé à blanc et distribué au hasard parmi tous les autres. Mais les malices de la langue suggèrent une dérangeante complicité entre le ***poteau*** qui désigne métonymiquement ce genre d'exécution (***au poteau !***, « à mort », et ***poteauter***, « fusiller », XXᵉ s.), en rappelant d'ailleurs l'ancien pilori, — et le ***poteau***, le ***pote***, c'est-à-dire le copain (1873) :

> Ben quoi, mec, si ton *pote* est Ricain et que ça soye les Ricains qui le *poteautent*, c'est signé forfaiture, non ?
>
> San-Antonio, *Mange et tais-toi.*

Il est donc bien difficile d'imaginer une exécution absolument impersonnelle et froidement légale en oubliant qu'il s'agit bien de faire tuer un homme par un ou plusieurs autres de ses semblables.

OMNIA VANA
REGISTRVM

IX. L'homme-objet

En enlevant l'âme ou l'esprit du corps, la mort en fait une chose inanimée. Elle le réifie, elle le ***chose***, comme dit Jules Laforgue dans *Les Complaintes* :

> Las de reconstituer dans l'art du jour baissant
> Cette dame d'en face auscultant les passants :
> Si la Mort, de son van, avait *chosé* mon être,
> En serait-elle moins, ce soir, à sa fenêtre ?
>
> « Complainte d'une convalescence en mai ».

> Quant à ta mort, l'éclair aveugle en est en route
> Qui saura te *choser*, va, sans que tu t'en doutes.
>
> « Complainte du sage de Paris ».

Les expressions anglaises *as dead as a tent-peg*, « mort come un piquet de tente », et *as dead as a door-nail*, « mort comme un clou de porte », — où il faut peut-être entendre une allusion à la pièce de métal sur laquelle frappe le heurtoir —, font du mort un objet insensible aux coups.

Mais la philosophie, la littérature et l'argot se rencontrent pour opposer à cette représentation celle d'un corps déjà chosifié de son vivant, et dont la mort n'est que la démolition ou la panne.

UNE PANNE

Les images du corps-machine qui se déglingue ne sont pas, comme on pourrait le croire, des créations de l'argot. On les trouve d'abord dans la philosophie et la littérature classiques. Pour Descartes, par exemple, le corps n'est qu'une « machine de terre » (*Traité de l'homme*) ou « machine composée d'os et de chair » (*Méditations métaphysiques*), qui se détruit ou tombe en panne au moment de la mort :

> ... le corps d'un homme vivant diffère autant de celui d'un homme mort que fait une montre ou autre automate [...], lorsqu'elle est montée et qu'elle a en soi le principe corporel des mouvements pour lesquels elle est instituée, [...] et la même montre, ou autre machine, lorsqu'elle est rompue.
>
> *Les Passions de l'âme.*

Madame de Sévigné, observant les phases de l'agonie de Saint-Aubin, écrit que « la machine se démontait » (19 nov. 1688). Bossuet, dans l'*Oraison funèbre d'Henriette d'Angleterre*, développe les expressions ***mettre en pièces*** (XVIe s., « déchirer en de nombreux morceaux », d'où « détruire entièrement, exterminer ») et ***tomber en pièces, par pièces*** (XVIe s., « se défaire », puis au sens figuré « se dit de personnes chez qui il survient des abcès, des pourritures, des gangrènes », XVIIe s.), en un sens mécanique :

> Et que verrons-nous, dans notre mort, qu'une vapeur qui s'exhale, que des esprits qui s'épuisent, que *des ressorts qui se démontent et se déconcertent* [= se désorganisent], enfin qu'*une machine qui se dissout* [= se rompt] et *se met en pièces* ?

L'argot du XIXe siècle a repris ces images avec des mots nouveaux. ***Calancher*** (1846, « mourir ») est formé sur *caler*, au sens premier « baisser les voiles », puis « lâcher pied » et enfin, en parlant d'un moteur ou d'une machine, « s'arrêter brusquement, tomber en panne » :

Ça calanchait par-ci, par là... au fond de la salle... des cancéreux, des cardiaques.

Alphonse Boudard, *L'Hôpital.*

De ce verbe sont issues la déformation ***cadancher*** (1889, « mourir ») et ***la calanche***, « la mort » (Bruant 1901). En anglais, *to conk out* signifie également « tomber en panne » et « mourir ».

Dézinguer (« tuer », 1918) suppose la destruction d'un *zinc*, une machine ou un appareil de locomotion, bicyclette, avion, auto. ***Crever son pneu*** (début XXe s.) ou ***avoir un court-circuit*** font aussi de la mort un déboire mécanique. ***Dérailler*** (1867) et ***déramer***, « mourir », ***se déramer***, « se suicider » (vers 1950) suggèrent un wagon qui sort de la voie. Le récent ***mettre à zéro*** (1968), « tuer », annule tout le déroulement de la vie comme on efface les kilomètres sur le compteur d'une automobile. En revanche, ***aléser son cylindre*** (mécanos, 1870), « être mourant », compare le râle qui racle la gorge au polissage intérieur d'un objet foré, l'alésage. Il ne s'agit donc pas d'une panne, mais au contraire d'un perfectionnement pour « finir, achever » la pièce — et l'homme.

UNE DÉMOLITION

Ces images de machines s'inscrivent en fait dans un contexte beaucoup plus vaste où l'homme n'est qu'une pauvre chose, soit qu'on dévalorise son corps par opposition à l'âme, soit que l'argot le dégrade comme il le fait à tout propos par ironie. La panne n'est donc qu'une variante spécialisée de la démolition, de la destruction d'un homme-objet que la mort rend inutilisable en le cassant (l'italien dit d'un homme emporté par la maladie ou mort d'un accident qu'il a été *stroncato*, « cassé, brisé »).

Cet objet est généralement un corps composé, un assemblage, qui se défait. Mais il faut d'abord entendre l'image au sens propre du mot ***décomposition***, la séparation d'un tout en ses parties simples. Ronsard en parle comme d'un désassemblage :

> Adieu, plaisant Soleil ! mon œil est estoupé,
> Mon corps s'en va descendre où tout se *désassemble*.
>
> « Sonets » II, *Les Derniers vers.*

L'idée de ***dissolution*** est plus fréquente :

> Cependant que le corps de mort matérielle
> De matiere conceu en forme naturelle
> Se purge sans souffrir, fors *dissolution*
> De son estre premier en putrefaccion.
>
> Maurice Scève, *Microcosme*, I, 969-972.

Comme elle implique la dislocation d'un tout mais non la destruction des parties, les philosophes du XVIIIe siècle en ont fait l'un de leurs arguments principaux contre la peur de la mort puisque le corps dissous n'est pas anéanti, et que ses éléments constitutifs retournent à la nature :

> On a ridiculement ou de mauvaise foi confondu la *dissolution*, la décomposition, la séparation des parties élémentaires dont les corps sont composés avec leur destruction radicale ; on n'a point voulu voir que les éléments étaient indestructibles, tandis que leur formes étaient passagères et dépendaient des combinaisons transitoires.
>
> D'Holbac, *Système de la nature.*

Aussi Diderot, imagine-t-il, dans la célèbre lettre du 6 octobre 1759 à Sophie Volland, que les molécules de son corps dissous iront à la poursuite de celles de son amante :

> ... si les molécules de votre amant *dissous* avoient à s'agiter, à s'émouvoir et à rechercher les vôtres éparses dans la nature !

Mais ces termes ont pris un sens plus général, sans allusion précise à la décomposition. Littré définit ***dissolution*** comme « mort naturelle » (« Nos dissolutions sont toujours prochaines »), et ***dissoudre*** comme « produire la mort naturelle ». Il s'agit d'une désagrégation douce, opposée à la violence d'une destruction.

Le verbe ***défaire***, qui est d'un emploi plus ancien, n'a pas ces nuances mais propose la même représentation d'un désassemblage. On a longtemps dit ***se défaire*** pour « se suicider » :

> Se, souvent n'étoit Dieu qu'il craint,
> Il feroit un horrible fait ;
> Et advient qu'en ce Dieu enfreint
> Et que lui-même se *défait*.
>
> *Villon, Le Testament*, XLIV.

Villon parle aussi de ***défaçon***, « mort ». Littré donne ***défaire*** au sens de « faire mourir » avec l'exemple : « Cette malheureuse *a défait* son fruit, son enfant ». Le très récent ***autolyse*** (1966, vocabulaire de la psychologie) désigne encore le suicide comme une dissolution (*-lyse*, grec *luisis*) de soi-même (*auto-*).

Tous ces mots expriment une idée qu'on retrouve dans la notion freudienne de ***pulsion de mort***. Alors que la ***pulsion de vie*** ou ***Eros*** tend à constituer des unités toujours plus grandes et à maintenir leur cohésion, la ***pulsion de mort*** ou ***Thanatos*** tend à la déliaison des assemblages, la désintégration des organismes, pour retourner à l'état de stabilité de l'inanimé[1].

Mais les expressions littéraires et surtout familières de la mort ne la décrivent pas toujours comme un retour du composé vivant à ses composants inanimés. Elles développent les images d'assemblage et de dissolution comme si l'organisme n'était, durant sa vie même, qu'un objet fabriqué, que la mort viendrait disloquer.

Il peut par exemple être comparé à un tissu ou à un nœud qui se défait :

> *Se défaire*, comme tu dis ? [...] Ah, si mes molécules pouvaient se séparer les unes des autres de leur plein gré. C'est la cohérence de mes molécules qui est responsable de mon angoisse. Trouver les points de suture, désarticuler, détacher les ligatures comme on dénoue les ficelles. *Si j'étais déficelé.* [...] *Je ne suis fait que de nœuds qui résistent...*
>
> Ionesco, *Journal en miettes.*

> Là ma carcasse se fendille
> et là *mes mailles se défont*
> Déjà mon sang qui se morfond
> déjà ma mort qui me mordille.
>
> Claude Roy, « Tombeau de Paul Eluard », *Mourir.*

L'argot a des images voisines : ***escarper*** (« assassiner », 1800) est la forme méridionale d'***écharper*** (même sens au XVIIe s.), en ancien français *charpir*, « mettre en charpie, déchirer ». ***La déchirer*** (« mourir » 1960) vient sans doute de ***déchirer sa carte***, mais comme dans ce type d'expressions (*la casser, la dévisser, la glisser*, etc.) le pronom perd sa fonction représentative, c'est le verbe ***déchirer*** qui a seul de l'importance ici. Ce sens est aussi suggéré par ***zigouiller*** (fin XIXe s.), de *zigailler* (Anjou), « déchiqueter, couper de travers comme avec une scie ».

L'assemblage qui se défait peut être aussi un ouvrage de maçonnerie, comme l'indique l'étymologie de ***détruire***, qui remonte au latin de - *struere* : « démolir, défaire une construction ». ***Détruire*** a gardé ce sens premier (« renverser une construction de manière à ce qu'il n'en reste plus d'apparence », Littré), mais s'est dit aussi dans la langue classique pour parler de la mort, et particulièrement du suicide : ***se détruire***. Bossuet développe cette image, à la suite de saint Paul (2 Cor., 5,1), dans son Sermon sur la mort : que l'âme chrétienne ne s'inquiète pas de voir sa « maison de terre et de boue » détruite par Dieu ; « il est nécessaire que nous délogions », mais pendant que nous serons dans le palais céleste, nous attendrons tranquillement que Dieu répare « notre ancien édifice », où nous rentrerons avec la résurrection des corps. La langue familière a gardé la métamorphose de la déconstruction avec le verbe ***démolir***, « terrasser quelqu'un » et en un sens plus fort « le tuer » (1833). Dans le même genre ***déboulonner sa colonne*** (« mourir », Virmaître, 1894) faisait allusion à la colonne Vendôme jetée à terre par les Communards.

D'autres mots encore représentent un objet défait ou démonté. ***Dessouder***, « tuer » (1935), ***la dessouder*** et ***dessouder***, « mourir » (1953), peuvent sous-entendre qu'on dessoude « la cafetière » (la tête) comme le dit Esnault, ou la vie « soudée » au corps comme l'expliquent Cellard et Rey, mais est-il besoin de les spécifier ainsi ? Outre la proximité phonétique de ***dessouder*** avec le classique ***dissoudre***, le mot se justifie par la seule image d'une chose mise en morceaux. ***Décoller***, « tuer » (1885) et ***se décoller***, « mourir » (1867) puis « se suicider » (1896), compliquent la métaphore (décoller une chose qui était collée) en jouant avec l'homonyme ***décoller***, « couper le cou » : ***se faire décoller le trognon***, « être tué au feu » (argot des soldats, 1916). Mais le mot a d'abord signifié « dépérir » (1867-1960) : « comme celui qui perd des kilos et paraît flotter dans sa peau », explique Esnault, qui compare ce terme à ***(se) décartonner***, « vieillir, dépérir », comme un livre dont la reliure se défait. ***Dégommer***, « tuer » (1832), croise le verbe qui signifie « enlever la gomme de la soie », et un homonyme d'origine dialectale formé sur *gômer* (Doubs), « gonfler d'eau ». Il s'agit à la fois de décoller en ôtant la gomme, et de ***dégonfler***, « tuer » (1916). La variante ***dégonfler sa vessie*** fait allusion à une vessie d'animal, séchée et gonflée de gaz ou d'air, comme on en voyait au Carnaval ; elle évoque évidemment la perte du souffle.

Plus fréquent, ***dévisser***, « mourir » (1880), puis « tuer », s'est d'abord entendu dans des constructions comme ***dévisser le coco à quelqu'un*** (1846 ; cf. ***tourner la vis***, 1867, « tordre le cou »).

Avec les tickets de rationnement on ne pouvait que crever à petit feu. [...] Les vieux, les enfant en bas âge, ça *a dévissé* sévère, surtout l'hiver 40-41...

Alphonse Boudard,
Les Combattants du petit bonheur.

On trouve aussi ***dévisser ses écrous***. Passé d'usage, ***déralinguer***, « mourir » (fin XIXe s.), a le sens propre de « priver la voile des ralingues qui renforcent l'ourlet », et a signifié successivement « démolir » (1859), « être ruiné », et « être fou ». Au sens de « tuer », ***déglinguer*** (altération de *déclinquer*, « enlever le bordage d'un bateau à clin », et synonyme de « démolir ») semble rare :

— L'a rampé d'travers, le pauv'bougre — et l'est tombé droit dans les lignes boches.
— I's' est p'têt bien fait *déglinguer* sur leurs fils de fer.
— On l'aurait r'trouvé, j'te dis, s'il était crampsé, car tu penses bien que si ça était, les Boches ne l'auraient pas rentré son corps.

Henri Barbusse, *Le Feu.*

Qu'ils appartiennent à la langue châtiée ou à l'argot, tous ces mots ont en commun le préfixe ***dé-*** qui marque la séparation. Il ne s'agit plus de celle qui désunit l'âme et le corps, mais de la désintégration physique qui détache les parties du tout. La répétition de ce préfixe renforce le sens dans ce sonnet de Ronsard :

Je n'ay plus que les os, un squelette je semble,
Decharné, denervé, demusclé, depoulpé,
Que le trait de la Mort sans pardon a frappé...

« Sonets », I, *Les Derniers vers.*

imité par Jean-Baptiste Chassignet :

Mortel, pense quel est dessous la couverture
D'un charnier mortuaire un cors mangé de vers,
Descharné, desnervé, où les os descouverts,
Depoulpez, desnouez délaissent leur jointure ;

Le mespris de la vie
et consolation contre la mort, CXXV.

UNE EXPLOSION

A côté de ces mots en ***dé-***, la langue a accumulé des termes d'étymologie parfois incertaine, mais qui ont en commun les initiales onomatopéiques ***cr-*** et ***cl-***, qui suggèrent un éclatement.

Crever a le sens passif de « mourir » depuis le XIIIe siècle (***soi-crever***, XIIe s.). La langue classique le dit surtout des bêtes, mais aussi, par injure, des hommes. Le sens actif, déjà attesté en ancien français, resurgit dans l'argot (1855) à partir de ***crever la gueule***, « tuer », 1821, et ***crever la peau / la paillasse*** :

> Et, dans la nuit troublée de sa chair, au fond de son désir souillé qui saignait, brusquement se dressa la nécessité de la mort.
> « Pour que je ne *crève* pas d'aller encore avec toi, vois-tu, il faut avant ça que je *crève* l'autre... Il faut que je le *crève*, que je le *crève* ! »
>
> Emile Zola, *La Bête humaine.*

Crever a d'abord signifié (Xe s.) « craquer », comme son étymon latin *crepare*, qui se dit de tout ce qui se fend ou éclate avec bruit. *Decrepitus*, dont nous avons fait ***décrépit***, s'applique aux vieillards : ils finissent de se fendre. Hélinand de Froidmont, quand il dit que la Mort ***acravente*** les puissants (*Les Vers de la mort*, III), emploie un mot qui dérive lui aussi de *crepare* par le latin populaire *crepantare* : la mort écrase les hommes en les faisant éclater. On retrouve la même étymologie dans l'allemand populaire *krepieren*, « crever » (début XVIIe s.), par l'intermédiaire de l'italien *crepare*, même sens. Sur ***crever*** on a formé ***crevation*** (d'Hautel, 1808 : ***faire sa crevation***, « locution barbare et populaire ») puis ***crevaison (faire sa crevaison***, 1861), ***crevard***, « moribond » puis « enfant mort-né », ***crevage*** (1888), ***crevance***, « agonie » (Mâconnais, XIXe s.), et ***la crève***, « la mort » (XXe s., mais d'abord régional : ***faire sa crève***). ***Péter*** a, sous la forme provençale *petar*, les sens secondaires de « se casser » et « mourir », comme en français :

« ... J'ai failli aller voir Pluton, Rhadamanthe et Minos. [...] Sache donc, cher ami, que j'ai eu une congestion au cerveau [...]. J'ai manqué *péter* dans les mains de ma famille... »

Flaubert à E. Chevalier, 1er févr. 1844.

Autre variante de ces images, ***claquer*** apparaît dans l'argot au milieu du XIXe siècle. On en trouve l'équivalent au sens actif de « tuer » dans l'allemand populaire *abknallen*, formé sur *Knall*, « éclat, claquement, coup de feu, explosion ». L'argotique *abschnappen* est construit sur *schnapp*, « crac ! », qui évoque un ressort, une serrure qui claque. Dans le *slang*, l'argot anglais, *to pop off*, « mourir subitement » et « tuer », vient de l'onomatopée *pop !*, « pan ! », qui suggère le bruit d'un ballon ou d'un... *pop-corn* qui éclate, ou bien celui d'un coup de feu. *To slam off*, « mourir », représente un claquement, *slam*. *To bump off*, « tuer », évoque un choc qui fait *bump !*, « boum ! pan ! », comme en américain *to bang* et *a bang-job*, « un assassinat ». L'onomatopée *zap !*, qui équivaut à « vlan ! » ou « bing », a donné le verbe *to zap*, « bombarder, supprimer », et « tuer » : c'est bien ce que fait symboliquement le *zappeur* français quand il réduit au silence quelqu'un qui lui déplaît sur son écran de télévision. Dans un roman policier d'Alexandre Terrel, *Le croque-mort a croqué la pomme*, l'onomatopée ***zip !*** exprime le geste rapide d'un assassin : « Elle bouffait une pomme, et l'assassin est arrivé par derrière et *zip !*, fit Gerber sur un ton dubitatif ».

Nous avons d'autres onomatopées, comme ***couic***, qui évoque un petit cri aigu et étranglé :

Je n'aurai vraiment rempli mes devoirs civiques que le jour où j'aurai fait *faire couic* à un aristocrate.

J. Vallès, *Jacques Vingtras*.

Le ***kiki***, le cou que l'on serre (***serrer le kiki***), suggère le petit cri de l'oiseau qu'on étrangle : dans *Mon musée criminel* de Gustave Macé, paru en 1890, un personnage qui raconte le meurtre par strangulation d'une rentière dit « elle a fait ***qui-qui*** » pour signifier qu'elle est morte. Rimbaud transforme le ***couic*** habituel en un ***couac*** :

> Or, tout dernièrement m'étant trouvé sur le point de faire le dernier *couac !*, j'ai songé à rechercher la clef du festin ancien, où je reprendrais peut-être l'appétit.
>
> *Une saison en enfer.*

Chez Henri Michaux, la vie qui s'arrête fait ***toc*** comme un mécanisme déréglé :

> Le vent tomba d'un coup, *ma vie fit « toc »*.
> Elle était arrêtée à tout jamais. »
>
> « Ma vie s'arrêta », *Lointain intérieur.*

Mais les formations les plus nombreuses sont les variantes de ***crampser / clamser***. Gaston Esnault les rattache toutes, comme on l'a vu, à ***crampecer***, « être pris de crampes » (les convulsions de l'agonie). Pierre Guiraud, dans son *Dictionnaire des étymologies obscures*, précise qu'il s'agit de dérivés de la racine *krap / kramp-*, qui a donné *crampe* et *crampon*, avec une variante spontanée *r/l* : l'idée de torsion et de raideur serait déterminante. Mais l'expressivité des initiales *kr-,* comme dans ***crever***, et *kla-*, comme dans ***claquer***, peut seule expliquer la prolifération des variantes que donne Esnault : ***crapser***, 1867 ; ***cramser***, 1878 ; ***crimpser***, 1883 ; ***clapser***, 1885 ; ***clamser***, 1888 ; ***clamsage***, (« agonie », et « meurtre »), 1899 ; ***crampecer*** (au sens « tuer »), 1899 ; ***claboter, clabotage***, 1899 ; ***crabser***, 1900 ; ***clampser***, 1907 ; ***la clapse***, la mort, 1910 ; ***clavecer***, 1915 ; ***clapoter***, 1915 ; ***la crâmse***, 1927 ; ***clamecé***, 1947 (Esnault n'a pas noté ***clam'cé*** qui se trouvait déjà dans *Le Feu* de Barbusse, en 1916) ; ***clams***, 1947. On voit mal comment ***claboter*** et ***clapoter*** pourraient dériver de ***crampser***. En revanche, il ne faut peut-être pas rejeter, comme le font Cellard et Rey, *claboter,* « faire claquer ses sabots », dont la racine *klab- / klap-* est aussi onomatopéique (cf. *clapoter*, *clapotis*, *clabauder*).

Ces mots qui expriment la mort comme la destruction d'un objet sont si nombreux, et si bien établis, qu'on peut s'étonner de trouver dans l'argot des images antinomiques comme ***arranger, rectifier, régler*** ou ***rebâtir***, qui signifient aussi « tuer ».

A mi-chemin de ces synonymes paradoxaux que sont ***démolir*** et ***rebâtir***, le verbe ***bousiller*** (ou ***bouziller***) évoque un travail de maçonnerie, mais mal fait : « Faire un mur, une maison, avec de la terre détrempée, ou avec de la boue. On dit proverbialement et par mépris des logis bâtis de mauvais matériaux, et de plusieurs manufactures et besognes mal faites, qu'elles ne sont que *bousillées* » (Furetière). Le mot prend le sens de « tuer » vers 1913 : le meurtre apparaît ici comme un travail de *bousilleur*, de mauvais ouvrier. L'allemand a l'équivalent *abmurksen*, formé sur *murksen*, « bâcler, bousiller ». L'argotique ***mettre en tas***, « tuer » (1948), suggère un amoncellement hâtif qui est la forme minimale du rangement.

Mais l'argot décrit plus volontiers l'assassinat comme un bel ouvrage ou un perfectionnement. ***Arranger***, « tuer » (1844), ***arrangeage***, « meurtre » (1901), et ***ranger***, « poignarder » (1926) suggèrent une mise en ordre :

> Thomas aussi est mort, il a été *arrangé* une nuit au rond-point de la Villette auprès du canal.
>
> Jean Lorrain, *La Maison Philibert*.

Rectifier a d'abord eu en argot le sens général de « casser, démolir » (1917), puis par l'intermédiaire de ***rectifier la gueule***, a signifié « fusiller » (1940) et « tuer » :

> — Y a pas de chômage dans la profession, pas de morte-saison. Toujours quelqu'un en trop quelque part qu'il faut qu'on *rectifie*. Alors ? Tandis que là, c'est moi qui me tue au travail.
>
> Ange Bastiani, *Le Pain des jules*.

Rectifier a remplacé ***régler*** (1811), qui avait le même sens et n'est resté que dans ***régler son compte à quelqu'un***. Mais ces mots semblent une réinterprétation du plus ancien ***rebâtir*** (1725), qui n'est peut-être qu'une forme de *rebattre* (dans le Berry, *rebâter*, « battre »), ou tout au moins un jeu sur ce mot.

> Si tu consens à nous laisser *rebâtir* le ratichon et sa larbine, nous irons pioncer dans le sabri du rupin de ton villois...
> [= Si tu consens à nous laisser tuer le curé et sa servante, nous irons dormir dans le bois du seigneur du village.]
>
> Vidocq, *Les Voleurs*.

Murer, vers 1880, a d'abord signifié « battre, assommer » : on ***mure la gueule à quelqu'un***, comme on bouche une fenêtre, pour le faire taire. L'argot moderne a ajouté au mot le sens de « tuer », comme dans cet exemple de Bastiani, où un otage prévient son ami qu'il va être exécuté :

> — Ils ont dit que c'était l'affaire de quarante-huit heures maintenant. Ensuite ils me *murent* si t'es pas d'accord. Oh, Mathieu, tu m'entends bien, ils me *murent*. [...] Je veux pas crever pour de rien, moi, je suis pas bon...
>
> Ange Bastiani, *Satan a besoin des femmes*.

L'anglais *to plug*, « boucher, obturer, colmater », signifie également « rouer de coups », mais aussi « flinguer », comme si on bouchait le corps avec les balles (nous disons au contraire ***trouer la peau***).

Dans un autre registre, ***repasser***, « assassiner » (1921), ajoute à l'idée d'aplatissement et d'horizontalité (cf. chapitre VI) l'évocation de divers travaux : le repassage du linge (l'anglais dit au contraire *to crease*, « faire de faux plis, chiffonner » pour « tuer »), d'une pièce de métal que l'on polit (*repasser la lime sur un ouvrage*) ou qu'on aiguise (*repasser un couteau*), d'un chaudron qu'on égalise au marteau, d'un objet fabriqué à la machine et qu'on finit à la main, du cuir qu'on apprête, de la laine qu'on prépare avant la filature, etc.

Repasser a de multiples emplois, mais implique toujours un travail manuel fait avec soin. En anglais, *to lay somebody out*, « assommer », superpose aussi l'image d'un étalement et celle d'un arrangement, d'une disposition soignée. *To take care of somebody*, « s'occuper de quelqu'un » peut avoir comme en français (***je m'en occupe !***) le sens de « tuer ». En allemand *besorgen* a le même double sens de « s'occuper de, prendre soin » et « tuer ».

Tous ces mots s'expliquent par un procédé de rhétorique cher à l'argot, l'antiphrase qui dit une chose par son contraire : ***arranger*** pour ***détruire, rebâtir*** pour ***démolir***, — comme *c'est du bon travail !* ou *voilà du beau travail !* saluent une bêtise, une gaffe ou un travail mal fait. Mais ces antiphrases ne sont pas seulement ironiques, car le criminel professionnel se veut aussi un bon artisan.

L'ARTISANAT DU CRIME

Travail désigne toute activité lucrative, le vol avec assassinat (1795), puis la prostitution et la tricherie, mais implique aussi un effort physique, un soin particulier : ***travailler quelqu'un***, « le rosser » ou « le tuer » (1800). Un ***ouvrage*** est un vol ou un assassinat (1797). En anglais, *to give s.o. the works,* mot-à-mot « donner à quelqu'un les travaux », *to do the business / the job on s.o.*, signifient « le tabasser » ou « le tuer ». Certes, il peut s'agir d'un crime commandité et payé, un *business* en effet. Mais le vocabulaire de l'assassinat insistę sur le *faire* : l'assassin ***fait quelqu'un*** ou ***se le fait*** comme, on l'a vu, le bourreau. S'il lui arrive de prétendre ironiquement l'***opérer*** (« tuer au revolver », 1953), il insiste plus souvent sur l'aspect artisanal, ouvrier, de son labeur.

La langue châtiée parle de l'***instrument*** du crime :

> INSTRUMENT. Les instruments qui ont servi à commettre un crime sont toujours contondants quand ils ne sont pas tranchants.
>
> Flaubert, *Dictionnaire des idées reçues.*

Mais pour le criminel c'est un ***outil***, qu'il s'agisse d'un couteau ou d'une arme à feu. Esnault date le mot de 1951, mais on le trouve déjà chez Eugène Sue (1842-1843) :

> S'il regimbe... vous n'avez qu'un pistolet... et c'est bien bruyant, tandis qu'un *outil* comme cela (et il fit voir à Rodolphe le manche de son poignard), ça ne fait pas de tapage... ça ne dérange personne.
>
> *Les mystères de Paris*, I, XII.

Outiller quelqu'un, vers 1950, c'est le poignarder, et plus généralement le tuer. On trouve aussi ***ustensile*** pour « arme à feu » :

> Il fait virer le Corse par un bras et le ramène sur lui, toujours avec son *ustensile de ménage* [il s'agit d'un « gentil hochet format Panzerfaust »] que, cette fois, il lui braque sur le nombril.
>
> Ange Bastiani,
> *Satan a besoin des femmes.*

L'argot a formé de nombreux verbes signifiant « tuer » sur les noms de ces outils, comme en français officiel ***poignarder*** ou ***fusiller***. Ces mots ne disent rien du résultat, et seul le contexte peut déterminer si la victime est morte ou non, bien qu'elle le soit la plupart du temps... Ils insistent sur l'instrument, avec la précision technique propre à tous les argots : le langage des assassins est un *argot de métier*, essentiellement fondé sur des termes concrets, des noms d'objets bien déterminés.

Parmi les armes blanches, le ***lingre*** (en 1628, un ***lingres***, « couteau de Langres »), devenu ***lingue*** vers 1835, a donné ***lingrer, linguer***, « frapper avec un couteau », et ***lingreur***, « assassin ». ***Sacagne*** (1899, de l'italien *zacan*, « canif ») désigne un canif puis un couteau de meurtre ; sur sa forme ***sacail*** (1926) est formé ***saccailleur***, « assassin » (1928). ***Scion***, qui a d'abord le sens de « bâton pour assommer » (1841, extension de *scion*, « baguette »), a désigné ensuite un couteau : d'où ***scionner*** (1846, « donner un coup de couteau ») et ***scionneur***, « assassin qui tue au couteau ». ***Surin*** (1827) et ***chourin*** (1836) viennent du romani *tchouri*, en Piémont *tchiurin*, « couteau ». ***Suriner*** (1827, « tuer au couteau »), ***surineur*** (« assassin », 1846), concurrencent ***chouriner*** (1828) et ***chourineur*** (c'est le surnom d'un personnage d'Eugène Sue, et on le retrouve dans la traduction française de *L'opéra de quat'sous,* de Brecht, avec la chanson de *Macky le Chourineur*).

Les armes à feu ont fourni d'autres verbes. ***Bayaffe***, « pistolet » (d'abord ***bayafre*** en 1796, cf. milanais *bajaffa*, « bavarder », et à Lyon *bajafle*, « bavard »), donne ***bayafer***, « fusiller » (1836). Beaucoup plus répandu, le ***flingue*** (1881), issu de ***flingot*** (1858, allemand *flinke*, « fusil »), sert à ***flinguer***, « tuer avec une arme à feu », 1847. Sur ***seringue***, qui désignait un mousquet dès 1629, et se dit de toute arme à feu à partir du XIXe siècle, s'est formé ***seringuer***, « fusiller » (1927). ***Plomber quelqu'un*** (vers 1950) insiste sur les plombs qui garnissent une cartouche de chasse.

Outre ces mots précis, l'argot en emprunte d'autres à différents vocabulaires techniques. ***Bigorner***, qui signifie au sens propre forger un fer ou battre des peaux sur l'enclume ou la masse de bois dite *bigorne,* prend le sens de « tuer » pendant la première guerre mondiale. Dauzat a relevé dans *L'Argot de la guerre* une occurence de ***la bigorne***, « la mort ». ***Rebouiser*** « tuer » (1867), consiste d'abord à rajuster, donner une façon avec le bouis, un outil de buis. ***Rétamer***, qui prend le sens « tuer » vers 1900, compare le meurtre au travail du rétameur qui tape sur l'ustensile pour l'arranger. ***Poinçonner***, « tuer », qu'on trouve dans les *Mémoires* de Lacenaire — qui d'ailleurs utilisait comme arme un poinçon de cordonnier —, devient plus rare à la fin du siècle, puis se répand à nouveau avec la création de ***poinçonneuse***, vers 1945, pour désigner une mitrailleuse, une mitraillette, un pistolet automatique. Le bruit de la poinçonneuse peut être comparé à une rafale de coups de feu, mais l'image du trou fait par le poinçonneur du métro a certainement favorisé la création du mot, comme celle de ***composter***, fréquent chez San-Antonio comme équivalent de ***trouer***, « abattre avec une arme à feu » (1900). Une mitraillette ou une arme automatique est aussi une ***sulfateuse*** (1848), comme l'appareil à canon pour le traitement des vignes, et permet de ***sulfater*** (vers 1945) en tirant sur quelqu'un. San-Antonio invente ***pulvérisateur***, surdéterminé par l'idée qu'on pulvérise quelqu'un :

> L'objet qu'il me tend est un superbe pétard de calibre intimidant. [...] J'enfouis *le pulvérisateur* dans ma poche.
>
> *Tu vas trinquer, San-Antonio.*

On voit ainsi apparaître, dans l'argot moderne, des noms d'appareils plutôt que d'outils. Mais le mot ***machine*** paraît réservé à l'argot des soldats, qui en 14-18 nommèrent la mitrailleuse ***la machine à coudre, à découdre, à dépeupler, à secouer le paletot, à signer les permissions...*** Il semble que ***machine*** soit l'instrument spécifique de la mort légale, la guillotine ou l'arme de guerre. L'État tue avec des machines, l'assassin avec un outil. Le premier organise rationnellement et industriellement la mise à mort — jusqu'aux camps de concentration dont on a souvent dit qu'ils étaient des ***usines de mort*** ; le second se veut un artisan, et met l'accent sur la technicité de son travail tout en se démarquant du prolétaire qui, lui, s'aliène à la machine. On devine une idéologie anarchiste derrière ces représentations, et il est d'autant plus amusant de voir que les exécuteurs de la République ont revendiqué des termes analogues pour valoriser leur fonction auprès de leur machine, en reprenant à leur compte le vocabulaire artisanal des assassins.

*
* *

Mais il est bien peu question de mort dans tout cela. La représentation met en avant le geste et l'instrument, pour en voiler le résultat. Le pouvoir de mort que se donnent aussi bien le criminel que l'État est avoué d'une façon détournée comme pouvoir sur la technique, qu'il s'agisse de guillotiner, fusiller, suriner ou flinguer, — toutes manières de ne pas dire directement qu'on tue, en déplaçant l'attention sur la manipulation de l'instrument. Ce déplacement se manifeste aussi par la métonymie qui a donné à ***aligner***, « mettre en joue », le sens du « tuer » (1916), de même que ***azimuther***, « viser sous un certain angle », signifie secondairement « tuer » (1954) : on prouve l'intention de celui qui vise sa victime, mais on ne dit pas la conséquence. Une fois de plus, les mots de la mort ne parlent pas de mort.

Et l'on remarquera qu'ils n'en parlent pas non plus quand ils l'expriment en termes de destruction d'objet : si le corps n'est qu'un assemblage matériel ou une machine, il se casse comme n'importe quel objet inanimé, mais on ne peut plus ici parler de la mort qui est propre au vivant. La dévalorisation du corps en chose réduit la mort à un accident technique sans importance, et auquel on se résigne facilement pour n'y plus songer.

Mais elle peut aboutir à une autre dénégation de la mort car si le corps est une machine susceptible de tomber en panne, on peut aussi espérer qu'il est réparable. Tel est l'effet de la médicalisation de la mort, comme l'ont montré Philippe Ariès ou Louis-Vincent Thomas[2] : on ne meurt plus parce qu'on est mortel, mais parce qu'on n'a pas su réparer la machine. Au moins aura-t-on essayé, jusqu'au bout, en branchant le mourant sur d'autres machines. Le laisser mourir se dit alors ***le débrancher***, l'un des mots les plus récents de notre vocabulaire de la mort : il est encore plus cru que les violents mots de l'argot, parce qu'il n'est pas métaphorique.

Ou bien on nie la mortalité propre au vivant en le considérant comme un objet réparable ; ou bien on s'incline devant l'irréparable mais en le prenant au sens matériel d'un simple incident technique. Dans les deux cas, on escamote ce qu'il y a d'humain dans la mort.

X. Les mots de la fin

La destruction, que les images de machine en panne ou d'objet cassé représentent brutalement, peut aussi s'exprimer comme un processus plus lent, qui va de la diminution progressive à l'effacement total. Mais c'est alors la vie que l'on observe, car « un quart d'heure avant sa mort, monsieur de La Palisse était encore en vie ; et non seulement un quart d'heure, mais une seconde, mais un milliardème de seconde avant ! » (Jankélévitch, *La Mort*, II, 2). La vie qui se finit est encore de la vie. Même les mots ***disparition*** et ***disparu*** impliquent la représentation de ce monde-ci où le défunt a été, où les survivants demeurent. Même les concepts de non-être, de non-vie, définissent la mort par rapport à l'être et à la vie.

UNE DIMINUTION

Le ***raccourcissement*** par la guillotine réalise brutalement ce que la mort nous fait de toutes façons, quand elle abrège la vie et diminue l'être : « *spiritus meus attenuabitur, dies mei breviabuntur* » (Job, 17, 1), le souffle amoindri et les jours raccourcis définissent la mort comme une double diminution.

Raccourcir s'emploie depuis longtemps à propos de la Mort. Elle ***accorse*** [= raccourcit] les ans et les mois que personne n'a jamais pu allonger, elle ***retaille*** [= rogne, diminue] la vie, disait Hélinand de Froidmont (*Les Vers de la Mort*, XVIII et XXXIV). Un poète du XVIe siècle, Guillaume Aubert, dans son *Élégie sur le trépas de Joachim du Bellay*, a des termes analogues :

O destin inhumain, ô Parque trop cruelle,
Qui t'a fait *accourcir* sa vie naturelle ?
[...] Je crois que tu lui as ainsi *rogné* la vie...

Hélinand attribue à la Mort un rasoir :

... Com tu trais raseor de chasse
Por rere çaus qui ont que prendre
[= comme tu tires ton rasoir de sa gaine, pour raser ceux qui ont quelque bien à prendre].

Les Vers de la Mort, XX.

Raccourcir, rogner, rasoir, ce seront les mots de la guillotine — dont l'horreur tient à ce qu'elle réalise concrètement la diminution abstraite ou métaphorique de la mort.

La formule ***abréger les jours*** ou ***la vie*** est très répandue dans la littérature classique. Elle est restée vivace dans la variante ***abréger un supplice*** ou ***des souffrances*** (« Cours par un prompt trépas *abréger ton supplice* », Racine, *Mithridate*, II, 6), pour justifier l'euthanasie. Mais cet abrégement est plus volontiers figuré en termes de coupure, avec l'image de la Parque qui ***coupe la vie*** ou ***tranche les jours*** :

Puis qu'Apollon n'est assés fort,
Ni sa pauvre foiblette troupe,
D'engarder que la fiere Mort
La vie à ses mignons ne coupe.

Ronsard, « Épitaphe de Jehan de Ronsard »,
Le Bocage de 1554.

On la retrouve jusque dans l'argot d'Alphonse Boudard, avec le verbe ***cisailler*** (synonyme de « faucher ») :

Il me faudra encore du temps pour parler de ma mère comme je le voudrais, sans que ça me coince [...]. Enfin si les petits cancers me bouffent pas trop tôt, si un infarctus mutin me *cisaille* pas en plein effort, j'y arriverai peut-être.

Les Combattants du petit bonheur.

L'instrument tranchant avec lequel la Parque coupait le fil de la vie ou raccourcissait le temps s'est tourné contre l'homme lui-même : c'est lui qui est cisaillé et fauché. En ce sens, la faux de la Mort, qui taille dans la chair humaine, est plus horrible que l'antique ciseau de la Parque, qui tranchait seulement dans la durée.

La diminution commence dès l'agonie, puisqu'on dit d'un malade grave qu'il est ***très diminué*** (XVe s.). Dans l'hébreu de la Bible, ***il s'allège***, « il dépérit ». ***Il fond comme du beurre à la poêle*** (début XIXe s.). L'allemand *eingehen* signifie aussi bien « rétrécir, se raccourcir » que « mourir ». ***Ratatiner***, qui est formé sur un radical *tat*-exprimant l'amoindrissment, se dit en français officiel pour quelqu'un que l'âge ou la maladie rapetisse, mais a en argot (1932) le sens de « tuer ».

D'autres mots argotiques figurent cette idée par des images encore plus concrètes. ***Escaper*** (1821) et ***escapoucher*** (1836), « assassiner », et leurs dérivés ***escape***, « assassinat », ***escapoucheur***, « assassin », viennent de l'italien *scapucciarer*, « ôter le capuchon ». ***Ratiboiser*** (XIXe s.) est une variante de *ratisser*, même famille que *raser* : ***être ratiboisé*** ou ***rasibus***, « être mort » (fin XIXe s.) ***Raiguisé*** s'est dit à la même époque de ceux qui étaient près de mourir, bien qu'on l'employât plus souvent au sens de « ruiné » ou « maigre » : l'homme raiguisé est aminci à la meule de rémouleur. Il est aussi raboté dans l'espagnol *cepillarse*, « assassiner » (*cepillar*, « brosser, raboter »), qui rappelle un sens que notre verbe ***racler*** a eu au XVIe siècle, « détruire, supprimer, faire mourir ». Enfin, la mort diminue le volume : ***dégommer***, « tuer », représente, comme on l'a vu au chapitre précédent, un objet qui se vide de son eau, et équivaut ***à dégonfler***, de même sens.

Viendra, longtemps après, la ***réduction***. Mais ce n'est plus une métaphore. Lorsqu'il faut faire de la place dans un caveau funéraire pour un nouvel arrivant, on doit tasser les squelettes anciens. Cette ***réduction*** — tel est le terme technique — ne peut se pratiquer selon la loi que cinq ans après une inhumation.

UNE DISPARITION

A force d'être ***diminué***, on finit par ***disparaître***, selon un terme très banal pour signifier la mort de quelqu'un et pour désigner les défunts, ***les disparus***. Le latin *perire*, qui a donné ***périr***, avait le même sens. Au contraire des images de montée ou de descente, de passage ou de départ, qui sont les plus nombreuses, ***disparaître*** indique seulement que l'on sort du monde visible, sans rien suggérer d'un au-delà possible. L'attention porte sur ce monde-ci, où les survivants ont la douleur d'avoir ***perdu*** quelqu'un qu'ils ne voient plus, comme l'indique la belle expression anglaise *to be out of the picture*, « être mort », c'est-à-dire ne plus être sur la photo. L'absent ***laisse un grand vide***. Si l'on en croit le *Journal* des Goncourt, Hugo aurait dit : « Il est, je crois, temps que je désemplisse le monde »...

Mais certains défunts laissent plus de vide que d'autres : les hommes plus que les femmes, notamment. En indo-européen, il y a un nom attesté pour la veuve, mais pas pour le veuf ; le latin *viduare* signifie « rendre veuve » ; le français tire du latin *vidua* le mot *veuve*, au XIe siècle, mais la forme masculine *veuf* n'apparaît que cinq siècles plus tard ! Le veuvage a donc été d'abord une condition féminine : la perte d'un mari avait un nom, mais celle d'une femme ne méritait pas qu'il y ait un mot pour la dire. ***Ce n'est rien , ce n'est qu'une femme qui se noie*** (Oudin, 1640),

« la chose n'a pas d'importance »... La différence reste sensible dans les manuels de savoir-vivre du XIXe siècle, qui imposent aux veuves des signes de deuil autrement plus contraignants que ceux des veufs.

A cette disparition plus ou moins tolérée, le besoin de logique cherche une cause externe. Ce peut être Dieu ou la Mort en personne, qu'on a déjà rencontrée en voleuse au chapitre VII. Mais aux images mythologiques et religieuses de défunts ***enlevés, ravis*** à l'affection des leurs, la langue a ajouté des termes qui donnent une explication, voire une justification purement humaine.

On propose souvent une étymologie fantaisiste au nom du ***croque-mort*** (XVIIIe s.) en prétendant que ce porteur des morts s'assurait jadis de leur décès en leur mordant un orteil... En fait, il faut entendre *croquer* au sens ancien (XVe siècle) de « voler, escamoter, subtiliser ». Le croque-mort, qui emporte ses clients en terre, paraît responsable de leur disparition.

De nombreux termes désignant l'homicide signifient « faire disparaître ». ***Supprimer*** vient du latin *supprimere*, « enfoncer, couler un bateau ». ***Éliminer***, au sens propre « mettre dehors, hors du seuil » (*limen*), implique qu'on enlève d'un endroit quelqu'un de gênant ou qui s'y trouvait en trop, comme ***se débarrasser de quelqu'un***, « s'en délivrer en le faisant mourir ». ***Exterminer***, du latin *exterminare*, « chasser hors des frontières », de *terminus*, « borne, limite », a d'abord gardé ce sens en français : tuer quelqu'un revient donc à le bannir hors de ce monde.

L'argot exprime plus concrètement avec des images d'effacement et de nettoyage.

Il est vrai que la première appartient d'abord au vocabulaire religieux : « Et Dieu dit : *J'effacerai l'homme* que j'ai fait de la terre » (Genèse, 6, 7). Bossuet développe la métaphore en termes de peinture :

> Nous nous sommes plaints que *la mort* [...] *a effacé, pour ainsi dire, sous le pinceau même un tableau qui s'avançait à la perfection avec une incroyable diligence,*

dont les premiers traits, dont le seul dessin montrait déjà tant de grandeur.

Oraison funèbre d'Henriette d'Angleterre.

On a parfois rapproché *letum*, le nom du trépas en latin — sur lequel nous avons fait ***létal***, « mortel », et ***létifère***, « qui apporte la mort » —, de *delere*, « effacer, détruire ». Cicéron parlait d'ailleurs de *homines morte deleti*, « des hommes effacés par la mort » (*De natura deorum*, I, 38). Mais pour notre argot, c'est un être humain qui se donne le pouvoir d'en ***effacer*** un autre : « le tuer » (1867), comme en américain *to erase*, « effacer, gommer, tuer ».

On trouve ailleurs chez Bossuet l'image de la rature faite par la Mort ou par Dieu sur le livre de Vie ;

Que vous servira d'avoir tant écrit dans ce livre, d'en avoir rempli toutes les pages de beaux caractères, puisque enfin une seule *rature* doit tout *effacer*. Encore une rature laisserait-elle quelques traces, du moins d'elle-même : au lieu que ce dernier moment, qui *effacera d'un seul trait* toute votre vie, s'ira perdre lui-même avec tout le reste, dans ce grand gouffre de néant.

Sermon sur la mort.

De même chez Boileau :

Mais sitôt que *d'un trait* de ses fatales mains
La Parque l'eût *rayé* du nombre des humains...

Épitres, VII.

C'est en argot ***être rayé du rôle*** [du registre], « mourir ». ***Rayer de la carte***, qui s'emploie normalement à propos d'un pays exterminé, a aussi le sens argotique de « tuer », de même que l'anglais *to blot out* (au sens propre « biffer, rayer ») :

Sélectionnés de partout, hachés menu. Ah ! il a plus de souci à se faire, le Vieux. Comment qu'ils sont *rayés de la carte*, les deux amoureux !

San Antonio,
Galantine de volaille pour dames frivoles.

Plus que l'effacement ou la rature, le nettoyage justifie le meurtre en le représentant comme un acte d'hygiène. L'image relève d'abord du vocabulaire militaire (***nettoyer une région, une tranchée***, etc.) ou politique (***laver***, « guillotiner » dans le langage des Jacobins en 1793) puis elle passe avec plusieurs variantes dans l'argot du XIXe siècle, en renforçant les sens anciens de *laver la tête à quelqu'un* (XVIe s.), *donner / recevoir / passer un savon* (XVIIIe s.), « faire de violents reproches », ou encore de *rincer*, « battre » (fin XVIe siècle), *nettoyer un homme sans vergette* (d'Hautel, 1808), « le rosser », *étriller quelqu'un*. La correction s'aggrave en mise à mort. ***Rincer*** a pris le sens de « tuer » :

> Ej'm'en vas t'buter dans la tronche,
> J'vas t'boulotter la pomm' d'Adam
> J'm'en vas t'*rincer*, gare à ta peau !
>
> Jehan Rictus, « Le Revenant »
> *Les Soliloques du Pauvre.*

Laver la tête à quelqu'un avec du plomb (XIXe s.) remotive l'ancienne expression de la réprimande, *laver la tête*, par l'image des grains de plomb dont on se servait pour nettoyer les bouteilles. ***Son linge est lavé***, qui a d'abord signifié « il est vaincu, éliminé d'une compétition » (1842), se dit au début du XXe siècle d'un mort ou d'un mourant. Lorsque la Mère Denis rendue célèbre par la publicité est morte, *Libération* titrait : « La dernière lessive de la mère Denis ». ***Lessiver*** a dans l'argot d'aujourd'hui le sens de « supprimer, tuer » — d'où ***lessiveuse***, « *mitraillette* » —, et propose une variante de ***nettoyer*** (1844), comme en anglais *to cleam up*. ***Déteindre*** (fin XIXe s.), « mourir », combine l'image de la lessive et celle de la pâleur mortelle. Le nom de la guillotine, ***la mère au bleu*** (1862), dont nous avons relevé certaines connotations au chapitre VIII, pourrait aussi se justifier comme une allusion à la lessive : ***passer au bleu***, c'est-à-dire au bleu de lessive, signifie secondairement « (faire) disparaître, (s')effacer ». Robert Sabatier cite une complainte du siècle dernier, à propos de l'assassinat d'une femme par un certain Billoir, où la métaphore est filée :

> Comme elle était sale, on comprend
> Qu'il l'ait *nettoyée* proprement.
> ....
> Ce teinturier sera un peu
> Caus' qu'on *pass'ra Billoir au bleu.*
>
> *Dictionnaire de la Mort.*

Dans le même registre, ***réchauder***, « assassiner » (1905, à présent hors d'usage), fait allusion à la vaisselle qu'on lave à l'eau bouillante. Enfin ***débarbouiller*** (« tuer »), apparu en 1972, renouvelle ces représentations du meurtre comme nettoyage.

Le *slang* joue de ces images avec des détails pittoresques : tuer quelqu'un revient à l'enlever d'un coup de torchon ou d'éponge (*to wipe out*), à le frotter avec un chiffon (*to rub out*), en l'astiquant (*to polish off*), à le faire partir à la brosse (*to brush off*) ou en soufflant dessus (*to blow away*). L'allemand insiste plutôt sur le rangement qui déblaye le terrain en mettant de côté ce qui se trouve en trop : *beiseite schaffen* (« mettre sur le côté, tuer »), *auf die Seite räumen* (« évacuer sur le côté, tuer »), *den Weg räumen* (« débarrasser le chemin, mourir »).

Toutes ces expressions assimilent la victime à une saleté qu'il est nécessaire d'éliminer. Les vieux mots de *saligaud, salaud, salope, saloperie*, qui indiquaient la malpropreté réelle, et au sens figuré la grossièreté, l'immoralité, l'indécence, se répandent dans l'argot du XIXe siècle pour désigner avant tout le manque de loyauté et la traîtrise. La *salope*, qui était « une femme de mauvaise vie » (Littré) devient vers 1870 un forçat qui moucharde et vole ses camarades. Le dérivé *salopard*, « individu qui agit bassement et dont il faut se méfier », apparaît d'abord dans l'argot militaire, au début de notre siècle. *Ordure* et *fumier* (milieu XIXe s.) ont les mêmes nuances[1].

Qu'il s'agisse de l'épuration politique, du nettoyage militaire, de l'assassinat qui lessive un sale type, ou même de la peine de mort que ses partisans les plus directs justifient dans les mêmes termes d'hygiène sociale, la mise à mort est présentée comme un acte de propreté qui supprime celui qu'on trouve sale parce qu'il ne se plie pas à la loi du groupe. Il n'est pas indifférent que la première injure de cette série, *saligaud*, soit apparue au XIIe siècle, dans des chansons de geste picardes, comme nom propre de Sarrasin (sous la forme *Saligot*) : ennemi, étranger, hors-la-loi, l'autre est toujours perçu comme sale. C'est ce fantasme qui prétend légitimer le meurtre.

Quant à l'***assassin*** qui mérite la peine de mort, il est lui aussi, à l'origine, un étranger. Ce mot a été formé sur l'arabe *haschischin*, « consommateurs de hachisch », nom donné par les historiens orientaux aux membres d'une secte fondée par l'Iranien Hasan ibn Sabbah, dit le Vieux de la Montagne. En fait, les Assassins formaient un ordre de chevalerie, guerrière certes, mais aussi mystique et gnostique, qui défendait un ismaélisme réformé par leur Maître en 1081, et qui eut des contacts spirituels avec les ordres chrétiens[2]. Leurs victimes furent essentiellement des représentants du pouvoir sunnite. Mais leur nom, passé dans notre langue comme nom propre à la suite des croisades (***assassis***, XIIIe siècle), fut vite dévalorisé dans un emploi figuré pour désigner des tueurs professionnels. Littré explique encore qu'un assassin est le pire des tueurs parce qu'il « dresse un guet-apens et attaque en trahison » tandis que l'***homicide*** n'a pas forcément l'intention de tuer et que le ***meurtrier*** en a l'intention mais du moins n'agit pas par traîtrise. A ce *Saligot* venu d'ailleurs, il faut ajouter le ***séide*** (1842), « sectateur fanatique capable de commettre un crime par zèle religieux », qui tient son nom d'un affranchi du Prophète dans le *Mahomet* de Voltaire. On voit quels fantasmes xénophobes traînent dans notre langue, et avec quelle bonne conscience le vocabulaire du nettoyage peut les soutenir en distinguant le meurtre sale commis par « les autres », le saligot-assassin-séide, et l'hygiénique peine capitale qui a pourtant le même résultat, un homicide.

UNE FIN

Que la disparition de quelqu'un soit regrettée comme une perte ou appréciée comme un nettoyage, on la perçoit toujours comme une fin. Telle est d'ailleurs la définition de la mort : « fin de la vie », dit Littré, qui inversement donne au mot ***fin*** le sens secondaire de « mort ». Ce mot et ses synonymes sont des plus répandus : ***avoir une fin tragique, faire une belle / une bonne fin, tirer à sa fin*** (« être près d'expirer », XVIIe s.), ***mettre fin à ses jours***, le ***mot de la fin, le mieux de la fin*** (amélioration de l'état des agonisants peu avant qu'ils meurent). ***Finir*** a le sens de « mourir », comme en ancien français ***definer***, d'où ***definement*** et ***definaille***, « mort ». ***Achever sa vie, ses jours, son destin*** sont des formules classiques. ***Achever quelqu'un*** (XVIe s.), « lui donner le coup de grâce », met fin à l'agonie. ***Terminer ses jours, être à son dernier terme*** ou ***toucher à son terme / au terme fatal***, nuancent l'idée de fin par celle d'une limite fixée d'avance, par Dieu ou le destin — ***les bornes de la vie***. On touche au bout : ***au bout le bout***, cette expression du XVIIIe siècle signifiant que tout a une fin, s'applique souvent à la mort ;

> On ne peut pas être et avoir été... C'est comme ça... — Bien sûr !... Faut se faire une raison... — Voilà... — *Au bout le bout*, quoi ! C'est-il pas vrai, dite, monsieur Lanlaire ?
>
> Octave Mirbeau,
> *Le Journal d'une femme de chambre.*

Il faut finir par un bout, dit le proverbe, il faut mourir un jour ou l'autre.

Mais de fait, la plupart de ces mots parlent encore de vie, tant il est difficile de se représenter la non-vie. L'idée de fin prend en considération ce qui est antérieur, fût-ce de très peu. Il reste encore du temps, ne serait-ce que quelques secondes, dans ***le dernier jour, la dernière heure, les derniers moments*** ; il reste de la vie dans ***le***

La dernière heure.

dernier souffle, le dernier soupir, les dernières volontés, la dernière cigarette, le dernier repas, le dernier supplice ou ***les derniers sacrements***. Et l'extrémité se regarde en amont, dans la perspective où elle n'a pas encore été dépassée : ***être à l'extrémité, à la dernière extrémité, recevoir l'extrême-onction***, c'est être encore en vie. Tout le vocabulaire de la mort comme fin la perçoit dans le mouvement qui va vers elle, avec de nombreux verbes actifs (***finir, achever, terminer, toucher à son terme, faire une belle fin***, etc.) qui impliquent un sujet vivant. Et si l'on se place du point de vue postérieur, après que la mort a été réalisée, c'est en regardant rétrospectivement vers la vie : ***il a vécu*** (XVIIe s.), calqué sur la formule latine *vixit*, dit la mort en terme de vie passée, comme ***il a d'jà***, « il est mort », dans le français du Sénégal, sous-entend : « il a déjà vécu ». La notion de mort n'a pas de contenu positif, et se définit négativement par rapport à la vie et à l'être : ***perdre la vie, ôter la vie, cesser de vivre, cesser d'être, n'être plus au monde, de ce monde***, ou simplement ***n'être plus, avoir été***, ou encore, dans le canton du Jura, ***dédevenir*** (« s'affaiblir, dépérir »), négation du devenir.

Les représentations métaphoriques de cette fin si difficile à penser mettent aussi en avant des images vivantes, qu'il s'agisse du jeu, du théâtre ou du voyage. A la fin du jeu d'échecs ou de cartes contre la Mort (cf. le chapitre VIII), le perdant quitte la partie. Les expressions anglaises *to throw in one's cards, to throw one's hand in*, signifient « abandonner le jeu » et « mourir ». Mourir revient aussi à remettre ses jetons à la fin de la partie, notamment de poker : *to hand in* ou *to pass in one's checks,* aux États-Unis *one's chips.* Ou à les encaisser : *to cash in one's checks/chips. To peg out,* c'est au croquet toucher le piquet final, donc quitter la partie, et par métaphore mourir. *To drop off the cue*, « déposer sa queue de billard, mourir », équivaut au français ***dévisser son billard*** (1865), par comparaison avec le joueur qui dévisse sa canne de billard quand la partie est terminée. Baudelaire emploie l'expression en 1865 à propos du roi de Belgique :

Le grand juge de paix d'Europe
A donc *dévissé son billard !*
(Je vous expliquerai ce trope).

« La mort de Léopold I », *Amoenitas Belgicae.*

Autre forme de jeu, le théâtre a depuis longtemps prêté sa scène à la vie, qui semble s'y terminer avec la tombée du rideau. L'agonie ou la mort constituent le dernier rôle de l'acteur :

La bonne mort donne du relief à la vie, et la mauvaise la déshonore. Pour juger de quelqu'un, il faut lui avoir vu *jouer le dernier rôle.*

Mme de Lambert, *Traité de la vieillesse.*

ou le dernier acte de la pièce :

Le dernier acte est sanglant, quelque belle que soit la comédie en tout le reste : on jette enfin de la terre sur la tête, et en voilà pour jamais.

Pascal, *Pensées,* III, 210.

Être au bout de son rouleau (1828) déforme l'expression classique ***au bout de son rollet / rôlet*** : c'est arriver à la fin de son rôle, donc devenir muet (1600), puis être à bout de ressources, épuisé, et enfin (1730) près de mourir.

Je voy mon corps glacé, have, plombé, défaict,
Et tout méconnoissable ;
Puy comme on va disant, le pauvre homme ! c'est faict,
Il a joué sa fable.

Dom Simplicien Gody, *Honnestes poésies,* 1632.

L'acteur ***salue le public***, ce qui signifie « mourir » dans le parler des comédiens (1867). On peut baisser le rideau : *Tirez le rideau, la farce est jouée,* passe pour le dernier mot de Rabelais (cf. anglais *it's curtains for him*, « il est perdu », mot-à-mot « rideaux pour lui »). On dira que l'homme ***a quitté la scène***, selon une métaphore usitée aussi en allemand : *von der Bühne abtreten, vom Schauplatz abtreten,* en anglais : *to quit the scene,* ou en espagnol : *desaparecer de escena.*

Souvent exploitées par la littérature, ces images sont moins populaires que celles du voyage qui se termine : après ***déboucler sa valise*** à la fin du siècle dernier, on a inventé ***être au bout de sa droite*** (réinterprétation de *être au bout de sa droitte*, « au bout de son aiguillée de fil », donc « mort », Ille-et-Vilaine), ***finir sa route, prendre le dernier virage*** et ***arriver au terminus***. Elles sont plus « vulgaires » mais moins violentes que le nom de ***malades terminaux*** dans le vocabulaire des hôpitaux...

Cette représentation de la vie comme un parcours arrêté par la mort a des antécédents courants dans la langue classique. Dans ***arriver au / toucher le bout de sa carrière*** (XVIIIe s.), il faut entendre *carrière* au sens propre de « lieu fermé de barrières et disposé pour les courses », et au sens métaphorique de « vie ». La mort sera le repos ou la récompense après la course :

Le dernier coup porté rend le combat certain,
Et pour être vainqueur tout dépend de la fin.
La couronne est placée *au bout de la carrière*.
Il faut, pour la ravir, fournir la course entière.

Louis Racine, « La Grâce ».

Bossuet désigne la mort comme ***le terme du voyage*** (*Oraison funèbre de Michel le Tellier*). Diderot écrit à propos des derniers sacrements : « Cela s'appelle chez les gens de bon ton *finir décemment le voyage* » *(Promenade du sceptique)*.

L'image du havre, du port où l'on accoste après avoir affronté les tempêtes de la vie, est un cliché répandu dans la littérature philosophique ou religieuse :

Hà ! Mort, *le port commun,* des hommes le confort...

Ronsard, « Sonets », IV, *Derniers vers.*

Si faut-il une fois pour vivre en liberté
Dans *le port de la mort* arriver en seurté
Où quiconque surgit au plus vert de son âge
Ne doit non plus gemir que les sages nochers
Qui, parmy les hasards des flots et des rochers,
Ont tost parachevé le cour de leur voyage.

Jean-Baptiste Chassignet, *Le Mespris de la vie...*, VIII.

On en a fait une locution : ***il est arrivé au port, il est dans le port***, « se dit d'un homme de bien qui est mort et que l'on croit jouir du bonheur éternel » (Littré). Pour les marins anglais, l'aumônier est un *sky-pilot*, un « pilote du ciel » qui les conduit à bon port.

L'image du port relativise l'idée de fin, car elle suggère qu'après une navigation tumultueuse, on arrive dans un havre de félicité, ce que Chassignet appelle *le port céleste (ibid.*, LIX), où une autre vie commence. Aussi la métaphore du départ, du voyage vers un ailleurs, sera-t-elle beaucoup plus fréquente. On part alors du port de la mort, au lieu d'y aborder.

XI. Mourir c'est partir beaucoup

Ce titre est une plaisanterie d'Alphonse Allais sur un vers qui a fait la seule gloire du poète parnassien Edmond Haraucourt :

> *Partir, c'est mourir un peu ;*
> C'est mourir à ce qu'on aime :
> On laisse un peu de soi-même
> En toute heure et dans tout lieu.
>
> « Rondel de l'Adieu », *Seul.*

Simple passage de l'autre côté, éloignement tranquille de celui qui s'en va ou grand départ pour l'inconnu, la mort, il est vrai, sépare. Mais toutes ces images, très anciennes et très banales, consolent les survivants en déniant la mort : car celui qui est parti est forcément ailleurs ; il n'est pas inexistant mais seulement absent, il continue à vivre dans un autre temps et un autre espace ; il ne s'est pas anéanti, il a simplement disparu hors de notre champ de vision. Et de même que le vocabulaire de la fin déplace la pensée vers ce qui est antérieur, celui du départ la projette vers une suite, car il suppose un mouvement qui se prolonge. La mort coïncide alors avec un commencement, elle marque le début d'une activité : ell est, comme en anglais, *the kick-off,* le coup d'envoi (par ex. au football), le démarrage.

LE PASSAGE

La métaphore du passage est l'une des plus banales dans notre vocabulaire de la mort. Elle paraît au premier abord assez simple, puisqu'elle indique que l'on va de cette vie à une autre, toute proche, qui se trouve juste de l'autre côté, — tandis que les images de départ et de voyage suggèrent une destination plus lointaine. Mais en fait, la plupart des expressions qu'elle a générées ont des connotations plus complexes.

Passer, « mourir », peut être spécifié en ***passer de cette vie en l'autre, passer de cette vie à une meilleure,*** ou précisé dans ***son âme a passé***. La mort est classiquement ***le passage***, en ancien français ***le passement***. Mais le mot perd un peu de sa neutralité dans ***faire passer***, « tuer » (burlesque, XVIIe siècle), qui joue sur *faire passer une tache, une envie, un goût*, « les faire disparaître ». Et ***y passer***, familièrement « mourir », complique l'idée de passage par celle d'une épreuve ou d'une punition à laquelle on ne peut se soustraire (*il y passera,* « il n'y échappera pas »), comme l'indique ***passer à la mort***, « être condamné », que le dictionnaire de l'Académie relève en 1694.

Des redondances renforcent l'image. Le préfixe du verbe ***outrepasser***, « mourir », 1546, insiste sur l'idée. ***Trépas***, « passage » au XIIe siècle, puis « mort » au XIIIe, redouble ausi le sens de *pas, « passage »,* par le préfixe issu du latin *trans-* (« au-delà »). Le dérivé ***trépassement*** (XIIIe s.) est devenu familier à cause de la locution ***il a été au trépassement d'un chat***, signifiant « il a la vue trouble » (cf. Molière, *Don Juan*, II, 1), et considérée comme vulgaire au XVIIe siècle. En revanche ***trépas*** est resté du style noble. On ne le dit que des hommes, parce qu'ils ont le privilège de passer à une autre vie, tandis que les bêtes ne subissent que la mort, cessation de l'existence. L'expression ***aller de vie à trépas*** (XVe s., après ***aller à la vie à trépassement*** au XIVe s.), encore plus pléonastique sous la forme ***passer de vie à trépas*** (début XXe s.), répète la même idée, de même que ***passer le pas***.

Passer le pas est déjà fréquent dans la littérature médiévale : « Il te faut passer le pas », dit Désespérance quand elle pousse Judas à se pendre dans *Le Mystère de la Passion* d'Arnoul Gréban. ***Pas*** désigne diverses sortes de passages, le seuil d'une porte, une brèche dans une clôture ou un défilé dans une montagne. Mais il s'agit le plus souvent de passage difficile et dangereux, un *mauvais pas*, un **malpas**, mot d'ancien français que Robert Pinget reprend, dans *Cette voix,* pour désigner la mort : « ... cette voix de petite fille diction parfaite jusqu'au *malpas*... ». Au sens de mort-passage, la formule ***passer le pas*** ajoute l'idée d'un acte périlleux qu'on accomplit à contre-cœur : « subir quelque chose de forcé », « se décider à faire une chose qu'on ne pouvait se résoudre à faire ».

Littré considère comme populaire la variante ***sauter le pas***, mais ***faire le saut***, « mourir » (XIXe s.), également surdéterminé par son sens antérieur « prendre une décision difficile » (XIIIe s.), est encore plus familier. L'acte de passer prend ici l'allure d'une gesticulation de mauvais aloi, d'un saut périlleux, qui évoque ***faire le saut, le saut en l'air, le saut périlleux, sauter sur rien*** (1640), « être pendu », et rappelle la brutalité de ***faire sauter la tête / la cervelle***, ou simplement ***faire sauter***, « tuer » (1640). L'anglais, qui a l'équivalent *to take the big jump*, « faire le grand saut », le détourne dans la variante hippique *to jump the last hurdle*, « sauter la dernière haie », mais l'atténue au contraire en suggérant un sautillement dans *to hop the twig*, « sauter la petite branche », qui rappelle ***sauter le bâton***, « mourir » (1690). La même onomatopée *hop !*, en allemand *hopp !*, a donné *hopsgehen,* « mourir », ou *hopssein.*

D'autres évocations enrichissent la métaphore du passage avec le verbe ***transir*** (XIIe s., du latin *transire*, « passer »), qui a gardé le sens de « mourir » jusqu'au XVIe siècle. ***Transe*** au XIe siècle et ***transition*** au XIIIe signifient « trépas ». Mais comme le passage fait peur, ces deux mots désignent aussi ***la transe de la mort*** l'effroi ressenti à son approche. Aujourd'hui nous ne

SANS-SOUCI
PASSANT LA BARQUE A CARON.

Pour moi, quand les Parques cruelles
Trancheront le fil de mes jours,
Sachez bien qu'en l'autre séjour,
Il n'est plus de vin, ni de belles ;
Donnez-moi des munitions
Pour passer la barque à Caron.

sommes plus transis que d'amour ou de froid, et la transe mortelle, adaptée en anglais sous la forme *trance*, nous est revenue comme « état de sommeil magnétique » à la fin du siècle dernier. En revanche, l'histoire de l'art parle encore des impressionnants ***transis***, ces représentations de cadavres en cours de décomposition qui caractérisent l'iconographie macabre du XIVe au XVIe siècle.

Toutes ces variations n'ont pas la neutralité de ***passer*** et ***passage***. Elles suggèrent la peur, la difficulté, le danger, la contrainte, la brutalité. C'est qu'il s'agit, en passant le moment de la mort, de *passer un mauvais quart d'heure*. L'instant fatal suscite une angoisse qu'on ne ressentira plus dans les images de départ et de voyage, parce qu'une fois de l'autre côté, le plus dur est fait. Quand Céline, dans *Rigodon*, dit ***être de l'autre côté*** et ***être passé en face*** pour « être mort », on n'y entend plus l'inquiétude d'avoir à ***passer le pas***, de même que dans l'expression anglaise *he is accross the river,* « il est de l'autre côté de la rivière », ou dans ***être au pays de l'au-delà*** (Oudin, 1640).

La représentation du passage dans le mythe de Caron modific celle du pas et du saut en étirant l'instant dans la lente durée d'une traversée fluviale. ***Passer dans la barque***, « mourir », ou ***avoir passé dans la barque,*** « être mort » (XVIIe s.), transforment le passage brutal en un voyage qu'on peut imaginer berceur : « Je te chéris cependant que dérive la lourde pinasse de la mort » (René Char, *La Parole en archipel*).

L'image de la porte est plus complexe, comme figuration du passage, car elle peut aussi en montrer l'impossibilité. ***Les portes du Shéol*** (Isaïe, 38, 10), ***les portes de l'Hadès*** (Matthieu, 16, 8), ***les portes de la mort*** (Job, 38, 17 ; Psaumes 9, 14) sont moins perçues comme le seuil fatal de l'autre monde, que comme les portes d'une prison, qui se referment pour l'éternité sur les morts : « Aux racines des montagnes j'étais descendu, les verrous du pays [des morts] tirés sur moi pour toujours » (Jonas, 2, 7).

On se débat un peu, mollement, et l'on sombre. On se rendort. La mort fait son œuvre, *elle referme sa lourde sur vous.*

Jean Genet, *Miracle de la rose.*

En revanche, pour le christianisme, les ***portes de la mort*** sont devenues, comme le dit notre langue classique, ***les portes de la Jérusalem céleste, de la maison du Seigneur, des cieux, les portes éternelles***, qui dans l'iconographie et la légende pieuse ont des clefs gardées par saint Pierre. Elles ne sont pas ouvertes à tous, ni aisées à franchir : « il est plus facile à un chameau d'entrer par un trou d'aiguille qu'à un riche d'entrer dans le royaume de Dieu », disait le Christ. Mais on insiste sur la difficulté de les passer à l'aller, tandis que les portes de l'enfer se ferment dans le sens du retour[1].

Le sens est légèrement différent dans les expressions du XVIIe siècle où ***les portes du trépas / de la mort*** signifient « la proximité de la mort ». On considère ici le seuil qui n'a pas encore été franchi : ***avoir été jusqu'à la porte***, ou ***avoir été à la porte du Paradis***, « avoir été près de mourir et en avoir réchappé ».

Enfin, la porte symbolique est remplacée par celle du tombeau avec l'expression familière ***frapper au monument***, « mourir » (1872).

LE GRAND DÉPART

Les images du départ ont ceci de rassurant qu'elles supposent un prolongement d'une certaine durée après le moment où l'on a quitté ce monde. Ionesco se souvient de l'idée qu'il en avait à l'âge de sept ans :

> Je dois dire que l'idée de la mort n'était pas liée, je crois, à l'idée du temps. Car les gens qui mouraient, c'étaient encore des gens qui « s'en allaient », qui n'attendaient pas leur mort, mais s'éloignaient. On s'éloigne. C'est de l'espace, ce n'est pas du temps.

Journal en miettes.

STATUTUM EST OMN
HOMINIBUS SEMEL MORI,

Or c'est bien du temps, mais mesuré par un déplacement dans l'espace. Du temps concret, représentable, au contraire de l'idée de fin qui, on l'a vu, n'est pensable que par rapport à ce qui lui est antérieur. Et dans ce temps-là se déploie une activité, indice d'une existence : on n'attend pas la mort passivement, Ionesco a raison de le dire, on s'éloigne, on part, on voyage, — donc on vit. Si compliqués soient les parcours imaginés par les différentes religions, des *Livres des Morts* égyptiens ou tibétains, véritables guides touristiques de l'au-delà, aux descriptions médiévales des routes de l'autre monde[2], les épreuves attestent au moins qu'il y a des sujets pour les affronter.

La formule la plus simple, ***s'en aller*** (au sens de « mourir » dès le XIe siècle), suggère un mouvement plus calme que dans le départ. Il peut même commencer longtemps avant l'instant de la mort, quand quelqu'un ***s'en va de la poitrine*** : « Il s'en allait mourant, comme meurent les poitrinaires » (Maupassant, *Contes et nouvelles*). A cette lenteur s'ajoute l'abandon de ***se laisser aller***, comme ***se laisser passer*** ou ***glisser*** :

> Là-dessus, une de mes pensionnaires me quitte. Sa mère *s'était laissée passer* au village [...].
> [...] Ah ! et puis, je ne vous l'ai pas dit, Myrille est morte. Elle *s'est laissée aller* dix jours après l'enterrement de Philibert...
>
> Jean Lorrain, *La Maison Philibert.*

S'en aller implique en outre une destination plus proche que celle d'un voyage, un déplacement simple, comme dans l'expression canadienne ***lever les pattes***, « mourir », ou en Corse ***tirà l'anchetta***, « lever le pied, mourir ». On part à pied, on n'embarque pas pour une navigation lointaine. ***Tourner le coin*** ou ***les coins*** (vers 1920 ?), comme en allemand *um die Ecke gehen* (« mourir ») *ou bringen* (« tuer »), suggère que si le défunt a disparu de notre champ de vision, après le tournant, du moins n'est-il pas allé loin. Il est simplement ***allé faire un tour dans l'autre monde*** (Académie, 1694).

Mais ce mouvement paraît moins tranquille quand on considère la *vie qui s'en va* en opposition *à la vie qui va*. Le mot de Fontenelle, à qui l'on demandait : « Comment cela va-t-il ? », et qui répondit : « Cela ne va pas, cela s'en va ! », se retrouve chez Romain Rolland :

> — Maître Colas, dit-il, j'ai vu avant-hier votre dame.
> — Mâtin ! tu as de la chance, dis-je. Et *comment va la vieille*?
> — Très bien. *Elle s'en va.*
> — Où cela ?
> — A toutes jambes, monsieur, vers un monde meilleur.
>
> *Colas Breugnon.*

La précipitation de ce départ rappelle une expression familière du XVIIe siècle, ***s'en aller au grand galop***, « mourir ».

Enfin, cet aller acquiert des allures de voyage avec l'expression ***prendre un aller simple*** :

> — Je sais, je sais bien. Seulement, moi, je voulais le voir une dernière fois encore debout, lui, fit la rousse en regardant Pascal, être la première à lui apprendre que c'est à son tour de *prendre l'aller simple* pour le casino des allongés.
>
> Ange Bastiani, *Le Pain des jules.*

L'image n'est pas propre à l'argot moderne, puisque l'enfer mésopotamien s'appelait ***le pays sans retour*** et que la Bible décrivait le chemin du Shéol comme un sens unique (« Je vais prendre un sentier sans retour », Job, 16, 22). Dans son *Désespéré,* en 1887, Léon Bloy se gaussait d'un opuscule dévot, *Indicateur de la ligne du Ciel,* qui décrivait le voyage vers le paradis comme un trajet en chemin de fer pour lequel il fallait prendre un ***billet d'aller sans retour*** au guichet de la pénitence en payant « en bonnes œuvres qui servent en même temps de bagages ». C'est en anglais familier *the one-way ticket, the one-way ride.*

Quand la mort n'est plus le déplacement en douceur de quelqu'un qui simplement s'en va, et qu'elle devient le voyage sans retour, on prend d'abord en considération ce monde-ci, et les vivants dont le défunt se sépare. Tel est le sens premier de ***partir***, « séparer, partager » (X[e] x.) d'où ***se partir de*** et ***de se départir de***, « se séparer de », donc « quitter ». Le *Testament* de Villon s'achève sur ces mots :

> Prince, gent comme esmerillon [sorte de faucon]
> Sachiez qu'il fist *au departir* :
> Ung traict but de vin morillon [rouge sombre]
> Quant de ce monde voult *partir*.

Le mort a tout abandonné : ***il a quitté la vie*** ou ***la terre***, expressions classiques moins fréquentes aujourd'hui que ***il nous a quittés***, ***il a laissé une femme et des enfants***. Plus familier, l'anglais *to quit it*, « mourir », soupçonne le défunt d'un lâchage, d'une démission, de même que *can(n)er* sous-entend qu'il a pris la fuite. Ce mot a une orthographe hésitante parce qu'il en condense deux : ***caner*** dérive de ***faire la cane***, au sens propre « faire un plongeon, disparaître sous l'eau », d'où « couler » en parlant d'un bateau (XVIIe s.). Dans l'argot du XIXe siècle, ***caner*** signifie « lâcher pied, déserter ». Mais ce verbe s'est confondu avec ***canner***, « s'enfuir », c'est-à-dire « jouer des *cannes, des jambes* ». Le sens « mourir » est attesté en 1829. On touve la même idée de fuite dans ***se casser*** : « s'en aller » en 1908, puis « s'évader, déserter » en 1940, enfin « mourir » en 1947 ; d'après *se la casser* [la jambe, c'est-à-dire la plier], « s'enfuir », 1837. L'argot espagnol a un équivalent, *guillarse*, « décamper » et « mourir ». Mais le classique ***échapper, s'échapper*** avait les mêmes connotations. Bossuet disait de la duchesse d'Orléans mourant au milieu des siens qu'elle « leur échappait », et Diderot racontait ainsi la mort de son père, dans une lettre du 14 août 1759 à Sophie Volland :

> ... il mourut, ou plutôt il s'endormit pour ne plus se réveiller, dans un fauteuil, entre son fils, sa fille et quelques-uns de ses amis. Il *s'échappa* au milieu d'eux sans qu'ils s'en aperçussent.

Tous ces mots peuvent laisser entendre que le défunt a abandonné ses proches, et souligner leur affliction, mais ils ont l'avantage de tranformer un événement subi en un acte volontaire : au lieu d'être enlevé par la mort, on décide soi-même de s'échapper vers un monde meilleur, ou de fuir un monde trop dur. Les survivants se consoleront en pensant qu'on leur a simplement montré le chemin : ***précéder quelqu'un***, « mourir avant lui », ***suivre quelqu'un***, « mourir après lui ». La Fontaine s'en amuse dans « La jeune veuve » (VII, 21) :

L'époux d'une jeune beauté
Partait pour l'autre monde. A ses côtés sa femme
Lui criait : « Attends-moi, *je te suis* ; et mon âme
Aussi bien que la tienne est prête à s'envoler. »
Le mari fait seul le voyage.

En termes militaires, on disait au XVIIe siècle : ***il est allé marquer les logis***, « il est mort », comme un maréchal des logis qui a pris les devants pour préparer l'installation de sa compagnie.

Quoi qu'il en soit, on ***sort de la vie***, expression classique à laquelle un obscur poète du XIXe siècle, Ausone de Chancel, doit d'être passé à la postérité parce qu'on cite souvent ses vers :

On entre, on crie,
Et c'est la vie.
On crie, on sort,
Et c'est la mort.

Décéder vient du latin *decedere*, « s'éloigner, s'écarter, se retirer d'un lieu », d'où « mourir ». Il est dommage que nous ayons perdu le beau verbe d'ancien français ***dévier***, « mourir » et « tuer », ainsi que ses dérivés ***déviement, déviage, déviance***, « mort » : il indique exactement qu'on sort (*de-*) de la vie, mais a été éliminé par son homonyme *dévier*, sortir de la *via*, la voie.

Deux étions et n'avions qu'un cœur ;
S'il est mort, force est que je *dévie*.

Villon, « Lai ou rondeau de la mort ».

L'argot représente cette sortie en termes plus concrets : ***décarrer*** et ***décambuter*** — au sens propre « sortir de sa chambre (la carrée) ou de son logis (la cambuse) », d'où « sortir, partir » — peuvent se dire (vers 1960 ?) de la mort :

> Communal a dû *décambuter* six mois plus tard, et il lui revient à Armand de quelle manière au soir de l'enterrement il la lui a refilée sa seconde petite dose de honte, à la veuve ! [...]
> La *décarrade* de Mademoiselle pour l'éternité va pas être si simple, l'inspecteur en affranchit Armand. [...] Mademoiselle aurait pu attendre au moins un jour de mieux pour *décambuter*.

Albert Simonin,
Du mouron pour les petits oiseaux.

D'Hautel relevait en 1808 : ***il n'y a plus personne au logis***, « se dit à propos d'une personne qui est devenue folle ou qui vient d'expirer ».

Le chrétien sort de ce monde avec les exhortations de la prière des mourants : *Proficiscere, anima christiana*, ***en route, âme chrétienne !*** Commence alors ***le grand voyage, le voyage de l'autre monde*** ou ***le voyage sans retour***, selon des expressions du XVIIe siècle, dont la première est encore répandue aujourd'hui :

> Pas tellement eu le temps de gamberger que c'était peut-être la foudroyante, une artère importante atteinte et, tchao ! *le grand voyage...*

Alphonse Boudard, *L'Hôpital.*

La Fontaine emploie l'expression ***faire le voyage*** dans la fable citée plus haut. C'est en anglais le dernier voyage : *to go on one's last journey.*

Il est souvent imaginé en termes maritimes : ce qui n'était, avec le mythe de Caron, qu'un passage fluvial, d'une rive à l'autre, devient ici une longue navigation dont on envisage à peine la destination. On est parti ***au bout du monde*** (Bourbonnais), pour des contrées lointaines, exotiques, pour un ***outre-tombe***, comme dit Chateaubriand, dont le nom évoque l'***outre-mer*** :

Prince, encor vueil cy adjouster
Soixante ans, pour mieulx confermer
Ma viellesce qui me nuit fort,
Quant ceuls qui me doivent amer
Me souhaitent ja *oultre mer :*
Ce sont les signes de la mort.

Eustache Deschamps,
Ballade des signes de la mort.

Courir la grande bordée, au sens propre « faire une navigation au long cours », signifie « mourir » dans l'argot des marins (1834) : on appelle *bordée* la route parcourue sans virer de bord. Le navire va tout droit, à une vitesse régulière, comme l'indique ***filer son nœud***. On mesure la marche du bateau en fonction des nœuds de la ligne de loch : *il file tant de nœuds.* ***Filer son nœud***, d'abord attesté en 1828 au sens de « vivre dans la quiétude, sans heurts », signifie « partir » en 1832, puis « mourir » en 1872. L'image de base est celle du bâtiment qui tient sa route à vitesse constante, mais elle a été détournée vers l'idée de départ sous l'influence de *filer*, « s'enfuir ». ***Filer le câble / son câble par le bout***, attesté chez les marins en 1834 avec le sens de « mourir », a d'abord signifié « déserter » sous le premier Empire ; c'est au sens propre « laisser aller le câble tout entier hors du navire, par l'écubier qui lui sert de passage » (Littré), donc abandonner du même coup son ancre. L'image n'est pas nouvelle puisqu'on la trouve au XVIe siècle dans ce « Treizain » de Mellin de Saint-Gelais :

Ainsi la vie à nous si délectable,
Comme sirène affectée et muable,
En ses douceurs nous enveloppe et plonge,
Tant que *la Mort rompe aviron et câble,*
Et puis de nous ne reste qu'une fable,
Un moins que vent, ombre, fumée et songe.

Les Anglais disent familièrement *to slip the painter*, « filer l'amarre », *to cut one's cable*, « couper son câble », *to cut loose,* « couper les amarres », ou *to give up the ship*, « lâcher le navire », pour « mourir ».

C'est le *final push-off*, quand on pousse le bateau vers le large, mais comme le câble est rompu ou filé par le bout, on ne pourra plus jeter l'ancre nulle part. L'important n'était peut-être que de partir :

> O Mort, Vieux capitaine, il est temps ! levons l'encre !
> Ce pays nous ennuie, ô Mort ! Appareillons !
>
> Baudelaire, « Le Voyage », *Les Fleurs du mal.*

Très différentes de ces images maritimes, celles du voyage par la route ne concernent que le court chemin entre la maison et le cimetière. Le mort prend ***l'omnibus de coni*** (1836), devenu au XXe siècle ***la trottinette à macchab, la roulotte aux refroidis*** ou ***le dernier autobus*** (cf. anglais *to step into one's last bus*, « monter dans son dernier autobus », « mourir »). Il est conduit par ***le trimballeur de conis*** (1836) ou ***de refroidis*** (1842), le cocher du corbillard qui le *trimballe*, le promène. Il était jadis emmené, selon son rang, dans un chariot ou dans un carrosse. Le Père Duchesne joue sur le mot *diligence*, au double sens de « rapidité » (cf. *dépêcher, expédier*) et de « moyen de transport », avec l'expression ***donner la diligence***, « faire mourir ». Mais c'est le mot très discuté de ***corbillard*** qui s'est le mieux imposé. Le coche d'eau qui remontait la Seine de Paris à Corbeil s'appelait en 1550 *la corbillat*. Devenu masculin et suffixé en *-ard*, ce nom s'est probablement confondu avec un mot formé sur *corbeille* et désignant une voiture fermée de branchages ou d'osier tressé. Le corbillard est au XVIIe siècle un grand carrosse où s'entassent, comme des colis, les domestiques ou les bourgeois. Jacques Cellard s'est donc demandé[3] comment on avait pu passer de ce sens à celui de « voiture pour le transport des morts », à la fin du XVIIIe siècle. Il a avancé l'hypothèse que ce corbillard des morts tiendrait son nom des ***corbeaux***, les hommes qui en temps d'épidémie enlevaient les morts pour les enterrer, et plus tard tous les employés des pompes funèbres. Un *corbillat* est un petit corbeau. Mais même si cette explication est juste, ce nom s'est tout de même confondu avec celui du grand carrosse, et l'on peut y voir une antiphrase : le véhicule où le défunt solitaire fait son triste et dernier voyage est ironiquement assimilé — car le mot est d'abord populaire — à la voiture chargée de monde et suggérant la fête (*un corbillard de noces*).

UN COLIS

Le scénario du départ met en scène un mort actif et responsable, même s'il est mandaté par Dieu qui ***l'appelle*** en l'invitant dans la demeure céleste, ou ***le rappelle*** de sa mission sur terre (cf. chap. II et IV).

La mission est moins glorieuse lorsqu'elle commence, au lieu de finir, au moment de la mort, et que le mandateur est ***un envoyeur***, c'est-à-dire un assassin (XVe s.), qui ***l'envoie dans l'autre monde*** ou ***ad patres***, comme en anglais *to send to kingdom come*. ***Dépêcher*** et ***expédier***, « assassiner », combinent leurs deux sens : d'abord « se débarrasser d'une affaire en l'accomplissant, en hâter l'exécution » (*expédier / dépêcher quelqu'un,* « terminer les affaires qui le regardent ») ; c'est en ce sens, équivalent à ***faire son affaire***, qu'on entendait la métaphore à l'époque classique ; le sens second, « envoyer un messager », s'y est surajouté, et reste seul perçu aujourd'hui, d'autant qu'on précise souvent une destination (***envoyer ad patres, envoyer à Patras***, par jeu de mots sur la précédente ; ***envoyer dans l'autre monde***). Mais comme tous ces verbes peuvent s'employer à propos de choses, la métaphore est ambiguë : est-ce bien un homme qu'on envoie dans l'autre monde, ou un objet qu'on expédie ? ***Expédier en forme commune***, au XVIIe siècle, est emprunté au style de la daterie de Rome, la chancellerie chargée de dater les envois, et signifie au sens propre « expédier sans grâce et sans remise » :

Et ! Messieurs, laissez-moi mourir.
Permettez qu'*en forme commune*
La Parque m'expédie, et finissez vos pleurs.

La Fontaine, « Le Cerf malade », XII, 6.

Le départ peut être aussi passif lorsque la Mort ou Dieu ***enlève, ravit*** quelqu'un (chap. IV), mais ces images de rapt reconnaissent encore l'humanité de la victime, tandis qu'elle devient une chose lorsque ***le diable l'emporte*** ou ***la ramasse*** (d'Hautel, 1808), — et non *l'emmène.*

Ces représentations sont confortées par celle du corps qu'on met en bière et qu'on porte en terre. Même si l'âme part volontiers vers le Dieu qui l'appelle, le corps reste, inanimé, chosifié. Il est d'abord ***mis en boîte*** :

... le vieillard a la larme à l'œil, chronique, il fait plus que pleurer... il pleure qu'on va *le mettre en boîte* et que tous les autres vont rester là à s'amuser...

Céline, *Rigodon.*

To send home in a box, disent les Anglais : « envoyer quelqu'un chez soi, ou le rapatrier, dans une boîte », c'est-à-dire « l'enterrer ». Notre argot précise ***boîte à viande*** ou ***boîte à dominos*** (1866 ; *dominos* = dents). Plus lyrique, la comparaison du cercueil avec une boîte à violon chez Théophile Gautier :

La petite Marie est morte,
Et son cercueil est si peu long
Qu'il tient sous le bras qui l'emporte
Comme un étui de violon.

« Les joujoux de la morte », *Émaux et camées.*

s'est lexicalisée en ***boîte à violon***, « cercueil » (argot, 1883) :

Le char va comme l'aquilon
Et dans un coin où l'eau s'amasse
Et que visite la limace,
Un trou jaune, argileux, oblong
Reçoit *la boîte à violon* :
Flac !

Maurice Rollinat,
« Rondeau du guillotiné », *Les Névroses.*

Les diables emportent l'âme du roi de Saragosse.

A l'inverse, une boîte à violon est *un cercueil* (1886), de même que la boîte où les élèves de l'école Boulle rangeaient leur matériel s'appelait, vers 1930, *un sarco à peintures / à outils*. J'ai entendu un vigneron beaujolais, en 1987, qui plaisantait avec un croque-mort ami, dit ***le Croco***, en le traitant de ***marchand de plumiers***. Le mot d'argot ***étui*** (ou ***étui à lorgnette***, 1867) se trouve dans une méchante épigramme des *Amoenitates belgicae* de Baudelaire, à propos d'un fabricant de cercueils destinés à des Flamands : « Faire de tels *étuis* pour de telles charognes ! ». Autre variante de la boîte, ***le coffre*** peut aussi être un cercueil, et certains employés des Pompes funèbres, les plus âgés, disent encore ***encoffrer*** pour « mettre en bière » :

C'était la Mort ! Alors il la pria d'attendre
Qu'il eût posé le point à son dernier sonnet ;
Et puis sans s'émouvoir, il s'en alla s'étendre
Au fond du *coffre* froid où son corps frissonnait.

Nerval, « Épitaphe », *Poésies diverses.*

Ce n'est pas irrévérencieux comme ***caisse à biscuits*** (1909), *die Lade* en allemand et *box* en anglais. Mais ***caisse*** était d'emploi normal en Gascogne ou en Provence, et l'est encore en Afrique francophone, où mettre en bière se dit ***encaisser***. Les soldats d'Afrique disaient en 1915 ***faire caisse, gagner caisse***, « se faire tuer ». La caisse hante tellement les imaginations que ses parties, planches, clous, couvercle, sont détaillées dans plusieurs expressions. ***Partir / être emporté entre quatre planches, être cloué entre quatre planches*** (XIXe s.), sont curieuses puisque de fait il y a six côtés et non quatre. Est-ce une confusion avec le ***cercueil à quatre pans***, usité à Paris, et distinct du ***six-pans*** lyonnais dont le couvercle trapézoïdal compte trois planches ? Peu importe, d'ailleurs, puisque l'essentiel

de la représentation tient à l'enfermement entre des planches. Il est renforcé par les clous : ***être cloué dans un cercueil.*** « A sa mort *on le cloue dans une bière* » (Rousseau, *Emile*, I). L'allemand y fait allusion par métaphore dans l'expression *ein Nagel zu meinem Sarge*, « un clou à mon cercueil », à propos de ce qui fait « mourir » de chagrin ; et l'anglais avec *it's a nail in his coffin*, « c'est un clou sur son cercueil », « cela le conduit à l'irrémédiable ». Enfin, on ***referme le couvercle*** : en allemand, *den Deckel auf die Nas kriegen,* « prendre le couvercle sur le nez, mourir ».

Ces termes de boîte et de caisse peuvent sembler irrespectueux, mais on a oublié que divers noms du cercueil ont ce sens propre, à commencer par la précieuse ***châsse***, du latin *capsa*, « coffre ». ***Luisel***, « cercueil », XIIe siècle, se rattache à *locellus*, « boîte, écrin », de *loculus*, « cercueil ; mangeoire ; cassette ». ***Vaissel*** désignait aussi bien, au Moyen Age, un vase ou un récipient qu'un cercueil ou un tombeau. Mais jusqu'au XIVe siècle, les morts n'y étaient placés qu'au cimetière, du moins quand on ne les mettait pas directement en terre. Durant l'exposition puis le trajet, ils étaient enveloppés dans leur linceul et étendus sur une ***bière***, c'est-à-dire un brancard (du francique **bera, « civière »)*, qui servait à les porter jusqu'à ce qu'on les dépose dans la tombe. Lorsque la peur des cadavres incita à les dissimuler plus tôt, l'habitude de les enfermer dans un cercueil à la maison se répandit peu à peu depuis les pays du Nord jusqu'à ceux du Midi, où cependant on laissa longtemps le visage découvert, hors du linceul, et sans couvercle. Le corps désormais n'était plus posé *sur* la bière, mais *dans* le cercueil ; et cet enfermement a fait changer le sens du mot ***bière***, qui au lieu de désigner une surface plane, lit de bois ou même simple planche, a pris la définition de « coffre où l'on enferme un mort » (Littré).

Voilà donc le défunt enfermé dans sa boîte. Il y est ***empaqueté***, disait-on au XVIIe siècle, par allusion au linceul où il était cousu :

Notre défunt était en carosse porté
Bien et dûment *empaqueté*...

La Fontaine, « Le Curé et le Mort », VII, 11.

Mon destin sera-t-il plus beau
Si, dans du linge *empaquetée,*
Elle [ma carcasse] est par les vers grignotée ?

Scarron, *Le Virgile travesti*, II, 2582-83.

Lorsque ***empaqueter*** resurgit dans l'argot, en 1916, avec le sens de « tuer », l'idée dominante est celle d'un enlèvement. Le mot a d'abord (1892) signifié « arrêter, appréhender », comme *emballer, emboîter, envelopper*. Cette évolution rappelle le double sens de ***prise de corps***, « action d'arrêter un homme en vertu d'une décision judiciaire », mais aussi « enterrement » (XVIIe s.). Dans l'argot des hôpitaux, à la fin du XIXe siècle, le linceul s'appelait ***la toile d'emballage***. Mais l'expression est moins choquante que la réalité des siècles précédents, où les gens très pauvres n'avaient pour linceul qu'une ***serpillière***, grosse toile servant par ailleurs à emballer les marchandises. ***Emballeur*** (1788), ***emballeur de refroidis*** (1878), « croque-mort », jouent cette représentation d'un mort mis en paquet. Dans l'argot des employés des Pompes funèbres, au XIXe siècle, il s'agissait d'ailleurs de paquets-cadeaux : ***enrubanner un mort***, « l'emporter » ; ***comète***, « cercueil d'enfant », au sens propre « ruban étroit très apprêté » ; ***papillotte***, « cercueil d'enfant », au sens propre « bonbon enveloppé d'un papier »[4]. Dans *Pompes funèbres* de Jean Genet, le cercueil fait partie des colis que peuvent recevoir les prisonniers :

Il était assez naturel que me revînt à ce moment la comparaison qu'un jour avait faite un gars en prison, me parlant des colis permis aux prisonniers :
— T'as droit à un colis par semaine. Qu'ça soye un cercueil ou une boîte d'allumettes, c'est pareil, c'est un colis. Sans doute. Une boîte d'allumettes ou un cercueil c'est pareil, me dis-je. J'ai un petit cercueil dans ma poche.

Le mort empaqueté.

Ces images de colis appellent celles du transport, variante objectale du voyage. Dans le langage des pompes funèbres, ***chargement*** désigne le départ du corps. On recommande aux employés d'éviter ce mot devant les familles, mais il n'est pas beaucoup plus traumatisant que ***levée***, « acte et cérémonie au cours de laquelle on évacue un cadavre hors de la maison mortuaire », selon la définition de Furetière. Dans *Pompes funèbres* encore, Jean Genet souligne l'ambiguïté du mot :

> La bonne entra. Le garçon d'amphithéâtre la salua, très tranquillement. Il causait avec le cocher et le croque-mort. Le cocher dit à la bonne :
> — On est un petit peu en avance, la levée est à sept heures et demie.

La bonne pensa : « On enterre par la poste. » Sans qu'elle eût prononcé cette réflexion, le cocher l'entendit, car il ajouta : « J'parle de la levée du corps, comme de juste », il renifla...

Levée évoque ici le courrier, comme ***expédier*** ou ***envoyer***. Mais les mots exprimant le port sont d'usage plus normal quand il s'agit du corps ***porté en terre***. Il devient alors un bagage, ***il est troussé en malle*** (« mort », 1611). *Trousser son bagage, son paquet*, c'est le plier et le ramasser. On disait aussi d'une maladie qui avait emporté quelqu'un : ***la maladie l'a troussé en vingt-quatre heures. Être troussé***, « mourir rapidement », date du XVIe siècle.

Dieu se joue à son gré de la race mortelle ;
Il fait vivre cent ans le Normand Fontenelle,
Et *trousse* à trente-neuf mon dévot de Pascal.

Voltaire, *Épîtres*, 75.

Au début de notre siècle, les fabricants de cercueils désignaient ceux-ci comme des ***porte-manteaux***, au sens de « valise ». Assimilant le futur mort, auquel il s'adresse dans « L'enterré vif », à son cercueil, Maurice Rollinat l'appelle ***bagage oblong*** :

Et puis, bagage oblong, heurtant rampe et muraille, par l'escalier tu descendras...

Les Névroses.

Empaqueté, emballé, cloué dans sa caisse et emporté, le mort-colis est, comme le disaient déjà les faire-part romains proclamés par des hérauts, *leto datus*, « livré à la mort ». L'image d'une livraison est restée par métaphore dans des expressions comme ***pourvoyeur de la mort, pourvoyeur de guillotine*** ou ***de cimetière***, comme en allemand *der Friedhofsliefe-rant*, le médecin, mot-à-mot « le fournisseur de cimetières ».

— Sauveur ? Oh ! dis, la vraie panique. Ce mec, au moindre accrochage, il me tue tout le monde. C'est pas un homme, c'est une maladie. Au cimetière, il doit avoir droit à l'entrée des *fournisseurs*.

Ange Bastiani, *Le Pain des jules*.

Pour finir sur une note plus attendrissante, on relèvera le nom de ***baigneur*** donné par les croque-morts, en 1939, au corps porté en terre : il est comme un poupon, — une chose, certes, mais ressemblant à un bébé, et pour laquelle on a des gestes maternels. Le mot réunit dans son ambiguïté les deux images contradictoires du départ, qui suppose un sujet humain, et de l'expédition d'un colis, qui fait du mort un objet, en fonction du dualisme âme / corps.

Prouideas amicis
Intende thesauro

XII. Dernières dispositions

Comme il n'est pas facile d'imaginer les routes de l'autre monde, et qu'on préfère regarder de ce côté-ci, on s'attarde sur ce qui précède le départ, les préparatifs du voyage, la mise en ordre de ce qu'on laisse, et les derniers plaisirs. « De mourir, ça ne me fait rien. Mais ça me fait de la peine de quitter la vie. » (Marcel Pagnol, *César*)

FAIRE SA MALLE

En préparation du grand voyage, il faut d'abord ***faire / trousser / plier son paquet***, « s'apprêter à mourir » (XVIIe siècle) :

> La Mort avait raison. Je voudrais qu'à cet âge
> On sortît de la vie ainsi que d'un banquet,
> Remerciant son hôte, et qu'on *fît son paquet* :
> Car de combien peut-on retarder le voyage ?
>
> La Fontaine,
> « La Mort et le Mourant », Fables VIII, 1.

Montaigne avait déjà parlé de ***trousser ses bribes et plier bagage*** (« mourir », III, 9) : trousser ses bribes, c'est ramasser ses petites affaires. Le XIXe siècle a ajouté ***plier ses chemises*** et ***ramasser son linge***. On dit encore en Bourgogne ***ramasser ses affaires***, « mourir ». Comme en allemand *sein Bündel schnüren* et en italien *far fagotto*, « faire son paquet, son baluchon », ou en espagnol *liar los bartulos, liarlas*, « plier ses affaires », ces expressions laissent entendre qu'on n'emporte pas grand-chose, soit parce qu'il faut renoncer aux biens de ce monde, soit plutôt que l'on minimise ainsi l'importance du voyage. En revanche, lorsque ***faire son bagage*** est devenu ***faire sa malle*** (1833), l'évocation de ce coffre réservé aux longs périples a renforcé l'idée de départ. On n'emporte pas seulement ses bribes et son paquet, on ***déloge***, comme disait Montaigne (II, 6 ; III, 4), en ce qui a d'abord été un ***délogement de l'âme*** quittant le corps, et qui est devenu celui de l'homme entier. On ***déménage*** définitivement, soit lorsqu'on approche de la mort (« *Déménager*, signifie aussi devenir vieux, faible et débile ; incliner vers sa dernière demeure », d'Hautel, 1808), soit lorsqu'on meurt (XIXe siècle). André Breton prend le mot à la lettre dans le *Manifeste du Surréalisme* de 1924 : « Je demande, pour ma part, à être *conduit au cimetière dans une voiture de déménagement* ».

Dans ce qu'on emporte se trouvent aussi des provisions de route : tel est le sens premier du ***viatique*** (1636), du latin *viaticum*, « ressources, provisions et argent pour le voyage ». Le ***viatique*** est aussi bien l'argent qu'on donne à un religieux pour couvrir ses frais de déplacement, que la communion administrée à un mourant. Ce double sens rappelle les pratiques païennes, longtemps attestées dans notre folklore, qui dotaient les morts de vin, d'aliments, de couteaux, d'écuelles et de pièces de monnaie, toutes choses nécessaires à leur voyage et déposées dans leur cercueil ou leur tombe[1]. On disait à Lyon d'un homme qui avait reçu le viatique : ***le vicaire lui a fait son baluchon***. Dans l'argot parisien, ***recevoir son paquet*** (1867) se dit d'un malade abandonné par son médecin, ou qui reçoit l'extrême-onction. L'expression signifie aussi « se faire congédier ».

Auparavant, le défunt aura fait ses adieux, selon le rituel normal depuis le Moyen Age jusqu'à l'aube du XXe siècle : entouré des siens, des amis, des voisins,

il leur dit son affection, ses regrets, son pardon ou ses excuses, ses recommandations. Formule de séparation, l'adieu est aussi un rendez-vous auprès de Dieu :

> Adieu, chers compaignons, adieu, mes chers amis !
> *Je m'en vay le premier vous preparer la place.*
>
> Ronsard, « Sonets », I, *Derniers vers.*

Dans une langue plus familière, ***prendre congé de la compagnie*** (XVIIe s), « mourir », sous-entend le regret de quitter une agréable société d'amis. L'argot du XIXe siècle a retenu le mot ***congé*** pour désigner la mort, mais avec une connotation militaire. L'anglais a plus de mots que nous pour exploiter cette métonymie : la mort est *the last good-bye*, « le dernier au-revoir » ; *the last farewell*, « le dernier adieu » ; *the last muster, the last round-up*, « la dernière réunion ». *The kiss-off*, « le baiser d'adieu », a un sens ironique puisque *to kiss-off* signifie « virer quelqu'un ou le plaquer », et que *the kiss of death*, « le baiser de la mort », est le coup de grâce... Il est donné par l'entourage pressé de voir partir le moribond, ce que suggère aussi *a send-off*, « fête d'adieu » et « enterrement », avec le double sens de *to send off*, « envoyer, faire partir quelqu'un » et « souhaiter bon voyage ».

LES VANITÉS

Parmi les préparatifs du départ, il faut aussi mettre en ordre ce qu'on laisse en réglant ses affaires par un testament, ce qui s'appelle ***une disposition (de dernière volonté)***, et plus fréquemment au pluriel ***des dispositions (testamentaires)***. Le ***testament*** (lat. *testamentum*) avait chez les Romains, comme chez nous depuis le milieu du XVIIIe siècle, un caractère juridique et profane. Il réglait la transmission des biens. Mais du XIIe au XVIIIe siècle, il a été essentiellement un acte religieux, et si important que l'Église refusait la sépulture chrétienne à celui qui mourait ***intestat***, sans testament. Les déclarations pieuses, le choix de sa sépulture, les legs à l'Église ou aux pauvres, les donations pour payer messes et prières, tout cela, qui laissait peu aux héritiers, préparait bel et bien le seul avenir du défunt dans l'autre monde. En revanche, le testament profane qui devient d'usage plus fréquent au XVIIIe siècle met en avant le souci de ce monde-ci, de ses biens et de sa famille. Il est le dernier acte d'un propriétaire qui dispose de sa fortune selon sa volonté, ses ***dernières volontés***, et comme celles-ci auront force de loi, il gardera un pouvoir posthume sur ses possessions et ses héritiers[2].

Le regard en arrière, sur les biens de ce monde et les plaisirs de la vie, sur ce qu'en langage religieux on appelle les *temporalia*, est empreint de regret. Lorsque les démons imposent des épreuves au mourant, dans les *artes moriendi* du XVe siècle, l'***avaritia*** est la plus terrible tentation. Il ne s'agit pas de l'avarice au sens moderne, mais de l'attachement aux êtres et aux choses temporelles, épouse, amis, richesses : dans les illustrations de ces ouvrages, un diable montre les proches à l'agonisant en l'exhortant à penser à leurs intérêts, un autre lui rappelle son trésor, et l'image montre la maison, la cave ouverte et ses tonneaux, le cheval qu'amène un domestique[3]. Mais les anges l'incitent à s'en détourner, à tout ***laisser***, selon un mot fréquent dans les propos sur la mort. Dans les textes des danses macabres, il revient en complaintes :

> Grand mal me fait si tost *lessier*
> Rentes, maisons, cens [= fermages], nourreture.
>
> *La Danse macabré* attribuée à Jean Gerson,
> *Poèmes de la mort de Turold à Villon.*

Il ouvre un célèbre sonnet de Ronsard :

> Il faut *laisser* maisons et vergers et jardins,
> Vaisseilles et vaisseaux que l'artisan burine...
>
> « Sonets », VI, *Derniers vers.*

Il forme enfin des expressions comme ***y laisser ses bottes*** (XVIIe siècle, « y mourir »), ***y laisser la vie, y laisser sa peau*** ou ***ses os, il nous a laissés, laisser un bien à un héritier, laisser de grands biens après sa mort, laisser ses affaires en mauvais état,*** etc. Dans la seconde moitié du XIXe siècle, ***être exproprié***, « mourir », exprime encore mieux le sentiment de tout perdre.

Les locutions construites sur le verbe ***rendre*** modifient cette idée car elles impliquent la restitution d'un objet prêté et non possédé (***restituer sa doublure,*** XIXe s., n'est que la version moqueuse de ***rendre son âme***), et suggèrent souvent qu'on se débarrasse d'un travail ou d'une obligation administrative (cf. chapitre IV) : ***rendre sa clef, rendre sa canne au ministre, son cordon, son livret, son permis de chasse, son tablier***, toutes expressions du XIXe siècle.

> Il [un cordonnier] parlait sans cesse de son boulot, réclamant tire-point et tranchet comme un nouveau-né son hochet. Alors, tu comprends, quand j'ai appris le lendemain qu'il *avait rendu son tablier à saint Crépin*, ça m'a porté un coup.
>
> Clément Lépidis, *La Main rouge.*

Ayant fini de travailler, le mort ***a ramassé ses outils*** (1867) ou ***déposé ses bouts de manches*** (idem ; employés).

D'autres expressions indiquent qu'il n'aura plus besoin de ses objets, comme ***fermer son parapluie*** (Delvau), ou ***fermer son pébroque*** : finies les averses qui ont assombri l'existence !

> Et alors je vais me barrer, moi, au royaume des ombres, *fermer mon pébroque*, dévisser mon billard, passer l'arme à gauche. On a le choix avec l'argot... la kyrielle de métaphores... Ça m'avance pas lerche l'argot, ici ça m'aide plus.
>
> Alphonse Boudard, *L'Hôpital.*

Fermer son livre (fin XIXe s.), qui évoque peut-être le livre de vie, n'a pas eu long succès. Les Allemands disent joliment, pour « mourir », *die Feder aus der Hand legen*, « lâcher, laisser tomber la plume de sa main ». ***Fermer son vasistas*** (fin XIXe s.) joue sur *fermer les yeux* (les vasistas), et sur l'image de la fenêtre qu'on ferme sur la nuit de la mort, comme ***fermer sa porte,*** et ***mettre les volets à la boutique*** (1977), peut-être inspiré de l'argot anglais *to shut up one's shop*, « fermer la boutique de quelqu'un, le tuer », aujourd'hui obsolescent. ***Remiser son fiacre*** (Delvau) suggère aussi qu'on range un véhicule dont on n'aura plus l'usage, mais la variante ***remiser son sapin*** fait clairement allusion au cercueil. Dans le même registre, on dit aujourd'hui ***il a payé le parking souterrain***.

Des images plus violentes expriment la rupture avec ce monde. On a déjà vu, au chapitre IV, que mourir revient à ***déchirer sa carte, son passeport*** ; mais c'est aussi ***déchirer son tablier, son habit*** ou ***son faux-col*** (Delvau). Des expressions comme ***renverser sa marmite*** (ibid), puis ***sa chaufferette, son café, son absinthe***, « mourir », laissent supposer que le mort se prive des plaisirs de l'existence par maladresse, ou qu'il n'en veut plus comme le suggère l'anglais *to kick the bucket*, « donner un coup de pied dans le seau, mourir ». Enfin le verbe ***casser*** forme diverses locutions : ***casser sa pipe***, qu'on retrouvera plus loin, ***casser sa canne*** (1866), ***son câble, son crachoir, son fouet*** (1867), ***sa queue de billard, son écuelle, son crayon*** ; ou encore ***couper sa mèche*** (cochers), ***épointer son foret***, c'est-à-dire en casser la pointe, et ***péter son lof*** (le coin inférieur d'une basse voile qui se trouve sous le vent). Alain Rey et Sophie Chantreau, dans leur *Dictionnaire des expressions et locutions*, entendent *canne* au sens de « tuyau » de la respiration, de même que *pipe*. Ils en voient la preuve dans un dérivé de *canne* tel que ***escanner***, « tuer, étrangler » dans le domaine occitan. Mais comme les expressions familières sont généralement surdéterminées, ce sens premier n'exclut pas la superposition d'une autre image : ***casser sa canne*** représente en même temps la cassure de l'homme-objet, et celle d'une chose utile à son existence quotidienne, comme le prouve la variante ***perdre son bâton***, « mourir » (1866). La mort détache des objets ordinaires, tous ceux qui servent à marcher, à manger ou à boire, à se protéger de la pluie, ou aux petits plaisirs du jeu et du tabac. Cette langue de gens modestes, qui n'ont pas de fortune à laisser, dit le regret de choses simples, d'une vie qui s'est suffi de peu. Elle est plus touchante que la plainte du bourgeois de la *Danse macabré*, qui pleurait sur ses rentes et ses fermages, parce qu'elle évoque une existence concrète, parmi des objets dépourvus de valeur marchande, mais qui déterminent les gestes de tous les jours. La plus jolie de toutes ces expressions, ***dépoter son géranium*** (vers 1980) fait songer à quelque vieille femme pauvre qui, à l'approche de l'hiver, enlève son unique géranium de sa fenêtre, ou du ***vasistas*** que justement elle va ***fermer***, et le dépote pour le laisser ***reposer***, comme elle-même.

Mais ces images sont aussi la forme moderne, linguistique et populaire des ***vanités*** chères à la peinture du XVIIe siècle. On nomme ainsi des tableaux qui, à côté de symboles rappelant la précarité de l'existence — têtes de morts, chandelles, sabliers, bulles de savon, fleurs fanées —, montrent des objets représentant la vie humaine : symboles des arts et des sciences ; de la fortune (pièces d'or, bijoux) ou du pouvoir (couronnes, sceptres, armes) ; des plaisirs (verres, pipes, dés ou cartes à jouer). De toutes ces choses vaines, ces ***vanités***, la langue familière des XIXe et XXe siècles n'a retenu que les derniers parce qu'elle est langue de petites gens qui n'ont ni objets culturels (c'est pourquoi la seule allusion de ce genre, ***fermer son livre***, n'a pas duré), ni signes de pouvoir, ni fortune. Mais le sens est le même : on ne jouira pas toujours de ces biens, il faudra s'en séparer ; et en outre, leur destruction, dans les expressions avec ***renverser*** ou ***casser***, symbolise la fragilité de l'existence, de l'homme lui-même que la mort renverse, brise, démolit comme un objet [4].

Parmi les objets quotidiens qu'évoque le vocabulaire de la mort, les habits ont une importance particulière.

Il s'agit d'abord d'un déshabillage : on enlève, on laisse ou on détruit diverses pièces vestimentaires et en particulier des chausses et des chaussures. ***Y laisser ses houseaux*** semble la plus ancienne de ces expressions (XVe s.) : les houseaux protègent les jambes contre la pluie et la boue ; on a dit ensuite ***y laisser ses bottes*** ou ***ses chausses***, puis au XVIIIe siècle ***y laisser ses guêtres*** (« chaussure qui sert à couvrir la jambe et le dessus du soulier, et qui se ferme sur le côté avec boucles ou boutons »). ***Retourner ses chaussettes***, « mourir » (Marseille), et ***casser ses sabots*** offrent les dernières variantes de ces images. Dans tous les cas, on perd un élément vestimentaire utile à la marche qui caractérise l'homme vivant, et une protection contre les caprices du temps. Mais on perd aussi, avec les bottes, un attribut du chevalier :

> Ainsi, ne quittant point la botte, il semble qu'elle soit de nos membres : et quand quelqu'un est mort en une bataille, nous disons seulement : *il y a laissé ses bottes*, comme si elles étaient le vrai séjour de l'âme du chevalier.
>
> Charles Sorel, *Histoire comique de Francion.*

Autre attribut viril, les grègues de ***y laisser ses grègues*** (XVIIe siècle) sont un haut-de-chausses, une culotte. Alain Rey et Sophie Chantreau pensent qu'elles désignent ici par métonymie « une partie essentielle de l'individu ». Il est vrai que toutes ces expressions représentent la perte de chaussures ou de vêtements symboliques d'un pouvoir masculin, comme, aussi, ***renverser son casque*** (1867 ; « mourir »), et qu'il n'existe pas d'équivalent féminin avec *robe* ou *jupon*. ***Rendre / déchirer son tablier*** évoque plutôt la cessation d'un travail, comme en anglais *to hang up one's harness*, « accrocher son harnais » et « mourir ». Plus neutre, *hang up one's hat* suppose qu'on accroche son chapeau à une patère parce qu'on rentre à la maison et qu'on ne sortira plus.

Il n'empêche que d'autres expressions disent exactement le contraire : ***mourir dans ses souliers*** (1870) s'oppose à ***mourir dans son lit***, comme en italien *morire con le scarpe ai piedi,* « mourir chaussures aux pieds ». Dans le Val d'Aoste ***aller au paradis avec ses souliers*** signifie « mourir soudainement ». On les garde d'ailleurs, et même on les astique, pour se préparer au départ : ***graisser ses bottes***, « se préparer à mourir », date du XVIIe siècle qui a contradictoirement inventé ***laisser ses bottes. Être botté et prêt à partir***, « être prêt à mourir ». Du curé venu donner l'extrême-onction à un mourant, on dit en Provence : ***es vengu li cira lei boto***, « il est venu lui cirer les bottes », — versions prosaïque du viatique nécessaire à la route, mais version moins impie qu'il n'y paraît puisqu'elle suppose aussi que le mourant se présentera avec plus d'élégance devant Dieu. C'est un peu la même idée qu'avec bien plus d'irrévérence les forçats exprimaient dans ***il a été camouflé*** (1873), « il a reçu l'extrême-onction », c'est-à-dire il a été maquillé, masqué, apprêté, bref enjolivé par un artifice.

Cette curieuse fixation sur les souliers obsède aussi les survivants : ***marcher dans les souliers du mort***, « hériter de quelqu'un », et « l'imiter » ; en anglais *to wait for a dead man's shoes*, « attendre les souliers d'un mort, espérer la mort de quelqu'un pour prendre sa place ». Pierre de Nesson disait aux seigneurs, dans ses *Neuf leçons de Job*, qu'ils n'emporteraient rien de leurs richesses, sinon un drap que leurs héritiers leur concèderaient, et « le demorant sera pour eulx ! ». Le thème court dans toute la littérature, jusqu'au « Testament » de Brassens :

> Qu'elle [sa veuve] prenne en secondes noces
> Un époux de mon acabit
> *Il pourra profiter d'mes bottes*
> *Et d'mes pantoufles et d'mes habits.*

La Porte.

Forme plus radicale du déshabillage, l'abandon du corps qui servait de vêtement à l'âme le transforme en une simple ***dépouille (mortelle)***, expression datant du XVIIe siècle. C'est d'abord la peau enlevée à un animal, la peau qu'évoquent diverses expressions de la mort, ***laisser sa peau, défendre sa peau, avoir la peau de quelqu'un, carder la peau, trouer la peau, faire le peau***. L'homme est réduit à l'état de gibier ou d'animal de boucherie dont on ôte la peau, comme le disent encore plus explicitement les expressions italiennes *tirare le cuoia*, « mourir », mot-à-mot « tirer les cuirs », et *lasciarci le cuoia*, « y laisser ses cuirs ». Mais ***dépouille*** désigne aussi l'habit qu'on laisse ; c'est par métaphore « le corps, cette guenille » (Molière, *Les Femmes savantes,* II, 7), ***l'enveloppe charnelle*** dont on se déshabille :

Pas de cadavre sous la tombe,
Spectre hideux de l'être cher,
Comme d'un vêtement qui tombe
Se déshabillant de sa chair.

T. Gautier, « Bûchers et tombeaux »,
Émaux et Camées.

On se dévêt aussi de la vie, comme au XVe siècle Jean Meschinot :

Là conviendra que la dague je sacque [tire]
A celle fin que *ma vie je defroque.*

Les Lunettes des Princes.

et jusqu'à Tristan Corbière :

Sentir sur ma lèvre appauvrie
Ton dernier baiser se gercer,
La mort dans tes bras me bercer...
Me déshabiller de la vie !

« Un jeune qui s'en va », *Les Amours jaunes.*

Enfin, la ***dépouille*** est le vêtement qu'on lègue à un héritier, ainsi que l'héritage tout entier. En langage ecclésiastique, le ***droit de dépouille*** était « le droit en vertu duquel l'évêque ou l'archidiacre s'emparait de la succession des curés décédés ». Le proverbe ***il ne faut pas se dépouiller avant que de se coucher*** (XVIe s.) prend aussi le déshabillage comme métaphore du legs puisqu'il signifie qu'il ne faut pas se dessaisir de ses biens au profit de ses héritiers avant de mourir.

Le déshabillage est donc une image obsédante dans les représentations de la mort. Il exprime en même temps la perte des habits qui symbolisent l'ensemble des biens et la position sociale, et la perte de la peau, du corps, de la vie : l'avoir et l'être, confondus sous le même mot de ***dépouille***.

Il est des cultures où l'on dépose les corps à même la terre ; c'est le cas chez certaines ethnies d'Afrique, et ce l'était dans l'Israël biblique. Cette pratique interdite dans notre législation est encore regrettée par ceux qui souhaiteraient un contact direct avec la terre-mère, et qui pensent avec Michelet que le squelette est « *la nudité suprême qui eût dû rester vêtue de la terre* ».

Mais soit que les souillures du cadavre risquent de contaminer la terre, soit que le mort mérite un minimum de respect, on l'enveloppe au moins d'un ***linceul***, c'est-à-dire un drap de lin (lat. *linteolum*). Le mot a d'ailleurs gardé le sens de « drap de lit » jusqu'au XVIIe siècle, et peut-être faut-il relier cet usage à l'idée que les morts dorment.

Plus spécifique, le ***suaire*** se distingue d'abord du linceul dans son origine. Le latin *sudarium*, emprunté par le grec du Nouveau Testament sous la forme *soudarion*, signifie « linge pour s'essuyer, mouchoir, serviette ». Mais dans l'Évangile de Jean, et dans lui seul, le mot désigne plus spécialement un linge placé sur le visage du mort (Lazare, en 11, 44 ; le Christ, en 20, 7), pour en absorber les suintements. Les autres évangélistes, eux, ne parlent que d'un drap de lin, *sindôn,* mot grec transcrit tel quel en français, ***le sindon***, pour nommer le linceul du Christ. On a fini par confondre les deux tissus en prenant le *soudarion*, le mouchoir que Jean mentionne, pour un linceul. Cette origine a cependant influencé l'usage de ***suaire***, qui désigne exclusivement le drap des morts, alors que ***linceul*** signifie « drap » en général.

C'est dans ce drap qu'on ***ensevelit*** les morts, ce qui dans notre langue classique ne signifie que « envelopper dans un linceul », et non « enterrer », sinon dans le style noble : Littré proteste encore contre l'emploi du mot au sens « inhumer », — bien qu'il donne des exemples médiévaux où il a bien ce sens-là conformément à son étymologie (lat. *sepelire*, « mettre au tombeau », cf. *sépulture*).

Au Moyen Age et pendant longtemps, ce fut la seule parure dont on cacha le corps nu. Les proverbes du XIXe siècle le disaient encore : ***les plus riches n'emportent qu'un linceul*** (Limousin), ***le plus pauvre, comme le plus riche, a assez d'un suaire*** (Gascogne). Le proverbe alsacien ***un linceul n'a pas de poche*** signifie qu'on n'emporte rien d'autre dans la tombe. Thème constant dans la littérature édifiante, le linceul-vêtement s'oppose, dans son humilité, aux beaux habits qu'il faut laisser. Brassens retient l'image du costume sans l'intention moralisante :

Et quand fatale sonnait l'heure
De prendre un linceul pour costume
Un tas de génies l'œil en pleur
Vous offraient les honneurs posthumes.

« Le Grand Pan ».

En fait, cette métaphore de l'habit permet de dissimuler une fonction non ornementale du suaire : épinglé, noué, très souvent cousu, il sert aussi à entraver le mort et l'empêcher de revenir[5]... Il sert aussi à dissimuler le corps, mais il sera complété, dans cette fonction-là, par le cercueil.

L'usage d'habiller les morts, qui a rendu le linceul caduc, semble venu d'Italie au XVIIe siècle, et n'a concerné tout d'abord que les prêtres et les moines, enterrés dans leurs habits religieux. Les grands ont assez vite suivi leur exemple, puis la pratique s'est lentement généralisée aux XVIIIe-XIXe siècles, à partir des milieux urbains. Elle n'était pas toujours bien vue, au début de notre siècle, dans certaines de nos régions, ce qui prouve qu'elle ne s'est pas imposée sans réticences.

Chose curieuse, la langue familière n'a pas de métaphores pour désigner le linceul ni les habits mortuaires, qui sont peut-être trop proches du cadavre, trop mêlés à lui, pour qu'on puisse se les représenter et en jouer. L'attention s'est déplacée sur le cercueil, comme dans l'expression ***être en plomb*** (XVIIIe s., « être mort et mis en bière »), qui croise « être *en* = *dans* un cercueil de plomb » et « être *en* = *de* plomb », en identifiant le corps à son cercueil. Or celui-ci est le seul vêtement dont on parle par plaisanterie. La Fontaine disait déjà, dans la fable « Le curé et le mort » (VII, 11), que le défunt empaqueté, « le paroissien en plomb », était

> ... *Vêtu d'une robe,* hélas, *qu'on nomme bière,*
> *Robe d'hiver, robe d'été,*
> Que les morts ne dépouillent guère.

La métaphore s'est lexicalisée avec diverses variantes au XIXe siècle : ***la redingote de sapin*** (Balzac, *La Rabouilleuse*, 1842), ***le costume*** (puis ***costard***) ***en sapin, le paletot / la canadienne / le pardessus en sapin,*** comme en anglais *pine overcoat* ; ***s'habiller de sapin*** (1867). Il s'agit de cercueils modestes, faits dans le bois le moins cher, mais sur le modèle de ces expressions on trouve des créations comme ***lardeuss en chêne massif*** (Boudard, *L'Hôpital*), — ***lardeuss*** étant la forme en largonji de *pardeuss*, abrégé de *pardessus*. Il arrive aussi que le bois ne soit pas spécifié : ***chemise de bois, habit de bois***,

> Moi je fais tous les jours trois cercueils en moyenne :
> *L'habit de bois* et dont les boutons sont des vis,
> Je les mets à chacun, au père comme au fils...
>
> Maurice Rollinat, « La Bière », *Les Névroses.*

complet de bois, paletot de bois, comme en anglais *wooden kimono*, et ***s'habiller de quatre planches***. Le ***paletot sans manches*** (fin XIXe s.), qui a fourni le titre d'un roman de Léo Malet, est encore le cercueil. ***Robe de chambre*** (fin XIXe s.) joue sur l'idée de sommeil. Vers 1936, les gardiens de cimetière appelaient ***paletot d'été*** un cercueil bon marché en bois léger. Enfin, puisqu'un tailleur est en argot un *bâcheur* (sur *bâcher*, « vêtir »), le menuisier qui fabrique les cercueils s'est appelé ***bâcheur de macabées*** (1899) ou ***de refroidis***. Toutes ces expressions s'amusent donc du paradoxe d'un habit en bois, et dont la rigidité représente métonymiquement celle du cadavre, mais leur apparente provocation dissimule le refus de voir le corps et même le linceul ou les habits qui le révèlent encore trop, et dont l'argot ou la langue familière ne parlent pas. Le regard s'arrête sur le cercueil. On remarque le même déplacement dans l'expression ***sentir le sapin*** (fin XVIIe s.), « être près de la mort », ou ***ça sent le sapin*** : l'odeur de mort qui menace de bientôt se répandre, et dont on a vu que la langue la plus triviale répugne à l'exprimer (ch. VI), laisse place à celle d'un bois odoriférant. ***Il sent le sapin*** prévient en la modifiant la formule ***il sent déjà***, dont Marthe, sœur de Lazare, avertissait le Christ (Jean, 12, 39).

MA CHANDELLE EST MORTE

Au milieu des vanités, la chandelle occupe une place ambiguë car elle représente l'un de ces objets nécessaires à la vie et à ses plaisirs, tout en symbolisant l'existence elle-même dans sa précarité.

La flamme de l'esprit ou de la vie ***s'éteint***, selon une métaphore tellement ancienne et répandue qu'on ne la perçoit plus : ***tuer*** vient du bas-latin *ignem tutare*, « éteindre le feu », *tutare candelam*, « moucher la chandelle », et a gardé ce sens en français classique (*tuer un feu, une chandelle*). ***Thanatos***, « la mort » en grec, dérive comme *thnêiskô*, « mourir », d'un radical indo-européen signifiant « s'éteindre ». Le latin *exstinguo*, « éteindre » et « faire mourir », a donné notre français ***éteindre***, qui a le même double emploi : ***éteindre la vie, éteindre la lumière des yeux, s'éteindre. Éteindre quelqu'un***, « le tuer », s'est souvent dit de la Mort au Moyen Age : « tant as *estaint* de beles faces », tu as éteint tant de beaux visages (Robert le Clerc d'Arras, *Les Vers de la Mort*). En allemand, *jemandem das Lebenslicht ausblasen*, « souffler la flamme de la vie », équivaut à « tuer » dans un style poétique mais courant. La métaphore s'est particulièrement fixée sur la

représentation d'une chandelle dont la petite flamme vacillante s'exténue : ***il s'en est allé comme une chandelle, il a passé comme une chandelle, c'est une chandelle qui s'éteint***, ces expressions du XVIIe siècle concernent des malades ou des vieillards qui meurent doucement.

Avec ***il est réduit à la chandelle bénite*** (XVIIe siècle, « il va bientôt mourir »), on passe de la métaphore au symbole. Lorsque quelqu'un entrait en agonie, on allumait un cierge béni de la Chandeleur et on le plaçait à son chevet. On l'éteignait soit lorsque la mort était certaine, soit au moment de la mise en bière, selon les régions. On traçait alors une croix sur le visage du mort avec des gouttes de cire : c'est ***le signe, le croiser***, et plus explicitement ***le cacheter***, donc le sceller pour empêcher l'âme de revenir.

Entre la chandelle symbole de vie et l'objet réel nécessaire à l'existence, il n'y a pas de frontière nette ; aussi trouve-t-on d'autres expressions, qui disent en même temps l'extinction du vivant et la perte de ses biens, le renoncement à son univers quotidien. ***Il n'a plus d'huile dans sa lampe*** (XVIIe s.) suscite à partir du XIXe siècle diverses variantes comme ***il a mouché sa chandelle, éteint sa bougie, soufflé sa veilleuse, sa calbombe, sa camoufle, sa lampe, il a fermé son gaz***, de même qu'en allemand *jemandem das Gas abdrehen*, « couper le gaz à quelqu'un », « le tuer » ; en anglais, *to snuff it, to snuff out*, « moucher sa chandelle, mourir », ou *to put out one's light* et *to turn off one's light*, « éteindre la lumière à quelqu'un, le tuer ».

Quand on ***a fermé sa fenêtre*** et ***éteint sa bougie***, on ***perd le jour***, euphémisme classique de la mort, et antonyme de *voir le jour*. Nuit pour les yeux fermés, ***nuit du cercueil*** et ***du tombeau, nuit éternelle, nuit infernale*** dans la grisaille des enfers antiques où errent les ***ombres, nuit sans matin, nuit sans réveil, ténèbres de la mort*** et ***séjour ténébreux***, la mort est ***noire***, comme ***le noir Pluton, l'onde noire*** (le Styx), ***le noir séjour***. *Nigra hora,* heure noire, l'heure du trépas. Parmi ces images tellement stéréotypées que seules les variations des poètes peuvent leur rendre leur puissance d'évocation[6], se détache la belle expression classique ***voir son occident***, qui ne nous est plus familière. L'anglais en a l'équivalent *to go west*, « mourir », *gone west*, « mort ». A l'opposé de l'Orient où naît la lumière, et qui symbolise les commencements, l'Occident attire avec le soleil couchant tout ce qui est voué à la chute.

On ne peut clore cette rubrique du feu sans mentionner, pour éviter toute confusion, deux mots qui n'ont rien à y voir, l'adjectif **feu**, et le nom d'***enfeu***. Du latin **infodire*, class. *infodere*, « enfouir », ***enfeu*** désigne dans la langue classique une « cave dans une église pour la sépulture des corps morts » ; dans la langue moderne, c'est une alvéole dans les sépultures collectives en élévation, comme on en voit en Italie, en Espagne, un peu dans notre Midi, et maintenant dans les cimetières nouveaux. Quant à **feu**, « défunt », on a déjà vu qu'il signifie « ayant accompli son destin » (chap. IV) : **fatutus*, de *fatum*. Mais son homonymie avec le nom de l'élément est troublante, puisque *feu Monsieur Un tel* n'est **feu** que s'il ***s'est éteint***... L'auteur de mots croisés Michel Laclos joue volontiers avec ce double feu dans ses définitions : *couvre-feu* = linceul ; *logis sans feu* = cénotaphe ; *tissu allant au feu* = linceul ; *petite tartine sur le feu* = épitaphe ; *petit morceau de canard sur le feu* = nécrologie...

CASSER SA PIPE

Dernière variante du feu — si l'on excepte la cuisine qui mérite un chapitre particulier —, la pipe qu'on voyait déjà dans les vanités classiques se trouve au premier plan dans nos représentations familières : ***casser sa pipe***. Quand l'expression apparaît au milieu du XVIIe siècle, elle signifie « crever de rage ». Esnault date le sens

« mourir » de 1855. Mais quand la foule, en 1794, brocardait Hébert, *alias* le Père Duchesne, sur le chemin de la guillotine, on se demande à quoi elle faisait allusion en lui criant :

> Fume donc ta pipe, père Duchesne ; si tu l'as oubliée sur ton fourneau, empruntes-en une à Sanson, mais surtout prends bien garde de la lui casser.
>
> *La Révolution française vue par son bourreau Charles-Henri Sanson.*

Comme les quolibets que Sanson relève ensuite, « tu vas regarder à la lucarne », et « Charlot te rasera gratis », évoquent explicitement la mort, on peut penser que c'est aussi le cas dans la première plaisanterie.

Quoi qu'il en soit, l'expression condense plusieurs représentations. La *pipe* est d'abord un tuyau, puis par métaphore celui du larynx ou du gosier (*mouiller sa pipe*, « boire »), et enfin, par extension, la figure ou la tête (*se fendre la pipe*) ; explosion de colère ou de mort, on « crève » par cassure d'un organe essentiel. Au XIXe siècle, *tête de pipe* devient synonyme de « figure grotesque », par comparaison avec celles qui ornaient les fourneaux de pipes, puis désigne l'individu tout entier (*par tête de pipe*). Les pipes de terre qu'on abat au tir forain fournissent aux soldats de la première guerre mondiale ***le casse-pipe(s)***, « zone de combat très exposée, risque de mort ». ***Casser sa pipe*** relève donc des métaphores qui assimilent la mort à la cassure d'un homme-objet.

Mais une allusion au tabac, au feu et à la fumée a pu compliquer assez tôt cette image. *Fumer* a le sens « enrager » depuis la fin du Moyen Age : *la tête lui fume*, il *bout* de colère. On dit aussi en ce sens *fumer sans pipe*. Il s'agit d'une colère rentrée, étouffée, tandis que *jeter feu et flamme* exprime une rage violente. La première acception de **casser sa pipe** « crever de rage », peut donc s'expliquer par ces fumées de colère qui sortent de toute la tête quand elles ne sont plus canalisées par une pipe. La seconde, « mourir », doit être rapprochée de toutes les expressions qui comparent la

mort à la perte d'un objet familier : on ***casse sa pipe*** comme on ***casse son écuelle, ses sabots*** ou ***sa canne***. Louis-Vincent Thomas signale d'ailleurs que ***casser sa pipe*** se dit dans la langue des Fon du Dahomey[7], ce qui exclut un jeu de mots sur *pipe* au sens de « gosier » ou « tête ». L'expression française indique qu'on perd ce qui était déjà dans les vanités un symbole des plaisirs de l'existence, comme le confirment d'autres expressions du XIXe siècle signifiant « mourir » : ***avaler sa chique, poser sa chique***, et chez les marins ***passer sa chique à bâbord***. La variante ***éteindre sa pipe*** ou ***son brûle-gueule*** (« mourir ») combine cette image avec ***éteindre sa bougie / sa lampe / son gaz***. Enfin, l'importance quasi mythologique de ***la cigarette du***

condamné, la dernière avant son exécution, montre la valeur symbolique du tabac, qui offre certes des satisfactions minimes ou futiles, mais prouve qu'on est bien en vie, avec des loisirs et du luxe : « et qui vit sans tabac n'est pas digne de vivre » (Molière, *Don Juan*, I, 1).

Le tabac peut pourtant évoquer la mort, plutôt que la vie. Mais ce n'est pas parce qu'il est dangereux : le synonyme de « cigarette » en anglais familier, *coffin-nail*, « clou de cercueil », s'explique sans doute par cette idée, mais n'a pas d'équivalent français. En revanche, ***faire pousser du tabac***, « être mort et enterré », attesté en 1799, et ***champ de tabac***, « cimetière » (argot de soldats, 1888), rassemblent plusieurs évocations : une variante de ***faire de l'herbe*** (le mort fait pousser les végétaux) ; un jeu de mots sur *fumer*, « mettre de l'engrais » (cf. ***fumer les mauves par la racine***) et « fumer du tabac » ; enfin, l'image de ***passer à tabac*** (1876), expression dérivée de ***tabac***, « volée de coups, correction » (1802). Les lexicographes en donnent deux explications différentes. Les uns y voient une métaphore sur « bonne prise, bonne ration de tabac à priser », comme en allemand *vertabacken*, « rosser », et en anglais *plug*, « carotte ou chique de tabac », « coup de poing », et « balle, bastos ». Il est possible qu'il s'agisse d'abord d'*en prendre dans le nez*, ou de *donner sur le nez*, « frapper au visage », avec un jeu de mots sur *prise de tabac* et *en venir aux prises*. On relève ***prise à l'anglaise***, « suicide par une balle au front », en 1848 : Esnault y voit la combinaison de deux notions, le tabac sternutatoire et *partir à l'anglaise*. Filant la métaphore du tabac agressif, les troupes d'Afrique du Nord ont inventé en 1916 ***bastos***, « cartouche d'armes ; balle », sur la marque des cigarettes Bastos fabriquées en Algérie : la comparaison de forme entre les paquets est surdéterminée par les images plus anciennes du tabac / rossée et par la parenté avec *bastonner*.

Mais d'autres spécialistes rattachent ce sens de ***tabac*** à *tabasser*, en occitan *tabassa, tabasta*, « frapper bruyamment, redoubler de coups », en ancien français *tabusser, tabuster*, « faire du vacarme ; molester », sur *tabor*, la forme ancienne de *tambour*. Ce **tabac** a la forme *tabas* en franco-provençal. Il a fourni *coup de tabac*, « tempête » (1864).

Il est vraisemblable que les deux mots se sont confondus, *tabas* prenant la graphie de *tabac* en raison de leur synonymie. En tout cas, le ***champ de tabac*** comme cimetière suggère tous les sens de cette constellation d'images, de la pipe cassée qu'on n'aura plus le plaisir de fumer, au tabac à priser qu'on aura pris dans le nez, et à celui qu'on « fumera » par la racine pour le faire pousser.

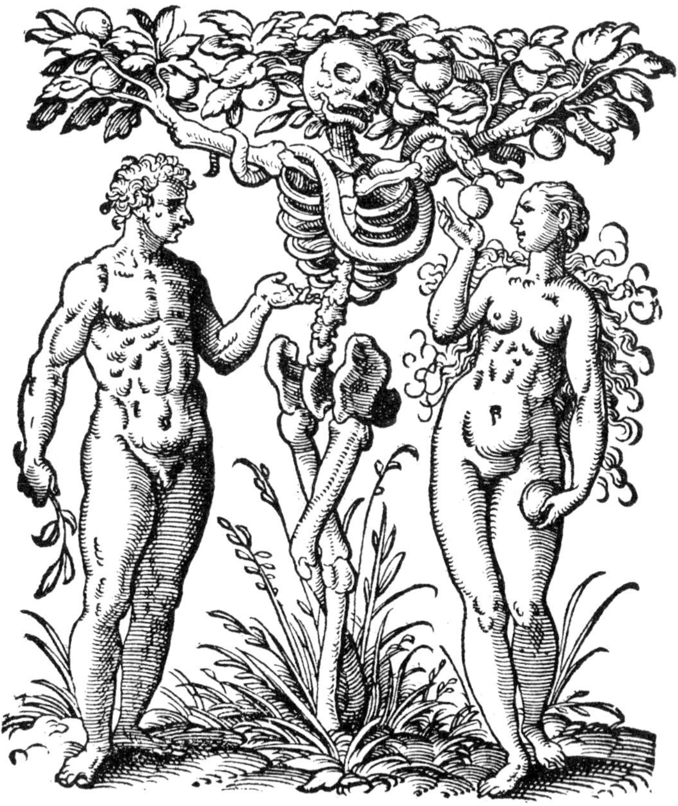

XIII. Menus funèbres

Si les plaisirs de la table comptent au premier rang des vanités, ils s'inscrivent aussi dans un ensemble plus complexe, et l'un des plus riches dans nos représentations de la mort. Mourir de trop manger, ne plus manger parce qu'on est mort, manger la mort ou les nourritures des morts, ou être mangé par la mort, le verbe *manger* se conjugue dans des configurations très diverses.

CREUSER SA FOSSE AVEC SES DENTS

Entendu à la lettre, l'épisode de la pomme croquée par Ève et Adam est traditionnellement associé à la mort, puisque c'est à cause de ce péché qu'ils sont devenus mortels. *Le Mors de la pomme*, un poème anonyme du milieu du XVe siècle, jongle avec les mots ***mors / mort, morsure / mort sûre***, en expliquant que l'homme n'aurait pas perdu le paradis :

> S'il n'eust fait ou fruit la morsure
> Ce péchié dont vient la mort sure [...]
> Pour ce que Adam la pomme mort [...]
> Tous les humains morront de mort.

Ces calembours fréquents dans la littérature médiévale, servent à condamner non seulement le péché originel, mais aussi la gourmandise et la gloutonnerie : quiconque mord sera à son tour mordu par la mort, ou avalera la mort.

La nourriture aura donc un statut particulier parmi les autres vanités, car au lieu de symboliser simplement les vains plaisirs de l'existence, elle contribue réellement à sa perte. Les proverbes le répètent : ***aujourd'hui en chère et demain en bière ; la gueule tue plus de gens que le glaive ; plus en emporte la mangeaille que bayonnette et mitraille*** (Anjou) ; ***plus en fait mourir goinfrerie que misère*** (Gascogne) ; ***aujourd'hui goinfrerie, demain crevaison*** (*ibid.*) : ***qui trop mange crève*** (Normandie) ; ***de peine et de bons soupers les cimetières regorgent*** (Gascogne) ; et ***le gourmand creuse sa fosse avec ses dents*** ou ***avec sa fourchette.*** Les plus gras pourriront plus vite et plus longtemps : ***nourriture, pourriture*** (Provence). La Mort en avertit l'abbé dans la première *Danse macabre :*

> Commandés à Dieu [= dites adieu à] l'abbaye
> Qui gros et gras vous a nourry.
> Tost pourrirez a peu d'aye,
> *Le plus gras est premier pourry.*
>
> dans *Poèmes de la mort de Turold à Villon.*

Il y a en outre des nourritures plus dangereuses que d'autres, notamment celles qui ***font les cimetières bossus*** en y provoquant la multiplication des tombes : ***veau, poulet et poisson cru font les cimetières bossus*** (Franche-Comté), ***œufs trop cuits, poissons trop crus rendent bossus les cimetières*** (Limousin), — alors qu'en revanche ***jamais lard ni cuit ni cru n'a fait le cimetière bossu*** (Littré).

Mais c'est une diététique de parodie qui fonde les expressions de l'empoisonnement. ***Donner le bouillon***, qui date du XVIIe siècle, se transforme au siècle suivant en ***donner le bouillon d'onze heures***, avec cette précision : « ... ***pour partir à midi dans l'autre monde*** ». Midi est comme minuit une heure fatale, mais cette explication pourrait avoir été surajoutée à une simple référence à *la onzième heure*, c'est-à-dire la dernière, dans la parabole de l'ouvrier de la onzième heure (Matt. 20, 1-16). En tout cas, le bouillon qui doit rendre des forces ou soigner devient par antiphrase un breuvage mortel, selon le même principe qui fait d'une arme à feu une ***seringue***, ou qui traduit « tuer » par ***opérer*** et « raclée » par ***tisane***. Comme les préparations pharmaceutiques nommées *poudres*, le poison vendu par la célèbre la Voisin, au XVIIe siècle, s'appelait joliment ***poudre de succession... Donner le poivre*** (1821), « empoisonner », fait allusion au vin chaud et poivré qu'on utilisait comme remède (d'où ***poivrer***, même sens). ***Administrer le baume de porte en terre*** (1867), ou ***une infusion de baume de porte en terre***, repose sur une plaisanterie similaire, que résume l'argotique ***médeciner*** (fin XIXe s.), « empoisonner ». Mais il est vrai que la fâcheuse réputation des médecins et de leurs potions pouvait favoriser ce genre d'antiphrases, puisqu'on relève, dans le dictionnaire de l'Académie de 1694, à ***médeciner***, donner des breuvages et des remèdes, cet exemple peu encourageant : « ils l'ont tant médeciné qu'il en est mort »...

REMERCIER SON BOULANGER

Deuxième cas de figure, dans ces relations complexes de la nourriture à la mort, *ne plus manger*. Le dernier repas, le dernier verre de rhum du condamné, ont autant de place dans nos représentations que la dernière cigarette. Hugo, dans *Les Misérables*, nomme la guillotine ***la dernière bouchée*** et ***la fin de la soupe***. Il s'agit de variations sur les plaisirs qu'on perd, les biens qu'on abandonne, comme au chapitre précédent, mais avec une nuance différente quand on insite sur la perte du besoin ou du désir, — car « la mort ne désire plus rien » (Ronsard, « Ode XXV », *Odes*, III). Le malheureux qui a passé sa vie en quête de subsistance est alors délivré de ce souci :

Tandis que tu vivois, Mernable,
Tu n'avois ny maison ny table,
Et jamais, pauvre, tu n'as veu
En ta maison, le pot au feu.
Ores la mort t'est profitable,
Car tu n'as plus besoin de table
Ny de pot, et si desormais
Tu as maison pour tout jamais.

Ronsard, « Épitaphe de Jacques Mernable »,
Les Épitaphes.

On dit de lui, depuis le XVIIe siècle, qu'***il a perdu le goût du pain***, ou qu'un assassin ***lui a fait perdre le goût du pain*** (***perdre le goût du vin*** dans *Le Père Duchesne*). ***Il ne mangera plus de pain***, « il est mort » (1640) ; ou ***s'il le faisait il ne mangerait jamais de pain***, « il en mourrait, cela lui coûterait la vie » (1640). C'est pourquoi mourir revient à ***remercier son boulanger*** mais aussi, plus rarement, ***son boucher*** (1866). L'expression ***il n'a plus mal aux dents***, figurant l'idée que la mort soulage de tous les maux, insiste sur la bouche plutôt que sur n'importe quelle autre partie du corps parce que notre imaginaire s'est plus particulièrement fixé sur ce rapport de la mort à la nourriture. ***Les morts ne mordent plus***, « ils ne sont plus en état de se ressentir ni de faire mal » (Acad., 1694), indique également cette fin de l'oralité, y compris dans sa composante agressive.

On peut se laisser mourir par dégoût de la vie : ***trouver un cheveu à la vie***, « se suicider » (1867), suggère peut-être qu'on se détourne comme d'une soupe où l'on a trouvé un cheveu. Mais la perte du désir tient aussi à la satiété, puisque l'on est ***sorti du banquet de la vie***, selon une métaphore que notre langue classique empruntait volontiers à l'antiquité latine. On a tout mangé et tout bu, on ***a vidé sa cave*** ; en italien on est aux dernières gouttelettes, *essere agli sgoccioli* ; en allemand on a tout siroté, *abnippen*.

Laisser fuir son tonneau (1867) joue sur le double sens de « laisser fuir sa vie », par métaphore, et « ne plus s'occuper de son vin », parce qu'on n'en a plus besoin

Après ma mort, chers camarades,
Vous mettrez dedans mon tombeau
Un petit broc de vin nouveau,
Un saucisson, une salade.
Une bouteille de vin de Mâcon,
Pour passer la barque à Caron.

ou envie. ***Rendre sa cuiller*** ou ***verser sa cuiller au magasin*** (fin XIXe s.), « mourir », a des équivalents en allemand : *den Löffel aufstecken / fallen lassen / hinlegen / wegschmeissen / wegwerfen*, « laisser tomber, déposer, ou jeter sa cuiller » ; et en anglais *to lay down one's knife and fork*, « déposer son couteau et sa fourchette » ou *to pass in one's dinner pail*, « rendre sa gamelle de dîner ». ***Casser son écuelle, renverser sa marmite, son***

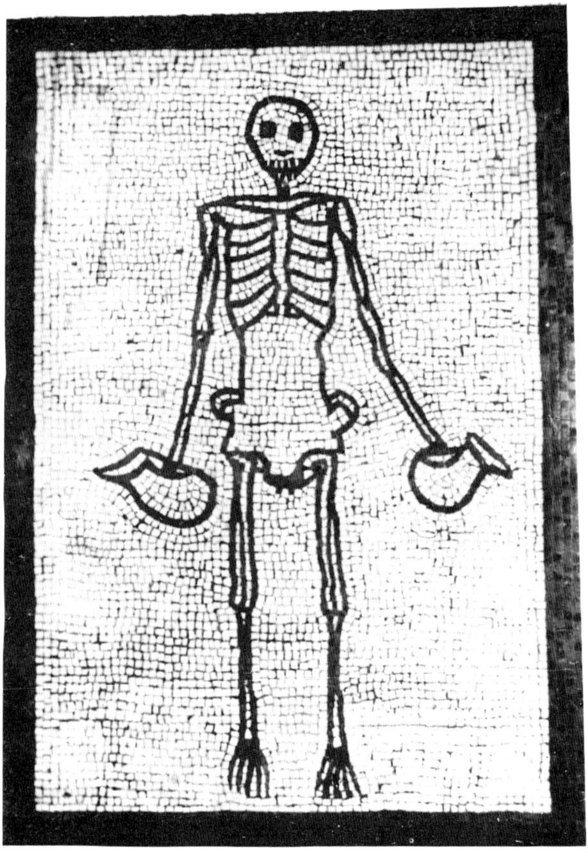

absinthe, son café, son mazagran, comme en anglais *to kick the tin,* « donner un coup de pied dans la gamelle », manifestent plus violemment le rejet des nourritures terrestres.

L'arrêt des fonctions vitales, ainsi symbolisé par l'abstention définitive de tout aliment, l'est aussi en termes plus triviaux quand on considère la fin du processus digestif. On a déjà relevé, au chapitre VI, l'expression

il ne pétera plus (1808), et des proverbes qui tiennent l'évacuation des gaz pour un signe de vie. Les Corses disent encore ***essa à l'ultima curreghja***, « en être au dernier pet », pour « être à l'agonie » ; et les Allemands : *dem ist der Arsch zugeschnappt*, « il a le cul qui s'est fermé brusquement », et *er hat den letzten Dreck geschissen,* « il a fait sa dernière crotte ». Au contraire, ***pisser sur la fosse de quelqu'un***, « lui survivre » (XVIIe siècle, Oudin et Furetière), manifeste le mépris triomphant de celui qui est encore en vie et peut le prouver parce que ses fonctions naturelles ne sont pas arrêtées.

LA MORT AUX DENTS

Troisième variation, *manger quand même*, manger la mort amère et l'inmangeable. Car la mort se consomme, elle arrive par la bouche : ***avoir la mort entre les dents, sur les lèvres***, « être agonisant » (Acad. 1694) ; et elle a un goût : *mors amara,* ***la mort amère.*** Cette expression biblique (1 Samuel, 15, 32) passée en français s'associe à l'image de la coupe que le Christ repousse à Guethsémani : « Père ! écarte cette coupe de moi ! » (Marc, 14, 36). C'était, dans l'Ancien Testament, la coupe de la fureur divine, pleine d'un vin mêlé d'aromates, qui détruisait les nations. Son amertume est représentée par l'absinthe, plante symbolique souvent associée à la mort ou aux cimetières. On retrouve ces images jusque dans l'argot avec ***avaler le copahu*** (1847), « entendre son arrêt de mort » : médicament contre la blennorrhée, le baume de copahu est une oléorésine âcre et amère.

La coupe de la destruction, dans l'Ancien Testament, est si souvent mentionnée qu'il n'est finalement plus besoin de la nommer : *boire* devient alors intransitif et signifie à lui seul « subir un châtiment de mort ». « Toutes les nations boiront constamment, elles boiront, elles avaleront, et elles seront comme si elles n'avaient pas été » (Abdias, 16). Or notre langue familière renouvelle ces métaphores quand elle exprime la souffrance en termes d'ingestion : ***manger un ennui, du siège, de la guerre,*** « les subir » (XVIe s.) ; ***en faire manger à quelqu'un***, « le maltraiter » (1640) ; ***avaler le calice, le morceau, la pilule*** (XVIIe s.) ; ***dur à avaler ; avaler quelque chose***, « le supporter » (un affront, un soufflet, etc.) ; ***boire un affront, une honte, toute honte bue ;*** et au XXe siècle ***déguster*** ou ***trinquer,*** qui se disent d'une atteinte corporelle plutôt que morale.

Lorsque les images de ce type concernent la mort elles sont spécifiées plus concrètement. ***Il a plus de la moitié de son pain cuit*** (XVIIIe s.), « il approche de la mort », est devenu ***il a ses carottes cuites*** (1878) puis ***ses carottes sont cuites,*** « il est perdu, mourant ». ***Avoir son pain cuit*** a d'abord signifié « avoir des réserves, une subsistance assurée », comme dans ***liberté et pain cuit***, « on est heureux quand on a du bien et la liberté ». Mais l'idée de chose prête et achevée l'a emporté avec le sémantisme de *cuit*, « fichu », et s'est combinée avec celle de la mort comme absorption. ***Mettre du pain dans le sac de quelqu'un*** (Delvau) revient à lui faire son affaire, le battre ou le tuer. Pour les Anglais, l'agonisant s'apprête à manger une oie (*his goose is cooked,* « son oie est cuite », *to cook s.o's gosse)* ou un hachis (*one's hash is settled*), ou encore à aller prendre son thé (*to go for one's tea*). Plus insolite, ***faire manger des poires d'estranguillon***, au XVIIe siècle, signifiait « étrangler ».

La pénétration d'une arme blanche ou d'une balle a renforcé ces images par d'autres détails. ***Prune*** (XVIIe s.) puis ***pruneau*** (1901), ***dragée*** (fin XVIIIe), ***praline*** (1915), ***pastille*** ou ***pastoche*** (1916), ***valda*** (1918), s'expliquent par comparaison de formes et par l'idée qu'on ***a mangé du plomb*** (1888, « être tué par une arme à feu »). Les armes à répétition, qui sont des ***moulins à café*** (1869), des ***moulins à rata*** (1916) ou des ***moulinettes*** (vers 1950), produisent des mets plus ou moins liquides : ***balancer la sauce, la soupe, lâcher la purée*** (vers 1950), « décharger son arme ».

> Et puis, vraoum ! La giclette de plomb dans la physionomie. *Toute la sauce, tout le potage,* en pleine gargoule.
>
> San-Antonio, *Maman les petits bateaux.*

On glisse facilement de ces métaphores alimentaires aux antiphrases médicales, de la prune à la pastille pour la gorge. Les images de tisane et d'infusion, qu'on a rencontrées plus haut, se retrouvent ici au gré de la fantaisie des auteurs : par exemple ***un bouillon pointu,*** « coup de baïonnette » (1855), ***une infusion de coupe-papier*** (assassinat au couteau) chez San-Antonio (*Tout le plaisir est pour moi*) ou ***de l'extrait de crosse entre les esgourdes*** chez Ange Bastiani (*Satan a besoin des femmes*).

Mais il n'est pas besoin d'un assassin pour avaler, avec la mort, de l'inmangeable. Le défunt s'est servi tout seul un menu des plus insolites, car ***il a avalé sa gaffe, sa cartouche, son coke, sa cuiller, sa fourchette, sa chique, sa chaloupe, ses baguettes*** (de tambour), ***sa langue*** ou ***sa chiffe, le goujon, sa clé, son chapelet, son extrait de naissance, son bulletin de consigne, son billet de logement et son bilan*** ! Il semble que la première

Crânes en sucre pour la fête des morts au Mexique.

de ces expressions ait été ***avaler sa gaffe*** (1833), qui justifie la rigidité cadavérique, comme ***avaler ses baguettes. Avaler sa langue*** a d'abord signifié « rester silencieux », et a pris le sens de « mourir » parce que la mort est le grand silence. ***Avaler le goujon*** (1815) s'est d'abord dit au XVIe siècle pour « avaler la pilule, le morceau, faire contre mauvaise fortune bon cœur, ou être dupé ». Mais quels que soient les compléments, et les motivations qu'ils apportent, le verbe ***avaler*** prédomine avec toutes ses connotations : être pénétré par la mort, quitter le monde civilisé en absorbant ce qui n'est pas consommable, perdre et détruire les objets quotidiens, faire un retour en soi avec ses possessions et ses papiers d'identité.

> Absorption, ô baisers, ô morsure,
> ô mort — *mourir, c'est enfin s'absorber*
> *soi-même* — eucharistie, et la mesure
> d'une âme est de ciel et de mer englobés.
>
> Luc Estang, « Le Poème de la terre »,
> *Les Quatre éléments.*

AU JARDIN DU MORT

On disait à Lyon, au XIXe siècle, ***prendre une infusion de gravier sucrée avec un jus de pioche,*** pour « être enterré »... Mais la représentation du mort sous la terre a plus particulièrement suscité le croisement d'images alimentaires et agricoles : une anti-cuisine et un anti-jardinage définissent le monde renversé de la mort.

L'expression du Brionnais, ***labourer la terre avec son dos***, « être mort », croise le thème de la tombe-sillon et celui de l'inversion. La comparaison du labourage avec le creusement d'une tombe, en relation avec l'idée que l'homme est un épi fauché par la mort, se trouve à toutes les époques dans notre littérature. Chateaubriand la développe dans ce passage ambigu des *Mémoires d'outre-tombe* (III,2) :

Rencontrais-je quelque laboureur au bout d'un guéret ? je m'arrêtais pour regarder cet homme germé à l'ombre des épis parmi lesquels il devait être moissonné, et qui retournant la terre de sa tombe avec le soc de sa charrue, mêlait ses sueurs brûlantes aux pluies glacées de l'automne : le sillon qu'il creusait était le monument destiné à lui survivre.

Brassens la reprend dans « Pauvre Martin » :

Et quand la mort lui a fait signe
De labourer son dernier champ
Il creusa lui-même sa tombe
En faisant vite, en se cachant.

Pauvre Martin, pauvre misère
Creuse la terre, creuse le temps.

Mais ***labourer la terre avec son dos*** modifie cette image par celle d'une agriculture à l'envers, dont certaines expressions donnent d'autres exemples. En effet, comme on se trouve, lorsqu'on est mort, ***au royaume des taupes*** (XVIIe siècle), qu'on ***est où la taupe juche*** (XVIIIe s.), on a un rapport inversé avec la surface sur laquelle les vivants se déplacent. Et au lieu de se pencher *sur* la terre, on est *en dessous* (***six pieds sous terre***) ; au lieu de se baisser vers les fleurs, on ***est allé sous les fleurs, sous les chrysanthèmes*** comme les Anglais sous les pâquerettes (*under the daisies*), ou, comme on disait au milieu du XVIIe siècle, on est allé ***dormir sous les draps verts*** :

... Quand *vous irez sous l'herbe ou les floraisons grasses*
Moisir parmi les ossements.

Baudelaire, « Une charogne »,
Les Fleurs du Mal.

On les regarde dans l'autre sens, on ***voit les pissenlits pousser par la racine*** (fin XIXe s.), et on les cultive en sens inverse : on pousse les pâquerettes par en dessous, *to be pushing up the daisies.*

J'irai, mille grains de poussière, engraisser le champ des morts et, jardinier silencieux, pousser par-dessous les pelouses et faire rire les pâquerettes.

François Aubral, *Agonie.*

— *Plus de dents ! Impossible de manger les pissenlits par la racine !...*

C'est en anglais *to grin at the daisy-roots*, « sourire aux racines de pâquerettes ».

Une autre série d'expressions représente cette relation inversée avec les plantes en termes alimentaires. Il semble que ***manger les pissenlits par la racine*** soit la première en date, avec une mazarinade de 1661 :

Point n'est de petits profits.
Pourquoi prendre médecine ?
Prêt à glisser de son lit

Dans le champ de pissenlits
Qu'on mange par la racine.
Monseigneur... Bon appétit !

Littré donne ***manger les choux par les trognons,*** à quoi correspond en italien *andare a ingrassare i cavoli*, « aller engraisser les choux, mourir », et en allemand *in Kraute gehen*, « décliner ». On trouve ensuite ***manger de l'herbe par la racine*** (1880), ***manger des carottes*** (1888), ***manger les fraises par la racine*** (dans le Bourbonnais), ***manger la salade par le trognon, sucer l'herbe par la racine, sucer son géranium***...

Pourquoi ces plantes plutôt que d'autres ? On peut mettre à part le géranium, qui est en l'occurence l'une des fleurs décorant la tombe, de celles qu'on évoque dans ***aller sous les chrysanthèmes*** et ***faire des roses***. La carotte, elle, vient naturellement dans ces expressions en tant que racine, qui se trouve sous terre auprès des morts, comme les radis et les pommes de terre pour les Allemands (*die Kartoffeln, die Radieschen von unten ansehen*, « regarder les pommes de terre, les radis par en dessous »). Certaines de ces plantes sont sauvages, à commencer par le fameux pissenlit dont un traité de botanique du XVIIe siècle, *l'Histoire générale des plantes* de Jacques Daleschamps, précise qu'il pousse dans les cimetières. De même la mauve, l'herbe, le fenouil, qui pouvaient croître entre les tombes quand on n'y passait pas comme aujourd'hui du désherbant. Francis Ponge en rêve à la fin de son poème « Le pré », dans *Lyres* :

Messieurs, les typographes,
Placez donc ici, je vous prie, le trait final.
Puis, dessous, sans le moindre interligne, couchez
[mon nom,
Pris dans le bas-de-casse naturellement,
Sauf les initiales, bien sûr,
Puisque ce sont aussi bien celles
Du Fenouil et de la Prêle
Qui demain croîtront dessus.
....
Francis Ponge.

Mais il faut aussi rapprocher ces expressions des croyances antiques concernant la laitue, plante froide et humide qui avait la réputation de rendre les hommes impuissants et d'être « un manger de cadavre »[1]. Le pissenlit, que les botanistes n'ont pas toujours distingué clairement de ce qu'ils appelaient « laitue sauvage », a pu hériter de cette attribution aux morts ; un proverbe de Touraine et du Maine assure d'ailleurs que marcher sur la chicorée sauvage — dont le pissenlit est une variété — est un présage de mort dans la famille ; on dit en Dauphiné que toucher le pissenlit en fleur fait tomber du haut mal, et en Limousin, que les filles qui s'éclaircissent le teint en prenant du jus de pissenlit auront des enfants malingres.

Plus généralement, c'est l'herbe (on a appelé *herbes* tous les légumes verts jusqu'au XVIIIe siècle, puis on a spécifié au XIXe *herbes potagères* et *fines herbes*) et la salade qui sont en jeu. Van Gennep[2] trouve incompréhensible l'interdiction fréquente, en diverses provinces, de manger de la salade au repas de funérailles, « comme si c'était un mets de fête par excellence ou un luxe ». Or il ne s'agit certainement pas de se priver d'un plaisir, mais d'éviter ce « manger de cadavre » au moment où un membre de la communauté commence à en consommer.

La plupart des plantes incriminées, sans être toujours « froides et humides » selon les catégories de la diététique ancienne, ont en commun leur propriété de vider les corps parce qu'elles sont diurétiques ou laxatives. Diurétiques, le pissenlit, comme son nom l'indique, la racine de fenouil, le chou. Laxative, et en outre calmante, la mauve (cf. espagnol *como una malva,* « comme une mauve », aimable et tranquille), et plus encore une salade mélangée de mauve, pissenlit et chicorée. La nourriture des morts est faite de plantes qui s'opposent à la viande parce qu'au lieu de faire la chair et le sang, elles nettoient le corps, le vident (***se vider***, 1866, faubourgs parisiens, « mourir ») et l'affaiblissent. Rousseau déclarait très sérieusement dans *La Nouvelle Héloïse :* « Les Italiens, qui vivent beaucoup d'herbages, sont efféminés et mous »...

Mais dans la terre avec laquelle le mort fusionne, la relation aux plantes n'en reste pas à ce rapport d'un sujet actif avec des objets qu'il mange ou qu'il pousse, car le sujet finit par se confondre avec son objet. Il a d'abord une fonction ambiguë dans cette agriculture funèbre, car s'il pousse les plantes vers le haut, il les fait aussi pousser en leur servant d'engrais. C'est en ce sens qu'il faut entendre ***fumer les mauves par la racine***, même si cela n'exclut pas un jeu de mots sur *fumer* (du tabac), comme en provençal ***aro, à guiso de cachimbau, fumara li mauvo pèr la racino***, « maintenant, en guise de bouffarde, il fumera les mauves par la racine ». L'espagnol confirme le sens « engraisser » avec l'équivalent *criar malvas / margaritas*, « nourrir, produire des mauves / des marguerites ». ***Fumer ses terres*** (fin XIXe s.) signifie « être enterré dans sa propriété », et succède à ***fumer un coin de terre***, « y être enterré ». Voltaire écrivait à Marmontel, le 26 janvier 1772 :

> Aimez votre ancien ami Voltaire, qui vous est tendrement attaché, jusqu'à ce qu'il aille *fumer son jardin* après l'avoir cultivé.

On dit aussi ***fumer une couche***, en jouant sur le sens agricole du mot et sur l'allusion au sommeil. Le verbe *faire* a le double sens de « faire pousser, cultiver » et de « devenir, se changer en », dans les expressions comme ***faire de l'herbe, faire du fenouil*** (1893, dans l'Aude), ***faire des roses*** (1901).

La vie et la mort s'enchaînent alors dans un cycle végétal contrôlé par la ***Faucheuse***. La comparaison de l'être humain avec une plante qui dépérit, une fleur qui se fane, une herbe qu'on fauche, une feuille morte qui tombe (*to drop off the twig*, « mourrir », mot à mot « tomber du rameau »), ou un arbre qu'on abat (comme l'indique le latin *caedere*, « tuer », qui se dit d'abord des arbres), est tellement stéréotypée, tellement répandue, qu'on se contentera de deux exemples, — l'un dans la Bible, souvent emprunté et commenté :

> Toute chair est de l'herbe, et tout son éclat comme la fleur des champs ; l'herbe sèche, la fleur se flétrit quand le souffle de Yahvé passe dessus.
>
> Isaïe, 40, 6-7.

l'autre, moderne et parodique, avec réminiscence du pissenlit mangé par la racine, dans *Ubu Roi :*

> Ainsi que le coquelicot et le pissenlit à la fleur de leur âge sont fauchés par l'impitoyable faux de l'impitoyable faucheur qui fauche impitoyablement leur pitoyable binette, — ainsi le petit Rensky a fait le coquelicot...

Dans son plaisant *Petit glossaire de l'argot ecclésiastique*, en 1966, Jean Follain a relevé ***faire la moisson***, « célébrer beaucoup de cérémonies d'enterrement à une époque où les morts sont nombreux », une expression moins cynique qu'il n'y paraît puisqu'on parle de ***moisson des âmes*** ou ***âmes moissonnées*** dans le langage religieux.

Le végétal coupé retourne ensuite à la terre, où il est « planté », comme disent les Espagnols et les Anglais (*plantar, to plant,* « enterrer »), ou ***enfoui***, un mot qui n'était pas péjoratif au Moyen Age pour désigner l'inhumation mais qui a fini par s'appliquer exclusivement, dans la langue châtiée, aux animaux.

> Moi, l'enterrement qui m'enlève,
> C'est un enterrement d'un sou.
> Je trouve ça chic ! oui, mon rêve
> C'est de pourrir, comme une fève,
> [...] Vraiment je me fais une fête
> D'être *enfoui comme un pois vert.*
>
> Germain Nouveau,
> « Dernier madrigal », *Valentines.*

Et s'il faut au contraire exhumer un corps, cela s'appelle, dans l'argot des croque-morts, ***un dépotage*** (1888). On ***dépote*** un corps, — le mot est encore en usage. Par comparaison avec les bulbes enfouis, et par allusion, probablement, au grand cimetière parisien des Saints-Innocents, les os des morts étaient au XVIIe siècle des ***tulipes de saint Innocent***.

La pratique de l'inhumation semble propre à des sociétés sédentaires qui se définissent par leur enracinement dans une terre que les morts fécondent par en dessous, et elle est souvent liée à la croyance en une résurrection de type végétal. Il en reste des traces dans toute notre littérature, soit dans l'optique chrétienne de morts semés pour ressusciter s'ils sont de bonnes graines, soit dans l'optique matérialiste et souvent humoristique de morts qui fusionnent avec les végétaux mis sur leur tombe. Des Hittites qui au XIVe siècle avant Jésus-Christ plantaient des vignes sur les tombes, à l'épitaphe de Rabelais par Ronsard :

> Si d'un mort qui pourri repose
> Nature engendre quelque chose,
> Et si la génération
> Est faite de corruption,
> Une vigne prendra naissance
> De l'estomac et de la pance
> Du bon Rabelais, qui boivoit
> Toujours ce-pendant qu'il vivoit...
>
> *Le Bocage de 1554.*

un même symbolisme intègre les humains dans le cycle de la végétation. Et notre habitude de fleurir les tombes, que nous interprétons comme un hommage, pourrait bien n'être à l'origine qu'une manière d'aider les morts à passer dans les plantes. Le rituel moderne de la crémation, qui en d'autres cultures permet d'évacuer tout reste hors de ce monde-ci et coupe radicalement le mort de la terre[3], ce rituel retrouve aujourd'hui le symbolisme de l'inhumation puisque les nouveaux cimetières comportent une ère spéciale où l'on répand, comme si on les semait, les cendres pulvérisées : c'est ***le jardin du souvenir***, officiellement prévu sous ce nom par le *Code des Communes*. Il arrive aussi qu'on dépose les cendres dans un trou où l'on plante un rosier qui, au lieu de porter une étiquette avec son nom, en porte une avec le nom du défunt, ce qui montre bien l'identification entre le corps et la plante. La métaphore argotique ***faire des roses***, donnée par Bruant en 1901, peut maintenant s'entendre à la lettre.

On constate une fois de plus avec quelle vivacité l'argot et la langue familière peuvent révéler des symboles et des croyances que la littérature expose plus longuement et avec plus de prudence. Par exemple, le nom de ***champ des morts***, donné au cimetière vers le début du XIXe siècle, a été remotivé en termes plus explicitement agricoles dans ***champ d'oignons, champ de navets*** (1867), ou ***champ de tabac*** (Anjou). En Bourgogne, on dit encore que le mort ***est parti dans la toppe***, c'est-à-dire une terre en repos qui sera défoncée pour recevoir une nouvelle vigne[4]. A la fin du XIXe siècle, l'argot appelait ***sapinière*** la fosse commune, en jouant sur la référence aux cercueils ordinaires, en sapin, et sur l'idée d'une plantation. La prégnance de ces images est telle que le verbe ***terrer***, employé par Balzac au sens de « tuer » (1835) puis « guillotiner » (1847), et très peu attesté, pourrait n'être qu'une invention de l'auteur, qui aurait interprété ***butter***, même sens, comme « butter une plante ou un arbre, former une motte de terre autour de son pied ». Peu importe qu'il s'agisse d'argot factice, sa création n'en révèle pas moins la puissance de ce symbolisme agricole sur les imaginations.

LE MORT CUISINÉ

La transformation du mort en plante peut raccorder le cycle de la végétation à celui de l'alimentation. Le vivant qui a mangé, devenu le mort qui mange encore par en dessous, finit par se transformer en une denrée comestible et par être lui-même mangé. Épi moissonné, il peut être livré au ***boulanger***, « le diable » (1828) :

> — Le fait est que la chose dure le temps d'avaler une chique... Charlot tire le cordon...

— Et il vous ouvre la porte du *Boulanger*, dit le Squelette en continuant de fumer sa pipe.
— Ah ! bah !... est-ce qu'il y a un boulanger ?
— Imbécile ! je dis ça par farce... Il y a un couperet, une tête qu'on met dessous... et voilà.

Eugène Sue, *Les Mystères de Paris.*

Ou encore il est une grappe qu'on ***vendange***, ce qui signifie « tuer » depuis le XVe siècle, et dont on fait couler le ***raisiné*** (1807, ***raisinet***), ***la raisine*** ou ***le raisin*** (1879), « le sang ». Ces deux types d'images parodient probablement l'eucharistie, mais en tout cas, ce ne sont pas les plus fréquentes, car lorsqu'on considère le mort mangé, sa nature carnée l'emporte sur son identification à une nourriture végétale.

Deux préalables tirent cette consommation du côté des cuisines : l'introduction dans un récipient, et la cuisson. On a vu que le cercueil-boîte pouvait s'inscrire dans le champ sémantique du colis, mais il peut aussi être considéré comme un vase. L'ancien français

vaissel (bas lat. *vascellum*, de *vas*, « vase ») désigne tantôt un récipient, un objet de *vaisselle*, tantôt un bateau, un *vaisseau*, et tantôt encore un cercueil. Le mort est enclos dans l'intimité d'un contenant qui peut symboliser le ventre maternel (c'est ainsi qu'on a coutume d'interpréter l'inhumation des hommes préhistoriques dans des jarres), mais qui rappelle aussi les ustensiles culinaires employés dans les sacrifices, coupes, vases, chaudrons[5]. Etre dans le ventre de la mère pour y prendre forme et vie, ou parce qu'on a été avalé, les deux représentations se confondent facilement dans l'imaginaire. Les noms argotiques du cercueil renforcent en tout cas cet aspect de récipient alimentaire que lui donnait déjà ***vaissel : boîte à chocolat***, « cercueil couvert d'une toile brune » (hôpitaux, 1861), peut être motivé par la couleur de la toile, mais ***croûte de pâté*** (1781, « boîte banale dans laquelle on emporte les cadavres des détenus »), ***boîte à viande*** (fin XIXe s.), ***caisse à biscuit*** (1909), ***buffet*** (1905) et ***buffet garni*** (1923, « cercueil capitonné ») assimilent explicitement le mort à de la nourriture placée dans un contenant. L'emploi des techniques modernes de conservation par le froid n'a pas manqué de susciter l'appellation de ***frigidaire*** ou de ***glacière*** à propos de la morgue, ce qui ranime les images plus anciennes de boîte alimentaire et de conservation (***conserves*** « morceaux humains », chez les garçons de la morgue en 1885 ; ***mettre au frais*** « enterrer », Bruant 1901). Ce sont à peine des images, d'ailleurs, puisque le chimiste Jean-Nicolas Gannal (1791-1852), fondateur d'une lignée d'embaumeurs, avait découvert son procédé de traitement des cadavres grâce à ses travaux sur la conservation des aliments[6].

Le nom de la ***bière*** — qui est d'ailleurs, à l'origine, celui d'un brancard à nourriture, tout comme ***civière***, du latin populaire *cibaria*, formé sur *cibus*, « nourriture » — a facilité l'expression de ces fantasmes par un jeu sur son homonyme : on disait dès le XVIIe siècle ***mettre son corps en bière***, « boire de la bière » ; et celui qui préfère le vin se justifie en disant qu'il ***ne veut pas mettre son corps en bière*** ; dans le théâtre du

Guignol lyonnais, la bière à boire est un ***bock de cercueil*** ; les étudiants parisiens, vers 1878, commandaient ***un asticot de cercueil*** pour « un verre (ver) de bière » ; ***cercueil*** est aussi le nom d'un cocktail de bière, picon et grenadine. L'ensemble de ces images confond inextricablement le contenant et le contenu : introduire de la bière dans son corps revient à être *en* bière, et le cercueil-bière à l'intérieur duquel le mort est placé devient la bière qu'il avale. Le principe d'inversion qu'on a déjà vu à l'œuvre dans le rapport dessus / dessous joue ici entre un dehors et un dedans, comme il le fait aussi dans le renversement de *manger* en *être mangé.*

Du même registre culinaire, la cuisson tient aussi une large place dans nos représentations de la mort. Tout ce qui est perdu, « fichu », est ***cuit*** depuis le XVe siècle, où l'on a dit d'abord ***cuit et moulu***. Le XVIe siècle a spécifié cette cuisson comme friture : ***frit*** (1527), comme en espagnol *estar frito, quedarse frito*, « mourir », ou bien ***fricassé*** (« perdu, mort », XVIIe siècle). ***Friauche***, qui se trouve dans *Le dernier jour d'un condamné* de Hugo, en 1829, et n'est pas réattesté, désigne un condamné à mort qui attend son exécution ; il s'agit sans doute du mot ***frit*** suffixé en *-oche*. Aux États-Unis on est, quand la mort approche, une oie cuite, *a cooked goose*, « personne fichue ». ***Passer à la casserole***, « subir une défaite, un traitement désagréable, ou pour une femme subir des relations sexuelles », a pris au XXe siècle le sens de « y passer, mourir ».

Ces images s'expliquent par les idées de transformation, de préparation terminée et prête (*c'est cuit !*, c'est prêt, c'est fini) et enfin de destruction prochaine par la consommation. Elles sont remotivées par l'usage des armes *à feu,* qui permettent de ***brûler quelqu'un*** (1797), comme en espagnol *asar*, « rôtir » et « tuer avec une arme à feu », — et par l'invention de la chaise électrique : *to fry* (frire), *to burn* (brûler), en américain « électrocuter », sont parfois empruntés par des auteurs français sous la forme ***griller*** ou ***rôtir***

quelqu'un sur la chaise électrique. Il se pourrait d'autre part que la ressemblance de l'incinération avec un processus culinaire explique, au moins chez certains, son rejet. Sabatier relève, dans son *Dictionnaire de la mort*, une description du journal *Le Temps* en 1880, alors que la crémation n'était pas encore autorisée par la loi ; il s'agit d'une machine italienne : « C'est par là [une petite porte en tôle] que le cadavre, placé sur un véritable gril à côtelettes, orné de la gouttière pour recevoir le jus, est placé dans la fournaise. » ... L'article provoqua un tollé, mais il est vrai que les mots techniques de ***four*** et ***enfourner***, d'usage parfaitement normal chez les professionnels, peuvent solliciter l'imagination d'un spectateur. L'argot appelle d'ailleurs ***rôtissoir*** le crématorium. L'idée de cuisson n'est pas nécessairement dégradante : elle implique la transformation d'un objet naturel par la culture, et dans le cas de la crémation, elle peut prendre sens par contraste avec la naturalité de la putréfaction, qu'elle a pour but d'éviter. On le voit bien dans l'opposition que faisaient les Grecs entre le cadavre honoré par le bûcher, et le cadavre outragé, mangé cru par les bêtes sauvages[7]. Mais dans le contexte moderne, l'insistance de l'argot sur une cuisson destructrice, l'influence des techniques sur ces représentations, depuis les armes à feu jusqu'à la chaise électrique, sans oublier les ***fours crématoires***, dont le nom (apparu en 1879) désigne encore les fours employés pour la crémation des morts, mais qui ont relayé comme mode d'extermination la guillotine avec ses ***fournées*** révolutionnaires, — tout cela ne permet plus de penser avec optimisme la cuisson de la mort.

Enfin, il faut compter dans cette rubrique de la cuisine diverses techniques concernant soit le mode d'approvisionnement, soit les préparations culinaires.

Le vocabulaire de la boucherie et celui de la chasse fournissent des expressions de la mort violente. ***Boucher*** désigne un assassin sans pitié, « un chirurgien inhabile et maladroit » ou « un général prodigue de sang » (Littré) ; le mot a eu une telle fortune à l'époque de la Terreur, pour désigner les responsables des exécutions, que Flaubert a pu relever dans son *Dictionnaire des Idées reçues* : « BOUCHERS. Sont terribles en temps de révolution. » ***Boucherie*** se dit plus particulièrement de mises à mort collectives, par exemple en temps de guerre : ***mener / envoyer les soldats à la boucherie***, « les exposer à une mort certaine ». ***Massacre***, de l'ancien français *macecre, macecle*, a d'abord signifié « boucherie », et certains lexicographes le rattachent à l'arabe *maslakh*, « abattoir » ; un ***massecrier*** (XIIe s.) pouvait être aussi bien un boucher ou un charcutier qu'un bourreau. ***Maisel, macel, maisiel,*** du latin *macellum*, « marché aux viandes, abattoir », signifiait en ancien français « boucherie », au sens propre, et « massacre ». L'argot du XIXe siècle a donné le nom d'***abattoir*** à la guillotine (1847), à la cellule des condamnés à mort (1848) puis aux champs de bataille particulièrement exposés. ***Équarrir***, « assassiner », ***équarisseur***, « assassin », ***équarissage***, « assassinat », dans l'argot contemporain, comparent le crime à l'abattage et au dépeçage d'animaux. La mise à mort d'un animal de basse-cour a aussi fourni des expressions comme ***le coup du lapin*** (XIXe s.), « coup mortel sur les vertèbres cervicales », ***vider quelqu'un comme un lapin*** :

> ...il fut pris d'une rage folle contre Lantier. Ah ! le brigand, ah ! la crapule ! Il fallait que l'un des deux restât sur le trottoir, *vidé comme un lapin*.
>
> Zola, *L'Assommoir*.

ou ***saigner*** (un porc, un lapin, — ou un homme) :

> ... et l'pauv' petit frère, on l'a r'trouvé après l'opération, crampsé, et tout étiré comme un boyau d'chat, au milieu de la viande des Boches qu'il avait *saignés* avant — et *bien proprement saignés, j'peux l'dire, moi que j'suis établi boucher dans la banlieue parisienne.*
>
> Henri Barbusse, *Le Feu*.

Le vocabulaire de la chasse s'applique aussi aux hommes avec ***le veneur***, « le bourreau » (1486) ; ***les lévriers du bourreau*** « archers et sergents » (XVIIe s.) ; ***le***

gibier de potence, gibier à prévôt, gibier de bourreau (XVIIe s.) ou ***de guillotine*** (1793) ; ***canarder*** (XVIe s.), « tirer sur quelqu'un qui est à découvert ou désarmé depuis un endroit où l'on est embusqué » ; ***la curée***, métaphore fréquente pour désigner des massacres en temps de guerre ou sous la Terreur ; ***être aux derniers abois, aux abois de la mort*** (XVIIe s.), « à la dernière extrémité ». ***Faire la peau***, « tuer » (1850) évoque les lapins ou le gibier à poil que l'on dépouille. Boucherie ou chasse, la plupart de ces mots font penser à des victimes passives, désarmées ou mal armées.

Mais ils mettent aussi l'accent sur la chair, dont on a vu, au chapitre VI, qu'elle représente dans la tradition chrétienne le corps mortel et méprisable. La comparaison avec la viande des animaux accentue ce dédain en assimilant l'homme à la bête, mais glisse aussi vers un autre sémantisme, celui de la nourriture. Le ***charnier*** est aussi bien un cimetière qu'un endroit où l'on conserve la viande. Un ***carnage*** est d'abord de la chair à manger, et surtout celle que déchirent et dévorent les bêtes sauvages (« Qui faict le loup sortir du bois ? défault de carnaige », Rabelais, *Pantagruel*). ***Marchand de chair humaine***, qui désignait au XVIIe siècle un proxénète ou un esclavagiste, a pris au siècle suivant le sens de « recruteur » ; d'où l'expression de ***chair à canon***, « les soldats envoyés à la mort », qu'on attribue à Napoléon, et qui en tout cas rappelle le fameux ***hacher menu comme chair à pâté*** que *Le petit Poucet* de Charles Perrault a lancé. Les Italiens disent aussi *carne da cannone*, tandis que les Allemands restent dans le registre agricole avec *Kanonenfutter*, « fourrage à canon ». L'argot contemporain a aussi inventé la ***viande à pneu***, « piéton imprudent », variante de la ***chair à canon***. Des expressions comme ***cage à viande*** (« panier de la guillotine ») et ***boîte à viande*** (« cercueil »), au XIXe siècle, ont préparé ***viande*** et ***viande froide***, « cadavre » (1938, croque-morts), toutes images qui semblent avoir été inventées par les Anglais puisque *cold-meat*, « viande froide, cadavre », remonte à 1780, et *cold-meat box*,

« cercueil », *cold-meat cart*, « corbillard », apparaissent vers 1820, de même que *to make cold-meat of one*, « tuer ». ***Se viander*** (1950), « se tuer accidentellement » ou « s'entre-tuer », est parfois transformé aujourd'hui en ***se déviander*** ou même ***déviander***, « tuer ». Dans le premier cas l'homme est transformé en viande, chair d'animaux morts, dans le second il est dépecé. Les croque-morts ont cependant imaginé des métaphores un peu différentes, avec des noms de poissons : les cadavres de gens riches s'appelaient des ***saumons*** (1878), tandis que les morts de condition moyenne étaient des ***merlans*** (1878), et les enfants des ***éperlans*** (1895). L'anglais dit *dead as a herring*, « mort comme un hareng », par comparaison avec le hareng-saur.

Cette viande subit diverses préparations culinaires, que la langue familière ou argotique évoque en détail. Il faut d'abord ***faire la peau*** et ***étriper*** la victime. On peut la ***farcir***, la ***farcir de plomb*** (1953), l'en ***truffer*** (1960), ou bien l'***embrocher*** sur une épée. Depuis le XVIIe siècle, on la ***larde***, comme Achille vu par Scarron.

> Traînant le corps de sang vidé
> Du pauvre Hector par lui *lardé*
>
> *Le Virgile travesti*, I, 1677-1678.

Le même Scarron continue ses fantaisies culinaires avec la capilotade, un accommodement de restes de volailles ou de rôti en morceaux que nous évoquons encore dans ***mettre en capilotade*** :

> ... je savais tirer du sang,
> Couper un bras, percer un flanc,
> Et *faire une capilotade*
> De qui m'eût fait une incartade.
>
> *Ibid.*, II, 393-396.

Le hachis impliqué dans ***hacher menu comme chair à pâté*** se retrouve dans ***hacher quelqu'un en pièces / en morceaux*** (XVIe s.), « le tuer de plusieurs coups avec une arme tranchante », ***hachis***, « massacre » chez *Le*

Père Duchesne, et de nos jours ***faire de la saucisse*** « réduire un adversaire » (1940, argot des lutteurs), expressions qu'a précédées ***chaircuiter***, « mettre en pièces » (1640). ***Faire du boudin***, « répandre du sang », est plus rare, parce que l'autre sens de l'expression, « bouder », l'a emporté. ***Nous mangerons du boudin, la grosse bête est par terre*** : « se dit quand quelqu'un est tombé, ou que celui qui nous nuisait est mort » (Oudin). Le vieux verbe ***haricoter***, qui se dit de viandes coupées en morceaux (germ. **harion*, « viande ») et a donné le *haricot de mouton* (qui ne doit donc rien au légume de ce nom), qualifie le travail du bourreau depuis le milieu du XVIIIe siècle (« Charlot a *fait un haricot* de son supplicié ») ; Vidocq nomme l'exécuteur ***aricoteur***.

Le crépitement des armes à répétition leur a valu par comparaison le nom de ***moulin à café*** (« mitrailleuse », 1869 ; « mitraillette », 1947). La mitraillette devient une ***moulinette*** en 1957. Mais quand Henri Viard, dans *La Bande à Bonape* (1969), écrit : « Ce coup-ci, le Bonape est ***passé à la moulinette*** », il retrouve l'image de la chair à saucisse.

Il y a enfin les assaisonnements, les coups qui donnent du piment à une correction, comme dans ***se faire assaisonner***, qui peut désigner une raclée, une blessure ou la mort. Le sel représente les coups (***saler***, « battre », fin XIXe s.) ou une rafale de plombs :

> Le garde-champêtre se baissa, ramassa son bâton, l'épaula, et hors d'haleine, mitrailla le buisson :
> — Pan ! Pan ! Pan ! Cette fois, c'est le Kronprinz qu'on tient, les copains ! Va le dire à Guillaume, eh ! vieux porc, que c'est Gervais Labalanche qui t'*a salé le museau !*
>
> René Fallet, *Les Vieux de la vieille.*

Noyer une victime consiste au contraire à la ***dessaler*** (1878). Mais comme le sel est aussi un conservateur, le cimetière portait le nom de ***grand saloir*** (Oudin, 1640), qui est resté dans les patois du Nord où la fosse commune s'appelle ***le saloir***. Avec un humour encore plus noir, les carabins anglais du XIXe siècle désignaient les restes humains conservés dans le formol du nom de *pickles*, c'est-à-dire des morceaux de légumes dans le vinaigre.

Enfin, les images d'arrangement, qu'on a remarquées au chapitre IX à propos des assassins bons ouvriers, peuvent se spécifier en termes de préparations culinaires comme dans ***arranger aux petits oignons***, qui signifie d'abord prendre bien soin de quelque chose (XIXe s.) mais peut se dire aussi d'un meurtre soigné, ou encore ***accommoder quelqu'un à la sauce pavé*** (fin XIXe s.), « l'assommer », variante de ***accommoder***, « maltraiter » dans la langue classique : « Il me prend des tentations d'***accommoder tout son visage à la compote*** » (Molière, *Georges Dandin*, II, 4).

LE MORT MANGÉ

Ce mort si bien accommodé, farci, lardé, frit, qui donc le mange ?

La Mort, d'abord, qui choisit de préférence les plus gras, bien que Ronsard la nomme ***la mort mangetout***. D'un homme très maigre qui restait en vie malgré trop de misères et d'infirmités, on disait au XVIIe siècle : ***la mort n'a pas faim*** ; et si elle le prenait tout de même : ***la mort fera un triste repas*** (1808). L'argot moderne exploite l'image de la mort mangeuse dans le nom de la morgue, ***garde-manger de la mort***.

Mais les représentations les plus impressionnantes montrent la Mort personnifiée, et ses divers avatars, comme les grandes figures de la dévoration : de l'Antiquité, les Kères noires qui en faisant claquer leurs dents s'abattent sur les champs de bataille pour se repaître de sang ; l'infernal Orcus, dieu de la mort, (voisin de Kronos), dont nous avons tiré le nom des ***ogres*** ; le Temps, Kronos ou Saturne, qui dévore ses enfants ; et toutes les bêtes de la mort, le lion infernal représenté sur les sarcophages romains, les démons loups ou chiens associés à la mort ou aux enfers[8]. De la Bible, l'Abîme de l'Abaddôn, le Sheol, et la Mort elle-même, qui comme Môt, le dieu cananéen de la mort, ont une immense gueule où s'engloutissent les hommes : « la terre ouvrit sa bouche et les engloutit » (Deutéronome, 11, 6) ; « le Sheol dilate son gosier et ouvre sa gueule démesurément » (Isaïe, 5, 14). Et Léviathan, crocodile ou dragon, qui avec sa gueule enflammée et ses naseaux d'où sort la fumée « comme d'une chaudière qui bouillonne et qui bout » (Job, 41) deviendra dans notre art médiéval, par une curieuse superposition d'images, la gueule de l'enfer[9], à l'intérieur de laquelle une chaudière attend les damnés, qui seront d'un seul mouvement cuisinés et mangés.

> Mais il est aux enfers *des chaudières bouillantes*
> Où l'on plonge à jamais les femmes mal vivantes.
>
> Molière, *L'École des femmes,* III, 2.

Ces figures [9] se confondent avec la tombe ouverte dans la terre comme une autre gueule béante :

> La gloire des méchants en un moment s'éteint ;
> L'affreux *tombeau* pour jamais *les dévore.*
>
> Racine, *Esther*, II, 9.

> Et toi, *morne tombeau, tu m'ouvres ta mâchoire.*
> Tu ris, spectre *affamé.* Je n'ai pas peur de toi.
>
> Musset, *La Coupe et les Lèvres.*

Le mot ***cercueil***, qui dérive du latin ***sarcophagus*** sur lequel on a aussi formé ***sarcophage***, signifie au sens propre « mange-chair, carnivore », du grec *sarx, sarkos*, « chair », et *phagein*, « manger ». C'est que les sarcophages étaient faits dans une pierre calcaire qu'on appelait, en grec et en latin, « pierre carnivore », parce qu'elle consumait les chairs avec l'effet de la chaux. Le cimetière parisien des Saints-Innocents, qui avait la même réputation de consumer rapidement les corps, portait aussi le nom de ***mange-chair***. Ce sont partout des gueules, comme emboîtées les unes dans les autres, le cercueil dévorant à l'intérieur de la fosse béante

Les feux de l'Enfer.

(« que le gouffre ne me dévore, que la bouche de la fosse ne se referme sur moi », Psaumes, 69,16), et elles ne se rassasient jamais : ***le scheol insatiable*** de la Bible (Proverbes 27, 20 ; 30, 15), ***l'enfer glouton*** (et même « glouton bruyant » dans *Les Tragiques* de d'Aubigné), ***la Parque gourmande*** de Chassignet (« Synderese », *Le mespris de la vie*), ***un tombeau glouton*** (*ibid.*, CCVI). Et dans ces bouches avides, d'autres encore mordent le mort, qui n'est jamais que de la nourriture pour les vers : « Ce n'est fors que viande à vers », disait la première *Danse macabre,* reprise par le proverbe ***Tout état est viande à vers*** (XVIe s.). Quand on meurt, on ***met la table pour les asticots*** (1867), on « nourrit les vers », *to feed the worms* en anglais ou *criar gusanos* en espagnol.

> C'ierent troi mort de vers mengié
> Lait et desfiguré des cors.
> [...] Li troi vif voient les trois mors
> De grief morsure deus fois mors [mordus],
> Primes de mort et puis de vers.
>
> Baudoin de Condé,
> *Les trois morts et les trois vifs.*

Ces fantasmes de dévoration se compliquent de symboles cannibales quand les humains ont un quelconque intérêt à la mort de l'autre[10]. Inauguré par Voltaire en 1756 dans l'*Essai sur les mœurs*, l'usage métaphorique du mot ***cannibale*** s'est largement répandu à l'époque de la Révolution. Il peut qualifier les émeutiers (« J'eus horreur de *ces festins de cannibales* », Chateaubriand, *Mémoires d'outre-tombe*, I, V, 9), les maîtres de la Terreur ou les spectateurs avides de regarder les exécutions, et particulièrement les femmes, les ***lécheuses de guillotine*** :

> Le bataillon de *cannibales* était au grand complet ; ce rebut du sexe féminin, qu'on avait flétri du nom de *lécheuses de guillotine*, se faisait remarquer par son audace et son exaspération.
>
> *La Révolution française vue par son bourreau*
> *Charles-Henri Sanson.*

Camille Desmoulins, dans le n° 5 de son *Vieux Cordelier*, dit qu'Hébert

> ... a besoin de se procurer une ivresse plus forte que celle du vin et de *lécher sans cesse le sang au pied de la guillotine.*

La Terreur devient une vaste coalition de vampires, ***altérés / assoiffés de sang***, et ***buveurs de sang humain***, mais qui prétendent se venger d'aristocrates engraissés par ***le sang du peuple*** et d'un roi qu'on dit ***mangeur d'hommes***[11], sans savoir qu'arrivera bientôt l'***Ogre de Corse***, Napoléon, justement l'inventeur de ***la chair à canon***. Terreur ou guerre, les mises à mort collectives nourrissent un État monstrueux, vampire, ogre, Baal ou Moloch, auprès de qui la petite cuisine de l'assassin paraît, une fois de plus, gentiment artisanale et presque civilisée ! L'argot et la langue familière, dans leur anarchisme profond, manifestent beaucoup d'indulgence pour le criminel, en l'assimilant à un cuisinier soigneux, tandis que le vocabulaire politique dénie toute humanité aux pouvoirs cannibales et les exclut de la civilisation.

On devine pourtant un autre cannibalisme symbolique dans nos rites funéraires. Le seul nom du ***croque-mort*** l'évoque, puisque son sens premier, « celui qui escamote le mort », est souvent encore oublié ou méconnu par une explication pseudo-étymologique, et très répandue, selon laquelle le dit croque-mort aurait eu pour tâche, « jadis », de croquer l'orteil de son client pour s'assurer qu'il était bien mort... Pourquoi l'orteil, sûrement moins appétissant que l'aile ou la cuisse, si l'on peut dire ? Il est bien connu que le pied peut être un symbole phallique, et l'on pourrait voir ici un symbole de castration comme on en a déjà rencontré au chapitre VII, si l'on tenait à faire de la psychanalyse simpliste. Quoi qu'il en soit, le fantasme de dévoration projeté sur ce pauvre employé des pompes funèbres le transforme en un croquemitaine. Et pire encore, il n'est pas le seul « cannibale » de l'affaire, car le vocabulaire du repas funéraire en désigne d'autres, encore plus inattendus : en Haïti, le ***mangé-mort*** (« le repas funéraire ») ; au Québec, ***manger le mort*** (« consommer le repas funéraire ») ; dans l'argot des États-Unis, *a cold-meat party*, « un enterrement », c'est-à-dire « une *party* de viande froide », sur le modèle de *tea-party* ; en Allemagne, le rituel funéraire revient à manger ou boire le mort, *das Fell versaufen* (« dépenser la peau en boisson »), *die Haut verzehren (« consommer la dépouille »), die Leiche vertrinken* (« boire le cadavre »), ou *den Toten vergiessen* (« verser, répandre le mort »), — le préfixe *ver-* indiquant chaque fois qu'on ne se prive pas... Le repas funéraire répare la perte du mort par une incorporation symbolique où la nourriture et la boisson remplacent le cadavre que dans d'autres cultures on consomme réellement [12].

Enfin, pour parachever ce scénario du mort mangé, le mot ***restes***, « dépouille mortelle de l'homme », a aussi des connotations alimentaires que dit plus explicitement le nom argotique du cercueil, ***la boîte à miettes***. Le corbillard qui emporte ces restes s'appelle donc un ***balai*** (Giraud, 1980), d'un mot qui a d'abord signifié « le dernier omnibus » (1878) ou « ***le dernier métro*** », et qui se trouve remotivé par l'idée de débris qu'on enlève. Au Frank qui, dans *La Coupe et les Lèvres* de Musset, refusait de quitter ce qu'on appelle depuis les Stoïciens ***le banquet de la vie*** :

> Je ne veux pas mourir. [..]
> J'ai faim. Je ne veux pas quitter l'hôtellerie,

Brassens répond qu'il faudra bien sortir de l'auberge, et même pas comme un digne convive :

> Et quand l'un d'entre nous meurt,
> Qu'on nous met en demeure
> De débarrasser l'hôtel
> De nos restes mortels..
>
> *La Femme d'Hector.*

Le mot ***restes*** a une évidente valeur péjorative, que souligne l'emploi distinct de ***reliques***, réservé au Christ ou aux saints, qui méritent un terme moins bas. C'est pour une raison analogue qu'on hésite parfois à parler d'***incinération***, car le mot s'applique aux ordures et rappelle les temps où l'on jetait les morts à la ***voirie***. On peut donc préférer ***crémation***.

LA CONVIVIALITÉ FUNÈBRE

Le cycle alimentaire de la mort, qui va de manger à être mangé, est susceptible d'un ultime renversement si l'on considère que le mort survit dans l'au-delà. Car on peut croire qu'il se nourrit encore pour assurer cette survie. Dans le christianisme primitif, quand on n'avait pas encore inventé l'enfer et ses supplices, le défunt était censé attendre le jugement dernier en dormant dans un lieu de repos frais et paisible, une sorte de jardin fleuri appelé le ***refrigerium***. Mais ce mot désignait aussi le repas funéraire que les survivants consommaient dans un espace aménagé près des tombes, au troisième jour des funérailles et chaque année au jour anniversaire de la mort. Une place était réservée au défunt, à qui on adressait des formules de santé et des invitations à boire comme s'il participait au banquet avec les autres. Et il y participait encore plus précisément car un tuyau ménagé dans la tombe permettait de lui verser du vin, comme cela s'était déjà fait chez les Cananéens et les Phéniciens. Cette coutume est restée vivace durant cinq siècles, du IIIe au VIIIe [13], et plus longtemps encore dans certaines régions comme l'Albigeois, où les dernières tombes à offrandes datent du début du XVIe siècle. Mais l'Église s'y est opposée très tôt, interdisant d'abord de festoyer dans les églises et les cimetières, et de nourrir les morts, puis multipliant les mises en garde contre les veillées et les repas funéraires. Peine perdue, comme le montrent les nombreux témoignages des folkloristes sur ces deux moments où l'on mangeait, buvait, dansait et plaisantait joyeusement. Van Gennep, qui rapporte de nombreux exemples de ces coutumes, cite en particulier un couplet que dans le Haut-Limousin on chantait autour du corps qu'on avait porté dans un cabaret :

> Il est mort,
> Ou bien il dort.
> Pour le réveiller,
> Trincons un veire.
> Mort, mort, mort !
> T'en iras-tu sans bouère ? [14]

Que le défunt y participe à titre de mangeur ou de mangé — et rien n'empêche, pour l'imaginaire, qu'il soit les deux à la fois —, le repas funéraire assure la continuation de la vie et l'affirme symboliquement en soudant la communauté autour du mort. Il eut pendant des siècles une telle importance qu'il suffit à désigner métonymiquement l'enterrement et la mort. On dit par exemple en Beaujolais, à quelqu'un qui prend un risque mortel : « tu veux donc nous faire ***manger le saucisson*** ? », c'est-à-dire « tu veux nous faire manger ton repas de funérailles ? ». On trouve des expressions analogues avec ***le fromage*** en Mâconnais et ***les pois*** en Auvergne. Au milieu du XIXe siècle dans l'argot des typographes, ***manger*** ou ***faire sauter le lapin*** signifie « aller à l'enterrement d'un camarade ». Esnault relève ***à mon lapin !***, « à ma mort ! » (1874), allusion à la coutume d'« arroser » un lapin sauté après l'inhumation. ***Manger du pain et du fromage***, dans le langage parisien de la fin du siècle, a le même sens, « assister à des funérailles » :

> — Pas de blagues, dis donc, Julie, fit le vieux en voyant la mine affreusement tirée de la cartonnière. Tu ne vas pas nous faire *manger du pain et du fromage ?*
>
> cité par Bruant, *L'argot au XXe siècle.*

XIV. Ici l'absent

Si l'on s'attendait à trouver dans les mots de la mort une quelconque cohérence, on risque d'arriver au terme de cet itinéraire avec la plus grande perplexité. Car enfin, où est-il, notre cher disparu ? Nous disons qu'il fait le grand voyage, mais nous inscrivons sur sa tombe qu'il repose ici même. Nous le regrettons parce qu'il est parti, mais nous l'honorons parce qu'il est encore là. Nous aimerions qu'il soit encore parmi nous, mais nous ne craignons rien tant que son retour. Ces paradoxes se manifestent dans les rites, les lieux et les objets funéraires, donc avec des symboles non linguistiques, qui ont fait l'objet d'études détaillées depuis une douzaine d'années[1], et ne concernent le présent ouvrage qu'indirectement. On peut cependant tenter de vérifier si le langage confirme le symbolisme des comportements et des objets.

UBI SUNT ?

Où sont-ils ? La question nous obsède tellement qu'elle a formé un thème littéraire, celui de l'***ubi sunt***. Il est dans *La Chanson de Roland*, quand Charlemagne nomme ceux qu'il a perdus :

Carles escriet : « U estes vos, bels niés ?
U est l'arcevesque ? e li quens Oliver ?
U est Gerins ? e sis cumpainz Gerers ?
[...] U est Gerard de Russillun li Veilz ?
Li .XII. per, que jo aveie laiset ?
De ço qui chelt, quant nul n'en respundiet ? »

« De cela qui se soucie, puisque nul ne répond ? ». On répète la question durant tout le Moyen Age, Villon la pose avec sa « Ballade des Dames du temps jadis » :

Dites-moi où, n'en quel pays
Est Flora la belle Romaine ? [...]
Où sont-ils, Vierge souveraine ?
Mais où sont les neiges d'antan ?

et Charlemagne en fait à son tour l'objet : « Mais où est le preux Charlemagne ? » (refrain de la « Ballade des Seigneurs du temps jadis »). Nerval reprend en écho :

Où sont nos amoureuses ?
Elles sont au tombeau :
Elles sont plus heureuses,
Dans un séjour plus beau !

« Les Cydalises », *Odelettes*.

Mais sa double réponse appelle une autre question : au tombeau ? ou dans un séjour plus beau ? Sur un tout autre ton mais avec autant d'ambiguïté, Piron disait en même temps dans son épitaphe « enfin je me vois au trou » et « je vais je ne sais où ». Ici ou ailleurs ? Les morts semblent pour notre imaginaire doués d'ubiquité.

Cet ailleurs a divers noms dans notre langue. Il est ***l'autre monde (partir pour / envoyer dans l'autre monde***), organisé en ***royaume des morts*** (XVIe s.), ***sombres royaumes*** (XVIIe s.), ou ***royaume de Pluton***. Il a une topographie, car on le conçoit généralement comme ***le noir rivage*** ou ***la rive sombre, la rive infernale*** (XVIIe s.), ou ***le rivage des morts / du Styx*** (XIXe s.). Il est subdivisé en régions, l'enfer au fond de la terre, le paradis au ciel, et le purgatoire entre deux. Ce dernier, comme l'enfer, tient plutôt de la prison, mais le paradis est un jardin, conformément à son étymologie (latin *paradisus*, grec *paradeisos*, persan *paridaiza*, « parc du seigneur, jardin d'agrément »), ou une ville, ***la cité céleste, la Jérusalem céleste***, ou encore une demeure, ***la maison du Seigneur, la maison du Père***, où la liturgie catholique promet que le défunt trouvera sa place préparée conformément aux Évangiles.

Parallèlement à cet autre monde vers lequel il est parti, le mort est encore ici, désigné par les démonstratifs : ***ci-gît*** et ***ici repose***. On ne s'est pas toujours soucié de cette localisation, puisque les plaques murales placées dans les églises aux XIIe-XIIIe siècles ne coïncidaient pas avec les tombes : il suffisait de conserver par une inscription la mémoire du défunt, et peu importait l'emplacement de sa sépulture. La superposition de la tombe, avec son épitaphe, et du lieu d'inhumation, ne s'est totalement généralisée qu'au XVIIIe siècle. Depuis, les deux formules ***ci-gît*** et ***ici repose*** assignent le mort à résidence dans l'espace désigné et indiquent sa proximité. Le langage familier confirme cette destination de celui qui est parti en opposant aux représentations d'un autre monde lointain la tombe proche où l'on va en un trajet bien plus court : ***être au bord de la fosse*** (XVIe s.), ***avoir un pied dans la fosse / la tombe*** (Montaigne : ***avoir le pied à la fosse***), ***descendre au tombeau, être au trou, être six pieds sous terre***, etc., à quoi il faut ajouter les noms de cimetières qui forment des expressions locales comme ***monter au château*** ou ***aller à Cocade*** (Nice), ***avoir un avancement pour Kerfautras*** (le cimetière de Brest), ***aller garder les vaches à Keranmoal*** (le cimetière de Châteauneuf-du-Faou), ***ça sent le Saint-Just*** (« il va bientôt mourir », Lyon). Toutes ces expressions, même si elles sont ironiques, manifestent le besoin de repérer un emplacement concret, besoin que dénient les adeptes de la crémation et de la dispersion des cendres, mais qui intervient dans le choix de l'inhumation puisque 5 % de ses partisans expliquent : « avec une tombe, on sait où je suis » (enquête I.F.O.P. et Société de Thanatologie, 1979). Ce « je » n'en est pourtant plus un, et sauf exception, la destruction du corps n'en laissera bientôt plus aucune trace ; mais comme le dit une épitaphe photographiée par André Chabot[2], « *Ci-gît personne et peut-être rien* », le déictique *ci*, montrant un lieu réel, compense l'absence du sujet dont notre imaginaire ne peut se passer.

Ce lieu, la tombe et autour d'elle le cimetière, nous l'avons organisé tout comme l'autre monde sur le modèle de nos espaces quotidiens, en maisons, jardins et villes. C'est un univers parallèle, la ***nécropole***, « ville des morts » qui double la ville des vivants, alors que pendant des siècles le cimetière, dont on a vu que son nom médiéval d'***aître*** le désignait comme la cour de l'église, était au cœur des villages et des cités, et fréquenté comme lieu de rencontres et d'échanges. Aussi le mot de ***nécropole*** n'apparaît-il dans notre langue qu'en 1833, et dans le vocabulaire de l'archéologie égyptienne, avant de caractériser les grands cimetières modernes que le siècle reléguait dans les périphéries urbaines. On a abondamment décrit[1] ces villes des morts avec leurs voies, leurs quartiers et leurs tombeaux-maisons dotés de portes et de fenêtres, hôtels particuliers ou villas en miniature, ou leurs H.L.M., quand il s'agit des cimetières contemporains à étages, les ***nécropoles gratte-ciel*** dont on parlait déjà en 1938. Elles sont aujourd'hui concurrencées par les ***cimetières-parcs*** d'origine anglo-saxonne et les ***cimetières forestiers*** allemands, inspirés par les rêves préromantiques et romantiques de tombes dans la nature ou de jardins funéraires. Robert Auzelle, créateur du célèbre cimetière de Clamart, distingue ainsi le ***park cemetery*** composé de jardins à l'anglaise, le ***cimetière forestier*** de type germanique, avec ses sépultures dans une forêt, le ***cimetière architectural*** où les ensembles de tombes sont délimités par des haies et des arbres et le ***cimetière paysager*** d'origine suisse qui constitue des paysages par la végétation. Mais qu'il s'agisse de villes ou de parcs, la plupart des auteurs qui ont analysé nos cimetières modernes s'accordent à y voir une bana-

Un cimetière en Andalousie.

lisation de la mort, dont on gomme les signes en transformant ces lieux en des espaces indifférenciés, noyés dans le paysage urbain, confondus avec les autres espaces de la ville parce qu'on fait tout pour qu'ils ressemblent à des quartiers ou des jardins, et non à des cimetières.

Il n'y a pas lieu de discuter ici de cette interprétation, mais on peut, sans sortir de notre propos, rappeler que la langue a précédé depuis longtemps la réalité en considérant le tombeau comme une maison, — ce qu'il était bel et bien dans diverses civilisations antiques[3]. Les Égyptiens l'appelaient *habitation éternelle, demeure d'éternité*, formules reprises par Israël, *maison d'éternité*. L'image de la ***dernière demeure / maison*** est des plus banales. On la trouve par exemple en 1376 dans le *Respit de la mort* de Jean Le Fèvre :

Je fis de Macabre la dance
qui toutes gens maine a sa tresche [ronde]
et a la fosse les adresche
qui est *leur derraine* [dernière] *maison*.

Jean-Baptiste Chassignet :

Pourriture est mon frère,
Mort se nomme ma sœur,
Terre et ver, pere et mere,
Le tombeau ravisseur
De l'homme prisonnier
Est *le giste dernier*

« Ode sur la fragilité de la vie humaine »,
Le Mespris de la vie.

fait écho à Rémi Belleau :

La pourriture est mon père,
Les vers ma sœur et ma mère,
Et le tombeau *ma maison*.

Vers religieux.

Tous deux reprennent un passage du livre de Job (17, 13-14) où c'est l'enfer qui tenait lieu de maison (*infernus domus mea est*).

Ce dernier logis n'a pas encore l'aspect avenant des tombeaux du XIXe siècle. On y subit un répugnant voisinage, on y est à l'étroit :

> En grant palais me logeois à mon vueil ;
> Or suis logiée en ce petit cercueil.
> Ma chambre estoit de beaux tapis ornée ;
> Or est d'aragnes ma fosse environnée.
>
> (Vers attribués au roi René, et inscrits au bas d'un tableau, représentant une femme rongée de vers, qui se trouvait avant la Révolution dans le couvent des Célestins à Avignon.)

et on n'y va pas le cœur gai :

> Un mort s'en allait tristement
> S'emparer de *son dernier gîte*...
>
> La Fontaine, « Le Curé et le Mort », *Fables*, VII, 11.

Mais on n'y est qu'en locataire, « *locatif* descharné d'un vieil tombeau reclus » (Ronsard, *Les Élégies*, II), jusqu'à ce que les suivants prennent la place, — et surtout en attendant la résurrection. Le dernier logis a dans ce cas la fonction d'une salle d'attente. En revanche, dans les temps modernes où la croyance s'est affaiblie, il apparaît comme l'ultime destination, et c'est pourquoi les ***concessions à perpétuité***, qui en assurent une location en principe définitive, ont eu tant de succès. On s'installe pour toujours dans sa dernière demeure, en essayant de la rendre confortable et plaisante à voir pour les visiteurs, en oubliant surtout les convives dévorants que la littérature des siècles passés mentionnait. Quand on n'est plus certain de pouvoir en sortir avec la résurrection, on a tendance à se sédentariser dans son ultime habitation.

Mais alors que le XIXe siècle a multiplié les cimetières semblables à des villes et les tombeaux-maisons, l'argot a curieusement précédé l'urbanisme funéraire d'aujourd'hui en insistant sur l'image du jardin ou du parc. Le ***jardin*** et le ***parc des claqués / des crônis / des refroidis*** datent de la fin du XIXᵉ siècle, et continuent les images agricoles que l'on a vues au chapitre précédent (***champ des morts***, début XIXᵉ siècle, puis ***champ d'oignons / de navets***) en les infléchissant vers des représentations horticoles. Juste revanche sur les habitations modestes des vivants qui font l'argot ou la langue familière, le cimetière est rêvé — fût-ce avec ironie — comme une propriété résidentielle, parc, jardin, domaine (***le domaine du cannage***). La seule expression plus spécifiquement urbaine, ***le boulevard des allongés***, est postérieure aux images horticoles, et a d'abord désigné la morgue (1928). Le cimetière paysager n'est donc pas seulement la réalisation de tendances romantiques car il concrétise ce que disait aussi la langue populaire. Or celle-ci révèle chez les Parisiens qui l'inventent un rêve tenace de propriétaires terriens : le succès des images agricoles, même si nous n'avons pas l'équivalent de l'explicite *to buy the farm* (« acheter la ferme = mourir ») en anglais, et la fréquence des représentations de jardins, témoignent de nostalgies rurales chez les citadins. Et quand on croit de moins en moins aux jardins du Paradis, quand les ***Champs Élysées*** de l'Antiquité sont devenus un immense boulevard, pourquoi ne pas se contenter d'un « retour à la terre » dans ce que l'argot du XIXᵉ siècle appelait ***quatre-arpents***, « le cimetière » ? Cette altération de ***quatre-pans*** (« cercueil ») élargit l'étroit logis à des dimensions de terrain agricole. On peut trouver le cimetière paysager aussi décevant qu'un jardin public, ou qu'un jardin de pavillon de banlieue, mais il remplace tant bien que mal la nature perdue par les citadins.

Il n'empêche que si la mort est ***ici***, dans ce lieu qu'on tient à désigner et que les expressions familières de la mort mentionnent de plus en plus à partir du XIXᵉ siècle, nous persistons à dire couramment qu'il ***est parti***, même quand nous ne faisons plus la distinction entre le corps resté en terre et l'âme envolée auprès de Dieu. Quand le dualisme chrétien n'explique plus ce partage,

il semble qu'un mécanisme de type fétichiste, celui que Freud appelle « le clivage du moi », permet de maintenir ensemble deux assertions contradictoires : il est parti, il est ici. *Je sais bien* qu'il est ici, *mais quand même* il est parti pour le grand voyage[4], et vice-versa.

Or la vieille image du sommeil permet de rendre compte de cette situation ambiguë, de cette présence-absence. Les Grecs faisaient de *Thanatos*, la Mort, le frère jumeau d'*Hypnos*, le Sommeil ; et nous leur devons le nom du **cimetière**, *koimêtêrion*, « dortoir, lieu pour dormir ». Les Romains inscrivaient sur leurs tombeaux : *Lugete : quescit,* « plaignez-le : il repose » ; la mort était *quies*, repos, sommeil des *quiescentes animae* ou des os. Nous avons repris le mot

« L'arbre de mort », par Victor Hugo.

dans le ***Requiem*** : *requiem aetenam dona eis, Domine*, « donne-leur le repos éternel, Seigneur ». Dans le ***refrigerium*** du haut Moyen Age les morts dormaient, ils étaient des ***dormants*** comme la Vierge dans sa ***dormition***, le sommeil durant lequel elle fut enlevée au ciel. On ne meurt pas, on ***s'endort en Dieu / au Seigneur***, selon l'expression des *Actes des Apôtres* : *obdormivit in Domino*. Notre ***ci-gît*** traduit le latin *hic jacet*, « il est couché ici », qu'on trouvait au Moyen Age à côté d'inscriptions comme *hic requiescit* (**ici repose**), *hic pausat*, *hic dormit*.

Ces mots sont restés même lorsque la croyance religieuse qui expliquait ce sommeil comme une attente s'est effondrée. En témoigne l'arrêté de Fouché qui, en 1793, décréta que tous les défunts seraient conduits à leur sépulture sous un voile où serait peint le Sommeil, qu'une statue de celui-ci serait érigée dans chaque cimetière, et que la porte du lieu porterait l'inscription « *La Mort est un sommeil éternel* ». On ne dort plus « en Dieu », on n'attend plus la résurrection et le Jugement, on restera dans cet état pour l'éternité, sans jamais se réveiller, mais on n'est toujours pas mort. Il est d'ailleurs curieux que Robespierre ait protesté contre cette idée d'un sommeil éternel au nom de sa croyance en l'immortalité de l'âme[5], car la proposition de Fouché impliquait nécessairement une survie et, si elle ne comportait pas le mot *âme*, demandait néanmoins que le cimetière fût un « champ consacré par un respect religieux aux mânes des morts ». La persistance des représentations du sommeil à notre époque, aussi bien dans notre langage que dans les pratiques funéraires (cercueils capitonnés et coussins à l'intérieur) ou dans la statuaire (gisants modernes, oreil-

Le tombeau lit conjugal.

lers sculptés sur les tombes), maintient la même ambiguïté. Sur les 27 % de Français qui ne croient pas en Dieu, 3 % pensent qu'il y a quelque chose après la mort[6] ; à l'inverse, 69 % croient en Dieu mais 19 % d'entre eux disent qu'il n'y a rien après et que la mort est la fin de tout, — mais il faudrait savoir combien font *comme si* en allant se recueillir sur les tombes : nos comportements devant la mort sont bien souvent sur ce mode du *comme si*, car on échappe difficilement au désir qu'il y ait « quelque chose » même quand on prétend n'y pas croire. Et ce *comme si* commande aussi le mécanisme de la métaphore, qui nous fait dire ***il dort, il repose***, quand nous savons qu'il est mort.

L'argot exploite ces images sur le mode ironique, mais l'ironie n'empêche pas une certaine adhésion au sens propre. ***Assommer*** (« assoupir, donner le somme » au XIIe s., puis « étourdir d'un coup sur la tête » et « tuer » au XVIe s.) ; ***envoyer dormir*** (« tuer », 1640) ; ***endormir*** (« tuer », 1749) ; ***engourdir*** (« assommer », 1821) ; ***ébobir*** (« tuer », 1821, de *ébaubir, « ébahir ») ;* ***étourdir*** (« tuer », 1821) ; ***chloroforme en barre*** (XXe s.), « matraque », — tous ces euphémismes excusent l'assassin qui est censé endormir sa victime et non la tuer.

Il faut mettre à part, dans la langue familière, l'expression courante (***faire***) ***passer l'arme à gauche***, qui date du début du XIXe siècle et serait apparue chez les soldats du premier Empire. On prenait alors la position du repos en faisant passer son fusil à gauche. L'expression joue donc sur l'idée du repos, mais en évoquant plus l'arrêt d'une corvée que le sommeil. Elle est surdéterminée par la valeur néfaste attribuée à la gauche, et qu'on retrouve chez les marins dans ***passer sa chique à bâbord*** (1884). Mais elle a pu s'imposer aussi par équivoque sur ***passer*** au sens très banal de « mourir ».

LE DEUIL OU LA DOULEUR EN REPRÉSENTATION

Les anthropologues, ethnologues, historiens et sociologues ont assez montré quelles sont les fonctions des rites funéraires et du deuil[7]. Il n'est pas dans notre propos d'y revenir en détail, mais un bref résumé s'impose avant de vérifier ce qu'il en est dans le langage.

On peut distinguer plusieurs fonctions contradictoires :

— nier la perte : on retient la mort auprès de soi en essayant de rendre moins visibles les marques de la mort (toilette, thanatopraxie) ; on veille autour de lui pour lui tenir compagnie, tout en parlant à voix basse pour ne pas le déranger dans son « sommeil » ; on l'installe dans un cercueil capitonné pour qu'il soit bien à l'aise ; on le fait participer, comme on l'a vu, au repas funéraire, etc.

— s'habituer à la perte, la reconnaître et l'admettre : c'est la fonction du deuil, période de transition durant laquelle les proches expriment leur douleur selon les codes de leur société et arrivent peu à peu à l'acceptation, sans que la coupure avec l'objet d'amour perdu soit trop brutale, car on continue à parler du mort et à le visiter fréquemment.

— éliminer le mort. En contradiction avec les deux précédentes, qui atténuent la douleur d'avoir perdu un être aimé, cette troisième fonction radicalise la perte en éloignant un mort qui fait peur. L'enfermement dans un linceul cousu, puis un cercueil, puis une tombe, et enfin dans un cimetière cerné de murs, est en même temps une « rétention » des morts, comme dit Jean-Didier Urbain, une manière de les garder en s'assurant qu'ils sont toujours « ici », et d'autre part une protection contre leur éventuel retour. Car l'*ici* du cimetière est un *là-bas* par rapport aux vivants qui ont expulsé le lieu des morts à la périphérie de leurs villes et villages pour ne pas habiter dans leur voisinage. Van Gennep donne de multiples exemples des rites de rejet qui éloignent le mort : voiler les miroirs et couvrir l'eau pour que l'âme s'y reflétant n'en reste pas captive, ou ne souille pas les liquides ; faciliter son départ en ôtant une tuile du toit, en ouvrant les rideaux du lit ou la fenêtre ; faire passer une rivière au convoi afin que le mort ne puisse revenir en arrière car il ne pourra pas franchir l'eau. D'autres rites protègent de la contamination et de la souillure mortelle : on se lave les mains dans la première eau venue, un ruisseau ou une mare, au retour de l'enterrement ; on fait immédiatement la lessive du mort en prenant garde de ne pas la mélanger avec celle des vivants, et dans certaines régions on va jeter l'eau sur sa tombe ; on fait brûler sa paillasse, parfois loin de la maison ; on balaie soigneusement et on emporte sur la fosse la poussière ramassée. Et tous les soins dont on entoure le mort sont aussi une façon de se le concilier, afin qu'il ne revienne pas demander ce qu'on ne lui aurait pas donné. Or le vocabulaire des funérailles et du deuil ne dit jamais rien de cette troisième fonction, sauf dans l'usage psychanalytique du mot ***deuil***. Dans la langue courante, il est uniquement centré sur la douleur et les honneurs, qui sont spectaculairement mis en évidence.

Funérailles dérive du latin *funus*, qui a le même sens : « ensemble des rites accomplis pour un mort ». On ignore l'origine du mot, que l'étymologie populaire romaine rapprochait, peu vraisemblablement, de *funis*, « corde », entendu au sens de « torche » parce que l'on portait des torches dans le cortège pour chasser les mauvais esprits. Toujours est-il que la famille de *funus* évoque le malheur et la tristesse. *Funestus* et *funebris*, signifient au sens propre « qui concerne les funérailles ». *Funestus* a pris deux sens secondaires : « qui subit un malheur, malheureux, triste, désolé », comme dans le français classique ***funestes pensées, funeste spectacle*** ; et « qui provoque un malheur, mortel, fatal », comme dans ***coup funeste***. Le sens premier, « funéraire », a disparu en français. Il est resté en revanche quand *funebris* a donné ***funèbre***, mais là aussi s'est développé un sens secondaire : *funebris*, « pernicieux, mortel », s'atténue en *funèbre*, « qui provoque la tristesse, donne des idées de mort ». Les mots de cette famille ont donc en latin des connotations fortes et inquiétantes, car ils désignent ce qui donne la mort : *funus* signifie d'ailleurs, outre son sens de « funérailles », la mort violente, le meurtre, la destruction. En français, seul ***funeste*** a eu ce sens, mais il l'a beaucoup perdu dans la langue contemporaine où l'on ne dit plus ***coup funeste*** mais ***coup mortel***. Ce sont les idées de tristesse et de deuil qui prédominent dans cette famille française de mots.

Deuil est de la même famille que ***douleur*** et a le même sens lorsqu'il apparaît au Xe siècle sous la forme ***dol***, puis ***duel*** au XIIe. Il s'agit d'abord d'un sentiment, comme dans l'expression qui est restée dans certaines régions, ***faire deuil à quelqu'un***, « lui faire une grande peine » (***faire dol***, Picardie ; ***faire deul***, Normandie), et comme dans ***condoléances*** (XVIe s.) qui dérive du beau verbe d'ancien français ***condoloir***, « souffrir avec quelqu'un ». Le sens s'est affaibli dans l'argot du XIXe siècle, où ***deuil*** signifie « ennui, contrariété, inconvénient, danger », comme dans le Perche ***avoir deuil***, « être contrarié » (1990) ; puis ***aller au deuil*** (1941), ***porter le deuil*** (1952), « porter plainte » et « dénoncer un complice », ***coup de deuil***, « malheur ». Dans la langue officielle, le mot, en son sens premier, a été remplacé par d'autres termes, comme dans les annonces nécrologiques : on a ***le regret, la tristesse, le chagrin, la douleur*** de faire part d'une perte cruelle. Le défunt est ***regretté*** : « notre regretté Un tel ». Au Burkina Faso, ***être regretté*** signifie « être mort ».

Mais ***deuil*** a changé de sens au XVe siècle pour désigner la manifestation de cet état affectif, les formes extérieures de son expression : on ***porte le deuil***, et on peut le porter sans pour autant ressentir un chagrin profond — comme le dit l'expression ***porter un deuil joyeux***, « porter le deuil d'une personne dont l'intérêt faisait désirer la mort » (XVIIIe siècle). L'apparence risque de l'emporter sur la sincérité des sentiments, surtout lorsque les règles du deuil sont abusivement contraignantes et compliquées, comme au XIXe siècle, mais il est vrai que de nombreuses sociétés ont un ensemble de signes codifiés pour indiquer la situation de l'endeuillé. Il faut y ajouter les représentations de la douleur au moment des funérailles : les ***pleureuses***, souvent payées pour cette tâche, doivent gémir, crier, hurler, mais aussi dire des récitatifs qui sont un genre littéraire, les ***lamentations***. On distingue en Corse le ***lamento*** plaintif, en cas de mort naturelle, et le ***vocero*** quand il s'agit d'un crime appelant la vengeance. En pays basque et dans le Béarn, ces lamentations portaient le nom d'***élégies***, conformément à l'étymologie du mot grec *elegos*, « chant de deuil », qui vient peut-être de *ê legein*, « dire hélas ». Les Grecs avaient aussi le ***thrène***, qui semble étymologiquement se différencier de l'élégie comme le ***vocero*** du ***lamento*** : *threisthai*, « pousser de grands cris », (d'une racine **dhrew*, « faire retentir »). La même véhémence est à l'origine du mot ***lugubre*** : latin *lugere*, « manifester sa douleur, pleurer quelqu'un », d'une racine signifiant « briser », allusion aux manifestations violentes du deuil, que notre Moyen Age a aussi connues (s'arracher les cheveux, se lacérer le visage, etc.). De même que chez les Grecs les vociférations se sont peu à peu civilisées sous forme de genres littéraires, le thrène, l'élégie, mais aussi le dithyrambe dont est sortie la tragédie, de même la gestualité violente du deuil médiéval s'est-elle atténuée au cours des siècles, jusqu'à la quasi-disparition du deuil aujourd'hui. Les anthropologues considèrent ce rejet contemporain comme un déni de la mort, mais ce pourrait n'être qu'une crise de la représentation (qu'on retrouvera à propos des cimetières) : l'extériorisation du sentiment en gestes, attitudes, discours codifiés subit l'usure des signes trop répétés ; le formalisme l'emporte sur la sincérité. On en a déjà un témoignage dans la langue latine où *nenia*, qui désigne d'abord un chant funèbre, et qui est aussi le nom de la déesse des lamentations, *Nenia*, a fini par pren-

dre le sens de « chanson enfantine, futilité, bagatelle », d'où le verbe *nenior*, « parler pour ne rien dire » ! L'affaiblissement sémantique du mot ***deuil*** dans notre argot va dans le même sens.

Pourtant, la psychanalyse a permis de repenser ces manifestations officielles, voire de les justifier, en accentuant ce passage que la langue avait déjà réalisé entre le sens passif de ***deuil*** « douleur qu'on ressent », et le sens actif de **porter le deuil**, « le montrer par des signes », car cette activité est encore plus nette dans ***faire son deuil*** et ***travail du deuil*** (*Trauerarbeit,* Freud, *Deuil et mélancolie*, 1915). Il s'agit du processus psychique par lequel on se détache progressivement d'un objet d'amour perdu. On retrouve ici les fonctions contradictoires des rites : le travail du deuil retient l'objet perdu, en cultive le souvenir et le surinvestit, mais d'autre part il permet de le désinvestir en retirant « toute la libido des liens qui la retiennent à cet objet » (Freud), et il finit par l'acceptation de la réalité. On doit « tuer le mort ». Reste à savoir si, comme le pensent les anthropologues, l'activité extérieure qui consiste à manifester son deuil par un certain nombre de signes, vêtements, attitudes, etc., peut favoriser l'activité psychique, interne, du travail de deuil, ou n'est pas indispensable. D'après un sondage IFOP de 1979, 62 % des personnes interrogées pensent qu'il n'est « pas normal de montrer sa peine aux autres », et 51 % trouvent que « porter le deuil est devenu ridicule », ce qui rappelle l'évolution de la *nenia* en propos risibles. Est-ce à dire que les mêmes personnes ne réussiront pas leur travail de deuil ? La chose reste à prouver. Mais il est certain en tout cas que le deuil comme représentation est désormais perçu comme un ensemble de signes formels et vains, soit parce qu'on ne veut plus signifier sa peine, soit parce que ces signes ne la disent pas bien.

HONNEURS FUNÈBRES

Aujourd'hui ressentie comme ridicule ou indécente, la mise en scène du deuil allait traditionnellement de pair avec celle des honneurs rendus au mort, honneurs dont parle presque tout notre vocabulaire des funérailles, mais qui subissent maintenant la même désaffection.

Leurs fonctions sont encore multiples et contradictoires : valoriser, surinvestir l'objet perdu, et préparer ainsi le travail du deuil ; reconnaître la perte en exagérant au besoin son importance, mais en même temps la nier en faisant comme si le défunt était encore présent pour apprécier ces honneurs ; atténuer la culpabilité que ressentent toujours les survivants et se concilier le mort pour qu'il ne revienne pas demander qu'on s'occupe mieux de lui. Mais comme le deuil, les honneurs funèbres perdent aujourd'hui de leur importance, même s'ils disparaissent moins vite, et l'évolution des mots montre qu'ils sont ressentis comme un excès d'affectation.

Funérailles a pour synonymes classiques ***les honneurs funèbres, posthumes, suprêmes***. Les ***célébrer*** revient à ***rendre les derniers honneurs, un dernier hommage***. Le latin *sepultura*, dont nous avons fait ***sépulture*** — même famille que ***sépulcre*** et ***ensevelir*** — a le double sens de « derniers devoirs » et « sépulture » ; on rapproche *sepelire*, « ensevelir » du védique *saparyati*, « il honore ». L'ensemble des ***obsèques*** est honorifique, comme l'indique la parenté du mot avec ***obséquieux***. Le bas-latin *obsequiae*, dont nous avons tiré ***obsèques***, combine deux mots : le classique *exsequiae*, « convoi funéraire », indique qu'on suit le mort jusqu'au bout (*exsequi*) et a donné l'ancien français ***exeques***, qui a été plus répandu qu'***obsèques*** du XIIe au XVIe siècle. Mais ce mot latin a subi l'influence de *obsequium*, « complaisance, déférence », voire « complaisance coupable » ; (*obsequi*, « céder aux volontés de quelqu'un, avoir de la complaisance pour ses désirs »). Le convoi funéraire est une manifestation de déférence qu'on semble avoir assez vite jugée excessive puisque ***obséquieux***, « excessif dans sa complaisance », date du XVe siècle. La même ambiguïté a fait glisser la ***pompe funèbre*** vers le ***pompeux*** : la ***pompe*** (lat. *pompa*, grec *pompê*) est un cortège solennel, mais les latins ont aussi donné à ce mot le sens de « ostentation », et « grands mots, déclamation, rhétorique forcée », ce qu'en français nous appelons ***pompeux***. la valorisation ou la dévalorisation de ces mots a varié avec les époques ou les sensibilités : le XVIIe siècle, qui a organisé de grandioses pompes funèbres, a tantôt exalté la pompe et le pompeux pour leur magnificence, leur faste, leur somptuosité, et tantôt dénigré la vaine gloire de leurs excès. L'évolution du mot ***pompes funèbres***, qui ne désigne plus qu'un organisme chargé des funérailles, a suivi celle des pratiques : l'ostentation, le pompeux et le pompier n'ont plus cours. ***Obsèques***

s'est banalisé au point que Littré fait remarquer son sens très général, puisqu'on l'emploie même pour le plus modeste enterrement, et propose ***funérailles*** pour « la cérémonie des enterrements pompeux ». Mais nous parlons de moins en moins de funérailles. Et le nom même de ***cortège funèbre***, emprunté à l'italien *corteggio*, « suite de personnes qui accompagnent quelqu'un pour lui faire la cour », a laissé place à celui plus neutre de ***convoi*** qui non seulement n'a pas de connotations honorifiques, mais encore évoque malencontreusement les convois de marchandises, de prisonniers ou de chemin de fer. Les fleurs et les couronnes, elles aussi honorifiques, et dont la coutume remonte aux Égyptiens, Étrusques, Grecs et Romains, ont en raison de leur origine païenne subi le blâme ou l'interdiction de l'Église catholique (de Tertullien au IIe siècle après J.-C., jusqu'à la fin du XIXe), mais tendent à tomber en désuétude partielle puisqu'on les mentionne assez souvent dans la formule négative ***ni fleurs ni couronne***. La même obsolescence frappe, dans les choses comme dans les mots, le ***poêle*** qui a d'abord été le ***palie, paile*** ou ***paille***, un riche drap de soie brodée, qu'on n'appelle plus que ***drap funéraire***, et tous les accessoires de luxe qui étaient réservés à la ***première classe*** quand il y avait encore des ***classes d'enterrement***. Quant au ***corbillard***, on a vu que sa dénomination est ironique à l'origine, puisqu'il s'agit d'un carrosse, certes, mais d'un carrosse bourgeois ou à usage des domestiques. Cela ne l'a pas empêché de connaître un succès certain, mais son allure solennelle est elle aussi passée de mode : il est banalisé à la semblance d'un véhicule ordinaire, de couleur prune ou grise, et on le nomme plutôt ***voiture funéraire*** ou ***fourgon***.

Quant à la langue familière et l'argot, ils ont évidemment précédé ce mouvement puisqu'ils ont pour norme de tout traiter par l'ironie. Le corbillard devient donc un ***omnibus***, ce qui a l'avantage de rappeler qu'il est destiné à tout le monde. On n'ignore pas ce qu'il a d'ostentatoire, puisqu'à la fin du XIXe siècle ***faire son cheval de corbillard*** signifie « faire le malin, poser ».

Le dicton ***l'honneur fleurit sur la fosse*** (1842), « on n'honore les gens que lorsqu'ils sont morts », paraît assez désabusé. Et sans se faire trop d'illusions sur les honneurs affichés, les soldats ont créé vers 1843 l'expression ***défiler (à) la parade***, « mourir », où c'est le mort lui-même qui semble saluer les vivants comme un soldat qui défile la parade en passant devant ses chefs.

Est-ce à dire que les Français n'honorent plus leurs morts ? Pas du tout. Le prouvent d'abord les dépenses engagées, et qui ne sont pas, comme on a tendance à le dire, dues à la seule pression des entrepreneurs de pompes funèbres[8]. En 1988, les frais d'obsèques comportent en moyenne 3 200 F pour le cercueil et 2 500 pour les services funéraires, soit 5 700 F pour l'ensemble, mais aussi 5 500 F d'articles funéraires et de fleurs, achetés à ce moment-là. L'impératif ***ni fleurs***

ni couronnes n'est guère suivi dans la pratique. Quant aux dépenses globales du pays, *L'Événement du Jeudi*, dans son n° du 2 au 8 novembre 1989, les estime comme suit : 5,5 milliards de francs pour les obsèques ; 3,6 milliards pour les monuments ; 625 millions pour les plaques, 325 millions pour les fleurs artificielles, 225 millions pour les bronzes, 125 millions de vases et jardinières, et 45 millions de céramiques. Soit presque 5 milliards après les obsèques, pour les tombes et leurs ornements. La ***pompe funèbre*** s'est simplifiée parce qu'elle commençait à paraître trop ***pompeuse*** (selon le sondage IFOP de 1979, 77 % des Français souhaitent une simplification des cérémonies, et 78 % préfèrent qu'elles se déroulent dans l'intimité), mais l'hommage aux morts s'est déplacé du rite et des gestes aux objets. La mise en scène des honneurs règle de moins en moins le comportement des acteurs, que d'ailleurs on souhaite moins nombreux, mais elle déploie un décor qui, pour avoir changé de style, n'en est pas moins dispendieux.

Avant d'examiner ce décor et sa fonction expressive, il faut noter que le respect des Français pour leurs morts s'est unanimement manifesté dans la récente affaire de Carpentras : la ***profanation*** d'une tombe reste, même pour des athées, même quand les funérailles laïques se multiplient, un geste littéralement sacrilège, et le scandale qu'elle provoque montre que dans un monde désacralisé, les morts, eux, sont encore sacrés, comme le cimetière est encore un *locus sacer*, selon l'adage ***les tombeaux sont sacrés***.

VISIBLE ET INVISIBLE

L'ostentation du deuil et des funérailles a quelque chose de spectaculaire, et se situe par là dans un jeu complexe entre le visible et l'invisible : invisibilité du ***disparu*** qui a quitté le monde de nos apparences, et dont on se hâte de cacher le corps en espérant qu'il ne reviendra pas ; visibilité théâtrale des cérémonies, du deuil comme monstration du sentiment, et des objets funéraires.

La douleur du deuil tient à la ***perte*** et la ***disparition*** d'un proche. Mais entre la disparition métaphorique de la mort, celle que nous annonçons dans les faire-part (« la douleur de faire part de la disparition de X »), et la disparition effective du corps inhumé ou incinéré, se situe un temps intermédaire où les survivants retiennent le mort dans le visible. Après la ***toilette*** où on le lave, le rase, le coiffe et l'habille pour le faire beau, et que relaie aujourd'hui la ***thanatopraxie***, c'est-à-dire des soins de conservation et de restauration qui effacent le plus possible les marques de la mort pour donner l'illusion de la vie, l'exposition du corps dans sa maison ou au funérarium le donne à voir. La visite funèbre n'est pas seulement destinée aux proches qui ont besoin d'un soutien, elle participe aussi de ce que Louis-Vincent Thomas appelle une *présentification* : aller voir le mort, c'est attester par son regard qu'il est encore dans le présent visible, et le garder encore de ce côté-ci des apparences.

L'argot accentue cruellement cette idée d'exposition à propos de la ***morgue***. Ce mot vient d'une racine **murr-*, « museau » ; au XVe siècle, il signifie, comme aujourd'hui dans *regarder avec morgue*, « air hautain » ; puis on a désigné de ce nom, à partir du XVIe siècle, l'endroit où l'on fouille les prisonniers nouvellement arrivés, la « petite chambre à l'entrée des prisons, où l'on met d'abord les prisonniers, pour donner le temps aux guichetiers de bien les reconnaître », dit Littré. C'est donc le lieu où l'on regarde attentivement, où l'on dévisage et fouille. Aussi a-t-on donné le nom de ***morgue*** (1718, Académie) à la salle où l'on expose des corps anonymes pour que le public puisse les reconnaître. En argot, elle s'appelle le ***musée de la Camarde, des crônis, des refroidis*** (fin XIXe s.), et on y vient voir les ***artistes*** ou les ***figurants***, les cadavres de ceux qui, en général, n'ont jamais été considérés durant leur vie. Leur exposition n'a évidemment pas le même sens que celle des morts normaux à qui l'on rend visite, puisqu'il s'agit ici de reconnaître leur seule identité, et non leur valeur. Mais l'argot ironise justement sur cette situation dégradante en leur donnant le nom d'***artistes*** ou de pièces de ***musée***, valorisés pour la seule et dernière fois de leur vie par le regard des autres.

Pourtant, malgré ce regard nécessaire pour rendre hommage au défunt et le retenir un peu parmi nous, nous nous efforçons en même temps de le dissimuler. On a vu qu'à partir du XIIIe siècle une série de caches le dérobent[9] : totalement enveloppé dans son linceul, enfermé dans son cercueil qui est à son tour caché sous un poêle puis sous un échafaud qui a pris au XVIIIe siècle le nom de ***catafalque*** (le bas latin **catafalicum* a donné en français *échafaud* et en italien *catafalico*, lequel a été adopté au XVIIe siècle sous la forme ***catafalque***), le mort doit sortir au plus vite du visible. Soigneusement cloué entre ses planches, il sera peu après enfoui sous une lourde pierre dans un cimetière cerné de murs. Or les films de vampires ou de morts-vivants prouvent bien l'horreur que nous ressentons à l'idée que ces barrières puissent s'ouvrir et laisser revenir les morts dans le visible. Nous pleurons une ***disparition***, mais nous sommes terrifiés par une ***apparition*** ! Les noms que nous donnons aux morts qui reviennent insistent tous sur cette visibilité : ***apparition, spectre*** (1586, lat. *spectrum*, de *specere*, « regarder », même famille que *spectacle*), ***fantôme*** (dérivant du grec *phantasma*, même sens, de *phantazesthai*, « se montrer, prendre une apparence »), ***vision*** (XIIe s.), ***ectoplasme*** (fin XIXe s., terme forgé par le chirurgien Alfred Richet, prix Nobel de médecine, sur le grec *ekto-*, « à l'extérieur », et *plasma*, « objet modelé »), ***matérialisation*** (synonyme d'***ectoplasme***). Le mot ***idole***, du grec *eidôlon*, « image », qui désignait aussi un spectre, a eu le même sens dans notre langue :

> Les Ombres, les Esprits, les *Idoles* affreuses
> Des Morts chargés d'offense errent durant la nuict...
>
> Amadis Jamyn, « Des Esprits des Morts », XVIe s.

Le mort qui devait faire ***retour*** à Dieu et à la terre fait le chemin en sens inverse : c'est un ***revenant*** (1690). Le verbe ***hanter*** vient de l'ancien scandinave *heimta*, « ramener les troupeaux à l'étable pour l'hiver » et « retrouver » ; il est de la même famille que *hameau* et *home* ; il a d'abord signifié « habiter » et « fréquenter », puis sous l'influence de l'anglais *haunted house*, « maison fréquentée par des esprits », et de mots régionaux comme *hant*, « revenant » en Normandie, il s'est dit des fantômes à partir du XIXe siècle. Le retour des morts dans le visible atteint les vivants au cœur de leur *home*, de leur intimité. Il faut qu'ils soient ici, mais à condition que cet ici se désigne à l'intérieur d'un cimetière, et ne soit pas celui du réel ordinaire. On peut alors se demander si l'insistant démonstratif,

ci, ici, n'a pas aussi pour fonction de rassurer les vivants en attestant que les morts sont bien enfermés là où on le dit, et ne risquent pas de revenir là où l'on ne voudrait pas les voir. En donnant le nom de ***Cayenne*** aux cimetières *extra-muros*, l'argot du XIXe siècle disait bien qu'il s'agissait d'un lieu de déportation.

La contradiction entre ces deux tendances, le besoin de retenir le mort dans le visible et la peur de le voir encore ou à nouveau, se résout par l'intermédiaire de la représentation, qui donne à voir, certes, mais seulement des images et des signes.

Le mort exposé aujourd'hui dans le funérarium est présenté sous les apparences d'un vivant, ***vitalisé***. Les traits sont remodelés, les joues et les paupières affaissées sont regonflées, le visage maquillé ; littéralement sculpté et peint, il est une représentation de lui-même. Mais la chose n'est pas nouvelle, car à partir du XVe siècle on a embaumé les rois, puis les grands, pour les exposer sous des apparences flatteuses. Cela ne suffit pourtant pas, puisqu'à la même époque on prit l'habitude de laisser le corps ainsi arrangé dans une chambre de deuil, cependant que la foule défilait dans une salle d'honneur devant un lit de parade où était présentée ***une effigie*** de bois et de cire à la semblance du mort, qui s'appelait aussi une ***représentation***, ou ***représentation au vrai***[10]. La « vérité » s'obtenait grâce au ***masque mortuaire***, moulé sur le visage du défunt. Ces ***représentations*** étaient ensuite déposées sur le cercueil, à la maison et à l'église ; ce sont elles qu'on voit encore dans les châsses vitrées des saints, comme sainte Thérèse à Lisieux.

On parle d'***art funéraire*** à propos des tombes et de leur statuaire, mais on oublie, en le spécifiant ainsi, que toute une partie de l'art en général est originellement liée à ce besoin de la représentation dans nos rites de mort[11]. Le mot ***buste*** vient du latin *bustum*, « lieu où l'on brûle les morts (cf. *combustion*) ; tombeau ; monument funèbre ; restes du cadavre consumé ». Le sens « monument funéraire » a donné l'italien *busto*, « buste sculpté d'un mort », qui est passé en français au XIVe siècle. Et l'art du ***portrait***, du moins le portrait ressemblant qui fixe les traits singuliers d'un visage, se développe avec les effigies. Sur les tombes d'aujourd'hui, la photographie relaie le portrait pour présentifier l'absent grâce à l'illusion de la représentation.

Mais la représentation peut aussi se passer de la ressemblance, et se contenter de faire signe. Telle est la fonction du ***monument***, latin *monumentum*, ce qui perpétue le souvenir (*monere*, « faire souvenir » ; en grec *mnêma*, « signe pour rappeler un souvenir, tombeau »). Il faut un signe visible pour accrocher la mémoire, et c'est pourquoi le ***tombeau*** est d'abord un tumulus (grec *tumbos*, « tumulus funéraire »), qui ne passe pas inaperçu. Nous avons déjà parlé de la curieuse confusion qui a fini par se produire entre la ***tombe*** comme monument et la fosse qu'elle recouvre (chap. III). C'est que le monument a changé de fonction : de signe autonome, destiné à raviver la mémoire des survivants comme l'épitaphe quand elle n'avait pas besoin de localiser le mort, il est devenu un indice, une trace, attestant que le mort, quoique invisible, est bien là. Le tombeau doit être dans une relation de contiguïté avec le mort : s'il y a un tombeau, il y a quelqu'un en-dessous, dedans, et le mot désigne alors ce dedans, la fosse. Le mot de ***monument*** au sens de « tombeau » a donc disparu de l'usage, sauf dans le vocabulaire des marbriers, et reste réservé au ***monument au mort***, qui a bien la fonction propre qu'indique le mot ; mais nous ne disons plus que le tombeau est un ***monument***, parce qu'il est plus que cela, l'indice d'une présence, comme la partie visible d'un iceberg.

On voit pourtant se raréfier tout le système de représentation qui complétait le monument par des signes écrits. Les longues ***épitaphes*** du XIXe siècle, qui attestaient de la présence du mort tout en permettant la survie partielle de son identité et sa biographie, se sont abrégées jusqu'à l'évanescence. Dans les cimetières modernes la verticalité ostentatoire des stèles cède à la discrétion de dalles, où l'épitaphe s'est réduite à un nom, voire des initiales, et deux dates. On ne saura bientôt plus ce qu'est une ***épitaphe***. La signalisation du mort-ici se réduit à sa plus simple expression. Enfin, cette signalisation même disparaît quand la crémation est suivie de la dispersion des cendres. Il ne reste plus rien, ni le corps, ni les traces, ni les signes qui devaient en rappeler le souvenir, — ni réfèrent ni représentation.

Est-ce, comme le pensent les sociologues, une crise de la mort ? Ou tout simplement une crise de la représentation ? Comme pour le deuil et les pompes funèbres, l'excès des signes peut produire leur usure. On n'en est d'ailleurs pas encore là, comme le prouve le commerce des articles funéraires ; mais les nouveaux cimetières montrent une tendance au dépouillement qui équivaut dans le visible à l'art de la litote. Point n'est besoin de la pompe des gestes, des choses et des mots, ni de l'insistance rhétorique des monuments, ni même de la visite au cimetière, pour qu'on se souvienne. En choisissant l'intimité, la privatisation des funérailles, la simplicité des tombes, les Français fuient-ils la mort, ou l'approchent-ils au contraire dans ce qu'elle est, le silence et l'irreprésentable ? Les grands écrivains de la mort sont aujourd'hui ceux qui ont le plus travaillé le silence, Beckett, Blanchot, Jabès, Duras, ou qui l'ont pensé comme Jankélévitch. Après tant de rhétorique, les signes et les mots de la mort devraient peut-être arrêter leur folle prolifération, pour qu'en revenant à un degré zéro du discours on puisse dire simplement : ***mort***, qui veut dire que cela ne veut rien dire, mais que c'est une chose simple, « simple comme bonjour et bonsoir »[12].

Entre l'oraison funèbre de Jean Moulin, où Malraux retrouvait les accents de Bossuet, et les blancs qui trouent la prose de Marguerite Duras ; entre la débauche d'articles funéraires, et l'effacement absolu des corps incinérés et de leurs cendres ; entre le trop plein des signes qu'épuise leur répétition, et le silence que préfèrent aujourd'hui beaucoup d'endeuillés, nous hésitons encore. Mais c'est bien la représentation de la mort, la mort trop représentée, qui est en crise.

L'amour de Pierrot

Des mots pour vivre

Après tant de mots, comment ne pas désirer le silence ? Il y en a trop, ils foisonnent, ils pullulent, ils se multiplient à l'infini dans un processus qui prend souvent l'allure d'une fabrication mécanique. Il n'y en a pourtant pas assez, car on peut les regrouper en quelques rubriques où la variété des expressions se ramène à des variations de détail sur des thèmes de base. Il n'y a en tout cas pas le bon, sinon le mot ***mort***, sur lequel nous ne pouvons fonder aucune représentation.

C'est justement l'absence du bon mot, celui qui représenterait quelque chose de la mort, qui a fait proliférer les figures. Elles n'ont pas seulement la fonction d'euphémismes, manière de dire le pire comme un moindre mal[1], ou comme un bien, ou comme tout autre chose, pour n'en point parler directement, pour tourner prudemment, dans le mouvement craintif des circonlocutions, autour du trou. Car le trou est ici comme les puits dont parle René Char :

> Nous errons auprès de margelles dont on a soustrait les puits.
>
> *Feuillets d'Hypnos.*

— un trou noir, si l'on préfère. Et à défaut de pouvoir se le représenter, les expressions de la mort lui superposent des images, perceptibles et familières, qui en permettent l'approche, car « la mort est d'abord une image et elle reste une image » (Bachelard, *La terre et les rêveries du repos).*

Que l'on soit contraint de recourir à des figures n'est pas, en fin de compte, la principale difficulté. Il importe peu que la mort reste une image, si cette image peut avoir un sens, nous permettre de mieux vivre et d'assumer pleinement notre condition de mortels. Mais la plupart de nos expressions sont les résidus linguistiques de symboles religieux qui ont perdu leur efficacité, pour devenir de simples manières de parler. Quand nous disons ***il est parti*** ou ***il s'est éteint***, ces mots n'ont plus rien à voir avec la croyance en une nature ignée de l'âme, ou en un voyage précis dans l'au-delà. Vidés de leur sens, les symboles se réduisent à de faibles figures de style, « de la littérature » au mauvais sens du mot :

> LE ROI
> Je meurs, vous entendez, je veux dire que je meurs, je n'arrive pas à le dire, je ne fais que de la littérature.
> MARGUERITE
> Et encore !
> LE MÉDECIN
> Ses paroles ne méritent pas d'être consignées. Rien de nouveau.
>
> Ionesco, *Le Roi se meurt*.

Rien de nouveau, en effet. Ou plutôt la nouveauté de l'érosion qui démonétise les mots, et transforme les symboles en clichés quand la croyance ne maintient plus leur plénitude. Des religions judaïque et chrétienne ou des mythes antiques, notre langue a conservé des représentations constantes, que ce soit dans le français académique, dans la littérature ou dans l'argot. Mais l'effondrement des systèmes symboliques qui les justifiaient les a vidés de leur pouvoir figural. Leur répétition ne renouvelle pas leur sens mais l'épuise, elle en ressasse plus que des stéréotypes. Aussi Flaubert, déjà sensible à l'usure de la représentation que nous avons constatée au chapitre précédent, confiait-il à Maxime du Camp qu'il n'éprouvait aucune émotion dans un cimetière, et que « la tombe est une idée reçue ».

La langue se fige alors dans les formules convenues des faire-part et des notices nécrologiques, où même les mots de la douleur ne réussissent plus à l'exprimer. Ne restent que des signifiants vides, dont le signifié se dissout, dont le référent, la mort, se dérobe plus que jamais. Des mots pour parler, pas pour dire, pour faire un peu de bruit par-dessus le silence, pour confirmer qu'on existe, pour avoir quelque chose dans la bouche à défaut du repas funéraire.

Ce n'est pas qu'il ne reste aucune trace de croyance, mais elle est souvent dégradée en fétichisme. La belle confiance du Moyen Age, par exemple, dans le sommeil de l'*homo totus*, endormi corps et âme, s'exprime désormais sur le mode du *on dirait* et du *comme si*. ***On dirait qu'il dort*** n'affirme plus une foi paisible devant un cadavre, mais signifie : « quelqu'un d'autre pourrait dire qu'il dort, et cela me ferait bien plaisir, mais ce n'est pas moi qui le dis, parce que je n'y crois pas, même si je l'énonce tout de même en disant que *on* pourrait le dire à ma place ». La vieille image du sommeil demeure, parce qu'elle satisfait le désir, mais au prix d'un clivage entre une partie du moi qui aimerait y croire et une autre qui n'y croit pas.

Pour celui qui ne peut plus y croire, la plupart des mots de la mort semblent des broderies superflues et usées jusqu'à la trame. Quels mots conjoindre au réel quand on se trouve devant le corps d'un être aimé qui ne répond pas, et que la langue elle-même ne répond plus ? Comment dire encore qu'il est parti quand il est encore là avec la lourde présence d'une chose, ou qu'il dort quand on voit bien qu'il ne dort pas, que ce n'est pas *cela*, et que les symboles déchus ne peuvent même plus venir à la place de *cela* ?

*
* *

Dans la tendance contemporaine au silence, au repli, à l'intimité, il ne faut sans doute pas voir uniquement un déni de la mort. Le deuil n'a pas besoin de la pompe, de la rhétorique et des signes vides, et l'on peut croire un mort plus proche lorsqu'il se trouve sous un carré d'herbe que sous un lourd monument couvert de stéréotypes en lettres d'or.

Ce n'est d'ailleurs pas la première fois dans notre histoire que se produit pareil reflux. Le XVIIIe siècle, en réaction contre les pompes baroques, a exprimé le même besoin de discrétion : « que toute cette cérémonie des funérailles se fasse avec beaucoup de simplicité », « sans pompe avec une très petite dépense », « je défends toute tenture à la cérémonie »[2], ces clauses testamentaires évoquent notre ***ni fleurs, ni couronnes***. Quant à l'usure des représentations plastiques et linguistiques, elle a déjà été sensible au XVIe siècle après la grande débauche des images macabres. La *Déploration de messire Florimond Robertet*, de Marot, marque un tournant décisif en 1527. Passant en revue les images de la Mort qui s'étaient déployées depuis trois siècles, et que nous avons évoquées au chapitre VIII, Marot montre en effet qu'elles ne disent plus rien. C'est la Mort en personne qui parle dans ce texte, qui se plaint d'avoir été affublée de déguisements mensongers, transformée en « perverse chimère », et qui s'étonne : « Pourquoi me faiz tant de pompes funebres ? ». L'inventaire des figures finit par tourner au dictionnaire des idées reçues.

Mais Marot ne se contentait pas de dénoncer l'inanité des vieilles images, car il proposait une autre conception de la mort, plus intériorisée, et surtout plus chrétienne. Or si l'usure contemporaine des mots de la mort aboutit à un rejet des stéréotypes, encore faudrait-il que la discrétion et le silence ne soient pas eux-mêmes dénués de sens, et ne deviennent pas un mutisme absolu. Mais par quoi remplacerons-nous les signes dévalorisés et les mots creux ? Nous sommes à une période de transition où les particuliers commencent à improviser de nouvelles cérémonies funéraires, de nouveaux gestes[3], et se risquent à un style plus personnel dans les annonces nécrologiques. Les mots de la mort ne reprendront sens que dans un ensemble symbolique efficace, lorsque les initiatives encore individuelles finiront par se généraliser en des rites qui réintégreront la mort dans notre culture.

*
* *

Qu'il faille attendre des mots nouveaux, ou plutôt un renouvellement des anciens, il serait présomptueux de le dire. On ne peut, en tout cas, imaginer ce que pourraient être des représentations totalement inédites. Même l'invention du personnage de la Mort, qui a été, on l'a vu, la plus originale, a dû utiliser des matériaux anciens, bibliques ou païens, pour construire cette figure alors « moderne ».

Nous avons volontairement regroupé en chapitres thématiques l'ensemble de ces expressions. Il fallait montrer, dans la permanence de quelques images de base, l'existence d'un fonds commun constituant une mythologie, où puisent aussi bien la langue familière que la littérature, qui ne se différencient pas par le choix de leurs symboles mais par la manière dont elles les traitent. Mais il faudrait maintenant une étude historique beaucoup plus fine, donc beaucoup plus longue, pour repérer les évolutions qui affectent cet ensemble en privilégiant telle représentation plutôt que telle autre, en changeant sa signification ou en inversant sa valeur. Quant ***la Faucheuse*** n'est plus la mort mais la guillotine, qui coupe concrètement, elle quitte la zone inoffensive de l'allégorie pour se rapprocher du réel. Quand l'argot urbain réinvente les images du corps-machine qui se casse, au moment de la révolution industrielle, il n'a certainement pas la tranquillité de Descartes quand il avançait les mêmes métaphores. Et les images administratives du jugement et du bilan, qui donnaient sens à la mort, ne se sont maintenues qu'en changeant de valeur dans un monde où les bureaucrates semblent absurdes. Nous avons essayé de rassembler ce *thesaurus* des mots de la mort et de le classer, mais il faudrait voir comment il a fluctué selon les époques.

Or cette possibilité de fluctuation, qui à partir d'un ensemble somme toute assez pauvre d'images, permet une infinie variété de configurations, des déplacements d'accents, des changements de sens, des inversions de valeurs, cette possibilité laisse penser qu'un nouveau discours sur la mort n'aura pas besoin d'inventer des mots inouïs, mais pourra simplement rendre « un sens plus pur aux mots de la tribu ».

Les poètes n'ont rien fait d'autre ; et si nous avons tenus à montrer, au risque de choquer par des rapprochements inattendus, qu'ils se servent dans le fonds commun de symboles qu'ils partagent avec la langue familière et l'argot, c'était pour rendre sensible la nature de l'invention, qui ne crée pas *ex nihilo*, mais redispose autrement des matériaux anciens ou banals. Quelques exemples dans la poésie contemporaine suffiront à prouver que les images les plus usées peuvent encore retrouver leurs couleurs, que les figures immobiles peuvent se remettre à bouger.

Et toi qui me suis en rampant
Dieu de mes dieux morts en automne
Tu mesures combien d'empans
J'ai droit que la terre me donne
O mon ombre ô mon vieux serpent
[...]
O mon ombre en deuil de moi-même

Apollinaire, « La Chanson du Mal Aimé », *Alcools* ;

Quand les dieux sont morts, le double que les Anciens appelaient ***ombre*** quitte les enfers désaffectés pour se réinstaller dans l'ombre réelle, qui regroupe en elle et autour d'elle le noir du deuil, le serpent, responsable de la mortalité par le péché originel mais aussi symbole de résurrection, l'automne, saison des morts et de la chute des feuilles, avec une allusion à la mesure du corps qu'on va mettre dans le ***quatre-pans*** et ***quatre-arpents*** (« combien d'empans »). Mais Apollinaire se permet aussi des calembours :

Les croque-morts avec des bocks tintaient des glas

« Les villes sont pleines d'amour et de douleurs »,
Poèmes divers.

renouvelle les plaisanteries sur la ***bière / bock de cercueil*** par un jeu de mots sur ***tinter des glas***, « faire sonner le glas », et faire tinter des *glass*, des verres.

Michel Leiris a expliqué lui-même, dans *Langage tangage*, que ses jeux de mots lui semblaient la manière la plus appropriée de dire, ou plutôt de mimer la mort :

> ... langue bouleversée, convenant au traditionnel *monde à l'envers* [...], figure caricaturale de l'absurde sens dessus dessous dans lequel la mort, s'il y avait un au-delà, ne manquerait de nous précipiter...

Mais en triturant la langue, il ranime aussi les images enfouies :

mort — me met hors
outre-tombe — trou de bombe où toute ombre tombe en trombe
Pluton — planton (ou plutôt patron) des pâle palus de plomb
pourriture — puant retour

Sur un tout autre ton, mais en convoquant lui aussi les images traditionnelles, Yves Bonnefoy rassemble les thèmes du sommeil, de « la vie est un songe », de la descente et la chute, de la terre et du parcours vers la mort, en suspendant son ***pas*** au bout du premier vers comme au bord de l'escalier, de crainte de ***lâcher la rampe*** :

Je ne savais dormir sans toi, je n'osais pas
Risquer sans toi les marches descendantes.
Plus tard, j'ai découvert que c'est un autre songe,
Cette terre aux chemins qui tombent dans la mort.

« La lampe, le dormeur », *Pierre écrite.*

Il est encore plus risqué de rappeler la Faucheuse, stéréotype s'il en est, mais Claude Roy retouche ses traits :

La mort en tablier qui rentre nos moissons
repliant les messieurs, les dames, les oiseaux,
la mort n'écoute pas nos discours de poissons,
les mots que nous disons restent au fond des eaux.

« A regret », *Mourir*.

Le tablier de ***rendre son tablier***, « mourir », devient l'attribut de la Mort, à la place de la faux. De la moisson, Claude Roy néglige l'aspect destructeur pour retenir l'idée qu'on la rentre et la replie. Cette image d'intériorité se déplace vers le fond des eaux, comme un sheol aquatique, où le silence de la mort nous laisse muets comme des carpes. Mais de ces « discours de poissons » remonte à la surface l'onde berceuse du poème.

On retrouve cette Mort personnifiée, que Marot déjà ne voulait plus voir tant elle lui semblait décrépite, dans « la mort au masque de céruse » de Saint-John Perse (*Chanté par celle qui fut là*), sans pouvoir décider si elle a le visage couvert du blanc de céruse dont se maquillaient les coquettes des siècles passés, ce qui ferait d'elle la Veuve, la catin, ou si elle porte l'un de ces masques blancs du Carnaval, qui représentaient les morts revenus parmi nous avec leurs faces lunaires. En tout cas, on entend *use* dans *céruse*.

Quant à Jean Cayrol, il déplace la Mort à cheval, le cavalier de l'Apocalypse, sur notre dos où, faisant « cavalier seul », elle renouvelle la danse macabre (*faire cavalier seul* se dit d'un homme qui danse seul dans un quadrille) :

la mort sur ton dos
fait cavalier seul
dans le noir des os
c'est le cri des meules

Le Charnier natal.

Une extrême condensation confond les os blanchis et le noir du tombeau. Et le vieux thème de la mort qui écrase tout sur son passage, comme le cavalier qui galopait au-dessus de la foule dans les *Triomphes de la Mort*, attire l'image de la moisson vers sa suite logique, le moulin et la meule, qui va transformer, comme le blé en farine, les os en ***poudre***.

Dans ces quelques exemples, on aura reconnu bon nombre de représentations anciennes, déjà relevées dans ce livre. L'invention poétique n'a pas besoin du jamais vu. Elle reprend les lambeaux des systèmes symboliques défaits, et les renoue en un tissu nouveau. Elle les raccommode — manière aussi de nous raccommoder avec la mort.

Mais ce pouvoir qu'elle a, de faire surgir une émotion nouvelle avec les mots usés, ne doit pas nous faire négliger la force de création qui se manifeste aussi dans la langue familière et l'argot. Moins respectueux du passé, ils savent modifier des images séculaires, voire millénaires, en les replaçant dans un contexte moderne. Le *topos* littéraire du port (chap. XI) redevient expressif quand il est réactualisé sous la forme ***arriver au terminus***, qui évoque le train ou le métro quotidien, et sous-entend *tout le monde descend*... ***Prendre un aller simple*** a plus de chance de parler à l'homme d'aujourd'hui que le ***sentier sans retour*** du livre de Job, et certaines vanités du XVIIe siècle restent des allégories compassées en regard de ***casser sa pipe*** ou ***fermer son pébroque***.

Il ne faudrait pas considérer ces expressions comme une marque d'insouciance. Louis-Vincent Thomas a justement noté dans son *Anthropologie de la mort* la fonction cathartique de l'argot : « Loin d'y voir, comme d'aucuns l'affirment, une dégradation du sentiment de la mort, mieux vaut l'interpréter à la fois comme une protestation contre le formalisme affecté, voire hypocrite de certains bourgeois, et une manière de se préserver de l'angoisse du trépas, par dérision et distanciation »[4]. Il serait en effet simpliste de penser que l'argot manifeste une absence de sensibilité. Il la dissimule, ce qui est tout autre chose. Peut-on croire que les gueux, quand ils ont inventé les épousailles du pendu avec la Veuve (chap. VIII) ou le tableau de l'***évêque des champs qui bénit des pieds*** (chap. IX), étaient indifférents à la mort ? Ce serait négliger la tendresse du gueux Villon, qui parlait ce jargon. Notre esprit de sérieux nous a fait oublier que la danse macabre a d'abord été comique, qu'elle se moquait des grands, des prêtres, du pape comme des plus humbles, tous entraînés dans la ronde par des squelettes pantins ; oublier qu'on s'amusait au cimetière des Saints-Innocents ; oublier qu'on pouvait rire, il n'y a pas si longtemps, aux veillées funèbres. Le rire ne refuse pas, ne dénie pas la mort. Il instaure seulement la distance où se mesure notre marge de liberté devant ce que nous acceptons comme loi.

Enfin, la langue familière sait bien qu'elle n'a rien à dire de la mort. ***La fin, la disparition, le décès***, sont des mots abstraits, qui signalent le locuteur comme un monsieur qui parle bien mais ne disent rien de ce dont il parle. Or pour cette langue-là dire c'est faire voir. En place de la mort invisible, elle a donc déployé les figures de la vie, avec beaucoup plus de détails concrets que dans les métaphores de la langue châtiée.

Conventionnel ou non, le vocabulaire de la mort a plus ou moins d'attention pour les petites choses de la réalité, il trie plus ou moins parmi elles, mais il ne parle jamais que de la vie. Si « le soleil ni la mort ne se peuvent regarder en face »[5], la mort, comme le soleil, ne regarde que dans l'éclairage qu'elle projette sur la vie.

*
* *

Reste à savoir quel peut être l'avenir des mots de la mort si c'est la littérature et la langue familière qui doivent encore les renouveler. Leur sort ne dépendra pas seulement de la conception qu'on aura de la mort, mais de l'évolution de la langue tout entière. Or il est douteux qu'elle puisse se ressourcer dans la littérature alors qu'on lit de moins en moins. Quant à l'argot et au français non conventionnel, qui opposaient au silence de la mort leur vigueur de ***langue vivante***, on peut s'inquiéter de les voir s'uniformiser en un français *branché*, ce que Pierre Merle appelle *l'argot fastfood*[6], dont la pauvreté d'invention ne laisse rien espérer. Cette langue, qui ne naît plus de la rue ou de la place villageoise, mais se fabrique en large part chez les professionnels de la communication, n'a pas comme l'argot du milieu et du peuple le souci de l'expressivité. Sa fonction n'est pas de signifier, mais de signaler qu'on est « dans le coup ». Aucune représentation de la mort, ni de quoi que ce soit, ne pourra émerger de ces tics de langage qui subissent l'érosion précipitée des modes. Si l'on est, comme dit Pierre Merle, dans une « société de consommation du mot », le langage de la mort restera le langage des fleurs... en plastique.

Le seul lieu d'où pourra naître une parole pleine, si on veut bien l'entendre, sera peut-être l'hôpital, qui a pourtant tout fait depuis environ un siècle pour qu'on n'en parle plus. Les efforts entrepris pour accompagner les mourants et les écouter vont dans ce sens. Et la mobilisation des malades du Sida et de leurs soignants, secondés par des psychanalystes, leur volonté de penser et de parler, pourraient répondre à cette nouvelle donne dans l'histoire de la mort par la réinvention d'un langage vivant. De ceux qui veulent la *mort à soi* que Rilke réclamait déjà au début du siècle[7], contre la « mort en série », préfabriquée, conventionnelle, viendront peut-être *des mots à soi* dont l'authenticité pourra faire les mots de tous.

Annexe

Petit bestiaire de la mort

Âne

Tirer un pet d'un âne mort : « obtenir l'impossible ».

> Et ne fut possible de tirer de luy une parole, non plus qu'un pet d'un asne mort.
>
> Rabelais, *Pantagruel*, 15.

Au XVIIe siècle, ***on tirerait aussitôt un pet d'un âne mort qu'un sou de sa bourse***, « on ne saurait avoir de réponse ou de raison de cet homme-là » (Oudin) ; se disait particulièrement d'un avare dont il était impossible d'obtenir le moindre sou.

Cela ne vaut pas le pet d'un âne mort, « cela ne vaut rien ».

Bête

Crever comme une bête a d'abord signifié « mourir sans les derniers sacrements ».

Morte la bête, mort le venin (1538, Bonaventure des Périers) : on n'a plus rien à craindre de son ennemi quand il est mort. Les Italiens disent *morte la serpe, spento i veleno*, « mort le serpent, disparu le venin » ; et les Allemands, *ein toter Hund beisst nicht mehr*, « un chien mort ne mord plus » ».

Frapper sur quelqu'un comme une bête morte, Académie, 1694, « le frapper violemment ».

Bête de la mort, nom vulgaire de la chouette effraie.

Canard

Mourir en canard, « mourir dans la plume de canard », c'est-à-dire au lit. Mais on croit en plusieurs régions de France que, s'il y a des plumes de pigeon dans l'oreiller, cela empêche l'âme de sortir.

Cerf

Au cerf la bière, au sanglier le barbier (Académie, 1694), ou ***au cerf la bière, au sanglier la misère*** [= le médecin] : ordinairement, les blessures que fait le sanglier ne sont pas mortelles, et celles du cerf le sont.

Cheval

Ce n'est pas la mort du petit cheval, « ce n'est pas grave ». Cette expression du XXe siècle a fourni à Hervé Bazin le titre de son roman *La mort du petit cheval* (1950). On en ignore l'origine, mais elle fait penser au rêve où Raskolnikov, dans *Crime et Châtiment* de Dostoïevski, revoit un pauvre cheval battu à mort, en une scène insoutenable à laquelle il a assisté dans son enfance. Il va pourtant tuer une vieille usurière sous le prétexte qu'elle n'est qu'un « pou », « un cafard », qui n'appelle pas la pitié comme le petit cheval.

Le cheval est associé au monde des morts dans de nombreuses mythologies. Or divers auteurs ont cru reconnaître la même racine *m-r* dans **mort, cauchemar**, et les noms donnés à la jument ou au cheval : *mar* en islandais et haut-allemand ancien, *marc* irlandais, *march* gallois et haut-allemand médiéval, *mahr* en haut-allemand moderne ; au féminin, *merr* en norvégien ancien, le finnois *märä*, le haut-allemand moderne *märhe* ; en allemand moderne, *Mähre*, « un canasson ». Sur cette racine est formé le nom d'un démon nocturne, sorcière, spectre, qui sous le nom lui aussi très répandu de *Mare* ou *Mara* écrase les rêveurs : le **cauchemar** consiste à être oppressé (*caucher*, « fouler, presser ») par cette Mara (cf. anglais *nightmare*, allemand *Mahr*, « cauchemar »). La ***mort***, le ***meurtre***, les eaux mortes comme ***la mer*** et les ***marais***, les ***marécages*** (et *mare* latin, *mîra* sanscrit, *mari* vieux teuton, « la mer » ; en anglais, *mere*, « étang », *marsh*, « marais », *moor*, « terrain marécageux »), les noms de la peste ou de l'épidémie, en vieil irl. *marah*, lituanien *maras*, letton *meris*, tout cela serait lié à la jument Mara[1].

Chat

Il a été au trépassement d'un chat, il a la vue trouble, « il a trop bu, ou il ne voit pas bien clair » (Oudin). Il n'est pas possible d'aller au « trépassement d'un chat », parce que le mot est réservé aux humains : les bêtes meurent, elles ne trépassent pas, puisqu'elles ne sont pas censées passer dans une autre vie.

Chèvre

Des yeux de chèvre morte :

> — Il ne s'agit pas de *faire des yeux de chèvre morte*, comme dit madame la duchesse, s'écria la terrible Asie en secouant la comtesse par le bras. Si vous voulez le sauver, il n'y a pas une minute à perdre.
>
> Balzac,
> *Splendeurs et misères des courtisanes.*

On dit aujourd'hui ***des yeux de merlan frit***. Les Espagnols parlent de *ojos de carnero degollado*, « des yeux de mouton égorgé ».

Porter à la chèvre morte, « porter sur son épaule ». Dans le *Virgile travesti* de Scarron, Énée propose à son père :

> Ça, ça, mettez-vous sur mon cou,
> comme on dit, *à la chèvre morte*.
>
> II, 2738-2739.

Chien

Notre tradition ne fait pas grand cas du chien, dont la mort semble un événement insignifiant.

Crever comme un chien, « mourir dans le mépris et l'abandon » :

> ... cette mort obscure, cachée, voilée, enfouie, *comme la mort d'un chien dans son trou.*
>
> *Journal* des Goncourt.

L'expression a d'abord (1798) signifié « mourir sans recevoir les derniers sacrements, ou sans repentir » :

> Il est permis de se demander, et même de demander aux autres, *pourquoi un homme qui a vécu comme un cochon a le désir de ne pas mourir comme un chien.* D'abord, qu'est-ce que mourir comme un chien ? D'après les autorités, cela consiste à quitter ce monde agréable, sans sacrements, et à s'en aller droit au cimetière, sans aucune cérémonie religieuse.
>
> Léon Bloy, *Exégèse des lieux communs.*

Abattre / tuer comme un chien, sans pitié ni respect.

Un prétexte à tuer chien, « un mauvais prétexte », en fonction du proverbe suivant.

Qui veut noyer son chien l'accuse de la rage : ce proverbe se trouve dans *Les Femmes Savantes* (II, 5) de Molière. On invente n'importe quel prétexte pour se débarrasser de quelqu'un.

Il ne faut pas tuer son chien pour une mauvaise année, « on ne doit pas se désespérer pour une seule ou une petite disgrâce » (Littré).

Il mourrait plutôt un chien de berger (1640) : « se dit en parlant d'une personne peu recommandable et qui est revenue d'une maladie grave ».

Il est heureux comme un chien qui se noie, « il est très malheureux » (1640).

La rubrique des chiens écrasés (1881) : « les informations locales et peu importantes dans un journal ». La mort d'un chien n'est pas considérée comme une nouvelle intéressante.

Chien vivant vaut mieux que lion mort : proverbe biblique (Ecclésiaste, 9, 4). Achille, que dans l'*Iliade* Ulysse retrouve aux enfers, dit qu'il aimerait mieux être le dernier des valets, mais vivant, plutôt que de régner en maître sur les morts. Pour les Espagnols comme pour les Italiens, « mieux vaut un âne vivant qu'un médecin mort ».

Hurler à la mort : on dit que le chien pressent la mort et la signale par un hurlement caractéristique. Il est associé à la mort dans plusieurs mythologies antiques. Gardien des enfers sous la forme du Cerbère grec et du Garm germain, il est aussi un ***psychopompe***, c'est-à-dire un guide qui mène les âmes dans l'au-delà, comme Anubis. Hécate, la lune déesse des morts, prend parfois l'apparence d'un chien, suivi d'une meute.

Cochon

Il faut mourir, petit cochon, il n'y a plus d'orge : « c'est inévitable » ou « toutes les ressources sont épuisées » (1640).

Il est comme les cochons, il ne fait du bien qu'après sa mort, se dit d'un riche avare dont on va hériter.

Vie de cochon, courte et bonne : « vie débauchée et crapuleuse dont on abrège les moments par ses dérèglements » (d'Hautel, 1808).

On ***tue le cochon***, mais à la boucherie il devient du porc, de même que la vache devient du bœuf.

Corbeau

Corbeau : « croque-mort ». On a d'abord donné ce nom à ceux qui enlevaient les pestiférés en temps d'épidémies (XVIe s.), et il est resté pour désigner les porteurs des morts. Cette appellation vient de ce que le corbeau est réputé nécrophage.

> V'là *les corbeaux*, v'là les bêt's noires,
> Les emballeurs de refroidis
> Qui vont prend' ses pauv's memb' raidis
> Et l'emporter sans pus d'histoires.
>
> L. de Bercy, cité par Bruant.

Oiseau fatal, 1836, périphrase désignant le corbeau, parce qu'il est de mauvais augure. En Bretagne, les âmes damnées tournent sous forme de corbeaux en croassant au-dessus des cimetières.

Cygne

Le chant du cygne : la légende veut que le cygne fasse entendre un chant mélodieux en agonisant (cf. Platon, *Phédon*, 84-85). En grec, *to kukneion adein* : « chanter le chant du cygne, faire un appel désespéré, être sur le point de mourir ». Par métaphore, *le chant du cygne* est la dernière œuvre, et la plus belle, d'un artiste. On a d'abord dit ***l'hymne du cygne***, 1611, pour désigner un ultime poème.

Loup

Le loup mourra dans sa peau (1640) : « qui est méchant le reste toute sa vie ». En italien, *il lupe perde il pelo ma non il vizio*, « le loup perd son poil mais pas sa méchanceté » ; en espagnol, « il perd ses dents mais pas sa malice », *el lobo pierde los dientes mas no las mientes*.

Mouche

Crever / tomber / tuer comme des mouches, « en masse ».

> ...dans les villes ça meurt, *ça tombe comme mouches en confiture.*
>
> René Fallet, *Les Vieux de la vieille.*

Mouton

Quand l'anglais dit *as dead as mutton*, il fait allusion au mouton qui se trouve en boucherie, et que la langue distingue du mouton vivant, *sheep*.

Se laisser ***égorger comme des moutons***, « n'opposer aucune résistance ».

Oiseau

Plus l'oiseau est vieil, moins il se veut défaire de sa plume, « les vieillards ne veulent point ouïr parler de mourir » (Oudin).

Rat

S'embêter comme un rat mort (derrière une malle / derrière une porte) : fin XIXᵉ siècle. « S'ennuyer dans la solitude comme un rat mort qui reste inaperçu dans son coin ».

Il pue comme un rat mort, « se dit d'un homme qui sent fort mauvais » (Littré).

Renard

Tous les renards se trouvent chez le pelletier (1690, Furetière), tout le monde doit mourir un jour.

C'est une toux de renard qui le mènera au terrier (Acad., 1694), se disait d'un homme qui avait une toux sèche et dangereuse.

En sa peau mourra le renard (XVIIIᵉ s.), « il ne se convertira pas ».

Requin

Au XVIIᵉ siècle, on l'appelait *requiem* en croyant que son étymologie venait de là : « Quand il a saisi un homme... il ne reste plus qu'à faire chanter le *Requiem* pour le repos de l'âme de cet homme-là » (Huet).

Taupe

Aller au royaume des taupes, « mourir » (1611) :

> Je ne vois plus guère qu'une taupe ; et d'ailleurs j'irai bientôt dans leur royaume, en regrettant fort peu celui-ci, mais en vous regrettant beaucoup.
>
> Voltaire à Mme du Deffand, 25 avril 1770.

Vache

Aussitôt meurt vache comme veau (1611), ***aussitôt meurt veau que vache*** (1640), « une jeune personne meurt aussi tôt qu'une vieille ».

Il mourrait plutôt la vache d'un pauvre homme, « se dit d'une personne peu recommandable qui est revenue d'une maladie grave ».

Porter à la vache morte (1620) : « se dit dans un jeu d'enfants quand on porte quelqu'un sur son dos avec la tête pendante en bas ». Voir ***chèvre***.

A la boucherie, toutes vaches sont bœufs, et à la tannerie tous bœufs sont vaches (Acad. 1694), quand on veut faire passer les marchandises pour meilleures qu'elles ne sont, on les appelle du nom qui peut les faire débiter plus facilement.

Linguistiquement, en effet, on ne mange jamais « de la vache », mais « du bœuf ». En fait, ce qu'on appelle ***bœuf*** en boucherie comprend aussi bien du bœuf que de la génisse, de la vache et du taureau, de même que le ***mouton*** peut être de la brebis : nous ne voulons manger que des animaux désexualisés[2].

Le changement de nom affecte aussi les parties du corps : « ... on s'entoure de précautions linguistiques pour désigner les parties du corps qu'on ingère. Les menus parlent de *cervelle* et non de cerveau, de *tripes* et non de boyaux ou d'intestins, de *rognons* et non de reins, d'*amourettes* et non de mœlle épinière. » (L.-V. Thomas, *Le Cadavre*). On essaie donc de distinguer ces morceaux comestibles des organes humains.

Notes

LES MOTS DU SILENCE

1. Georges BATAILLE, « L'enseignement de la mort », 8 mai 1952, *Œuvres complètes*, N.R.F., Gallimard, 1976, t. VIII, pp. 199 et 201.

2. Voir Louis-Vincent THOMAS, *Le cadavre*, Complexe, 1980, pp. 59-61.

3. Voir Jean-Thierry MAERTENS, *Le jeu du mort*, Aubier Montaigne, 1979, pp. 78-83.

4. Fondée en novembre 1966, la *Société Française de Thanatologie*, 17, rue Froment, 75011 Paris, réunit des médecins, des biologistes, des juristes, des théologiens, des sociologues, etc., qui étudient la mort dans tous ses aspects. Elle organise des conférences et débats, réunit un congrès chaque année et publie un bulletin qui compte plus de quatre-vingts numéros en 1990.

5. Voir M. VOVELLE, « La redécouverte de la mort (1965-1980) », dernier chapitre de *La mort et l'Occident de 1300 à nos jours*, Gallimard, 1983.

6. Louis-Vincent THOMAS s'y est intéressé dans son *Anthropologie de la mort*, Payot, 1975. J'ai moi-même publié et commenté un premier relevé dans « Mille mots pour le dernier voyage », *Le Monde-Dimanche*, 1er novembre 1981, et un second dans « Les mots de la mort », *La Banque des mots*, revue du Conseil International de la Langue Française, n° 26, 1983, pp. 143-160. Le n° 87 de la revue *Autrement*, intitulé *La mort à vivre* (février 1987), contient un article de Claude DUNETON, « La danse macabée », sur les expressions populaires de la mort.

CHAPITRE 1

1. Sur les emplois des mots ***décès, trépas, défunt,*** voir l'étude de Danièle BOUVEROT, « Comment parler de la mort ? Le vocabulaire des écrivains d'après les mille textes du XIXe et du XXe siècle dépouillés par le T.L.F. », *La mort en toutes lettres*, Presses Universitaires de Lyon, 1988, pp. 13.28.

2. Jean-Didier URBAIN, *La société de conservation*, Payot, Paris, 1978, p. 404.

3. Cf. les réflexions de Michel SERRES dans *Statues*, éd. François Bourin, Paris, 1987, « La fusée. Première fondation. »

4. Danièle BOUVEROT, *loc. cit.*

5. Vladimir JANKELEVITCH, *La mort*, « Champs », Flammarion, 1977, pp. 221-222.

6. MANILIUS, *Astronomica*, IV, 16.

7. SENEQUE, *Lettres à Lucilius*, XXIV : *Cotidie morimur : cotidie enim demitur aliqua pars vitae, et tunc quoque, cum crescimus, vita decresit...*, « Chaque jour nous mourons, car chaque jour est retranchée une partie de la vie, et alors, tandis que nous croissons, la vie décroît. » Sur les manifestations de cette mort progressive inhérente à la vie, voir Jacques RUFFIÉ, *Le sexe et la mort*, coll. « Points », Le Seuil, 1988, pp. 275-295.

CHAPITRE II

1. G. LELY, *Sade, étude sur sa vie et son œuvre*, Gallimard, 1966.

2. E. MORIN, *L'homme et la mort*, coll. « Points », éd. du Seuil, 1976, p. 359.

3. S. FREUD, *Essais de psychanalyse*, Payot, p. 263. Voir aussi Michel DE M'UZAN, *De l'art à la mort*, « Freud et la mort » (1968), coll. « Tel », Gallimard, 1983, pp. 49 sq., et Max SCHUR, *La mort dans la vie de Freud*, « Tel », Gallimard, 1982.

4. BOSSUET le répète deux fois, dans sa « Méditation sur la brièveté de la vie », et dans le « Sermon sur la mort ».

5. L.-V. THOMAS, *La mort*, coll. « Que sais-je ? », P.U.F., 1988, pp. 56-59.

6. Voir L. SCHWARTZENBERG et P. VIANSSON-PONTE, *Changer la mort*, Albin Michel, 1977, sixième partie.

7. L. SCHWARTZENBERG, *Requiem pour la vie*, Le Pré-aux-Clercs, 1985.

8. K. RING, *Sur la frontière de la vie*, R. Laffont, 1982.

9. Rapporté par Robert SABATIER, *Dictionnaire de la mort,* Albin Michel, 1967.

10. Voir Emile MALE, *L'art religieux du XIIe siècle en France,* Armand Colin, troisième édition, 1928, pp. 28-29 ; et *L'Art religieux du XIIIe siècle en France*, Armand Colin, huitième édition en 1948, livre IV, chap 6.

11. Voir Robert MARTIN-ACHARD, *La mort en face selon la Bible hébraïque*, éd. Labor et Fides, Genève, 1988.

12. Voir Mircea ELIADE, *Traité d'histoire des religions*, Payot, Paris, 1949 ; G. BACHELARD, *La Terre et les rêveries du repos*, José

Corti, 1949 ; Gilbert DURAND, *Les structures anthropologiques de l'imaginaire*, Bordas, 1969.

13. Cf. par exemple VAN GENNEP, *Manuel de folklore français contemporain*, Picard, 1946, vol. II, p. 791 sq.

14. Sur le double et la mort, voir Edgar MORIN, *L'homme et la mort*, « Points », le Seuil, p. 149 sq.

CHAPITRE III

1. Maurice MALOUX, *Dictionnaire des proverbes, sentences et maximes*, « Références », Larousse, 1988, donne cette formule pour tahitienne.

2. Voir Louis RÉAU, *Iconographie de l'art chrétien*, P.U.F. 1957, t. II. La légende de l'Assomption a été inventée au VIe siècle sur le modèle du Ravissement d'Elie. Inconnue de Byzance, qui représente seulement la montée de l'âme, elle est propre à l'art occidental. Elle deviendra un dogme en 1950 avec Pie XII.

3. Jean-Didier URBAIN, *La société de conservation, Etude sémiologique des cimetières d'Occident*, Payot, Paris, 1978, chap. 29. « La mort de l'enfant ».

4. Jean LEFEVRE, *Traditions de Wallonie*, Marabout, Verviers (Belgique), 1977.

5. Claude SEIGNOLLE, *Le folklore de la Provence*, Paris, Maisonneuve et Larose, 1963.

6. J.-D. URBAIN, *op. cit.*, p. 31.

7. P. ARIES, *L'homme devant la mort*, coll. « Points », Le Seuil, 1985, t. II, pp. 57-58.

8. L.-V. THOMAS, *Rites de mort*, Fayard, 1985 : le nombre de crémations est de 2 % en France, 68 % dans les Pays-Bas, 90 % au Japon.

CHAPITRE IV

1. Voir *Le jugement des morts*, « Sources orientales », Le Seuil, 1961.

2. Voir notamment P. ARIES, *L'homme devant la mort,* Le Seuil, 1985, et Jean DELUMEAU, *La peur en Occident, XIVe-XVIIIe siècles,* Fayard, 1978.

3. Voir en particulier Alberto TENENTI, *La vie et la mort à travers l'art du XVe siècle,* Serge Fleury-L'Harmattan, 1983.

4. *Traduction paraphrasée de la prose* « Dies Irae », 1693.

5. PLUTARQUE, *Consolation à Apollonios*, ch. 10.

6. Cf. P. ARIES, *op. cit.*, I, 4. — M. VOVELLE, *La mort et l'Occident*, N.R.F., Gallimard, 1983, parle d'un « investissement sur le

ciel » (pp. 171-174) et J. LE GOFF, *La civilisation de l'Occident médiéval,* Arthaud, 1964, d'un « passeport pour le ciel ».

7. Georges BATAILLE, *L'érotisme*, éditions de Minuit, 1957 ; Edgar MORIN, *L'homme et la mort*, Le Seuil, 1970 ; Jacques RUFFIE, *Le sexe et la mort*, Odile Jacob, 1986.

8. P. ARIES, *L'homme devant la mort*, op. cit., I, p. 108.

9. Daniel ARASSE, *La guillotine et l'imaginaire de la Terreur,* Flammarion, 1987, p. 195.

CHAPITRE V

1. Pour tout ce passage, voir P. ARIES, *L'homme devant la mort,* coll. « Points », Le Seuil, 1985, I, chap. 2.

2. *Ibid.*, I. pp. 164-165.

3. *Ibid.,* II, pp. 192 sq.

4. Voir notamment Jean ZIEGLER, *Les vivants et la mort*, coll. « Points », Le Seuil, 1975, chap. 2, « Le cannibalisme marchand ». Louis-Vincent THOMAS, dans l'ensemble de son œuvre, nous semble à raison plus nuancé. Pour notre part, nous ne pouvons que remercier les *P.F.G.* de l'aide constante qu'elles nous ont apportée dans la réalisation de cet ouvrage, avec une ouverture d'esprit et une conscience de leur mission qui les honorent.

CHAPITRE VI

1. Nous partageons ici les analyses d'Alberto TENENTI, *La vie et la mort à travers l'art du XVe siècle*, Serge Fleury, 1983 ; de Joël SAUGNIEUX, *Les danses macabres de France et d'Espagne et leurs prolongements littéraires*, Les Belles Lettres, 1972, p. 24 ; et de Claude BLUM, *La représentation de la mort dans la littérature française de la Renaissance*, Champion, tome I, pp. 61 sq.

2. Job décrit le corps malade et non mort, mais ce texte, dont on lisait des versets à l'Office des morts, sert de référence dans la littérature chrétienne pour montrer que même vivant le corps porte déjà la mort en lui. Pierre de Nesson en a tiré le plus macabre des poèmes macabres, *Les Vigiles des Morts*, parfois intitulé *Neuf leçons de Job*, en 1425 (on en trouve les extraits les plus remarquables dans *Poèmes de la mort de Turold à Villon*, par Jean-Marcel PAQUETTE, coll. 10/18). — Comme autres exemples de macabre dans la Bible, voir 2 Rois, 9, 33-37 (la mort de Jézabel) ; ou la mort de Lazare (*Jean,* 11, 39 : « Seigneur, il sent déjà : c'est le quatrième jour. »).

3. Lotario DE CONTI (futur Innocent III), *De contemptu mundi sive de miseria humanae conditionis,* et notamment col. 735, *De putretudine cadaverum*, composé avant 1198, en MIGNE, *Patrologia Latina*, t. CCXVII. Ce traité a été traduit par Eustache DESCHAMPS en 1383. — Cf. aussi saint Bernard : « *Cum eorum sepulcra respicio, non invenio in eis nisi cinerem et vermen, fetorem et*

horrorem. Quod ego sum, ipsi fuerunt ; et quod ipsi sunt, ego ero. [Quand je considère leurs sépulcres, je n'y trouve que cendre et vermine, puanteur et horreur. Ce que je suis, ils l'ont été eux-mêmes ; et ce qu'ils sont, je le serai.] » (*in* MIGNE, *op. cit.*, t. CLXXXIV, col. 487 de *Meditationes piissimae de cognitione humanae conditionis*).

4. Version de Baudoin de Condé, dans *Les Poèmes de la mort de Turold à Villon,* coll. 10/18, pp. 144-155. Les cinq versions, dont celle-ci, une de Nicolas de Margival, et trois anonymes, ont été publiées dans *Les cinq poèmes des Trois morts et des trois vifs*, édités par Stefan GLIXELLI, Champion, 1914.

5. Pierre de NESSON, *in Poèmes de la mort de Turold à Villon, loc. cit,* pp. 218-224 : « Or, regardons la pugnaisie Qui de toy ist durant ta vie. Va veoir, en ces chambres coyes [= lieux d'aisance], les ordures que les corps pissent, Ne de quoy les corps se remplissent [...]. Mais de toy n'ist que toute ordure, Morveaulx, crachas et pourriture, Fiante puant et corrompue ! [...] Et lors, quant tu trespasseras, Des le jour que mort tu seras, Ton orde char commencera A rendre pugnaise pueur. [...] O charoigne qui n'es mais hon [= qui n'es plus un homme], Qui te tenra lors compaignie ? Ce qui istra [= sortira] de ta liqueur : Vers engendrés de la pueur De ta vil char encharoignie. »

La description du corps vivant plein d'ordures rappelle le célèbre passage d'Odon de CLUNY : « ... si les hommes voyaient ce qui est sous la peau [...], la vue seule des femmes leur serait nauséabonde : cette grâce féminine n'est que saburre, sang, humeur, fiel. Considérez ce qui se cache dans les narines, dans la gorge, dans le ventre : saletés partout... Et nous qui répugnons à toucher même du bout des doigts de la vomissure ou du fumier, comment donc pouvons-nous désirer de serrer dans nos bras le sac d'excréments lui-même ? » (*Collationum*, III, MIGNE, *P.L.*, t. CXXXIII).

6. « L'épitaphe Villon » ou « Ballade des pendus », *Poésies complètes,* Livre de Poche Hachette, p. 269.

7. Sur cette question, voir notamment Joël SAUGNIEUX, *Les danses macabres de France et d'Espagne et leurs prolongements littéraires,* 1972.

8. Voir là-dessus Mikhaïl BAKHTINE, *L'œuvre de François Rabelais et la culture populaire au Moyen Age et sous la Renaissance,* Gallimard, 1970 ; Claude GAIGNEBET, *Le folklore obscène des enfants,* Maisonneuve & Larose, 2e édition 1980 ; et Hélène POLITIS, « Pour un matérialisme carnavalesque », *Critique,* n° 358, mars 1977.

9. E. MALE, *L'art religieux de la fin du Moyen Age en France,* Armand Colin, 1931, II, 3 ; E. PANOFSKY, *Tomb Sculpture,* Londres, 1954 ; P. ARIES, *L'homme devant la mort,* Le Seuil, 1985, I, 5, et *Images de l'homme devant la mort,* Le Seuil, 1983, p. 54 et suiv.

10. Voir en particulier Louis-Vincent THOMAS, *Le cadavre,* 1980, p. 88 et deuxième partie.

CHAPITRE VII

1. Voir à ce propos le fameux ouvrage de LESSING, *Comment les Anciens représentaient la Mort* (1769), dans *Laocoon*, Hermann, 1964 ; et Michel COSTANTINI, « le portrait de l'homme mort », *Figures de la mort*, n° 8 de *L'Ecrit-Voir*, 1986.

2. Sur ces représentations et les suivantes, on verra Laurence KAHN, « La Mort à visage de femme », dans *La mort, les morts dans les sociétés anciennes*, sous la direction de G. Gnoli et J.-P. Vernant, Cambridge University Press / Maison des sciences de l'homme, 1982 ; et J.-P. VERNANT, *L'individu, la mort, l'amour*, Gallimard, 1989.

3. Voir d'autres exemples dans M. ELIADE, *Images et symboles*, Gallimard, 1952, p. 134, 138. — Et G. LASCAULT, *Boucles et nœuds*, Balland, 1981.

4. Sur ces fileuses, cf. G.DURAND, *Les structures anthropologiques de l'imaginaire*, Bordas, 1969, pp. 369-372.

5. Sur les origines de ces représentations, voir notamment L. GUERRY, *Le thème du Triomphe de la Mort dans la peinture italienne*, Maisonneuve & C°, 1950.

6. L. GUERRY, *op. cit.*, pp. 36-37 et 85-91. Le poème de Michault (1465) a popularisé cette image de la Mort, montée sur un bœuf, qui se répandra en Italie. Il s'agit probablement du taureau psychopompe des mythologies orientales, réinterprété parce que mal compris.

7. *L'homme devant la mort*, « Points », Le Seuil, t. II, p. 79.

8. Cf. Pierre GUIRAUD, *Dictionnaire historique, stylistique, rhétorique, étymologique, de la littérature érotique*, Payot, Paris, 1978.

9. Voir aussi Jean-Thierry MAERTENS, *Le jeu du mort*, pp. 58-59.

CHAPITRE VIII

1. Voir le lexique du *Père Duchesne* dans Gérard WALTER, *Hébert et le Père Duchesne*, éd. J.-B. Janin, 1946.

2. Max FREY, *Les transformations du vocabulaire français à l'époque de la Révolution (1789-1800)*, P.U.F., 1925.

3. *Néologie ou vocabulaire de mots nouveaux à renouveler, ou pris dans des acceptions nouvelles*, Paris, 1801, cité par H. WALTER, *Des mots sans-culottes*, Robert Laffont, 1989, p. 96.

4. Sur les Sanson, voir B. LECHERBONNIER, *Bourreaux de père en fils. Les Sanson. 1688-1847*, Albin Michel, 1989, et Charles-Henri SANSON, *La Révolution française vue par son bourreau*, éd. de l'Instant, 1988.

5. Chanson citée par les Goncourt dans leur *Histoire de la société française pendant la Révolution* : cf. Daniel ARASSE, *op. cit.*, p. 180 n. 13, et pp. 25-27.

6. H. WALTER, *op. cit.*, p. 96.

7. D. ARASSE, *op. cit.*, p. 39 et n. 37.

8. Sur ce culte de la guillotine, voir D. ARASSE, *op. cit.*, p. 96.

9. B. LECHERBONNIER, *op. cit.*, p. 156.

10. Marcel MONTARRON, *La Veuve ou l'histoire des châtiments*, Plon, 1973, p. 205.

CHAPITRE IX

1. La notion de pulsion de mort apparaît chez Freud dans *Au-delà du principe de plaisir* en 1920 (éditions Payot, 1970).

2. P. ARIES, *L'homme devant la mort*, « Points », Le Seuil, 1977, t. II, chap. 12 ; L.-V. THOMAS, *Mort et pouvoir*, Petite bibliothèque Payot, 1978, chapitre 2.

CHAPITRE X

1. Voir P. GUIRAUD, *Les gros mots*, « Que sais-je ? », P.U.F., 1975, V, 2-3.

2. J.-C. FRERE, *L'Ordre des Assassins*, Grasset, 1973. Et Bernard LEWIS, *Les Assassins, Terrorisme et politique dans l'Islam médiéval*, « Stratégies », Berger-Levrault, 1982.

CHAPITRE XI

1. Sur les représentations du passage, cf. M. RAGON, *L'espace de la mort*, Albin Michel, 1981, ch. 4, « Les espaces du passage ».

2. Voir par exemple *L'autre monde au moyen-âge. La navigation de saint Brendan. Le Purgatoire de saint Patrice. La vision d'Albéric*, textes traduits par J. MARCHAND, éd. de Boccard, 1940 ; Francis BAR, *Les routes de l'autre monde*, « Mythes et religions », P.U.F., 1946.

3. *Le Monde*, 4 avril 1982, repris dans *Histoires de Mots*, t. I, éditions La Découverte / Le Monde, 1985.

4. Van GENNEP signale diverses régions où les cercueils d'enfants sont ornés de rubans et de décorations en papier blanc, ce qui pourrait expliquer les termes de *comète* et *papillote* (*Manuel de folklore français contemporain*, éd. Picard, 1946, t. I, vol. II, pp. 818, 823-24).

CHAPITRE XII

1. Voir VAN GENNEP, *Manuel de folklore français contemporain*, éd. Picard, 1946, t. I, vol. II, p. 719 sq.

2. Sur les testaments, voir P. ARIES, *L'homme devant la mort*, « Points », Le Seuil, 1985, t. I, pp. 187-192 ; M. VOVELLE, *La mort et l'Occident de 1300 à nos jours*, Gallimard, 1983, pp. 168-175, 279-280, 415-422, et les travaux spécialement consacrés à cette question dans sa bibliographie.

3. On trouve la reproduction complète d'un *Ars moriendi* avec ses gravures dans l'ouvrage d'A. TENENTI, *La vie et la mort à travers l'art du XVe siècle*, éd. Serge Fleury, 1983.

4. Bernard LAMBLIN, dans une intéressante étude sur « Vanitas, la symbolique de l'objet » (*Pour l'objet, Revue d'esthétique*, n° 3/4, coll. 10/18, 1978), s'arrêtait sur une nature morte où Balthus, en 1937, a placé au milieu d'un repas une carafe brisée et un marteau qui « confère une dimension surréaliste au tableau tout entier ». Mais n'est-ce pas la figuration concrète de nos expressions modernes, comme *casser son écuelle* ou *to kick the bucket* ?

5. Voir VAN GENNEP, *op. cit.*, II, II, p. 711, références bibliographiques sur les usages des diverses provinces.

6. Sur ces images, on peut consulter entre autres, G. DURAND, *Les structures anthropologiques de l'imaginaire*, Bordas, « Les symboles nyctomorphes » et « Hymne à la nuit » ; et Paul VAN TIEGHEM, *La poésie de la nuit et des tombeaux en Europe au XVIIIe siècle*, Bruxelles, 1921.

7. L.-V. THOMAS, *Anthropologie de la mort*, Payot, 1975, p. 406.

CHAPITRE XIII

1. Cf. M. DETIENNE, *Les jardins d'Adonis. La mythologie des aromates en Grèce*, N.R.F., Gallimard, 1972.

2. VAN GENNEP, *Manuel de folklore français contemporain*, éd. Picard, 1946, t. I, vol. I, p. 781.

3. Cf. *La mort, les morts dans les sociétés anciennes*, sous la direction de G. GNOLI et J.P-P. VERNANT, Cambridge University Press / Maison des sciences de l'homme, 1982, et notamment J.-P. VERNANT, « Introduction », et C. MALAMOUD, « Les morts sans visage. Remarque sur l'idéologie funéraire dans le Brahmanisme ».

4. F. DUMAS et G. TAVERDET, *Anthologie des expressions en Bourgogne*, Rivages, 1984.

5. Sur ces images, voir Gilbert DURAND, *Les structures anthropologiques de l'imaginaire*, Bordas, 1969, pp. 274-295.

6. Cf. M. COURTOIS et J.-P. MOREL, *Elie Faure, biographie*, Librairie Séguier, 1989, pp. 46-47. Elie Faure acheta en 1903 l'affaire des Gannal, et pratiqua l'embaumement toute sa vie.

7. Cf. Jean-Pierre VERNANT, *L'individu, la mort, l'amour*, N.R.F., Gallimard, 1989, notamment pp. 74-75.

8. Sur ces symboles de dévoration voir G. DURAND, *op. cit.*, pp. 89-96.

9. Cf. B. Teyssedre, *Naissance du Diable, de Babylone aux grottes de la mer Morte*, et *Le Diable et l'Enfer aux temps de Jésus*, Albin Michel, 1985, article « Gueule » dans les deux index.

10. Sur ces fantasmes, voir *Destins de cannibalisme*, n° 6 de la *Nouvelle revue de psychanalyse*, 1972, et la synthèse de Louis-Vincent Thomas dans *Fantasmes au quotidien*, 1984, chap. 3, « Les dévorants : voyeurs, cannibales, vampires ».

11. Cf. Daniel Arasse, *La guillotine et l'imaginaire de la Terreur*, Flammarion, 1987, p. 197 n. 245.

12. Voir à ce propos Louis-Vincent Thomas, *Le cadavre*, Complexe, 1980, « Le mort à table » et « L'incorporation cannibalique ».

13. Cf. Cyrille Vogel, « Le banquet funéraire paléochrétien » dans *Le christianisme populaire*, sous la direction de Bernard Plongeron et Robert Pannet, Le Centurion, 1976.

14. Van Gennep, *op. cit.*, t. I, vol. II, p. 779. Voir aussi L.-A. Roubin, « Les rites de communication alimentaire », *in Rites de la mort*, Musée de l'Homme, 1979.

CHAPITRE XIV

1. Voir en particulier Louis-Vincent Thomas, *Rites de mort. Pour la paix des vivants*, Fayard, 1985 ; Jean-Didier Urbain, *La société de conservation. Etude sémiologique des cimetières d'Occident*, Payot, 1978, et *L'archipel des morts*, Plon, 1989 ; Michel Ragon, *L'espace de la mort, Essai sur l'architecture, la décoration et l'urbanisme funéraire*, Albin Michel, 1981.

2. André Chabot, *Le petit monde d'outre-tombe*, Cheval d'attaque, 1978, p. 87.

3. Cf. les tombeaux royaux égyptiens avec leurs multiples salles, les tombes lyciennes de Turquie avec leurs façades de maisons, les véritables appartements des morts étrusques, etc.

4. Voir Freud, « Le fétichisme » et « Le clivage du moi dans le processus de défense », traduits dans *Objets du fétichisme*, n° 2 de la *Nouvelle revue de psychanalyse*, Gallimard, 1970. — Et O. Mannoni, « Je sais bien, mais quand même... », *Clefs pour l'imaginaire ou l'Autre Scène*, Le Seuil, 1969.

5. On peut lire le texte de Fouché dans Michel Ragon, *op. cit.*, p. 234, et le discours de Robespierre dans ses *Discours et rapports à la Convention*, coll. 10/18, 1965.

6. Sondage IFOP en 1982, commenté par Louis-Vincent Thomas dans *Rites de mort, loc. cit.*, pp. 103-105.

7. Outre les ouvrages cités dans la note 1, on peut consulter le *Manuel de folklore français contemporain* de Van Gennep, tome I, vol. II.

8. Cf. L.-V. Thomas, *op. cit.*, pp. 46-47 et 231-235.

9. Voir par exemple Philippe ARIES, *L'homme devant la mort*, coll. « Points », t. I, p. 168 sq.

10. Voir R. GIESEY, *Le roi ne meurt jamais*, Flammarion, 1987.

11. Pour la Grèce antique, voir le chapitre de J.-P. VERNANT sur le *colossos*, double du mort, dans *Mythe et pensée chez les Grecs*, Maspero, 1965, t. II, p. 65 et suiv. — Un intéressant article de Michel COSTANTINI, « Le portrait de l'homme mort », *Figures de la mort*, n° 8 de *L'Ecrit-Voir*, 1986, met en relation l'apparition du portrait et celle du squelette dans l'art.

12. V. JANKELEVITCH, *La mort*, coll. « Champs », Flammarion, p. 467.

DES MOTS POUR VIVRE

1. Par exemple, ***il est bien fatigué***, en Provence ou dans le Mâconnais, annonce l'imminence de la mort. Un soldat mortellement blessé disait seulement : ***je suis usé*** (1940).

2. Cf. P. ARIES, *L'homme devant la mort*, « Points », Le Seuil, t. II, pp. 34-35.

3. L.-V. THOMAS, *Rites de mort*, Fayard, 1985, p. 257 et suivantes, « Jalons pour l'avenir ».

4. *Anthropologie de la mort*, Payot, 1975, p. 327, n. 1.

5. LA ROCHEFOUCAULD, *Maximes*, 26.

6. P. MERLE, *Le blues de l'argot*, « Point-Virgule », Le Seuil, 1990.

7. R.M. RILKE, *Les cahiers de Malte Laurids Brigge*, « Points », Le Seuil, pp. 15-16.

PETIT BESTIAIRE DE LA MORT

1. Voir le dossier abondant constitué par Ernest JONES, *Le cauchemar*, trad. fr. Payot 1973, troisième partie : « *Mare et Mara* : contribution psychanalytique à l'étymologie ». Et Alexandre H. KRAPPE, *La genèse des mythes*, Paris, 1952, p. 229.

2. Voir Noélie VIALLES, *Le sang et la chair*, Maison des sciences de l'homme, 1987, conclusion.

Index

A

Abasourdir 25
Abattoir 303
Abattre (comme un chien) 65, 362
Abbaye de cinq pierres / de Saint-Pierre / de monte-à-rebours / de monte-à-regret / 60, 183
Abréger des souffrances / la vie / les jours / un supplice 218
Absolution 73
Absoute 73
Accoller 152
Accommoder à la sauce pavé 307
Accoucher d'un enfant présentement sans vie 103
Accourcir d'un demi-pied 170
Acheter un office de trépassé 84
Achever 226, 228
Achever sa vie / ses jours / son destin 226, 228
A cœur battant 29
Acte de décès 102
Acte d'enfant déclaré sans vie 102
Administrer le baume de porte en terre 283
Administrer un malade 96
Admission dans les chambres de transport de corps / dans les chambres funéraires 103
Affres (de la mort) 116
Agonie 116
Aiguillon de la Mort 147
A la boucherie, toutes vaches sont bœufs, et à la tannerie tous bœufs sont vaches 366
A la victime 172
A la voierie 94
Aléser son cylindre 199
Aligner 214
Aller à Cocade 319
Aller ad patres 49
Aller à Ruel / à Rueil 65
Aller au ciel 46
Aller au deuil 331
Aller au paradis avec ses souliers 266
Aller au parc à os 134
Aller au royaume des taupes 365
Aller au trou 66
Aller chez les têtes en os 134
Aller chez ses pères 49
Aller de vie à trépas / à trépassement 234
Aller faire un tour dans l'autre monde 240
Aller garder les vaches à Keranmoal 319
Aller marquer les logis 243
Aller se faire voir chez saint Pierre 47
Aller sous les fleurs / les chrysanthèmes 291, 293
Aller voir ses aïeux 49
Allonger (le col) 170
Allongés (les) 123
Altéré de sang 311
Amadouer 152
Amboureux 165
Ame 39, 51
Ame sur les lèvres 117
Ames moissonnées 296
A mon lapin 315
A mort 24
Amortalité 34
Anatole 174
Anatomie sèche 133
Anéantissement 33
Ange de la mort / exterminateur 150
Ankou 162
Apparition 341
Appeler / rappeler 247
Approcher du ciel à reculons 60
Arbre des Maccabées / maccabés 113
A réveiller les morts 50
Argent mort 24
Aricoteur 306
Arrangeage 208
Arranger aux petits oignons 208, 210, 307
Arriver au bout de sa carrière 230
Arriver au port 231
Arriver au terminus 230, 355
Arroser le cadavre 128

Art funéraire 343
Article de la mort (être à l') 28
Artiste 340, 341
Ascension 57
Assassin 225
Assoiffé de sang 311
Assommer 328
Assomption 57
Asticot (de cercueil) 132, 301
Athanée 21, 137
Atigeur 168
A tombeau ouvert 68
Atropos 143
Au bord de la fosse 319
Au cerf la bière, au sanglier la mière / le barbier 360
Aujourd'hui en chère et demain en bière 282
Aujourd'hui goinfrerie, demain crevaison 282
Aujourd'hui nous courons, demain nous puons 129
Aussitôt meurt vache comme veau / aussitôt meurt veau que vache 365
Autel 183
Autolyse 201
Autorisation d'autopsie / d'embaumement / d'exhumation / d'incinération / d'inhumation / de dépôt temporaire de corps / de moulage 103
Autre monde 318
Avaler le calice / le morceau / la pilule 288
Avaler le copahu 287
Avaler le goujon / sa canne / sa cartouche / sa chique / sa clé / sa langue / ses baguettes / son bilan / son billet de logement / son bulletin de consigne / son chapelet / son extrait de naissance / son manche à balai / son parapluie 90, 126, 277, 289, 290
Avaritia 261
Avoir de l'esprit 52
Avoir d'jà 228
Avoir deuil 331
Avoir du sang de navet 121
Avoir du sang sur les mains 120
Avoir été 228
Avoir été à la porte de Paradis 238
Avoir la fièvre cérébrale 191
Avoir l'âme en travers / chevillée au corps 37
Avoir la mort entre les dents / sur les lèvres 287
Avoir la peau de quelqu'un 267
Avoir le cerveau blessé 122
Avoir le cœur au bord des lèvres / mal au cœur 121
Avoir le cœur déchiré / le cœur qui saigne / un coup au cœur 120,121
Avoir le pied à la fosse 319
Avoir sa feuille de route pour l'autre monde 87
Avoir ses carottes cuites / son pain cuit 157, 288
Avoir son compte 77
Avoir un avancement pour Kerfautras 319
Avoir un court-circuit 199
Avoir une fin tragique 226
Avoir un pied dans la fosse / la tombe 68
Avoir vécu 228
Azimuther 215

B

Bâcheur de macabées / de refroidis 271
Bagage oblong 254
Baigneur 255
Bâiller ne peut mentir, il veut manger, dormir, ou partir de ce monde 117
Baiser la camarde / la femme à Charlot 155, 154
Balai 313
Balancer la sauce / la soupe 288
Banquet de la vie 313
Barbier 172
Bascule (à Charlot) 174, 186
Basse 62
Bastos 278
Battre monnaie sur la place de la Révolution 187
Bayafer / bayaffe / bayafre 213
Bécane à Charlot 174, 185
Belle mort 22, 23, 24

Bénir des pieds / la verdure 180, 183
Béquille / béquiller / béquilleur 177
Bête de la mort 359
Bière 300, 353
Bigorne (la) / bigorner 213
Billet d'aller sans retour 241
Bilocation 52
Blafarde (la) 121
Blanc comme un mort 121
Blême (la) 121
Bock de cercueil 301, 353
Boire un affront / une honte 288
Bois de justice 177
Boîte à asticots / à chocolat / à dominos / à miettes / à viande 132, 134, 248, 300, 304, 313
Bonne mort 22
Bornes de la vie 226
Boucherie 303
Bouillon pointu 289
Boulanger 298
Boulevard des allongés 123, 324
Bourreau 165, 166, 167, 175
Bourre-pif 166
Bourrer (la gueule) 165, 166
Bousiller / bouziller 208
Boutique de Charlot 174
Brancher 177
Brouillard 188
Brûler quelqu'un 301
Buffet (garni) 300
Buste 343
Butte / but(t)er 61, 194, 298
Buteur 194
Buveur de sang humain 311

C

Ça, ça me tue 24
Cacheter (le) 274
Cadancher 199
Cadavre 63, 127, 128, 162
Cage à viande 191, 304
Caisse à biscuits 250, 300
Calanche / calancher 25, 198, 199
Camard 149
Camarde (la) 139, 149
Camouflé (être) 266
Camuse (la) 149
Canadienne 271
Can(n)er 242
Cannibale 310
Capout 160
Capout maq 25, 161
Carder la peau 267
Carline (la) 149
Carnage 304
Caron / Charon 144
Carré affecté aux sépultures militaires 106
Carré des suppliciés (le) 21
Cascader 64
Case à tronche 191
Ça sent le sapin 272
Ça sent le Saint-Just 319
Casse-bras 168
Casser 264
Casser son câble / sa canne / son crachoir / son crayon / son écuelle / son fouet / son parapluie / sa pipe / sa queue de billard / ses sabots 156, 263, 265, 275, 276, 277, 285, 355
Casser 156
Catafalque 341
Cauchemar 360
Caveau 67
Caveau d'attente / de la ville / provisoire communal 106
Cayenne 343
Cela ne vaut pas le pet d'un âne mort 359
Célébrer 335
Cendres 133
Ce n'est pas la mort du petit cheval 360
Ce n'est rien, ce n'est qu'une femme qui se noie 220
Cercueil 134, 301
Cercueil à quatre / six pans 250
Cérémonie 184
Ces messieurs 174
Cesser d'être / de vivre 228
C'est la mort ! 24
C'est un berger à peu de bruit 180
C'est une chandelle qui s'éteint 274
C'est une toux de renard qui le mènera au terrier 365
C'était écrit 82
Chagrin 331
Chair à canon 304, 311
Chambre funéraire 137
Champ des morts / de navets / d'oignons / de tabac / 121, 278, 279, 298, 324
Champs Élysées 324

Chant des sirènes (le) 141
Chant du cygne 364
Chanter un libera 41
Chapelle aux cinq marches (la) 60
Chargement 253
Charités (des) 95
Charlot 173, 175
Charnier 128, 304
Charogne 128
Charon / Caron 144
Charrette 186
Châsse 251
Chasse maccabée 113
Chat qui miaule n'est pas mort 15, 119
Chemise de bois 271
Cheval mort 162
Chien vivant vaut mieux que lion mort 362
Chloroforme en barre 328
Chose 197
Chourin, chouriner, chourineur 212
Cigarette du condamné 278
Ci-gît 21, 125, 319, 326
Cimetière 325
Cimetière architectural / forestier / paysager / privé 103, 320
Cisailler 218
Cité céleste (la) 319
Claboter 207
Clamecer / clapser 114, 207
Clapoter 207
Claquer 206, 207
Classe d'enterrement 336
Cocu de la Veuve 154
Coffier / Escoffier 124
Coffre 249
Coiffeur de la mort 172
Collier 184
Coma dépassé / irréversible 29
Comète 252
Commendatio 44
Communal 103
Comparaître devant le tribunal de Dieu 73
Complet de bois 271
Composer 213
Concession à perpétuité / cinquantenaire / perpétuelle / temporaire / trentenaire 323, 106
Condamné 74
Condoléances 331
Confessionnal à deux roues 186
Congé 259
Cônir / caunir 26, 126
Conscience 39
Contrat administratif d'occupation du domaine public communal 104
Convoi 336
Corbeau 246
Corbillard 246, 336
Corder 126
Cornancher 126, 127
Cornette (de chanvre) 184
Corps 51, 52, 127
Corps astral / causal / éthéré / éthérique / fluidique /physique 52, 53
Corruption 131
Cortège funèbre 336
Costume / costard en sapin 271
Coucher au cimetière 52
Couic 206
Coupante (la)
Coup de deuil 331
Coup du lapin 303
Coupe-cigare 170
Coupe-en-deux 169
Coupe-gorge 162, 169
Coupe-jarret 169
Couper (la gorge) 169, 170, 171
Couper la trame de quelqu'un 143
Couper la vie 218
Couper les cheveux (avec le rasoir national) 171, 173
Couper le sifflet 14, 169, 170
Couper sa mèche 263
Coupe-tête 169
Coup funeste / mortel 330, 331
Courir la grande bordée 245
Cracher (sa tête) dans le sac / dans le panier / dans le son 90, 118, 191
Cracher son âme / son embouchure / son extrait de naissance / son repas 90, 118
Crampecer / crabser / crimpser 114, 207
Cravate (de chanvre) 184
Crémation 313
Creuser sa fosse avec ses dents / avec sa fourchette 67, 282
Crevage / crevaison / crevance / crevard / crevation 205
Crève (la) 205
Crever 25, 115, 205, 207
Crever comme un chien / une bête /

des mouches 359, 362, 364
Crever la peau / la paillasse 205
Crever son pneu 199
Croco 249
Croiser (le) 274
Cronir / crônir 126
Croque-mort 221, 312
Croûte de pâté 300
Cruc 179
Cuit et moulu 301
Culbute 64
Curée 304

D

Danse macabre 110
Danser (la) 115
Danser la danse de Samson / par haut / sans plancher 182
Dans le sein / le giron de Dieu 46
Dard 148
Débarbouiller 224
Déboucler sa valise 230
Déboulonner sa colonne 203
Débrancher quelqu'un 215
Décapitation / décapiter 168, 189
Décaput 170, 176
Décartonner (se) 203
Décéder 243
Décès 19, 20, 21, 356
Déchirer (la) 202
Déchirer sa carte / son extrait de naissance / son faux-col / son habit/ son passeport / son tablier 90, 202, 263
Décollation 169
Décoller (la poire) 169, 191
Décoller (se) 203
Décomposition 131, 200
Dédevenir 228
Dédoublement 52
Défaçon 201
Défaire (se) 201
Défendre sa peau 267
Défiler (à) la parade 337
Défunt 19, 20, 21, 24
Dégeler / dégelé 129
Déglinguer 204
Dégommer 26, 203, 219
Dégonfler (sa vessie) 203, 219
Dégringoler (à la dure) 65
Déjucher 179
Délivré de ses souffrances (être) 41
Délétère 131
Délogement de l'âme 258
Demander l'heure au vasistas 188
Déménager (par la fenêtre) 188, 258
Demeurer pour gage / pour les gages 81
Demoiselle 176
Démolir 65, 203, 208, 210
Dépêcher 247
De peine et de bons soupers les cimetières regorgent 282
Déposer ses bouts de manches 262
Déposer son bilan / son mandat 75, 90
Dépositoire communal 106
Dépotage 296
Dépoter (son géranium) 263, 296
Dépouille (mortelle) 267, 268
Dérailler 199
Déralinguer 204
Déramer 199
Dernier autobus (le) 246
Dernière bouchée (la) 283
Dernière cigarette (la) 228
Dernière demeure / maison 321
Dernière heure (la) 28, 226
Dernières volontés (les) 228, 260
Dernier jour (le) 226
Dernier repas (le) 228
Dernier(s) moment(s) 28, 226
Dernier souffle / soupir (le) 228
Derniers sacrements (les) 228
Dernier supplice (le) 21, 228
Désâmer 38
Descendre à la fosse / au cercueil / au sheol / chez les morts / chez Pluton / dans la poussière / dans la tombe / au tombeau / en terre 65, 68, 145, 319
Descendre la garde 86
Descendre quelqu'un 66
Dessouder 26
Dessouder (la) 203
De tant de douleur on ne saurait faire qu'une mort 27
Déteindre 223
Détruire 202, 210

Deuil 330, 331, 333
Déviage / déviance / déviement 243
Déviander 305
Dévier 243
Dévisser (le coco à quelqu'un) 203
Dévisser les écrous / son billard 156, 204, 228
Dézinguer 199
Diable l'emporte / le ramasse (le) ! 248
Dieu a rappelé à lui ... 44
Dieu lui a pris... 142
Diminuer d'un pied du côté de la tête 170
Disparaître 220
Disparition 217, 340, 341, 356
Disparu(s) (le/les) 217, 220
Disposition de dernière volonté / testamentaire 260
Dissolution 37, 200, 201
Dissoudre 201, 203
Doigts de pieds en éventail / en bouquet de violettes124
Domaine du cannage 324
Donner la diligence 246
Donner le bouillon d'onze heures pour partir à midi dans l'autre monde 282
Donner le hausse-col (en Grève) 170
Donner le poivre 283
Dormants (les) 326
Dormir 328
Dormir au pays de la poussière / sous les draps verts 48, 291
Double 51, 52
Douleur 331
Dragée 288
Drap funéraire 336
Duel 331
Dur à avaler 288

E

Eau morte 24
Ébobir 328
Ébouser / ébouzer 124
Échapper 242
Écharper 202
Écraser 124
Ectoplasme 341
Effacer 222
Effigie 343
Égorger comme des moutons (se laisser) 364
Élégies 332
Éliminer 221
Emballeur (de refroidis) 252
Embaumement 136, 137
E.M.I. (Expérience de mort imminente) 38
Empaqueté 251
Empester 131
Empire de Pluton (l') 145
Emporter 142
Encaisser 250
Encoffrer 249
Endormir 328
En avoir appelé 74
En faire manger à quelqu'un 288
Enfants de chœur de Deibler 174, 184
Enfer glouton 310
Enfeu 275
Engourdir 328
Engraisser les asticots 132
Enlever 142, 221, 248
En odeur de sainteté 131
Enrubanner un mort 252
En sa peau mourra le renard 365
Ensevelir 269, 335
Enterrement 153
Enterrer sa vie de garçon 153
Entrer en agonie 116
Enveloppe charnelle 268
Envoyer 254
Envoyer ad patres / à Patras 49, 247
Envoyer au diable 44
Envoyer dans l'autre monde 247, 318
Envoyer dormir 328
Envoyer en l'air 60
Envoyer à la boucherie 303
Envoyeur 247
Éperlan 305
Épitaphe 345
Épointer son foret 263
Épouser la roue / le gibet / la veuve 152, 154
Épouser une roue à l'envers 152
Équarrissage / équarrisseur 303
Érailler 125
Eros 201
Escanner 263
Escape / escaper / escapoucher / escapoucheur 219
Escarper 202
Esprit 52, 117
Esrailler 125
Essayer la cravate 184
Essorer 179
Estourbir 25
Éteindre 272
Éteindre la lumière

des yeux / éteindre la vie / éteindre quelqu'un 272
Éteindre sa bougie / sa lampe / sa pipe / son brûle-gueule / son gaz 274, 277
Étendre un homme sur le carreau 123
Éternuer (dans le sac / le panier / le son) 118, 191
Étourdir 328
Être à la dernière extrémité / à son dernier terme / au bord du tombeau / au bout de sa droite / au bout de son rouleau 68, 226, 228, 229, 230
Être arraché à la mort 142
Être arrangé 158
Être au pays de par-delà 236
Être au plus bas / bien bas 62
Être au trou 319
Être aux abois de la mort / aux derniers abois 304
Être bien bas 62
Être botté et prêt à partir 266
Être cloué dans un cercueil / entre quatre planches 250, 251
Être dans le sixième dessous 66
Être dans le trou 66
Être de l'autre côté 236
Être de noces 152
Être (très) diminué 219, 220
Être emporté par la maladie 142
Être emporté entre quatre planches 250
Être enlevé à l'affection des siens 142
Être en plomb 270
Être évêque des champs qui donne la bénédiction avec les pieds 180
Être exproprié 261
Être fait 158
Être foutu 158
Être froid mort 121
Être guéri de tous ses maux 41
Être heureux comme un chien qui se noie 362
Être hypothéqué 79
Être lessivé 162
Être mort 27, 162
Être opéré 158
Être où la taupe juche 291
Être passé en face 236
Être (tué) raide 126
Être rasibus / ratiboisé 219
Être ravi à l'amour de ses proches 142
Être rayé du rôle 83, 222
Être rectifié 162
Être réduit à la chandelle bénite 274
Être regretté 331
Être relevé de ses vœux de baptême 87
Être remis sur pied 124
Être repassé 158, 162
Être six pieds sous terre 291, 319
Être troussé (en malle) 254
Étriper 305
Étui (à lorgnette) 249
Euthanasie 23
Évêque des champs (qui bénit des pieds) 183, 355
Exécuteur (de la haute justice / des hautes œuvres) 165, 175
Exhaler son dernier souffle 117
Expédier (en forme commune) 247, 254
Expirer 117
Exterminer 221
Extracorporéité 38
Extrait de crosse entre les esgourdes 289
Extrême-onction 94

F

Faire aux corbeaux la moue 182
Faire caisse 250
Faire capout 26, 161
Faire cardinal 183
Faire couler le sang 120
Faire de la saucisse / du boudin 306
Faire de l'herbe / des roses / du fenouil 293, 295, 297
Faire deuil (à quelqu'un) 331
Faire la barbe 172
Faire la bascule / la cabriole / la culbute / la planche / le trébuchet 61, 64, 186
Faire la cane 242
Faire la chose 193
Faire la grimace au Pont-Rouge 182
Faire la moisson 296
Faire la moue (aux

planètes) 180
Faire la peau 267, 304, 305
Faire le guet à Mont faucon 180
Faire le saut (en l'air) / (périlleux) 235
Faire les cimetières bossus 282
Faire manger des poires d'estranguillon 288
Faire passer 234
Faire passer l'arme à gauche 328
Faire pousser du tabac 278
Faire (se) quelqu'un 210
Faire regarder par une fenêtre de chanvre 188
Faire sa crevaison / sa crevation / sa crève 205
Faire sa noce 153
Faire sa première mort 27
Faire sauter le lapin 315
Faire son affaire 247
Faire son bagage / sa malle / son paquet 257, 258
Faire son cheval de corbillard 336
Faire son deuil 333
Faire taire 14
Faire une belle / une bonne fin 226, 228
Faire un pet à la mort 118
Faiseuse d'anges 58
Falcina (la) 142
Fantôme 341
Farcir (de plomb) 305
Faucher / faucheur 183
Faucheuse (la) 139, 351
Faux de l'égalité 182
Fée 144
Fend-l'air 170
Fenêtre 188
Fermer 264
Fermer les yeux (de quelqu'un) 125
Fermer sa fenêtre / sa porte / son vasistas / son gaz / son livre / son parapluie / son pébroque 262, 264, 274, 355
Feu 20, 144, 275
Feu (e) 21
Fièvre cérébrale 194
Figurant 340
Filer le câble / son câble par le bout / son nœud 245
Filer un mauvais coton 143
Fin 356
Fin de la soupe 283
Finir (sa route) 226, 228, 230
Fins dernières (quatre) 109
Flingot / flingue / flinguer 213
Fonctionnaire Samson 167
Fondre comme du beurre à la poêle 219
Fosse (commune) 67, 68, 106
Fossoyeuse (la) 67
Fourches (les) 177
Fourgon 336
Foutre en bas 62
Frapper 148
Frapper au monument 238
Frapper sur quelqu'un comme une bête morte 359
Friauche 301
Fricassé 301
Frigidaire 300
Frit 301
Froid de la mort (le) 121
Froid (un) 121
Fumer les mauves par la racine / ses terres / un coin de terre 278, 295
Funèbre 330
Funérailles 330, 335, 336
Funerarium 21, 137
Funeste 330, 331
Fusiller 212

G

Gagner caisse 250
Gambader dans le néant 182
Gambiller / gambilleur 182
Garde des archives de l'éternité 84
Garde-manger de la mort 307
Garder les moutons à la lune 180
Géhenne 166
Génocide 19
Gerbé à la faux 183
Gibet 177
Gibier à prévôt / de bourreau / de guillotine / de potence 304
Gillette 172
Gisants 125
Glacière 300
Glaive des lois 175
Glisser / la glisser 63, 64
Graisser ses bottes 266
Grand coiffeur 172
Grande faucheuse 183

Grande permission (la) 87
Grande soulasse sur le trimar (la) 42
Grand saloir 306
Griller sur la chaise électrique 301, 302
Gueule morte (la) 15
Guillotine 173, 175

H

Habiller de quatre planches (s') 271
Habitants de la poussière 48
Habit de bois 271
Hachis 305
Hachoir 189
Hallecruc / halle grup 179
Halle (le) 179
Hanter 342
Haricoter 306
Hautes œuvres 193
Hécatombe 22
Herbe à tous maux 42
Heure suprême (l') 28
Holocauste 22
Homicide 19, 26, 65, 225
Homme de main 193
Homme mort (un) 19
Honneur fleurit sur la fosse (l') 337
Honneurs funèbres / posthumes / suprêmes 335
Hoquet (de la mort) 114, 115
Huile des infirmes 95
Hurler à la mort 363
Hussard de la Veuve 154
Hymne du cygne (l') 364

I

Ici / ci 342
Ici repose 125, 319, 326
Idole 341
Il a été au trépassement d'un chat, il a la vue trouble 234, 361
Il est comme les cochons, il ne fait du bien qu'après sa mort 363
Il faut finir par un bout 226
Il faut mourir, petit cochon, il n'y a plus d'orge 363
Il mourrait plutôt la vache d'un pauvre homme 366
Il mourrait plutôt un chien de berger 362
Il n'a rien su 24
Il ne faut pas se dépouiller avant que de se coucher 268
Il ne faut pas tuer son chien pour une mauvaise année 362
Il ne mangera plus de pain 284
Il ne pètera plus 118, 120, 287
Il ne s'est pas senti partir / vu mourir 24
Il nous a laissés 261
Il nous a quittés 242
Il s'est envolé 57
Il veut dormir 117
Il y a eu beaucoup de sang répandu 120
Immolé 183
Immortalité 34
Immortel 23
Immortelles (des) 33
Incinération 313
Infanticide 19, 65
Infection 131
Infusion de coupe-papier 289
Ingurgiter son bilan 90
Inhumation en service normal / en service ordinaire 106
Injection d'acier 42
In memoriam 21
Instant de la mort (l') 30
Instant fatal (l') 28
Instrument 211
Intestat 260

J-K

Jamais lard ni cuit ni cru n'a fait le cimetière bossu 282
Jardin (du souvenir) 297, 324
Je m'en occupe 210
Je meurs 24
Jérusalem céleste (la) 318
Jeter un mauvais coton / un vilain coton 144
Je vais mourir 24
Jouer à la boule 161
Jouer à la guillotine / à la main chaude 161
Jouer du hautbois 177, 180
Jouer le cadavre / le mort / sa tête / sa vie 161
Juc (le) 179
Juge de paix 42
Jugement de la postérité 74
Jugement dernier 72

Jugement particulier 72
Juré-crieur 96
Jusqu'à la porte 238

L

Labourer la terre avec son dos 290, 291
Lâcher la bouée / la perche / la rampe 64, 353
Lâcher la purée 288
Lâcher pied 64
La gueule tue plus de gens que le glaive 282
Laisser (de grands biens après sa mort) 261
Laisser fuir son tonneau 284
Laisser répandre 123
Laisser sa peau / ses bottes 266, 267
Laisser ses affaires en mauvais état 261
Laisser un bien à un héritier 261
Laisser une femme et des enfants 242
Laisser un grand vide 220
L'âme a laissé son corps / lui est partie du corps 37
Lamentations (les) 332
Lamento 332
La mort suit le corps 136
Langue morte / vivante 21, 356
La Parque a coupé la trame de la vie 43
La Parque a tranché la vie / le cours d'une vie / le destin / les jours / l'a enlevé / l'a tué 142, 143
La Parque gourmande 310
Larder 305
Lardeuss en chêne massif 271
Latra Pediniella (la) 142
Laver 194
Laver la tête à quelqu'un avec du plomb 223
Laver son injure dans le sang 120
L'eau est entrée dans ses souliers par le collet de son pourpoint 171
Lécheuse de guillotine 310
Le cœur a lâché 22
Le loup mourra dans sa peau 364
Le plus pauvre, comme le plus riche, a assez d'un suaire 270
Les dents ne lui font plus mal 42
Les morts ne mordent plus 284
Les plus riches n'emportent qu'un linceul 270
Lessiver / lessiveuse 194, 223
Létal 222
Létifère 222
Lettre morte 24
Levée 253, 254
Lever au vent 179
Lever les pattes 240
Lèvres mortes 121
Lévriers du bourreau 303
Libera (chanter le) 41
Liberté et pain cuit 288
Limbes 58
Linceul 269
Lingrer / linguer / lingre(s) / lingreur / lingue 212
Liquider (quelqu'un) 77, 78
Livre de vie 82, 83
Louisette / Louison 175, 176
Lugubre 332
Luisel 251
Lunette 187

M

Macab / macc(h)abée / macchab 113
Macabre 110
Macabré 112
Machine 214
Machine à Charlot / à Deibler 176
Machine à coudre / à découdre / à dépeupler / à secouer le paletot / à signer les permissions 87, 214
Machine à décerveler 176
Machine à meurtre / à sang / à raccourcir 171, 185
Madame 176
Mademoiselle 176
Maison du Père / du Seigneur (la) 319
Maître des hautes œuvres 166
Malade terminal 230
Maladie l'a troussé en vingt-quatre heures (la) 254
Male heure (la) 28
Malemort 23
Malpas 235

Mange-chair 308
Mangé-mort 312
Manger du pain rouge 120
Manger du plomb 288
Manger le fromage / le saucisson / les pois / le lapin / du pain et du fromage 315
Manger le mort 312
Manger les choux par les trognons / la salade par le trognon / de l'herbe / des carottes / les fraises / les pissenlits (par la racine) 293
Manger un ennui / du siège / de la guerre 288
Mangeur d'hommes 311
Mannequin 191
Marais 361
Marchand de plumiers 249
Marcher dans les souliers du mort 266
Marécages 361
Mariage 152
Marier (avec Madame la Guillotine) 152
Marieux 152
Masque mortuaire 343
Massacre 303
Massacrer 191
Massicot 171
Matérialisation 341
Mécanicien 185
Mécanique (sépulcrale) 185
Médium 52
Mener aux fleurs 180
Mer 361
Mère au bleu 188, 223
Mère-patrie 49
Merlan 305
Messe des anges 57
Messe rouge 184
Mesurer du bois de corde 177
Mettre à quelqu'un la tête aux pieds 171
Mettre au bout d'une bûche 177
Mettre au frais 300
Mettre au vent 179
Mettre à zéro 199
Mettre de l'eau dans ses souliers par le collet de sa chemise 171
Mettre du pain dans le sac de quelqu'un 288
Mettre en boîte 248
Mettre en capilotade 305
Mettre en l'air 58, 60
Mettre en perche 179
Mettre en pièces 198
Mettre en tas 208
Mettre fin à ses jours 226
Mettre la corde au cou 152
Mettre la cravate rouge / le ruban rouge 184
Mettre la cravate à Capet / de Sanson / du docteur Guillotin 184
Mettre l'âme au vent à quelqu'un 60
Mettre la table pour les asticots 310
Mettre la tête / le nez à la fenêtre 188
Mettre le cœur à l'envers 121
Mettre les volets à la boutique 262
Mettre son corps en bière 300
Meurtre 25, 361
Meurtrier 225
Meurtrir 25
Miasme 131
Mieux de la fin (le) 226
Mieux vaut péter en bonne santé que crever derrière un buisson 119
Minute de silence 15
Mirabelle 175, 176
Moisson des âmes 296
Monsieur Anatole / de Béthune / de Lyon / de Paris 174
Montante du calvaire (la) 61
Mont à regret (le) 60
Monter au château 319
Monter au ciel 57
Montjoye (la) 61
Monument (aux morts) 106, 344
Morgue 340
Mors certa, hora incerta 28
Mors / mort / morsure / mort sûre 281
Mort absolue 30
Mortalité 23
Mort amère 287
Mort apparente / cérébrale 30, 122
Mort de chaleur / de faim / de fatigue / de froid / de jalousie / d'ennui / de plaisir / de rage /

de rire /
de soif 24
Mort de trois jours pue toujours 129
Mortel 23
Morte la bête, mort le venin 359
Morte saison 24
Mort fera un triste repas (la) 307
Mort mangetout (la) 307
Mort n'a pas faim (la) 307
Mort naturelle 19, 22
Mort pour la France 102
Mort relative 30
Mort repentine 23
Mort subite 23
Mort tout roide 126
Mot de la fin (le) 226
Moucher sa chandelle 274
Moulin à rata / à café 288, 306
Moulin à silence 185
Moulinette 288, 306
Mourant 28
Mourir 20, 27, 28, 177
Mourir dans ses souliers /
dans son lit /
de sa belle mort 22, 265
Mourir de la Meurie 22
Mourir du haut mal 180
Mourir d'une belle épée 162
Mourir en canard 360
Mourir en l'air 179
Mourir en odeur de sainteté 131
Mourir sans langue 23
Mourir tout debout 23
Muet comme une tombe 15
Murer (la gueule à quelqu'un) 209
Musée 341
Musée de la Camarde / des crônis / des refroidis 340

N

Nature morte 24
N'avoir pas de cœur 121
N'avoir plus besoin de mire 41
N'avoir plus d'huile dans sa lampe 274
N'avoir plus mal aux dents 42, 284
N.D.E. (Near Death Experience) 38
Néant (le) 33
Nécromancie 52
Nécropole gratte-ciel 320
Ne remuer ni pied ni patte 124
N'être plus au monde / de ce monde 228
Nettoyer (une région / une tranchée) 194, 223
Ni fleurs ni couronnes 336, 338, 339, 350
Nihil 33
Noir rivage 318
Noir séjour / noir Pluton 274
Nourrir son cadavre 128
Nourriture, pourriture 282
Nous mangerons du boudin, la grosse bête est par terre 306
Nuit du cercueil / du tombeau 274
Nuit éternelle / infernale 274
Nuit sans matin / sans réveil 274

O

Obsèques 335
Occire 65
Office de bourreau 193
Office des morts 84
Ogre 307
Oiseau fatal 363
Ombrageux 51
Ombre (s) 51
Omnibus de coni (l') 246
Onde noire 274
On dirait qu'il dort 349
On ne meurt qu'une fois, et c'est pour si longtemps 27
On tirerait aussitôt un pet d'un âne mort qu'un sou de sa bourse 359
O.O.B.E. (out of body experience) 38
Opérer 42, 194, 210, 283
Ossuaire 106
Ôter la vie 228
Où est le corps, là est la mort 136
Œufs trop cuits, poissons trop crus rendent bossus les cimetières 282
Outil 193, 211
Outiller quelqu'un 212
Outrepasser 234
Ouvrage 210
Œuvre morte 24

P

Pâle comme la mort / un mort 121
Paletot de bois / d'été / sans manches 271
Pâle (un) 121
Pâleur de la mort / mortelle 121
Palie 336
Panier de Charlot / de sciure / de son / rouge 191
Papillotte 252
Paraître devant le tribunal de Dieu 73
Parc des claqués / des crônis / des refroidis 324
Pardessus en sapin 271
Partir 124, 242, 324, 348
Partir dans la toppe 298
Partir en congé (définitif) 87
Partir entre quatre planches 250
Partir pour l'autre monde 318
Pas 235, 353
Passage (le) 234
Passe (la) 188
Passement (le) 234
Passeport pour l'autre monde 88
Passer 234, 236, 328
Passer à la casserole 301
Passer à la mort 234
Passer à la moulinette 306
Passer à la voyante 188
Passer au bleu 223
Passer dans la barque (de Caron) 145, 237
Passer de cette vie à une meilleure / de cette vie en l'autre / de vie à trépas 234
Passer / faire passer l'arme à gauche 328
Passer le pas 234, 235, 236
Passer l'octroi 88
Passer sa chique à bâbord 277, 328
Passer sur l'autre berge 145
Pastille / pastoche 288
Patible (le) 177
Patibulaire (le) 177
Pauvre défunt (le) 20
Payer 81
Payer sa dette / ses droits / tribut (à la nature / à la société) 78, 79, 81
Payer le parking souterrain 262
Pays bas 62
Pays sans retour 241
Péché mortel 27
Peine capitale 189
Penser à la mort de Louix XVI 14
Perdre 220
Perdre la tête 189
Perdre la vie 228
Perdre le goût du pain / du vin 284
Perdre le jour 274
Perdre pied 64
Perdre son bâton 263
Perdre son pucelage 156
Périr 220
Perruquier de la sérieuse 172
Perte 340
Pesée des âmes 75
Pestilence 131
Péter 205
Péter son lof 263
Petit ange 57
Petite chatière 188
Petite loison 175
Photographe 189
Pisser sur la fosse de quelqu'un 287
Planche à assignats 186
Plat-ventre 186
Pleureuses (les) 332
Plier bagage / ses chemises / son paquet 257
Plomber quelqu'un 213
Plus beau que moi tu meurs 24
Plus en emporte la mangeaille que bayonnette et mitraille 282
Plus en fait mourir goinfrerie que misère 282
Plus l'oiseau est vieil, moins il se veut défaire de sa plume 364
Poêle 336
Poids mort 24
Poignarder 212
Poinçonner 213
Point mort 24
Poivrer 283
Pompes Funèbres 99, 335, 339
Porte-manteaux 254
Porter à la chèvre morte / à la vache morte 361, 366
Porter en terre 254
Porter le chapeau rouge 183
Porter le deuil 331, 333
Porter ombrage 51
Porter un deuil joyeux 331
Portes de la Jérusalem céleste / de la maison du Seigneur /

des cieux (les) 238
Portes de la mort / de l'Hadès / du Sheol (les) 237
Portes du trépas 238
Portes éternelles 238
Portrait 344
Poser sa chique 277
Pote 195
Poteau 195
Poteauter 195
Potence 177
Poudre 49, 354
Poudre de succession 283
Pourriture 131
Pourvoyeur de guillotine / de cimetière / de la mort 254
Pousser son dernier soupir 117
Poussière (humaine) 49
Praline 288
Précéder quelqu'un dans la mort 243
Première classe 336
Prendre (dans la mort) 142
Prendre au vent 179
Prendre congé de la compagnie 259
Prendre la secousse 114
Prendre la voiture à Charlot 186
Prendre le dernier virage 230
Prendre le planton au séchoir 134
Prendre son billet / un aller simple 89, 241, 355
Prendre une infusion de gravier sucrée avec un jus de pioche 290
Présenter ses lettres de créance 84
Prétexte à tuer chien (un) 362
Prise de corps 252
Procédé I.F.T. (Institut Français de Thanatopraxie) 136
Profanation 339
Prune / pruneau 288
Psychopompe 363
Psychostasie 75
Puant / puer 131
Puer comme un rat mort 365
Pulsion de mort / de vie 201
Pulvérisateur 213
Putréfaction 131
Putride 131

Q

Quand le mal est de mort, le seul remède est de mourir 41
Quand on baille on n'est pas mort 119
Quand on braille on n'est pas mort 15
Quand on est mort, c'est pour longtemps 27
Quand on pète on n'est pas mort 119
Quand Pâques sont en mars, force fosses fraîches 67
Quand un malade éternue le médecin s'en retourne 119
Quatre-arpents / quatre-pans 324, 352
Que Dieu ait son âme 44
Que le diable l'emporte 44
Qui est vieux rit, qui est mort pourrit 129
Qui-qui (faire) 207
Qui trop mange crève 282
Quitter la scène / la vie / la terre 229, 242
Quitter sa dépouille mortelle / son corps 37
Qui veut noyer son chien l'accuse de la rage 362

R

Raccourcir / raccourcissement (patriotique) 170, 171, 217, 218
Racler 219
Raide (mort) 126
Raidir 126
Raidir le jarret / l'ergot / les ergots 114
Raiguisé 219
Raisiné / raisinet / raisine / raisin 299
Râle 115
Ramasser ses affaires / son linge / ses outils 257, 262
Ranger 208
Rappeler 247
Rase-à-neuf 172
Raser la tronche / le colbaque 172
Rasoir (national) / à Charlot1 172, 174, 189, 218
Ratalà / ratalu 115
Ratatiner 124, 219
Ratiboiser 219
Ravir 142, 221, 248
Rayer de la carte 222
Rebâtir 208, 209, 210
Rebouiser 213
Recevoir l'extrême-

onction 228
Recevoir son décompte 77
Recevoir son paquet 258
Réchauder 224
Rectifier (la gueule) 208, 209
Recueillir le dernier soupir 117
Redingote de sapin 271
Réduction 220
Réduire au silence 14
Refermer le couvercle 251
Refrigerium 314, 326
Refroidir 121
Refroidissage/ refroidissement / refroidisseur 121
Refroidi (un) 121
Regarder par la lucarne 189
Régie municipale 99
Régler 208, 209
Régler le compte de / son compte à 209
Regret / regretté 331
Relevé par les brancardiers 87
Reliques 313
Remède 42
Remercier son boulanger / son boucher 284
Remiser son fiacre / son sapin 262
Rendre / déchirer son tablier 265
Rendre l'âme / la vie / l'esprit 44
Rendre les dernier honneurs 335
Rendre son âme / sa bûche / sa clef / sa canne au ministre / sa cuiller / sa pièce / son cordon / son livret / son permis de chasse / son repas / son tablier 87, 90, 118, 262, 285, 354
Rendre un dernier hommage 335
Rengainer son compliment 14
Renverser 264
Renverser son absinthe / son café / son casque / sa chaufferette / sa marmite / son mazagran 263
Répandre (le sang) 120, 123
Repasser 124, 209, 210
Reposer 264, 328
Représentation (au vrai) 343
Requiem 326
Requiescat in pace 21
Restes (les) 313
Restituer sa doublure 51, 261
Résurrection 124
Retailler 218
Rétamer 213
Retour 342
Retourner à Dieu 44, 46
Retourner ses chaussettes 265
Revenant 342
Rien (le) 33
Rigidité cadavérique 126
Rincer 223
Rire sardonique 134
Rivage des morts / du Styx 318
Rive infernale / sombre 318
Robe de chambre 271
Rogner 171, 218
Rôtir sur la chaise électrique 301, 302
Roulotte aux refroidis (la) 246
Royaume de Pluton / des morts 145, 318
Royaume des taupes 291
Rubrique des chiens écrasés 362
Rue de l'Arbre-Sec 177

S

Sacail / Saccailleur 212
Sacrement des malades / des mourants 95
Sainte Guillotine 183
Saint Gravier guérira tout 47
Salaire du péché (le) 78
Saler / Saloir 306
S'alléger 219
Saluer le public 229
Sang du peuple 311
Sans-Farine 172
Sans-feuille 177
Sapin 272
Sapinière 298
Sarcophage 134, 308
Saumon 305
Sauter le bâton / le pas 235
Sauter sur rien 182, 235
Scion / scionner / scionneur 212
Se baigner dans le sang 120
Se balancer au bout d'une corde 182
Se brûler 122
Se casser 242
Sec (comme un pendu d'été) 179

S'échapper 242
Sèche (la) 133
Sécher 134
Séchoir 133
Seconde mort 27
Se coucher avec ses pères / dans la poussière 48, 49
Secouer le jarret 114
Secrétaire du ciel 84
Se débarrasser de quelqu'un 221
Se défaire 26
Se départir de 242
Se déramer 199
Se désassembler 200
Se détruire 26, 202
Se déviander 305
Se donner au diable 44
Se donner la mort 26
Se faire assaisonner 306
Se faire avoir 158
Se faire décoller le trognon 203
Se faire faire la barbe 172
Se faire justice 74
Se faire sauter la cervelle 122
Se faire signer sa feuille de débarquement 87
Se farcir quelqu'un 158
Séide 225
Sein d'Abraham (le) 44
Séjour ténébreux 274
Se laisser aller 240
Se laisser goûter 65
Se marier dans les fonds 152
S'embêter comme un rat mort 365
Se mourir 28
S'en aller (au grand galop) 124, 241, 241
S'en aller comme une chandelle 274
S'en aller de la poitrine 240
S'endormir en Dieu / au Seigneur 236
S'en mourir 28
Sentier sans retour 355
Sentir 131
Sentir déjà 272
Sentir le sapin 272
Sentir sa mort prochaine 23
Se partir de 242
Se présenter devant Dieu 47
Sépulcre 335
Sépulture 335
Sépulture des ânes 94
Se racheter 80
Se recommander à saint Gravier 47
Se refaire le cadavre 128
Se répandre 123
Se retourner dans sa tombe 51
Seringue, seringuer 42, 213, 283
Serpillière 252
Serrer le kiki 206
Service 96, 99
Service du bout de l'an 96
Service extérieur / intérieur / non monopolisé 99, 100, 101
Servir de bouchon 180
Se signer des orteils 183
Se suicider 26
S'éteindre 272, 275, 348
Se viander 305
Se vider 294
Se vider de son âme 118
S'habiller de sapin 271
Sheol insatiable (le) 310
Signer (le) 274
Signer un permis 87
Silence de mort 14
Silencieux comme la tombe 15
Sindon 269
Soi-crever 205
Sombre royaume 318
Son âme a passé / s'est envolée 57, 234
Son heure a sonné / est venue 28
Son linge est lavé 223
Sorbonne 191
Sortir de la vie 243
Sortir du banquet de la vie 284
Sortir les pieds devant 124
Soubrette de Charlot 174
Souffler sa veilleuse / sa calbombe / sa camoufle / sa lampe 274
Soulever le cœur 121
Spectre 341
Spirite / spiritisme 52
Squelette 133
Suaire 269
Succomber 63
Sucer l'herbe par la racine 293
Sucer son géranium 293
Suerie 180
Suicider quelqu'un 26
Suivre quelqu'un (dans la mort) 243
Sulfater / sulfateuse 213
Supprimer 221
Surin, suriner, surineur 212

T

Tabac 278, 279
Tant que le cœur me battra (au ventre) 120
Tant qu'on respire on n'est pas mort 119
Taule 167
Taux de mortalité 23
Teint mort 121
Temps mort 24
Ténèbres de la mort 274
Tenir la rampe 64
Terme du voyage (le) 230
Terminer (ses jours) 226, 228
Terrain commun 106
Terre-mère 49
Terrer 298
Testament 260
Tête de mort 143
Thanatologie, thanatologue 16
Thanatomorphose 30
Thanatopracteur 137
Thanatopraxie 21, 136, 137, 340
Thanatos 201, 272
Thrène 332
Ti-bon-ange 51
Tinter des glas 353
Tirer à sa fin 226
Tirer sa crampe avec la Veuve 155
Tirer un pet d'un âne mort 359
Tisane 283
Toc 207
Toile d'emballage 252
Toilette 171, 340
Tollart / tollard / taulard /telart 167
Tôloire 168
Tombe / tombeau 67, 68
Tombeau glouton 310
Tombeaux sont sacrés (les) 339
Tomber au champ d'honneur 63
Tomber de la poitrine 63
Tomber comme des mouches 364
Tomber en pièces / par pièces 198
Tomber raide mort 126
Tomber sur rien 182
Tortiller de l'œil 125
Tortionnaire 166
Torture 166
Toucher à son terme / au terme final 226, 228
Toucher le bout de sa carrière 230
Tourmenteur 166
Tourner de l'œil 125
Tourner la vis 203
Tourner le coin / les coins 240
Tous faut pourrir on ne sait quand 129
Tous les renards se trouvent chez le pelletier 365
Toute honte bue 288
Tout état est viande à vers 310
Tranchée 106
Trancher 191
Trancher la destinée / la vie / les jours 169, 218
Tranche-teste 169
Transe (de la mort) 235
Transir 235
Transition 235
Trappe 188
Travail 193, 210
Travail du deuil 333
Travailler (la marchandise) 193
Travailler le cadavre à quelqu'un 128
Travailler quelqu'un 210
Trébucher 61
Tremper ses mains dans le sang 120
Trépas / trépassement 19, 20, 234
Tribunal de l'histoire 74
Trimballeur de cônis / de refroidis 246
Tristesse 331
Tronche 191
Trottinette à macchab (la) 246
Trouer (la peau) 209, 213, 267
Trousser ses bribes / son paquet 257
Trouver un cheveu à la vie 284
Truffer 305
Tuer 19
Tuer comme un chien / comme des mouches 362, 364
Tuer le cochon 363
Tulipes de saint Innocent 296
Tumulus 67
Turbine à Deibler 185

U-V

Ubi sunt 317
Un linceul n'a pas de poche 270
Un rot vaut un an de santé 119
Usine de mort 214
Ustensile 212
Vaissel 251, 300
Valda 42, 288
Vanités 134, 264
Veau, poulet et

poisson cru font les cimetières bossus 282
Vendanger 299
Veneur 303
Ventilant 179
Verser le sang 120
Verser sa cuiller au magasin 285
Veuve (la) 154, 176
Veuve Rasibus (la) 172
Veuve Sapin (la) 154
Viande à pneu 304
Viande (froide) 121, 304
Viatique 258
Vicaire lui a fait son baluchon (le) 258
Victime (immolée sur l'autel) 22
Vider quelqu'un comme un lapin 303
Vider sa cave 284
Vie de cochon, courte et bonne 363
Virer (de) l'œil 125
Vision 341
Vitalisé 343
Vocero 332
Voierie 313
Voir le monde à l'envers 188
Voir les pissenlits pousser par la racine 291
Voir son occident 275
Voiture à Charlot 174
Voiture à trente-six portières 186
Voiture funéraire 336
Vomir son âme 118

Y-Z

Y aller du cigare / du gadin 191
Yeux de chèvre morte (des) 361
Y laisser la vie / sa peau / ses bottes / ses grègues / ses houseaux/ ses os 261
Y passer 234
Zigouiller 202
Zip ! 206

Table des illustrations

Couverture. Détail d'un *Memento mori.* Gravure flamande (XVIIe siècle).

p. 12. Sculpture d'un tombeau au cimetière du Père-Lachaise, par Préault (XIXe siècle). Ce motif du doigt sur les lèvres, pour figurer le silence de la mort, est assez répandu dans l'art funéraire.

p. 18. "Le mot interdit". Plaque funéraire récente au cimetière du Père-Lachaise, à Paris.

p. 20. Faire-part de décès, XVIIIe siècle. Daté de 1740, celui-ci est un des premiers faire-part qui remplacent les annonces orales faites jusque-là par les jurés-crieurs (cf. p. 97).

p. 32. La Dormition de la Vierge ou *Koimêsis,* mosaïque du XIIe siècle, Palerme, église de la Martorana. Répondant à l'appel de son fils, l'âme de Marie est sortie de son corps et passée dans les bras de Jésus, qui la transmet aux anges pour qu'ils l'emportent au ciel. Cette âme est figurée comme un nourrisson emmailloté.

p. 36. Un diable s'empare de l'âme d'un mourant au moment où il l'exhale. Gravure allemande, XVIe siècle.

p. 39. Le dédoublement. L'âme planant au-dessus du corps, par William Blake. Gravure du début du XIXe siècle, bibliothèque des Arts décoratifs, Paris.

p. 45. Les âmes dans le sein d'Abraham. Détail du *Jugement dernier,* tympan de la cathédrale de Bourges, XIIIe siècle.

p. 47. Saint Michel présente les âmes à saint Pierre devant la porte du Paradis. Pour empêcher le culte que les Gallo-Romains rendaient à Mercure, l'Eglise le détourna, dès les premiers temps du christianisme, sur saint Michel, qui remplaça ainsi le dieu païen comme conducteur des morts. Peinture sur bois, XVe siècle espagnol, musée des Beaux-Arts, Lyon.

p. 54. L'Ascension, par Mantegna, musée des Offices, Florence.

p. 56. Alors que dans l'art chrétien oriental, c'est l'âme seule de Marie qui monte au ciel, l'art occidental représente son *Assomption,* dont on voit ici le premier modèle vers 1185. Les anges soulèvent son corps ressuscité pour l'emporter au Paradis. Détail du Couronnement de la Vierge, cathédrale de Senlis, fin du XIIe siècle.

p. 59. Le Christ, sortant des Limbes ou Enfers, en ramène Adam, Ève et les Justes de l'Ancien Testament. Sous ses pieds, la porte des Enfers arrachée. Très répandue d'abord dans l'art byzantin, la scène dite de "la descente aux Limbes" (qui est en fait une remontée, car on ne représente que le moment de la sortie) s'inspire de l'évangile apocryphe de Nicodème. Le nom de *limbes* désigne ici un "enfer" neutre, comme l'Hadès homérique ou le Sheol biblique, et non un lieu de torture pour les méchants : tous les morts s'y trouvaient, avant que le Christ ne vienne. *La descente aux Limbes,* par Martin Schoengauer, XVe siècle, Colmar, musée d'Unterlinden.

p. 70. "Prendre son billet". Voir p. 89 et chapitre XI. Imagerie populaire, fin du XIXe siècle.

p. 73. La Vierge et saint Jean, de part et d'autre du Christ-Juge, intercèdent en faveur des ressuscités. En bas à droite, la gueule de l'Enfer (voir chapitre XIII). *Le Jugement dernier,* tympan de la cathédrale de Chartres, XIIe siècle.

p. 76. En haut la Résurrection ; en bas, la Pesée des âmes. Saint Michel tient la balance, dont les diables essaient de faire pencher l'un des plateaux. *Psautier de saint Louis et de Blanche de Castille,* XIIIe siècle, bibliothèque de l'Arsenal, Paris.

p. 85. Les ressuscités avec leurs Livres de Vie individuels. Détail du *Jugement dernier*, XVIe siècle, cathédrale Sainte-Cécile d'Albi.

p. 92. Publicité pour articles funéraires, vers 1900.

p. 97. Un juré-crieur des morts au XVIIe siècle. Dessin de Hoffbauer d'après un tableau de l'époque.

p. 100. Illustration de l'*Assiette au Beurre*, 1904.

p. 105. Le Jour des Morts, dessin de Valentin, 1851.

p. 108. Danse macabre, gravure sur bois, Francfort, 1492, bibliothèque de l'ancienne faculté de médecine de Paris.

p. 111. Illustration du *Dit des trois morts et des trois vifs,* manuscrit latin du XVe siècle, *Livre d'Heures d'Amiens,* bibliothèque Nationale, Paris.

p. 123. Gisants d'Henri II Plantagenêt et Aliénor d'Aquitaine, XIIIe siècle, abbaye de Fontevrault, Maine-et-Loire. Le gisant ne représente pas ici un mort puisque Aliénor lit son Livre d'Heures, et que les plis de son vêtement sont ceux qu'il aurait si elle se tenait debout.

p. 130. Les Amants trépassés par Mathias Grünewald, XVIe siècle, musée de l'Œuvre Notre-Dame, Strasbourg.

p. 135. Squelette en marbre provenant du cimetière des Saints-Innocents, XVIe siècle, musée du Louvre.

p. 138. La Mort embrassant une jeune femme, par Hans Baldung Grien, Kunstmuseum, Bâle. Le thème a inspiré les peintres allemands et suisses vers 1500-1520 ; "mort" est en allemand du genre masculin.

p. 140. Thanatos, personnification grecque de la mort. Peinture sur vase, musée du Louvre, Paris.

p. 143. La Jeune fille et la mort. Statuette en terre cuite, musée de Bâle.

p. 146. La Mort et le bûcheron, fable de La Fontaine (I,16). "Un pauvre bûcheron, tout couvert de ramée", gémissant "sous le faix du fagot aussi bien que des ans", dépose son fardeau et appelle la Mort pour le délivrer. Mais lorsqu'il la voit, il change d'avis et lui demande de l'aider à recharger son bois sur son dos. Lithographie de Engelmann d'après H. Lecomte, XIXe siècle, bibliothèque Nationale.

p. 151. L'Ange de la mort, par Carlos Schwabe, 1895. Cabinet des dessins, musée du Louvre, Paris.

p. 153. La Veuve, dessin de Steilen dans *L'Assiette au Beurre* (1902).

p. 159. L'Empereur joue aux échecs avec la Mort, gravure sur bois, fin XVe siècle, bibliothèque des Arts Décoratifs, Paris.

p. 164. Décapitation d'une femme, commentée par des proverbes. Gravure de Lagnier, dans *Recueil des plus illustres proverbes,* bibliothèque Nationale, Paris.

p. 178. Gravure sur bois de Pierre Levet pour "La Ballade des pendus", édition originale du *Grand Testament* de François Villon, XVe siècle.

p. 181. Le gibet de Montfaucon : une masse de pierre surmontée de seize piliers avec quarante-huit poutres, à Paris (aux environs de l'actuelle rue de la Grange-aux-Belles, 10e arrondissement). On rattache parfois le nom du *gibet* à l'arabe *djebel,* "montagne", parce que les pendaisons se faisaient sur des buttes ou des élévations comme celle-ci, afin qu'on en vît l'exemple de loin.

p. 187. La guillotine. Gravure allemande, bibliothèque Nationale, Paris.

p. 190. La tête de Louis XVI montrée au peuple. Détail d'une gravure satirique, "Matière à réflection (*sic*) pour les jongleurs couronnées" (*sic*), musée Carnavalet, Paris.

p.196. Vanité, avec les bulles de savon et la bougie éteinte qui symbolisent la brièveté de l'existence. Gravure, bibliothèque Nationale, Paris.

p. 211. Assassinat épouvantable. Imagerie de Metz, 1840.

p. 216. James Ensor, *Les Masques et la Mort,* 1897, musée des Beaux-Arts, Liège. La Camarde ricane au milieu des vivants dont la farce sera bientôt jouée et la fête finie.

p. 227. La dernière heure : "La mort est certaine, l'heure est incertaine". Façade de l'église de Mareil-en-Champagne, Sarthe.

p. 232. Coutume funéraire en Corse, à la fin XIXe siècle. Le mort est transporté à cheval. Gravure, fin XIXe siècle, bibliothèque des Arts Décoratifs, Paris.

p. 236. Sans-souci passant la Barque à Caron. Image d'Épinal (1850). cf. un autre détail de cette planche p. 285.

p. 239. Allégorie de la mort. Gravure de Romain de Hooghe (XVIIe siècle).

p. 249. "La Vision de l'archevêque Turpin", enluminure des *Grandes Chroniques de France,* XIVe siècle, bibliothèque Nationale, Paris. Deux diables emportent l'âme de Marsile, roi de Sarragosse, et la jettent dans la gueule de l'enfer.

p. 250. Le mort soulève son couvercle. Tombeau au cimetière du Château, Nice.

p. 253. Un enterrement au cimetière parisien des Saints-Innocents : le mort "empaqueté" dans son suaire est mis en terre sans cercueil. Miniature d'un *Livre d'Heures,* XVe siècle.

p. 256. Les dernières tentations : un diable rappelle au mourant l'amour de ses proches (*Provideas amicis*), tandis que celui de droite lui fait regretter les biens qu'il va laisser (*Intende thesauro*) : sa maison, son cheval, sa cave pleine. *Ars moriendi.*

p. 259. L'extrême-Onction, détail de *La Table des péchés capitaux,* par Jérôme Bosch, musée du Prado, Madrid.

p. 264. Vanité, de Philippe de Champaigne, musée de Tessé, Le Mans.

p. 267. La Porte de la mort. Détail du tombeau aux morts de Bartholomé, cimetière du Père-Lachaise, Paris.

p. 273. La Madeleine, par Georges de la Tour, New York.

p. 277. Vanité avec deux juges, par Hermann Steenwyck, XVIIe siècle, musée municipal de Lakenhel-Leyde.

p. 280. La Mort en Arbre de la Tentation. Il y avait dans l'Eden deux arbres, celui de la Connaissance, et l'Arbre de Vie. Le premier est ici transformé en Arbre de Mort pour faire pendant au second. Gravure du XVIe siècle. Frontispice d'un livre *De generatione hominis*, 1554.

p. 285. La tombe de Sans-Souci, garnie de provisions. Même image d'Épinal qu'à la page 236.

p. 286. Squelette échanson, mosaïque de Pompéi, musée National de Naples.

p. 289. Crânes en sucre, confectionnés pour la Fête des Morts au Mexique.

p. 292. Illustration de *L'Assiette au Beurre,* 1904.

p. 299. La cuisine infernale : les morts sont jetés dans la marmite sous laquelle des diables activent le feu. Détail d'un devant d'autel provenant de Sorignerola (Espagne). Barcelone, musée d'Art ancien.

p. 309. L'Enfer. Miniature des *Très Riches Heures du duc de Berry,* XVe siècle, musée Condé, Chantilly.

p. 311. La Gueule de l'Enfer. Détail du *Jugement dernier,* fin

XIIIe siècle, église Saint-Urbain, Troyes. L'Enfer est assimilé au monstre Léviathan dont parle le livre de Job.

p. 316. Le Paradis terrestre. Miniature des *Très Riches Heures du duc de Berry,* XVe siècle, musée Condé, Chantilly.

p. 321. Un cimetière moderne en Andalousie.

p. 322. Urne funéraire étrusque, Ier siècle avant J.-C., Rome, musée de la Villa Giulia.

p. 325. Le Jardin du Paradis, vers 1420, par le Maître du Rhin, Historisches Museum, Francfort-sur-le-Main.

p. 326. L'ombre du mancenillier, lavis de Victor Hugo, détail, bibliothèque Nationale, Paris. Quelques lignes sous le dessin racontent qu'un homme épuisé par le soleil cherche de l'ombre sous un mancenillier, mais celui-ci a la réputation d'être un arbre de mort. On le voit ici enraciné dans un crâne.

p. 327. Le tombeau lit conjugal. Paris, cimetière du Montparnasse.

p. 333. Pleureuses en Corse. Lithographie du XIXe siècle.

p. 337. Un corbillard à Naples vers 1960.

p. 338. Publicité de P. Dupont pour fournitures de deuil, fin XIXe siècle.

p. 342. Une des photographies spirites truquées qui valurent un procès à leur auteur, le photographe parisien Bugnet (1875).

p. 346. L'amour de Pierrot, imagerie début du siècle.

p. 358. Memento mori, gravure du XVIIe siècle.

Bibliographie sélective

Lexique

Outre les grands dictionnaires de la langue française (Académie, Littré, Larousse, Robert, T.L.F.) ou des langues étrangères, les dictionnaires d'ancien français et les dictionnaires étymologiques, on peut consulter plus particulièrement, pour la langue familière et l'argot :

BOUTMY Eugène, *Dictionnaire de l'argot des typographes* (1883), rééd. Librairie Les Insolites, 1979.

BRETON (LE) Auguste, *L'argot chez les vrais de vrai,* Presses de la Cité, Paris, 1980.

BRUANT Aristide, *L'argot au xxe siècle* (1901), rééd. coll. "Absinthe", éd. Chimères, Gien, 1990.

CARADEC François, *Dictionnaire du français argotique et populaire,* Larousse, 1977. *N'ayons pas peur des mots, Dictionnaire du français argotique et populaire,* coll. "Le souffle des mots", Larousse, 1989.

CELLARD Jacques et REY Alain, *Dictionnaire du français non conventionnel,* Hachette, Paris, 1980.

CELLARD Jacques, *Ça ne mange pas de pain !,* Hachette, Paris, 1982. *Histoire de mots,* La Découverte/Le Monde, Paris, 2 vol. 1985-1986. *Anthologie de la littérature argotique des origines à nos jours,* Mazarine, 1985. *Ah ! ça ira, ça ira... Ces mots que nous devons à la Révolution,* Balland, Paris, 1989.

CHEREAU Ollivier, *Le Jargon ou langage de l'argot réformé,* (1ère éd. 1628), Girardon, Troyes, éd. augmentée, 1660.

COLIN Jean-Paul et MÉVEL Jean-Pierre, *Dictionnaire de l'Argot,* Larousse, 1990.

COTGRAVE, *A Dictionarie of the French and English tongues,* London, 1611.

COWIE A.P. and MACKIN R. *Oxford dictionary of current idiomatic English,* Oxford University Press, 4e éd. 1988, 2 vol.

DAUZAT Albert, *L'argot de la guerre d'après une enquête auprès des officiers et soldats,* A. Colin, Paris, 1918.

DEAK Étienne et Simone, *Grand dictionnaire d'américanismes,* éd. du Dauphin, 8e éd. 1987.

DELVAU, *Dictionnaire de la langue verte,* Slatkine, Genève, 1972, reproduction de l'édition de 1883 avec supplément de Gustave Fustier.

DEPECKER Loïc, *Les mots de la francophonie,* "Le français retrouvé", Belin, Paris, 1988.

D'HAUTEL, *Dictionnaire du bas-langage ou des manières de parler usitées parmi le peuple* (1808), rééd. Slatkine Reprints, Genève, 1972.
DOPPAGNE Albert, *Les régionalismes du français,* Duculot, Paris-Gembloux, 1978.
DUNETON Claude, *La puce à l'oreille. Anthologie des expressions populaires avec leur origine,* Stock, 1978.
DUNETON Claude, avec la collaboration de Sylvie CLAVAL, *Le Bouquet des expressions imagées,* Le Seuil, 1990.
ENCKELL Pierre, *Datations et documents lexicographiques. Matériaux pour l'histoire du vocabulaire français,* C.N.R.S./Librairie Klincksieck, 2e série, fasc. 19, 1981.
ESNAULT Gaston, *Le Poilu tel qu'il se parle,* Bossard, Paris, 1919. Reproduction en fac-similé, Slatkine, Genève, 1971. *Dictionnaire historique des argots français,* Larousse, Paris, 1965.
ETTORI Fernand, *Anthologie des expressions corses,* Rivages, Marseille, 1984.
FOLLAIN Jean, *Petit glossaire de l'argot ecclésiastique,* Jean-Jacques Pauvert, Paris, 1966.
FURETIERE Antoine, *Dictionnaire universel* (1690), S.N.L. - Le Robert, Paris, 1978, 3 vol., réédition préfacée, illustrée et indexée.
GIRAUD Robert, *L'argot tel qu'on le parle,* éd. Jacques Grancher, Paris, 1981.
GREEN Jonathon, *The Slang Thesaurus,* Penguin Books, London, 1988.
GSPANN Lucien, *Gallicismes et germanismes à gogo,* Didier Érudition, Paris, 1981.
GUIRAUD Pierre, *L'argot,* coll. "Que sais-je ?", Presses Universitaires de France, 1956. *Les locutions françaises, ibid.,* 1961. *Le français populaire, ibid.,* 1965. *Les gros mots, ibid.,* 197 *Le Jargon de Villon ou le Gai Savoir de la Coquille,* N.R.F. Gallimard, Paris, 1968. *Dictionnaire historique, stylistique, rhétorique, étymologique, de la littérature érotique,* Payot, Paris, 1978. *Dictionnaire des étymologies obscures*, Payot, Paris, 1982.
KUPPER Heinz, *Wörterbuch der deutschen Alltagsprache,* Deutscher Taschenbuch Verlag, München, 1971, 2 vol.
LARCHEY, *Dictionnaire historique d'argot*, E. Dentu, Paris, 8e édition en 1880, et *Nouveau Supplément* en 1889. La première version de cet ouvrage souvent réédité et transformé s'intitulait *Les excentricités de la langue française en 1860.*
LA RUE Jean, *Dictionnaire d'argot et des principales locutions populaires,* Flammarion, Paris, 1949, rééd. en fac-similé 1987.
LÉON Victor, *Diccionario de argot español y lenguaje popular,* El Libro de Bolsillo, Alianza Editorial, Madrid, 1988, dernière édition.
LE ROUX Philibert, *Dictionnaire comique, satyrique, critique, burlesque, libre et proverbial,* Amsterdam, 1718. Rééd. à Pampelune en 1786.
LEROUX DE LINCY, *Le livre des proverbes français,* Slatkine, Genève, 1968, 2 vol., rééd. de Paulin, 1842.

LIS Michel et BARBIER Michel, *Dictionnaire du gai parler ; 4500 expressions traditionnelles et populaires,* éd. Mengès, 1980.

LOUX Françoise et RICHARD Philippe, *Sagesses du corps. La santé et la maladie dans les proverbes français,* G.-P. Maisonneuve et Larose, Paris, 1978.

MALOUX Maurice, *Dictionnaire des proverbes, sentences et maximes,* "Références", Larousse, Paris, 1988.

MARKS Georgette A. et JOHNSON Charles B., *Harrap's Slang,* revu par Jane Pratt, Harrap, London, 1989.

MERLE Pierre, *Dictionnaire du français branché,* Le Seuil, Paris, 1986. *Le blues de l'argot,* "Point-Virgule", Le Seuil, Paris, 1990.

NISARD Charles, *De quelques parisianismes populaires et autres locutions non encore ou plus ou moins imparfaitement expliquées des XVIIe, XVIIIe et XIXe siècles,* Maisonneuve, Paris, 1878. — Rééd. La Butte aux Cailles, Paris, 1980.

NIZIER DU PUITSPELU, *Le Littré de la Grand'Côte* (1894), rééd. Jean Honoré, Lyon, 1980 (sur le parler lyonnais).

OLIVER Juan Manuel, *Diccionario de Argot,* Sena, Madrid, 1987, 2e édition.

OUDIN Antoine, *Curiositez françoises,* Slatkine, Genève, 1971, reproduction de l'édition de 1640.

PARTRIDGE Eric, *The Penguin dictionary of historical slang,* abridged by Jacqueline SIMPSON, Penguin Books, London, 1988.

REY Alain et CHANTREAU Sophie, *Dictionnaire des expressions et locutions,* Les Usuels du Robert, Paris, 1986.

RICHELET, *Dictionnaire françois,* Genève, 1680. Et réimpr. Slatkine Reprints, Genève, 1970, 2 vol.

ROHRICH, *Lexicon der sprichwörtlichen Redensarten,* Herder Verlag, Freiburg / Basel / Wien, 1973, 2 vol.

SAINEAN Lazare, *Le langage parisien au XIXe siècle. Facteurs sociaux, contingents linguistiques, faits sémantiques, influences littéraires,* E. de Boccard, Paris, 1920. *Les sources de l'argot ancien,* H. et E. Champion, Paris, 1912.

SANDRY Géo et CARRERE Marcel, *Dictionnaire de l'argot moderne,* éd. du Dauphin, Paris, 1953, et 11e éd. en 1957.

TAVERDET Gérard et DUMAS Françoise, *Anthologie des expressions en Bourgogne,* Rivages, Marseille, 1984.

VILLEFRANCHE Jacques-Melchior, *Essai de grammaire du patois lyonnais,* Laffitte Reprints, Marseille, 1978.

VIRMAITRE Charles, *Dictionnaire d'argot fin-de-siècle,* A. Charles libraire, Paris, 1894. *Supplément au dictionnaire d'argot fin-de-siècle, ibid.* s.d.

WALTER Henriette, *Des mots sans-culottes,* Robert Laffont, Paris, 1989.

WARTBURG (von) W. *Französisches Etymologisches Wörterbuch,* désigné par le sigle F.E.W., Verlag J.C.B. Mohr (Paul Siebeck), Tübingen, 1946-1970, 25 vol.

WEIL Sylvie et RAMEAU Louise, *Trésor des expressions françaises,* "Le français retrouvé", Belin, Paris, 1981.

Thanatologie

On trouvera des références supplémentaires dans la plupart des ouvrages indiqués. La plus complète bibliographie sur le sujet est publiée par Louis-Vincent Thomas, avec des commentaires, dans le Bulletin de la Société de Thanatologie, qui paraît depuis 1967 (17, rue Froment, 75011 Paris).

Anthropologie, sociologie, philosophie

La Mort à vivre, n° 87 de la revue *Autrement,* Paris, février 1987.

Le Retour des morts, n° 105-106 des *Études rurales,* janvier-juin 1987, éd. de l'EHESS, Paris.

Lieux et objets de la mort, n° 1 de la revue *Traverses,* C.C.I. et Éditions de Minuit, Paris, septembre 1975.

Une galaxie anthropologique. Hommage à Louis-Vincent Thomas, n° 38/39 de *Quel corps ?,* B.P. 2142, 34027 Montpellier Cedex 1, octobre 1989.

ALVAREZ A. *Le dieu sauvage, essai sur le suicide,* traduit de l'anglais par Léo Lack, Mercure de France, Paris, 1972.

AUZELLE Robert, *Dernières demeures,* Paris, 1965.

BATAILLE Georges, *Œuvres complètes,* t. VIII, N.R.F., Gallimard, 1976. *L'érotisme,* éd. de Minuit, Paris, 1957.

BAUDRILLARD Jean, *L'échange symbolique et la mort,* Gallimard, Paris, 1976.

CAILLOIS Roger, "Sociologie du bourreau", *Instincts et sociétés,* Gonthier, Genève, 1964.

FRAZER James, *La crainte des morts,* préface de Paul Valéry, Émile Nourry, Paris, 1934.

JANKÉLÉVITCH Vladimir, *La mort,* Flammarion, Paris, 1977, et coll. "Champ philosophique", 1983.

JANKÉLÉVITCH Vladimir et BERLOWITZ Béatrice, *Quelque part dans l'inachevé,* Gallimard, 1978, et "Folio/Essais", 1987.

LE BRAZ Anatole, *La légende de la Mort chez les Bretons armoricains,* Champion, Paris, 1923, 2 vol.

MAERTENS Jean-Thierry, *Ritologiques 5. Le jeu du mort. Essai d'anthropologie des inscriptions du cadavre,* avec la collaboration de Marguerite Debilde, Aubier-Montaigne, Paris, 1979.

MORIN Edgar, *L'homme et la mort,* Le Seuil, Paris, 1951 et 1970. Et coll. "Points", *ibid.,* 1976.

THOMAS Louis-Vincent, *Anthropologie de la mort,* Payot, Paris, 1975. *Mort et pouvoir,* "Petite Bibliothèque Payot", Paris, 1978. *Le cadavre. De la biologie à l'anthropologie,* coll. "De la science", éd. Complexe, Bruxelles, 1980. *Rites de mort. Pour la paix des vivants,* Fayard, Paris, 1985. *La mort,* coll. "Que sais-je ?" P.U.F., Paris, 1988.

URBAIN Jean-Didier, *La Société de Conservation. Étude sémiologique des cimetières d'Occident,* Plon, Paris, 1978. *L'Archipel des morts. Le sentiment de la mort et les dérives de la mémoire dans les cimetières d'Occident,* Plon, Paris, 1989.
VAN Gennep Arnold, *Manuel de folklore français contemporain,* tome premier, vol. II, éd. A et J. Picard et Cie, 1946.
ZIEGLER Jean, *Les vivants et la mort,* Le Seuil, 1975, et coll. "Points", *ibid.,* 1978.

Biologie, médecine, N.D.E.

KUBLER-ROSS Élizabeth, *Les derniers instants de la vie,* Labor et Fides, Genève, 1975. *Vivre avec la mort et les mourants,* éd. du Tricorne, Genève, 1984.
LARCHER H., *Le sang peut-il vaincre la mort ?*, Gallimard, Paris, 1957.
MOODY R., *La vie après la vie,* Laffont, Paris, 1977.
RING K., *Sur la frontière de la vie,* Robert Laffont, Paris, 1982.
RUFFIÉ Jacques, *Le sexe et la mort,* éd. Odile Jacob, Paris, 1986.
SCHWARTZENBERG Léon et VIANSSON-PONTÉ Pierre, *Changer la mort,* Albin Michel, 1977.
SCHWARTZENBERG Léon, *Requiem pour la vie,* Le Pré-aux-Clercs, Paris, 1985.

Histoire

ARASSE Daniel, *La guillotine et l'imaginaire de la Terreur,* Flammarion, 1987.
ARIES Philippe, *Essais sur l'histoire de la mort en Occident du Moyen Age à nos jours,* Le Seuil, Paris, 1975, et coll. "Points", *ibid.,* 1977. *L'homme devant la mort,* coll. "L'Univers historique", Le Seuil, Paris, 1977, et coll. "Points" *ibid.,* 1985, 2 vol. *Images de l'homme devant la mort,* Le Seuil, 1983.
BRECY Robert, *La Révolution en chantant,* éd. Francis Van de Velde / Christian Pirot, 1988.
CHAUNU Pierre, *La mort à Paris (XVIe, XVIIe, XVIIIe siècles),* Fayard, 1978.
DELUMEAU Jean, *La peur en Occident (XIVe-XVIIIe siècles),* Fayard, Paris, 1978.
GIESEY Ralph, *Le roi ne meurt jamais,* Flammarion, Paris, 1987.
GNOLI G. et VERNANT J.-P. (sous la direction de), *La mort, les morts dans les sociétés anciennes*, Cambridge University Press / Éditions de la Maison des Sciences de l'Homme, 1982.
HUIZINGA Johan, *L'automne du Moyen Age* (éd. hollandaise en 1919), précédé d'un entretien de Claude Mettra avec Jacques Le Goff, "Petite Bibliothèque Payot", Paris, 1989.
KER Jean, *Le carnet noir du bourreau. Les mémoires d'André Obrecht,* éd. Gérard de Villiers, Paris, 1989.

LECHERBONNIER Bernard, *Bourreaux de père en fils. Les Sanson. 1688-1847,* Albin Michel, Paris, 1989.
LEWIS Bernard, *Les Assassins. Terrorisme et politique dans l'Islam médiéval,* "Stratégies", Berger-Levrault, 1982.
MONTARRON Marcel, *La Veuve ou l'histoire des châtiments,* Plon, Paris, 1973.
PRIEUR Jean, *La mort dans l'antiquité romaine,* éd. Ouest-France, 1986.
SANSON Charles-Henri, *La Révolution française vue par son bourreau. Journal de Charles-Henri Sanson,* édité et préfacé par Monique Lebailly, éd. de l'Instant, Paris, 1988.
VERNANT Jean-Pierre, *L'individu, la mort, l'amour. Soi-même et l'autre en Grèce ancienne,* N.R.F., Gallimard, 1989.
VOVELLE Michel, *Mourir autrefois. Attitudes collectives devant la mort aux XVIIe et XVIIIe siècles,* coll. "Archives", Gallimard/Julliard, 1974 *La mort et l'Occident de 1300 à nos jours,* "Bibliothèque illustrée des Histoires", Gallimard, 1983. *Histoires figurales. Des monstres médiévaux à Wonderwoman,* éditions Usher, 1989.
WALTER Gérard, *Hébert et le Père Duchesne,* "La Roue de la Fortune", éd. J.B. Janin, 1946.

Législation

GRAILLE E. et VIDAL R., *Guide pratique de législation funéraire,* Publications Administratives, Paris, 1961.

Études littéraires, Histoire de l'Art

Figures de la mort, n° 8 de *L'Écrit-Voir,* revue d'histoire des arts, Collectif pour l'Histoire de l'Art, Publications de la Sorbonne, Paris, 1986.
BAKHTINE Mikhaïl, *L'œuvre de François Rabelais et la culture populaire au Moyen Age et sous la Renaissance,* "Bibliothèque des Idées", Gallimard, 1970.
BISHOP R.K., *The theme of death in french literature from Villon Testament to the middle of the sixteenth century,* Ph. D., Princeton University, 1943.
BLUM Claude, *La représentation de la mort dans la littérature française de la Renaissance*, Librairie Honoré Champion, Paris, 1989, 2 vol.
BOURGEOIS Louis, *Poètes de l'au-delà d'Éluard à René Char,* Presses Universitaires de Lyon, 1984.
ERNST Gilles (publié par), *La mort en toutes lettres,* Colloque du département de Littérature Comparée, Université de Nancy II (1980), Presses Universitaires de Nancy, 1983.
(sous la direction de), *La mort dans le texte,* Colloque de Cerisy, Presses Universitaires de Lyon, 1988.

FAVRE Robert, *La mort au siècle des Lumières,* Presses Universitaires de Lyon, 1978.
GUERRY Liliane, *Le thème du "Triomphe de la Mort" dans la peinture italienne,* G.-P. Maisonneuve et Cie, Paris, 1950.
GUIOMAR Michel, *Principes d'une esthétique de la mort,* José Corti, Paris, 1967.
HOLBEIN Hans, *The Dance of Death, 41 woodcuts by Hans Holbein the Younger, a complete facsimile of the original 1538 french edition of "Les Simulachres et histoires faces de la mort",* Dover Publications, Inc., New York, 1971.
MALE Émile, *L'art religieux du XIIe siècle en France. Étude sur les origines de l'iconographie du Moyen Age,* Armand Colin, Paris, 3e éd., 1928. *L'art religieux du XIIIe siècle en France. Étude sur l'iconographie du Moyen Age et sur ses sources d'inspiration,* Armand Colin, Paris, 6e éd., 1925. *L'art religieux de la fin du Moyen Age en France. Étude sur l'iconographie du Moyen Age et sur ses sources d'inspiration,* Armand Colin, Paris, 4e éd., 1931.
RAGON Michel, *L'espace de la mort. Essai sur l'architecture, la décoration et l'urbanisme funéraires,* Albin Michel, Paris, 1981.
SAUGNEUX Joël, *Les danses macabres de France et d'Espagne et leurs prolongements littéraires,* Les Belles Lettres, Paris, 1972.
SICILIANO Italo, *François Villon et les thèmes poétiques du Moyen Age,* Armand Colin, Paris, 1934.
SURYA Michel, *Georges Bataille. La mort à l'œuvre,* Librairie Séguier, Paris, 1987.
TENENTI Alberto, *La vie et la mort à travers l'art du XVe siècle,* "La mesure du temps", Serge Fleury — L'Harmattan, 1983.
THOMAS Louis-Vincent, *Civilisations et divagations. Mort, fantasmes, science-fiction,* "Petite Bibliothèque Payot", Paris, 1979. *Fantasmes au quotidien,* "Sociologie au quotidien", Librairie des méridiens, Paris, 1984. *Anthropologie des obsessions,* "Logiques sociales", L'Harmattan, Paris, 1988.

Psychanalyse

Des psychanalystes vous parlent de la mort, Tchou, Paris, 1979.
Destins du cannibalisme, n° 6 de la *Nouvelle Revue de Psychanalyse,* Gallimard, Paris, 1972.
La pulsion de mort, premier symposium de la Fédération européenne de psychanalyse, Marseille, 1984, P.U.F., 1986.
L'archaïque et la mort, n° 12 de *Patio/Psychanalyse,* éditions de l'Éclat, 1989.
FREUD, *Essais de psychanalyse,* Payot, Paris, 1970.
LAPLANCHE Jean, *Vie et mort en psychanalyse,* "Nouvelle Bibliothèque Scientifique", Flammarion, 1970.
MENAHEM Ruth, *La mort apprivoisée,* coll. "Je", Éditions Universitaires, Paris, 1973.

M'UZAN (de) Michel, *De l'art à la mort, itinéraire psychanalytique*, coll. "Tel", Gallimard, 1983.

SCHUR Max, *La mort dans la vie de Freud*, "Connaissance de l'inconscient", Gallimard, 1975.

Religions, mythes, symboles

L'Autre Monde au Moyen Age. La Navigation de saint Brendan. Le Purgatoire de saint Patrick. La Vision d'Albéric, traduit par Jean Marchand, éd. de Boccard, Paris, 1940.

Le jugement des morts, "Sources orientales", Le Seuil, Paris, 1961.

BACHELARD Gaston, *La psychanalyse du feu*, Gallimard, Paris, 1937 *L'eau et les rêves*, José Corti, Paris, 1941. *La terre et les rêveries de la volonté, ibid.*, 1948. *La terre et les rêveries du repos, ibid.*, 1948.

BAR Francis, *Les routes de l'autre monde*, P.U.F., Paris, 1946.

CAMPORESI Piero, *La sève de la vie. Symbolisme et magie du sang*, Le Promeneur, Paris, 1990.

DEONNA Walter, *Croyances antiques et modernes, l'odeur suave des dieux et des élus*, Kundig, Genève, 1939.

DURANT Gilbert, *Les structures anthropologiques de l'imaginaire*, Bordas, Paris, 1969.

ÉLIADE Mircea, *Traité d'histoire des religions*, Payot, Paris, 1949. *Images et symboles*, Gallimard, 1952.

HULIN Michel, *La face cachée du temps. L'imaginaire de l'au-delà*, Fayard, 1985.

MARTIN-ACHARD Robert, *La mort en face selon la Bible hébraïque*, "Essai bibliques", Labor et Fides, Genève, 1988.

ROUX Jean-Paul, *Le sang. Mythes, symboles et réalités*, Fayard, Paris, 1988.

SMEDT (DE) Marc (sous la direction de), *La mort est une autre naissance*, "Espaces libres", Albin Michel, 1989.

Textes

Pour ne pas allonger inutilement cette bibliographie, on ne donnera pas ici la liste des grands auteurs classiques qui ont été consultés, et dont on peut aisément trouver les œuvres en de multiples éditions, notamment dans la "Bibliothèque de la Pléiade" chez Gallimard ou en des collections de poche.

Le Mors de la Pomme (ca. 1450), anonyme, in *Poèmes de la mort de Turold à Villon*, 10/18.

Le Mystère du Viel Testament (1458) publié par James de Rothschild et Émie Picot, Société des anciens textes français, Paris, 1878-1891, 6 vol.

Poèmes de la mort de Turold à Villon, choisis, présentés et traduits par Jean-Marcel Paquette, 10/18, U.G.E., 1979.

APOLLINAIRE Guillaume, *Œuvres poétiques,* "Bibliothèque de la Pléiade", Gallimard, Paris.
AUBERT Guillaume, *Élégie sur le trespas de feu Joachim du Bellay,* F. Morel, Paris, 1560.
AUBRAL François, *Agonie, Le Sycomore,* Paris, 1981.
BARBUSSE Henri, *Le Feu, journal d'une escouade* (1916), "Le Livre de Poche", Librairie Générale Française, 1988.
BASTIANI Ange, *Le pain des jules,* "Série Noire", Gallimard, 1960. *Satan a besoin des femmes,* Les Presses Noires, Paris, 1968.
BLOY Léon, *Le Désespéré* (1887), "Fins de siècles", 10/18, U.G.E., 1983. *Exégèse des lieux communs* (1901), *ibid.,* 1983.
BONNEFOY Yves, *Poèmes,* "Poésie", Gallimard, 1982.
BOUCHET Guillaume, *Les Sérées de Guillaume Bouchet Sieur de Brocourt* (1584-1598), Alphonse Lemerre, Paris, 1873-1882, 6 vol.
BOUDARD Alphonse, *L'hôpital,* La Table Ronde, 1972. *Bleubite, ibid.,* 1975. *Les combattants du petit bonheur, ibid.,* 1977.
[BRASSENS Georges], *Georges Brassens,* présentation et choix de textes par Alphonse Bonnafé, Seghers, 1963.
BRUANT Aristide, *Dans la rue. Chansons et monologues,* édité par l'auteur, Paris, 1889-1895, 2 vol.
CAMUS Albert, *L'Envers et l'Endroit* (1937), "Folio Essais", Gallimard, 1986.
CAYROL Jean, *Le charnier natal,* éditions d'Art, 1950.
CÉLINE Louis-Ferdinand, *Mort à crédit* (1936), "Folio", Gallimard, 1976. *Nord* (1960), *ibid.,* 1976. *Rigodon* (1969), *ibid.,* 1976.
CHAR René, *Œuvres complètes,* "Bibliothèque de la Pléiade", Gallimard, 1990.
CHASSIGNET Jean-Baptiste, *Le Mesprit de la vie et Consolation contre la mort* (1594), édition critique par H.-J. Lope, Librairie Droz, Genève, 1967.
CHEVALET Antoine, *S'ensuyt la vie de sainct Christofle élégamment composée en rime françoise et par personnages par maistre Chevalet...* (1527), Grenoble, 1350, nouvelle édition.
CIORAN, *Aveux et anathèmes,* "Arcades", Gallimard, 1986.
CLAUDEL Paul, *Le repos du septième jour* (1901), *Théâtre,* t. I. "Bibliothèque de la Pléiade", Gallimard, 1986.
CLERC D'ARRAS (Le) Robert, *Les Vers de la Mort* (ca. 1265), in *Poèmes de la mort de Turold à Villon,* 10/18.
COMBESCOT Pierre, *Les funérailles de la Sardine,* Grasset, Paris, 1986.
CONDÉ (DE) Baudoin, *Les trois morts et les trois vifs* (ca. 1280), in *Poèmes de la mort de Turold à Villon.*
CONTI (DE) Lotario (Innocent III), *De contemptu mundi sive de miseria humanae conditionis,* in Migne, *Patrologia latina,* t. CCXVII.
DESCHAMPS Eustache, *Œuvres complètes,* Société des Anciens textes français, Firmin-Didot, Paris, 1878-1903, 11 vol.
ESTANG Luc, *Les Quatre éléments,* Gallimard, Paris, 1956.
ESTIENNE Henri, *Apologie pour Hérodote* (1566), L. Liseux, Paris, 1879, 2 vol.
ESTIENNE Robert, *Hymne des Innocents,* in *Anthologie de la poésie*

française, XVIe siècle, t. II, par Maurice Allem, Garnier-Flammarion, 1965.
FALLET René, *Banlieue sud-est* (1947), "Folio", Gallimard. *Les vieux de la vieille* (1958), "Folio", Gallimard, 1973.
GENET Jean, *Pompes funèbres* (1945), "L'Imaginaire", Gallimard, 1978. *Miracle de la rose* (1946), "Folio", Gallimard, 1977.
GILKIN Ivan, *La Nuit,* Fischbacher, Paris, 1897.
GLIXELI Stefan, *Les cinq poèmes des trois morts et des trois vifs,* Champion, Paris, 1914.
GODY Dom Simplicien, "La nuict m'emplit de deuil...", *Honnestes Poésies,* Paris, 1632. Poème reproduit par J. Rousset, *Anthologie de la poésie baroque,* cf. *infra.*
GRÉBAN Arnoul, *Le Mystère de la Passion* (av. 1452), traduit et présenté par M. de Combarieu du Grès et J. Subrenat, "Folio", Gallimard, 1987.
HALLE (DE LA) Adam, *Les Vers de la mort* (ca. 1270), in *Poèmes de la mort de Turold à Villon,* 10/18.
HARAUCOURT Edmond, *Seul,* Charpentier, Paris, 1891.
HELINAND DE FROIDMONT, *Les Vers de la Mort* (ca. 1195), traduit en français moderne par M. Boyer et M. Santucci, Honoré Champion, Paris, 1983.
IONESCO Eugène, *Le Roi se meurt* (1962), "Folio", Gallimard, 1973. *Journal en miettes* (1967-1968), "Idées", Gallimard, 1973.
JAMYN Amadis, *Les œuvres poétiques,* éd. critique par S.M. Carrington, "Textes littéraires français", Droz, Genève, 1973-1978, 4 vol.
JARRY Alfred, *Ubu roi* (1896), "Folio", Gallimard, 1978.
LAMBERT (Madame DE), *Traité de la vieillesse,* in *Œuvres,* La Compagnie, Amsterdam, 1747.
LE FEVRE Jean, *Le Respit de la Mort* (1376), édité par Geneviève Hasenohr-Esnos, Picard, 1969. On en trouve un large extrait dans *Poèmes de la mort de Turold à Villon,* 10/18.
LEIRIS Michel, *Langage Tangage ou ce que les mots me disent,* N.R.F. Gallimard, 1985.
LEPIDIS Clément, *La main rouge,* Le Seuil, Paris, 1978.
LORRAIN Jean, *La maison Philibert* (1904), J.-C. Lattès, Paris, 1979.
MALET Léo, *Le paletot sans manches* (1949), 10/18, Christian Bourgois, 1989.
MALLARMÉ, *Œuvres complètes,* "Bibliothèque de la Pléiade", Gallimard, 1961.
MASSILLON Jean-Baptiste, *Œuvres,* A. Desrez, Paris, 1838, 2 vol.
MATTHIEU Pierre, *Tablettes ou Quatrains de la vie et de la mort* (1612), éd. V.-A. Waille, Paris, 1850.
MERCIER Louis-Sébastien, *Tableau de Paris* (1781), La Découverte, 1979.
MESCHINOT Jean, *Les Lunettes des Princes* (1493), éd. critique par B. Toscani, Lettres Modernes, Minard, Paris, 1971.
MICHAULT Pierre, *La danse des aveugles* (1465), Slatkine, Genève, 1974, reproduction de l'édition faite par A. Pilinski, éd. Vve Labitte, Paris, 1884, à partir d'une édition du XVIe siècle.

MICHAUX Henri, *Plume. Lointain intérieur,* “Poésie”, Gallimard, 1985.
MICHEL Jean, *Le Mystère de la Passion* (1486), éd. critique par O. Jodogne, éd. Duculot, Gembloux, 1959.
MIRBEAU Octabe, *Le journal d'une femme de chambre* (1900), “Folio”, Gallimard, 1984.
NAVARRE (DE) Marguerite, *Dialogue en forme de vision nocturne,* publié par P. Jourda *in Revue du XVIe siècle,* 1914, pp. 146 et suiv.
NESSON (DE) Pierre, *Les Vigiles des Morts ou Neuf leçons de Job,* in *Poèmes de la mort de Turold à Villon,* 10/18, ou bien P. Champion, *Histoire poétique du XVe siècle,* Champion, Paris, 1923, t. I.
NOEL Bernard, *L'été langue morte,* Fata Morgana, 1982.
NONCE Casanova, *Le Journal à Nénesse, écrit par le beau Nénesse de la Courtille*, P. Ollendorf, Paris, 1909.
PAGNOL Marcel, *César* (1936), éd. de Fallois, 1988.
PICABIA Francis, *Écrits,* Pierre Belfond, Paris, 1975-1978, 2 vol.
PINGET Robert, *Cette voix,* éd. de Minuit, Paris, 1975.
PIRON Alexis, *Recueil de poésies ou œuvres diverses,* Lausanne, 1773.
PONGE Francis, *Lyres,* “Poésies”, Gallimard, 1980.
QUENEAU Raymond, *Les œuvres complètes de Sally Mara* (1962). “L'imaginaire”, Gallimard, 1987.
RENAUD, *Mistral gagnant, chansons et dessins,* “Point-Virgule“ Le Seuil, 1986.
REVERDY Pierre, *Ferraille, Plein verre, Le chant des morts, Bois vert, suivi de Pierres blanches,* “Poésie”, Gallimard, 1981.
RICHAUD (DE) André, *Je ne suis pas mort,* Robert Morel, 2e édition 1983.RICTUS Jehan, *Les soliloques du pauvre* (1895, Éditions d'Aujourd'hui, Paris, 1976.
RICTUS Jehan, *Les soliloques du pauvre* (1895), Éditions d'Aujourd'hui, Paris, 1976.
ROCHE Denis, *Louve basse,* Le Seuil, 1976.
ROLLINAT, *Œuvres II. Les Névroses* (1883), Lettres Modernes, Minard, 1972.
ROLLAND Romain, *Colas Breugnon* (1919), “Le livre de poche”, Librairie générale française, 1986.
ROUSSET Jean (textes choisis et présentés par), *Anthologie de la poésie baroque française,* “Bibliothèque de Cluny”, Armand Colin, Paris, 1961, 2 vol.
ROY Claude, *Poésies,* “Poésie”, Gallimard, 1970.
SAINT-JOHN PERSE, *Œuvres complètes,* “Bibliothèque de la Pléiade”, Gallimard, 1972.
SAINT-GELAIS (DE) Mellin, *Œuvres complètes,* éd. P. Blanchemain, Paris, 1873.
SAN-ANTONIO, aux éditions du Fleuve Noir, Paris : *Tu vas trinquer, San-Antonio,* (1958). *Tout le plaisir est pour moi* (1959) *Mange et tais-toi* (1966) *L'archipel des Malotrus* (1967) *Maman, les petits bateaux* (1975). *Réglez-lui son compte !* (1981). *Bouge ton pied que je voie la mer* (1982). *Galantine de volaille pour dames frivoles* (1987).
SCARRON, *Le Virgile travesti* (1648-1652), publié par Jean Serroy, Classiques Garnier, Paris, 1988.

SIMONIN Albert, *Du mouron pour les petits oiseaux* (1960), "Folio", Gallimard, 1973.

SOREL Charles, *Histoire comique de Francion* (1623-1633), texte établi, présenté et annoté par Yves Giraud, Garnier-Flammarion, Paris, 1979.

SUE Eugène, L*es mystères de Paris* (1842-1843), préf. Hubert Juin, coll. "Les romans terribles", éd. Complexe, Paris, 1989, 4 vol.

TERREL Alexandre, *Le croque-mort a croqué la pomme,* Le Masque, 1988.

VALÉRY Paul, *Œuvres,* t.I, "Bibliothèque de la Pléiade", Gallimard.

VIARD Henri, *La Bande à Bonape* (1969), "Carré Noir", Gallimard, 1984.

VIDOCQ, *Mémoires,* Tenon, Paris, 1828-1829 — Rééd. Corréa, Paris, 1950. *Les Voleurs,* éd. par l'auteur, Paris, 1837 — Rééd. par Jean Savant, Éditions de Paris, 1957.

Table des matières

Préface 3

Les mots du silence 13

I. La mort introuvable 19
Des euphémismes impersonnels 20
La mort héroïque 21
Belle mort et mort naturelle 22
Mourir de rire 24
Mort ou meurtre ? 25
Mourir et être mort 26
La mort moderne 29

II. Un dédoublement 33
La séparation 35
La délivrance 40
Le retour à Dieu 43
Le retour à la terre 48
Le double en tiers 50

III. Descendre au tombeau et monter au ciel 55
La montée et l'envol 55
La descente et la chute 62

IV. Mythologies administratives 71
La comparution 72
Le jour du compte 75
C'était écrit 81
Le défunt fonctionnaire 84
Le retour au corps 89

V. La gestion de la mort 93
L'inhumation en Terre Sainte 93
La cléricalisation de la mort 94
Entre l'Église et l'État 98
Le monopole 99
La mort aux maires 102
Le cimetière communal 103

VI. Physiologie macabre 109
Le macabre et les maccabées 110
La danse de l'agonie 113
Physiologie de l'âme : le souffle 116
Physiologie de l'âme : le sang 120
L'horizontalité 122
La mort humide 127
La mort sèche 133
Fin du macabre : la thanatopraxie 136

VII. Madame la mort 139
Les pièges de la mort 139
La ravisseuse 141
Les fileuses de mauvais coton 142
Figures infernales 144
Les instruments de la mort 145
De la Camarde à l'ange 149
Épouser la veuve 152
La petite mort 155
Les jeux de la mort 158

VIII. Le bourreau familier 165
Du bourreau à l'exécuteur 165
Décapiter ou couper ? 168
Charlot pour les intimes 173
Bucoliques 177
La cérémonie 183
La machine 185
Le travail du bourreau 192

IX. L'homme-objet 197
Une panne 198
Une démolition 199
Une explosion 205

Du bon travail 208
L'artisanat du crime 210

X. Les mots de la fin 217
Une diminution 217
Une disparition 220
Une fin 226

XI. Mourir c'est partir beaucoup 233
Le passage 234
Le grand départ 238
Un colis 247

XII. Dernières dispositions 257
Faire sa malle 257
Les vanités 260
Le dépouillement 265
Le paletot de sapin 269
Ma chandelle est morte 272
Casser sa pipe 275

XIII. Menus funèbres 281
Creuser sa fosse avec ses dents 281
Remercier son boulanger 283
La mort aux dents 287
Au jardin du mort 290
Le mort cuisiné 298
Le mort mangé 307
La convivialité funèbre 313

XIV. Ici l'absent 317
Ubi sunt ? 317
Le deuil ou la douleur en représentation 329
Honneurs funèbres 334
Visible et invisible 339
Des mots pour vivre 347

Petit bestiaire de la mort 359
Notes 367
Index 377
Table des illustrations 395
Bibliographie 401

Crédits photographiques

Couverture : Roger-Viollet (Collection Viollet) ❑ p. 13 : J.L.Charmet ❑ p. 18 : Durand-Boguet ❑ p. 19 : M. Courtois ❑ p. 20 : Roger-Viollet ❑ p. 32 : Alinari-Viollet ❑ p. 36 : Collection Viollet ❑ p. 39 : J.L. Charmet ❑ p. 45 : Roger-Viollet ❑ p. 47 : Giraudon (Musée des Beaux-Arts, Lyon) ❑ p. 54 : Dagli-Orti ❑ p. 56 : FA. Viollet ❑ p. 59 : Bulloz ❑ p. 70 : J.L. Charmet ❑ p. 73 : Giraudon ❑ p. 76 : Bulloz ❑ p. 85 : Giraudon ❑ p. 92 : J.L. Charmet ❑ p. 97 : Collection Viollet ❑ p. 100 : Kharbine-Tapabor ❑ p. 105 : Roger-Viollet ❑ p. 108 : J.L. Charmet ❑ p. 111 : © Bibliothèque Nationale ❑ p. 123 : F. Walch ❑ p. 130 : Explorer-Archives ❑ p. 135 : Giraudon ❑ p. 139 : Kunstmuseum, Bâle ❑ p. 140 : Giraudon ❑ p. 143 : Historisches Museum, Bâle (M. Babey) ❑ p. 146 : Collection Viollet ❑ p. 151 : N.D. Viollet ❑ p. 153 : Kharbine- Tapabor ❑ p. 159 : J.L. Charmet ❑ p. 164 : Roger-Viollet ❑ p. 178 : Collection Viollet ❑ p. 181 : de Selva- Tapabor ❑ p. 187 : Bulloz ❑ p. 190 : Collection Viollet ❑ p. 196 : © Bibliothèque Nationale ❑ p. 211 : J.L. Charmet ❑ p. 216 : Giraudon © by ADAGP, 1991 ❑ p. 227 : Explorer (Manix) ❑ p. 232 : J.L. Charmet ❑ p. 237 : J.L. Charmet ❑ p. 239 : Collection Viollet ❑ p. 249 : © Bibliothèque Nationale ❑ p. 250 : J.-M. Chatelain ❑ p. 253 : Collection Viollet ❑ p. 256 : L. de Selva-Tapabor ❑ p. 259 : Dagli-Orti ❑ p. 264 : Bulloz ❑ p. 267 : N.D. Viollet ❑ p. 273 : Artephot/ A. Held ❑ p. 277 : Explorer Archives (Collection Devaux) ❑ p. 280 : Roger-Viollet ❑ p. 285 : J.L. Charmet ❑ p. 287 : Collection Viollet ❑ p. 289 : Explorer (Coureau) ❑ p. 292 : Kharbine-Tapabor ❑ p. 299 : Roger-Viollet ❑ p. 309 : Collection Viollet ❑ p. 311 : Giraudon ❑ p. 316 : Giraudon (Musée Condé) ❑ p. 321 : Explorer ❑ p. 322 : Artephot (Nimatallah) ❑ p. 325 : Bruckmann-Giraudon ❑ p. 326 : © Bibliothèque Nationale ❑ p. 327 : Explorer (J.L. Bohin) ❑ p. 333 : J.L. Charmet ❑ p. 337 : Magnum (B. Babey) ❑ p. 338 : Roger-Viollet ❑ p. 342 : Collection Viollet ❑ p. 346 : Kharbine-Tapabor ❑ p. 358 : Roger-Viollet.

Imprimé en France par l'Imprimerie Moderne de l'Est
25110 Baume-les-Dames
Dépôt légal : Octobre 1991
N° d'édition : 1155-01 - N° d'impression : 8118